PONS

Bildwörterbuch
Rumänisch
Deutsch

PONS GmbH
Stuttgart

INHALT

CUPRINS

LEICHTER LERNEN MIT BILDERN – WARUM IST DAS SO?

Liebe Leserin, lieber Leser,

wie wichtig die Bedeutung von Bildern ist, wenn es um das Merken von Begriffen geht, wissen wir seit Jahren aus der Lernpsychologie. Kennen Sie das? Wenn Sie ein Bild zu einem Wort sehen, bleibt das Wort viel schneller im Gedächtnis haften, als wenn es nur geschrieben dasteht. Und wenn es darum geht, in einer fremden Sprache Wortschatz nicht nur nachzuschlagen, sondern auch zu verstehen und ihn sich zu merken, unterstützen die Bilder Sie dabei, sich die Wörter schneller und besser einzuprägen. Das hat ganz einfache Gründe:

→ ***Bilder wirken schneller und direkter als reiner Text****. Schon als kleine Kinder denken wir in Bildern und können sie ganz intuitiv entschlüsseln, interpretieren und aufnehmen. Sind Bilder mit Wörtern verknüpft, bilden sie eine Einheit, die unser Gehirn mit hoher Effizienz verarbeitet und abspeichert.*

→ ***Bilder erleichtern und unterstützen das Verständnis.*** *Sie vermitteln Zusammenhänge und liefern uns deutlich mehr Informationen als nur Text alleine.*

→ ***Bilder sind emotional.*** *Sie wecken unser Interesse, steigern unsere Motivation und bleiben besser im Gedächtnis haften als einzelne Wörter.*

→ ***Bilder machen Freude.*** *Wo viel Text abschreckt, sorgen Bilder dafür, dass uns das Lernen Spaß macht, und wir bleiben länger bei der Sache.*

Gesehen, verstanden und schon gemerkt – so leicht kann das visuelle Lernen sein. Überzeugen Sie sich selbst!

Ihre

PONS-Redaktion

ÎNVĂȚARE MAI UȘOARĂ CU AJUTORUL IMAGINILOR - CUM SE EXPLICĂ?

Dragă cititoare, drag cititor,

importanța imaginilor pentru memorarea cuvintelor noi e cunoscută deja de multă vreme în psihologia învățării. Vă sună familiar? Dacă vedeți o imagine împreună cu un cuvânt, îl memorați cu mult mai repede decât dacă ați vedea doar varianta scrisă. Și dacă nu vă mulțumiți doar să consultați un dicționar, ci doriți să înțelegeți și să țineți minte o expresie, imaginile vă vor ajuta să învățați mai repede și mai bine. Motivele sunt simple:

→ **Imaginile au un efect mai rapid și mai direct decât un simplu text.** De mici copii gândim în imagini și reușim să le descifrăm, să le interpretăm și să le asimilăm în mod intuitiv. O imagine atașată unui cuvânt formează cu acesta o unitate, pe care creierul nostru este capabil să o prelucreze și să o memoreze cu un mai mare grad de eficiență.

→ **Imaginile facilitează și sprijină înțelegerea.** Ele ne dezvăluie conexiuni și furnizează în mod cert mai multe informații decât un simplu text.

→ **Imaginile ne stimulează la nivel emoțional.** Ne trezesc interesul, ne sporesc motivația și ne rămân mai bine întipărite în memorie față de un text scris.

→ **Imaginile ne fac plăcere.** Acolo unde un text prea lung ne descurajează, imaginile fac ca învățarea să devină plăcută și ne menține interesul un timp mai îndelungat.

Vedeți, înțelegeți și memorați îndată - atât de ușoară poate fi învățarea vizuală. Convingeți-vă și dumneavoastră!

Redacția PONS

SO ARBEITEN SIE EFFIZIENT MIT DEM BILDWÖRTERBUCH

die Erdbeere
căpşună f
[kəpˈʃu·nə]

die Himbeere
zmeură f
[ˈzme·u·rə]

die Brombeere
mură f
[ˈmu·rə]

die Heidelbeere
afină f
[a·ˈfi·nə]

Ganz gleich, ob Sie erst anfangen, eine Fremdsprache zu erlernen, oder ob Sie bereits über gute Sprachkenntnisse verfügen: Dieses Wörterbuch ist Ihr idealer Begleiter. Für jede Sprache decken rund 8.000 Begriffe alle Bereiche des Alltags ab und die Kombination von Wort und Bild ermöglicht Ihnen, Wörter schnell nachzuschlagen, zu übersetzen und sich mühelos einzuprägen. Hier die wichtigsten Tipps, wie Sie den größten Nutzen aus diesem Wörterbuch ziehen:

Indiferent că ați început de curând să învățați o limbă străină sau dețineți deja cunoștințe aprofundate: acest dicționar este însoțitorul ideal. Pentru fiecare limbă există aproximativ 8000 de cuvinte, care acoperă toate domeniile vieții cotidiene, iar asocierea cuvânt-imagine vă ajută să găsiți repede un anume termen, să îl traduceți și să îl memorați cu ușurință. Iată câteva sfaturi pentru o eficiență maximă în folosirea acestui dicționar:

1. Wörter im Zusammenhang lernen

Wörter werden schneller gemerkt, wenn man sie im Kontext lernt. Aus diesem Grund ist dieses Wörterbuch nach Themenfeldern aus dem Alltagsleben gegliedert. Ganz gleich, in welches Thema Sie eintauchen - ob Einkaufen, Kleidung, Lebensmittel oder Familie - betrachten Sie beim Lernen das Thema als Ganzes und versuchen Sie, möglichst viele Wörter aus dem Themenbereich aufzunehmen. Sie werden erstaunt sein, wie viel Wortschatz Sie sich in kürzester Zeit merken können.

1. Învățați cuvintele în contextul din care provin

Cuvintele se învață mai repede în context. Din acest motiv acest dicționar este împărțit în secțiuni tematice ale vieții cotidiene. Indiferent de tema căreia vreți să vă dedicați - că e vorba de cumpărături, îmbrăcăminte, alimente sau familie - pentru a învăța cuvintele noi, vă recomandăm să priviți tema ca pe un întreg și să încercați să asimilați un număr cât mai mare de cuvinte legate de această temă. Veți fi surprins(ă) cât de mult se va îmbogăți vocabularul dumneavoastră în scurt timp.

CUM SE FOLOSEȘTE ÎN MOD EFICIENT DICȚIONARUL ILUSTRAT

Herzlichen Glückwunsch!	**Felicitări!** [fe·li·ʧi'tər']
Alles Gute zum Geburtstag!	**La mulți ani!** [la mults' an']
Wie viel Uhr ist es?	**Cât este ceasul?** [kɨt 'jes·te 'ʧe̯a·sul]
Es ist zwei Uhr.	**Este ora două.** ['jes·te 'o·ra 'do·wə]
Guten Appetit!	**Poftă bună!** ['pof·tə 'bu·nə]
Zum Wohl!	**Sănătate!** [sə·nə'ta·te]
①	②

2. Die wichtigsten Schlüsselsätze auf einen Blick

Ob in der Fremdsprache nach der Uhrzeit fragen, oder zum Geburtstag gratulieren: In den 13 thematisch sortierten Kapiteln finden Sie neben der reinen Wort-Bild-Zuordnung die wichtigsten Sätze für die häufigsten Situationen ①. Prägen Sie sich diese Schlüsselsätze gut ein und schon haben Sie den Grundstein für eine erfolgreiche Kommunikation gelegt.

2. Frazele cele mai importante dintr-o privire

Fie că doriți să întrebați cât e ceasul sau că doriți să felicitați pe cineva de ziua de naștere: în cele treisprezece capitole împărțite tematic găsiți alături de asocierea cuvânt-imagine, fraze utile pentru cele mai frecvente situații ①. Întipăriți-vă bine în memorie aceste fraze și iată că dispuneți de o bază solidă pentru a comunica cu succes.

3. Richtig aussprechen

Damit Sie jedes Wort richtig aussprechen, haben wir allen Wörtern und Sätzen eine Lautschrift beigefügt ②. Eine Übersicht über die verwendeten phonetischen Zeichen finden Sie bequem auf der letzten Seite des Buches.

3. Pronunția corectă

Pentru ca dumneavoastră să puteți pronunța corect, am atașat fiecărui cuvânt și fiecărei fraze transcrierea fonetică ②. Pe ultima pagină a dicționarului veți găsi un indice al simbolurilor fonetice folosite.

③

glutenfrei
fără gluten
[ˈfə·rə gluˈten]

laktosefrei
fără lactoză
[ˈfə·rə lakˈto·zə]

④

4. Schnell übersetzen

Wenn es einfach schnell gehen muss, schlagen Sie im Anhang im Stichwortverzeichnis die richtige Übersetzung nach ③. Dort ist jedes Stichwort in Deutsch und Rumänisch in alphabetischer Reihenfolge aufgeführt und im Nu gefunden.

4. Traducere rapidă

Când vă grăbiți, ajunge să consultați indicele din anexă pentru a găsi traducerea exactă ③. Indicele cuprinde toate cuvintele în limbile germană și română, sortate în ordine alfabetică, lucru care permite o consultare rapidă.

5. Für den Notfall

Bilder sind eine universelle Sprache, die von allen Kulturen verstanden wird. Sollten Ihnen doch mal die Worte fehlen, zeigen Sie einfach auf das entsprechende Bild ④. Ob im Hotel, Restaurant oder auf der Straße - so können Sie sich überall auf der Welt ganz ohne Sprache verständigen.

5. În caz de urgență

Limbajul imaginilor este universal, înțeles de toate popoarele. Dacă vi se întâmplă să rămâneți fără cuvinte, indicați pur și simplu imaginea potrivită ④. La hotel, la restaurant sau pe stradă - veți putea să comunicați oriunde în lume și fără să cunoașteți limba locului.

6. Noch mehr Sprache

Für die ersten Schritte in der fremden Sprache liefern Ihnen die Extras im Anhang des Bildwörterbuchs praktische Unterstützung: Mit den wichtigsten Sätzen auf Deutsch und auf Rumänisch sind Sie für den gelungenen Einstieg in die Fremdsprache gewappnet. Und wenn es darum geht, eigene Sätze zu bilden, hilft Ihnen unsere ausführliche Verbliste, wo Sie auch abstrakte Verben, die sich nicht abbilden lassen, nachschlagen und übersetzen können.

6. Material lingvistic suplimentar

Extrasul anexat al dicționarului ilustrat reprezintă un sprijin practic pentru primii pași în învățarea unei limbi străine: cu cele mai importante propoziții în limba germană și în limba română sunteți pregătiți pentru un început reușit în învățarea limbii străine. Iar atunci când doriți să construiți singur propoziții, vă ajută lista noastră elaborată de verbe, unde puteți căuta și traduce și verbe abstracte, cărora nu li se pot asocia imagini exemplificative.

die Bankkauffrau
funcționară bancară f
[funk·tsi·o'na·rə ban'-ka·rə]

der Lehrer
profesor m
[pro'fe·sor]

die Ingenieurin
ingineră f
[in·ʤi'ne·rə]

der Kellner
chelnăr m
['kel·ner]

7. Land und Leute

Einen visuellen und sprachlichen Eindruck der kulturellen Besonderheiten Rumäniens liefern Ihnen 12 Sonderseiten im letzten Kapitel ***In Rumänien****. Hier werden die wichtigsten Begriffe aus dem Alltagsleben des Landes, typische Speisen sowie einige der beliebtesten Sehenswürdigkeiten gesondert abgebildet und beschrieben. So wird Ihnen das Fremde schnell vertraut erscheinen.*

7. Țara și oamenii

O impresie vizuală și lingvistică a particularităților culturale din România vă este oferită de cele 12 pagini speciale din ultimul capitol **În România**. Aici sunt ilustrate și descrise separat cele mai importante noțiuni din viața de zi cu zi a țării, mâncăruri tradiționale, precum și câteva dintre cele mai îndrăgite obiective turistice. Astfel, ceea ce vă este străin vă va părea rapid familiar.

Das sollten Sie noch wissen

Die Stichwörter in diesem Wörterbuch stehen immer in der Einzahl, es sei denn sie werden in der Regel nur in der Pluralform verwendet.
Die rumänischen Substantive sind mit einer Genusangabe versehen: m = Maskulinum, f = Femininum, n = Neutrum.

Ce mai trebuie știut

Cuvintele conținute în acest dicționar sunt la singular, exceptând situațiile în care de obicei se folosește doar forma de plural.
Genurile substantivelor în limba română sunt indicate după cum urmează: m = masculin, f = feminin, n = neutru.

Es war uns wichtig, bei Funktions- und Berufsbezeichnungen Männer und Frauen gleichermaßen und gleichberechtigt zu berücksichtigen. Da wir aber aus Platzgründen nicht immer beide Geschlechter gleichzeitig abbilden können, haben wir uns immer für eines entscheiden müssen. Dabei orientiert sich das Geschlecht des Wortes immer am Geschlecht der abgebildeten Figur.

În cazul denumirilor de funcții și profesii am considerat important să includem deopotrivă forme masculine și feminine. Neputând din lipsă de spațiu să ilustrăm mereu exemple pentru ambele sexe, am fost constrânși să ne decidem în favoarea unei singure variante. În aceste cazuri traducerea corespunde sexului persoanei reprezentate în imagine.

MENSCHEN

OAMENI

DIE FAMILIE – FAMILIA

Der Stammbaum – Arborele genealogic

der Schwiegervater
socru m
[ˈso·kru]

die Schwiegermutter
soacră f
[ˈso̯a·krə]

die Schwägerin
cumnată f
[kumˈna·tə]

der Schwager
cumnat m
[kumˈnat]

der Ehemann
soț m
[sots]

die Ehefrau
soție f
[soˈtsi·e]

der Schwiegersohn
ginere m
[ˈʤi·ne·re]

die Tochter
fiică f
[ˈfi·i·kə]

der Sohn
fiu m
[fiw]

der Enkel
nepot m
[neˈpot]

die Enkelin
nepoată f
[neˈpo̯a·tə]

DIE FAMILIE – FAMILIA

Der Stammbaum – Arborele genealogic

der Großvater
bunic m
[buˈnik]

die Großmutter
bunică f
[buˈni·kə]

die Mutter
mamă f
[ˈma·mə]

der Vater
tată m
[ˈta·tə]

die Tante
mătușă f
[məˈtu·ʃə]

der Onkel
unchi m
[unkʲ]

die Schwester
soră f
[ˈso·rə]

der Bruder
frate m
[ˈfra·te]

die Cousine
verişoară f
[ve·riˈʃo̯a·rə]

die Nichte
nepoată f
[neˈpo̯a·tə]

der Neffe
nepot m
[neˈpot]

der/die Verwandte	**rudă** f [ˈru·də]
die Großeltern	**bunici** m [buˈnit͡ʃʲ]
die Eltern	**părinți** m [pəˈrint͡sʲ]
das Ehepaar	**soți** pl [sot͡sʲ]
der Vorfahre	**strămoş** m [strəˈmoʃ]
ledig	**necăsătorit** [ne·kə·sə·toˈrit]
verheiratet	**căsătorit** [kə·sə·toˈrit]
geschieden	**divorțat** [di·vorˈt͡sat]
verlobt	**logodit** [lo·goˈdit]
verwitwet	**văduv** [ˈvə·duv]
verwandt	**înrudit** [ɨn·ruˈdit]

BEZIEHUNGEN – RELAȚII

Familie und Lebensphasen – Familie și etape ale vieții

das Baby
bebeluș m
[be·be'luʃ]

das Kind
copil m
[ko'pil]

Herr …
domnul…
['dom·nul]

der Mann
bărbat m
[bər'bat]

die Jugendliche
adolescentă f
[a·do·les'tʃen·tə]

die Zwillinge
gemene f
['dʒe·me·ne]

die Frau
femeie f
[fe'me·je]

Frau …
doamna…
['do̯am·na]

der/die Bekannte
cunoscut/-ă m/f
[ku·nos'kut/-ə]

der Junge
băiat m
[bə'jat]

das Mädchen
fată f
['fa·tə]

die Freunde
prieteni m
[pri'e·tenʲ]

das Paar
pereche f
[pe're·ke]

die Freundin
prietenă f
[pri'e·te·nə]

der Freund
prieten m
[pri'e·ten]

der Erwachsene	**adult** m [a'dult]
die Geschwister	**frați** m [fratsʲ]
der Patenonkel	**naș** m [naʃ]
die Patentante	**nașă** f ['na·ʃə]
der Stiefvater	**tată vitreg** m ['ta·tə 'vi·treg]
die Stiefmutter	**mamă vitregă** f ['ma·mə 'vit·tre·gə]
der Stiefbruder	**frate vitreg** m ['fra·te 'vi·treg]
die Stiefschwester	**soră vitregă** f ['so·rə 'vit·tre·gə]
der Nachbar	**vecin** m [ve'tʃin]
die Nachbarin	**vecină** f [ve'tʃi·nə]

BEZIEHUNGEN – RELAȚII

Begrüßen und verabschieden – Salutul

jemanden vorstellen
a prezenta pe cineva
[a pre·zen'ta pe ʧi·ne'va]

jemanden begrüßen
a saluta pe cineva
[a sa·lu'ta pe ʧi·ne'va]

sich die Hand geben
a da mâna
[a da 'mɨ·na]

sich verbeugen
a face o plecăciune
[a 'fa·ʧe o ple·kə'ʧju·ne]

sich umarmen
a se îmbrățișa
[a se ɨm·brə·tsi'ʃa]

lachen
a râde
[a 'rɨ·de]

weinen
a plânge
[a 'plɨn·ʤe]

sich verabschieden
a saluta
[a sa·lu'ta]

einen Knicks machen
a face o reverență
[a 'fa·ʧe o re·ve'ren·tsə]

winken
a face cu mâna
[a 'fa·ʧe ku 'mɨ·na]

jemandem einen Kuss geben
a săruta pe cineva
[a sə·ru'ta pe ʧi·ne'va]

jemanden anrufen
a suna pe cineva
[a su'na pe ʧi·ne'va]

Hallo!	**Salut!** [sa'lut]
Guten Tag!	**Bună ziua!** ['bu·nə 'zi·wa]
Guten Morgen!	**Bună dimineața!** ['bu·nə di·mi'ne̯a·tsa]
Guten Abend!	**Bună seara!** ['bu·nə 'se̯a·ra]
Wie heißt du?	**Cum te numești?** [kum te nu'meʃtʲ]
Wie heißen Sie?	**Cum vă numiți?** [kum və nu'mitsʲ]
Ich heiße ...	**Mă numesc...** [mə nu'mesk]
Herzlich willkommen!	**Bine ai venit!** ['bi·ne aj ve'nit]
Tschüss!	**Pa!** [pa]
Auf Wiedersehen!	**La revedere!** [la re·ve'de·re]

das kleine Geschenk
mic cadou n
[mik ka'dow]

EREIGNISSE IM LEBEN – EVENIMENTE DIN VIAȚĂ

Feste – Sărbători

die Hochzeit
nuntă f
[ˈnun·tə]

der Geburtstag
ziuă de naștere f
[ˈzi·wə de ˈnaʃ·te·re]

das Weihnachten
Crăciun n
[krəˈtʃjun]

der Valentinstag
Ziua Îndrăgostiților f
[ˈzi·wa ɨn·drə·gosˈti·tsi·lor]

das Thanksgiving
Ziua Recunoștinței f
[ˈzi·wa re·ku·noʃˈtin·tsej]

das Halloween
Halloween n
[he·loˈwin]

der/das Silvester
Ajunul Anului Nou n
[aˈju·nul ˈa·nu·luj now]

das Ostern
Paște m
[ˈpaʃ·te]

die Hanukkah
Hanuca f
[haˈnu·ka]

das Wesakfest
sărbătoarea Vesak f
[sər·bəˈto̯a·re̯a ˈve·sak]

das Ramadanfest
sărbătoarea de încheiere a Ramadanului f
[sər·bəˈto̯a·re̯a de ɨn·keˈje·re a ra·maˈda·nu·luj]

das chinesische Neujahr
Anul Nou Chinezesc m
[ˈa·nul now ki·neˈzesk]

der Karneval
carnaval n
[kar·naˈval]

das Diwalifest	**sărbătoarea Diwali** f [sər·bəˈto̯a·re̯a di·o̯a·li]
das Passah	**Paștele evreiesc** m [ˈpaʃ·te·le e·vreˈjesk]
die Feier	**sărbătoare** f [sər·bəˈto̯a·re]
der Hochzeitstag	**aniversarea căsătoriei** f [a·ni·verˈsa·re̯a kə·sə·toˈri·ej]
der Feiertag	**sărbătoare legală** f [sər·bəˈto̯a·re leˈga·lə]
der Muttertag	**ziua mamei** f [ˈzi·wa ˈma·mej]
der Vatertag	**ziua tatălui** f [ˈzi·wa ˈta·tə·luj]
die Taufe	**botez** n [boˈtez]
Herzlichen Glückwunsch!	**Felicitări!** [fe·li·tʃiˈtərʲ]
Alles Gute zum Geburtstag!	**La mulți ani!** [la multsʲ anʲ]

EREIGNISSE IM LEBEN - EVENIMENTE DIN VIAȚĂ

Wendepunkte - Momente de răscruce

die Geburt
naștere f
[ˈnaʃ·te·re]

der Kindergarten
grădiniță f
[grə·diˈni·tsə]

die Einschulung
prima zi de școală f
[ˈpri·ma zi de ʃko̯a·lə]

der Schulabschlussball
banchet de absolvire (a școlii) n
[ban·ket de ab·solˈvi·re (a ʃko·lij)]

der Studienabschluss
absolvire a studiului f
[ab·solˈvi·re a ˈstu·dju·luj]

der Berufseinstieg
încadrare în câmpul muncii f [ɨn·kaˈdra·re ɨn ˈkɨm·pul ˈmun·tʃij]

sich verlieben
a se îndrăgosti
[a se ɨn·drə·gosˈti]

sich verloben
a se logodi
[a se lo·goˈdi]

heiraten
a se căsători
[a se kə·sə·toˈri]

die Schwangerschaft
sarcină f
[ˈsar·tʃi·nə]

umziehen
a se muta
[a se muˈta]

in Rente gehen
a se pensiona
[a se pen·si·oˈna]

die Beerdigung
înmormântare f
[ɨn·mor·minˈta·re]

volljährig werden	**a deveni major** [a de·veˈni maˈʒor]
jemandem einen Heiratsantrag machen	**a cere pe cineva în căsătorie** [a ˈtʃe·re pe tʃi·neˈva ɨn kə·sə·toˈri·e]
das Brautkleid	**rochie de mireasă** f [ˈro·ki·e de miˈre̯a·sə]
die Braut	**mireasă** f [miˈre̯a·sə]
der Bräutigam	**mire** m [ˈmi·re]
eine Familie gründen	**a întemeia o familie** [a ɨn·te·meˈja o faˈmi·li·e]
die Scheidung	**divorț** n [diˈvorts]
sich scheiden lassen	**a divorța** [a di·vorˈtsa]
sterben	**a muri** [a muˈri]

MENSCHEN BESCHREIBEN – DESCRIEREA PERSOANELOR

Das Gesicht – Fața

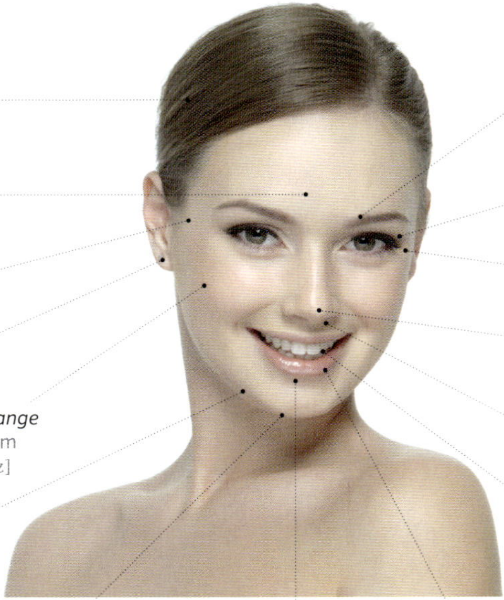

das Haar
păr m
[pər]

die Stirn
frunte f
[ˈfrun·te]

die Schläfe
tâmplă f
[ˈtɨm·plə]

das Ohr
ureche f
[uˈre·ke]

die Wange
obraz m
[oˈbraz]

der Unterkiefer
mandibulă f
[manˈdi·bu·lə]

das Kinn
bărbie f
[bərˈbi·e]

der Mund
gură f
[ˈgu·rə]

die Lippe
buză f
[ˈbu·zə]

die Augenbraue
sprânceană f
[sprɨnˈtʃe̯a·nə]

die Wimper
geană f
[ˈdʒe̯a·nə]

das Auge
ochi m
[okʲ]

die Nase
nas n
[nas]

das Nasenloch
nară f
[ˈna·rə]

der Zahn
dinte m
[ˈdin·te]

eine Grimasse schneiden
a se strâmba
[a se strɨmˈba]

die Haut	**piele** f [ˈpje·le]
die Falte	**rid** n [rid]
das Muttermal	**aluniță** f [a·luˈni·tsə]
das Grübchen	**gropiță** f [groˈpi·tsə]
die Sommersprossen	**pistrui** m [pisˈtruj]
die Pore	**por** m [por]
der Pickel	**coș** n [koʃ]

MENSCHEN BESCHREIBEN – DESCRIEREA PERSOANELOR

Das Haar – Părul

rothaarig
roșcat
[roʃˈkat]

gewellt
ondulat
[on·duˈlat]

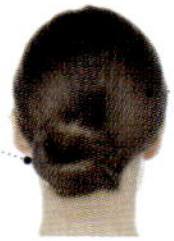

der Dutt
coc n
[kok]

brünett
brunet
[bruˈnet]

der Kurzhaarschnitt
frizură scurtă f
[friˈzu·rə ˈskur·tə]

grau meliert
grizonant
[gri·zoˈnant]

die Perücke
perucă f
[peˈru·kə]

der Stufenschnitt
frizură în scări f
[friˈzu·rə ɨn ˈskəri]

der Pony
breton n
[breˈton]

die Strähnchen
șuvițe f
[ʃuˈvi·tse]

die Bobfrisur
frizură bob f
[friˈzu·rə bob]

glatt
lins
[lins]

blond
blond
[blond]

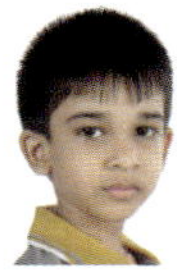

dunkel
de culoare închisă
[de kuˈlo̯a·re ɨnˈki·sə]

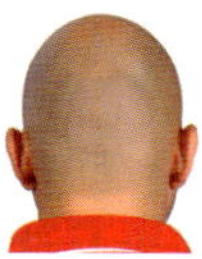

die Glatze
chelie f
[keˈli·e]

der Pferdeschwanz
coadă de cal f
[ˈko̯a·də de kal]

lockig
creț
[krets]

der Zopf
coadă împletită f
[ˈko̯a·də ɨm·pleˈti·tə]

MENSCHEN BESCHREIBEN – DESCRIEREA PERSOANELOR

Die äußere Erscheinung – Aspectul exterior

der Bart
barbă f
[ˈbar·bə]

der Schnurrbart
mustață f
[musˈta·tsə]

jung
tânăr
[ˈtɨ·nər]

alt
bătrână f
[bəˈtrɨ·nə]

muskulös
musculos
[mus·kuˈlos]

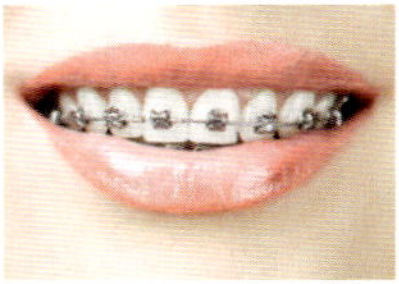

die Zahnspange
aparat dentar n
[a·paˈrat denˈtar]

blass
palid
[ˈpa·lid]

sonnengebräunt
bronzată
[bronˈza·tə]

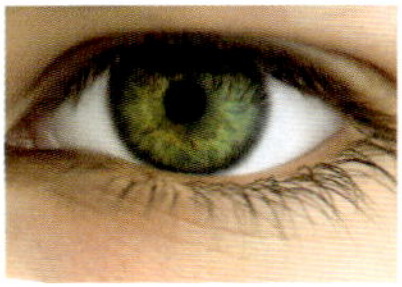

die grünen Augen
ochi verzi m
[okʲ verzʲ]

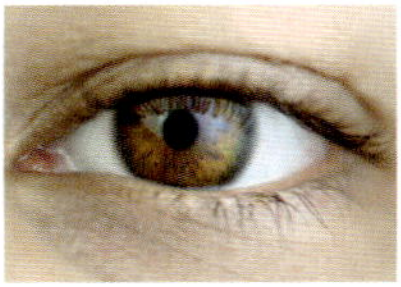

die braunen Augen
ochi căprui m
[okʲ kəˈpruj]

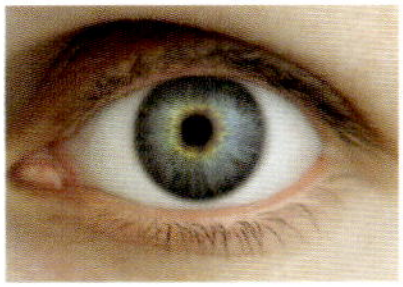

die grauen Augen
ochi gri m
[okʲ gri]

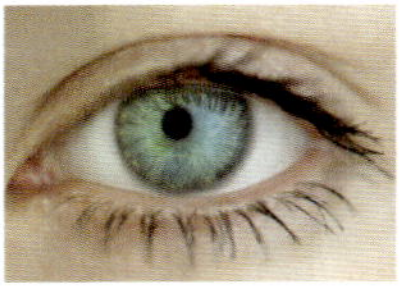

die blauen Augen
ochi albaștri m
[okʲ alˈbaʃ·tri]

attraktiv	**atrăgător** [a·trə·gəˈtor]
hübsch	**drăguț** [drəˈguts]
hässlich	**urât** [uˈrɨt]
schön	**frumos** [fruˈmos]
jemanden nach dem Äußeren beurteilen	**a judeca pe cineva după aparență** [a ʒu·deˈka pe ʧi·neˈva ˈdu·pə a·paˈren·tsə]
schlank	**slab** [slab]
dick	**gras** [gras]
groß	**mare** [ˈma·re]
klein	**mic** [mik]
die Narbe	**cicatrice** f [ʧi·kaˈtri·ʧe]

MENSCHEN BESCHREIBEN – DESCRIEREA PERSOANELOR

Gefühle und Persönlichkeit – Sentimente și personalitate

glücklich
fericită
[fe·ri·ˈʧi·tə]

stolz
mândri
[ˈmɨn·drʲ]

überrascht
surprins
[surˈprins]

aufgeregt
agitat
[a·ʤiˈtat]

verlegen
jenată
[ʒeˈna·tə]

verwirrt
confuză
[konˈfu·zə]

schüchtern
timid
[tiˈmid]

nachdenklich
gânditor
[gɨn·diˈtor]

neugierig
curios
[ku·riˈos]

niedlich
drăgălaș
[drə·gəˈlaʃ]

verliebt
îndrăgostiți
[ɨn·drə·gosˈtiʦʲ]

selbstbewusst
sigur de sine
[ˈsi·gur de ˈsi·ne]

offen	**deschis** [desˈkis]
tolerant	**tolerant** [to·leˈrant]
geduldig	**răbdător** [rəb·dəˈtor]
freundlich	**prietenos** [pri·e·teˈnos]
sympathisch	**simpatic** [simˈpa·tik]
nett	**drăguț** [drə·guʦ]
lächeln	**a zâmbi** [a zɨmˈbi]
Ich bin verärgert/froh/traurig.	**Sunt supărat/bucuros/trist.** [sunt su·pəˈrat/bu·kuˈros/trist]

MENSCHEN BESCHREIBEN – DESCRIEREA PERSOANELOR

Gefühle und Persönlichkeit – Sentimente și personalitate

traurig
trist
[trist]

gestresst
stresat
[streˈsat]

verärgert
supărat
[su·pəˈrat]

wütend
furioasă
[fu·riˈo̯a·sə]

eifersüchtig
geloasă
[ʤeˈlo̯a·sə]

verängstigt
speriată
[spe·riˈa·tə]

nervös
încordată
[ɨn·korˈda·tə]

müde
obosit
[o·boˈsit]

angeekelt
scârbit
[skɨrˈbit]

dickköpfig
încăpățânat
[ɨn·kə·pə·tsɨˈnat]

gelangweilt
plictisită
[plik·tiˈsi·tə]

sauer
înfuriat
[ɨn·fu·riˈat]

die Stirn runzeln	**a se încrunta** [a se ɨn·krunˈta]
bestürzt	**consternat** [kon·sterˈnat]
unsympathisch	**antipatic** [an·tiˈpa·tik]
verzweifelt	**disperat** [di·speˈrat]
neidisch	**invidios** [in·vi·diˈos]
ungeduldig	**nerăbdător** [ne·rəb·dəˈtor]
arrogant	**arogant** [a·roˈgant]
intolerant	**intolerant** [in·to·leˈrant]
sensibel	**sensibil** [senˈsi·bil]

DIE KLEIDUNG - ÎMBRĂCĂMINTEA

Babysachen - Trusou pentru bebeluș

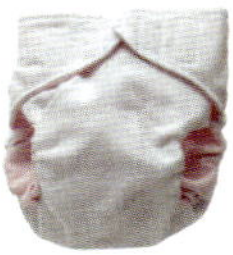

die Stoffwindel
scutec de stofă n
[ˈsku·tek de ˈsto·fə]

die Wegwerfwindel
scutec de unică folosință n [ˈsku·tek de ˈu·ni·kə fo·loˈsin·tsə]

der Body
body n
[ˈbo·di]

der Schneeanzug
combinezon pentru zăpadă n [kom·bi·neˈzon ˈpen·tru zəˈpa·də]

der Babyschlafsack
săculeț de dormit m
[sə·kuˈlets de dorˈmit]

die Rassel
jucărie zornăitoare f
[ʒukəˈrie zor·nəjˈto̯a·re]

der Strampler
salopetă pentru bebeluș f
[sa·loˈpe·tə ˈpen·tru be·beˈluʃ]

der Babyfäustling
mănușă f
[məˈnu·ʃə]

die Mütze
căciuliță f
[kə·tʃjuˈli·tsə]

das Babyschühchen
papucel m
[pa·puˈtʃel]

der Schnuller
suzetă f
[suˈze·tə]

das Lätzchen
bavețică f
[ba·veˈtsi·kə]

der Sonnenhut
pălărioară de soare f
[pə·lə·riˈo̯a·rə de ˈso̯a·re]

das Söckchen
șosetuță f
[ʃo·seˈtu·tsə]

das Latzhöschen
salopetă f
[sa·loˈpe·tə]

die Babydecke
păturică pentru bebeluș f
[pə·tuˈri·kə ˈpen·tru be·beˈluʃ]

das Babyfläschchen	**biberon** n [bi·beˈron]
die Biobaumwolle	**bumbac organic** n [bumˈbak orˈga·nik]
aus Kunstfaser	**din fibre sintetice** [din ˈfi·bre sinˈte·ti·tʃe]

DIE KLEIDUNG – ÎMBRĂCĂMINTEA

Unisex-Kleidung – Îmbrăcăminte unisex

der Trainingsanzug
trening n
[ˈtre·ning]

der Kapuzenpullover
bluză de trening cu glugă f
[ˈblu·zə de ˈtre·ning ku ˈglu·gə]

der Turnschuh
pantof de sport m
[panˈtof de sport]

der Schlafanzug
pijama f
[pi·ʒaˈma]

der Hausschuh
papuc de casă m
[paˈpuk de ˈka·sə]

der Bademantel
halat de baie n
[haˈlat de ˈba·je]

der Wintermantel
palton n
[palˈton]

die Regenjacke
jachetă impermeabilă f
[ʒaˈke·tə im·per·me'a·bi·lə]

die Schneehose
pantalon de schi m
[pan·taˈlon de ski]

Könnte ich das mal anprobieren?	**Aş putea să probez asta?** [aʃ puˈt̯ea sə proˈbez ˈas·ta]
Haben Sie das auch eine Nummer größer/kleiner?	**Aveţi o mărime mai mare/mică?** [aˈvetsi o məˈri·me maj ˈma·re/ˈmi·kə]
eng/weit	**strâmt/larg** [strîmt/larg]
kurz/lang	**scurt/lung** [skurt/lung]
klein/groß	**mic/mare** [mik/ˈma·re]
Das passt gut, ich nehme es.	**Se potriveşte. Îl/o cumpăr.** [se po·triˈveʃ·te il/o ˈkum·pər]
mit kurzen/langen Ärmeln	**cu mânecă scurtă/lungă** [ku miˈne·kə ˈskur·tə/ˈlun·gə]
der Knopf	**nasture** m [ˈnas·tu·re]
der Druckknopf	**capsă** f [ˈkap·sə]
das Knopfloch	**butonieră** f [bu·to·niˈe·rə]

DIE KLEIDUNG – ÎMBRĂCĂMINTEA

Herrenkleidung – Îmbrăcăminte pentru bărbați

das T-Shirt
tricou n
[triˈkow]

das Polohemd
tricou cu guler n
[triˈkow ku ˈgu·ler]

der Rollkragenpullover
pulover pe gât n
[puˈlo·vər pe git]

die Weste
vestă f
[ˈves·tə]

der Pullunder
vestă fără nasturi f
[ˈves·tə ˈfə·rə ˈnas·tu·rʲ]

die Fliege
papion n
[pa·piˈon]

der Anzug
costum n
[kosˈtum]

der Kragen
guler n
[ˈgu·ler]

die Krawatte
cravată f
[kraˈva·tə]

das Hemd
cămașă f
[kəˈma·ʃə]

der/das Sakko
sacou n
[saˈkow]

die Hose
pantalon m
[pan·taˈlon]

die kurze Hose
pantalon scurt m
[pan·taˈlon skurt]

die Boxershorts
boxeri m
[boˈkserʲ]

die Unterhose
chilot m
[kiˈlot]

die Badehose
costum de baie n
[kosˈtum de ˈba·je]

DIE KLEIDUNG – ÎMBRĂCĂMINTEA

Damenkleidung – Îmbrăcăminte de damă

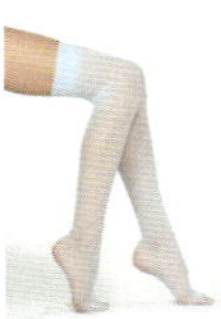

der Strumpf
ciorap m
[ʧjoˈrap]

die Strumpfhose
dres n
[dres]

die Leggings
colanţi m
[koˈlantsʲ]

der Slip
chilot m
[kiˈlot]

der Bikini
bikini m
[biˈki·ni]

der Badeanzug
costum de baie (întreg) n
[kosˈtum de ˈba·je (ɨnˈtreg)]

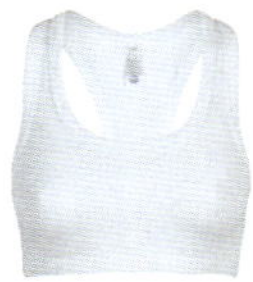

der Sport-BH
sutien pentru sport n
[su·tiˈen ˈpen·tru sport]

der Büstenhalter/der BH
sutien n
[su·tiˈen]

die Rüsche
volan n
[voˈlan]

die Umstandsmode	**modă pentru femei însărcinate** f [ˈmo·də ˈpen·tru feˈmej ɨn·sər·ʧiˈna·te]
die Naht	**cusătură** f [ku·səˈtu·rə]
der Ärmel	**mânecă** f [ˈmɨ·ne·kə]
der Saum	**tiv** n [tiv]
die Seide	**mătase** f [məˈta·se]
die Spitze	**dantelă** f [danˈte·lə]
die Größe	**mărime** f [məˈri·me]
der Ausschnitt	**decolteu** n [de·kolˈtew]
trägerlos	**fără bretele** [ˈfə·rə breˈte·le]
tailliert	**cambrat pe talie** [kamˈbrat pe ˈta·li·e]
leger	**lejer** [leˈʒer]
schick	**şic** [ʃik]
bequem	**comod** [koˈmod]
mit Stretchanteil	**supraelastic** [su·pra·eˈlas·tik]
modisch	**la modă** [la ˈmo·də]

DIE KLEIDUNG - ÎMBRĂCĂMINTEA

Damenkleidung - Îmbrăcăminte de damă

die Schleife
fundă f
[ˈfun·də]

das Kleid
rochie f
[ˈro·ki·e]

das Trägertop
bluză cu bretele f
[ˈblu·zə ku breˈte·le]

die Bluse
bluză f
[ˈblu·zə]

die Strickjacke
jachetă (tricotată) f
[ʒaˈke·tə (tri·koˈta·tə)]

der Rock
fustă f
[ˈfus·tə]

das Schulterpolster
perniță pentru umeri f
[perˈni·tsə ˈpen·tru ˈu·merʲ]

der Blazer
blazer n
[ˈblej·zər]

das Oberteil
bluză f
[ˈblu·zə]

die Jeans
jeans m
[ʤins]

die Stiefelette
botină f
[boˈti·nə]

die Shorts
pantalon scurt m
[pan·taˈlon skurt]

die Röhrenhose
pantalon aderent m
[pan·taˈlon a·deˈrent]

die Schlaghose
pantalon trapez m
[pan·taˈlon traˈpez]

die leicht ausgestellte Hose
pantalon ușor evazat m
[pan·taˈlon uˈʃor e·vaˈzat]

DIE KLEIDUNG – ÎMBRĂCĂMINTEA

Accessoires – Accesorii

der Sonnenhut
pălărie de soare f
[pə·ləˈri·e de ˈso̯a·re]

der Hut
pălărie f
[pə·ləˈri·e]

die Brille
ochelari m
[o·keˈlarʲ]

die Sonnenbrille
ochelari de soare m
[o·keˈlarʲ de ˈso̯a·re]

der Rucksack
rucsac n
[ˈruk·sak]

die Krawattennadel
ac de cravată n
[ak de kraˈva·tə]

der Regenschirm
umbrelă f
[umˈbre·lə]

die Uhr
ceas n
[ʧe̯as]

die Hosenträger
bretele f
[breˈte·le]

der Ring
inel n
[iˈnel]

der Handschuh
mănușă f
[məˈnu·ʃə]

die Mütze
căciulă f
[kəˈʧju·lə]

der Schal
fular n
[fuˈlar]

der Ohrring
cercel m
[ʧerˈʧel]

die Halskette
lănțișor n
[lən·tsiˈʃor]

der Manschettenknopf
buton m
[buˈton]

der Reißverschluss	**fermoar** n [ferˈmo̯ar]
der Klettverschluss	**închidere cu scai** f [inˈki·de·re ku skaj]
die Handytasche	**husă pentru telefon celular** f [ˈhu·sə ˈpen·tru te·leˈfon ʧe·luˈlar]
die Reisetasche	**geantă de voiaj** f [ˈʤe̯an·tə de voˈjaʒ]
der Koffer	**geamantan** n [ʤe̯a·manˈtan]

DIE KLEIDUNG – ÎMBRĂCĂMINTEA

Schuhe und Lederwaren – Încălțăminte și marochinărie

der Pumps
pantof cu toc m
[pan'tof ku tok]

die Sandale
sanda f
[san'da]

der Ballerina
balerin m
[ba·le'rin]

der Gummistiefel
cizmă de cauciuc f
['ʧiz·mə de ka·u'ʧjuk]

der Flip-Flop®
şlap m
[ʃlap]

der hohe Stiefel
cizmă înaltă f
['ʧiz·mə ɨ'nal·tə]

die Handtasche
poşetă f
[po'ʃe·tə]

das Portemonnaie
portmoneu n
[port·mo'new]

die Brieftasche
portofel n
[por·to'fel]

die Aktentasche
geantă diplomat f
['ʤe̯an·tə di·plo'mat]

der Gürtel
curea f
[ku're̯a]

die Lederjacke
geacă de piele f
['ʤe̯a·kə de 'pje·le]

der Schnürschuh
pantof cu şiret m
[pan'tof ku ʃi'ret]

der Wanderstiefel
bocanc m
[bo'kank]

die Socke
şosetă f
[ʃo'se·tə]

der Schnürsenkel	**şiret** n [ʃi'ret]
die Gürtelschlaufe	**gaică** f ['gaj·kə]
der Keilabsatz	**talpă ortopedică** f ['tal·pə or·to'pe·di·kə]
der Absatz	**toc** n [tok]
die Sohle	**talpă** f ['tal·pə]
der Riemen	**curelușă** f [ku·re'lu·ʃə]
die Schnalle	**cataramă** f [ka·ta'ra·mə]

die Trekkingsandale
sanda de drumeție f
[san'da de dru·me'tsi·e]

der Turnschuh
pantof de sport m
[pan'tof de sport]

DIE KÖRPERPFLEGE – ÎNGRIJIREA CORPULUI

die Zahnpasta
pastă de dinți f
[ˈpas·tə de dintsʲ]

das Parfüm
parfum n
[parˈfum]

das Deo
deodorant n
[de·o·doˈrant]

die Gesichtscreme
cremă de față f
[ˈkre·mə de ˈfa·tsə]

der Kamm
pieptăn m
[ˈpjep·tən]

das Duschgel
gel de duș n
[ʤel de duʃ]

das Shampoo
șampon n
[ʃamˈpon]

die Spülung
balsam de păr n
[balˈsam de pər]

die Seife
săpun n
[səˈpun]

die Haarbürste
perie de păr f
[ˈpe·ri·e de pər]

die Sonnencreme
cremă de soare f
[ˈkre·mə de ˈso̯a·re]

der Kulturbeutel
neseser n
[ne·seˈser]

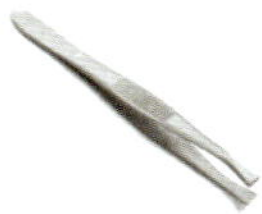

die Pinzette
pensetă f
[penˈse·tə]

die Nagelschere
forfecuță de unghii f
[for·feˈku·tsə de ˈun·gij]

die Nagelfeile
pilă de unghii f
[ˈpi·lə de un·gij]

die Haarspange
agrafă f
[aˈgra·fə]

die Feuchtigkeitscreme	**cremă hidratantă** f [ˈkre·mə hi·draˈtan·tə]
sich die Augenbrauen zupfen	**a se pensa** [a se penˈsa]
die Enthaarung	**depilare** f [de·piˈla·re]
der Nagellackentferner	**dizolvant pentru lac de unghii** n [di·zolˈvant ˈpen·tru lak de ungij]
das Haarprodukt	**produs pentru păr** n [proˈdus ˈpen·tru pər]
sich die Haare föhnen	**a-și usca părul cu uscătorul** [aʃʲ usˈka ˈpər·ul ku us·kəˈto·rul]
sich die Haare glätten	**a-și întinde părul** [aʃʲ ɨnˈtin·de ˈpər·ul]
der/das Haargummi	**elastic pentru păr** n [eˈlas·tik de pər]

SCHMINKSACHEN – PRODUSE DE MACHIAJ

die Grundierung
fond de ten n
[fond de ten]

der Lippenstift
ruj n
[ruʒ]

die Abdeckcreme
corector n
[ko·rek'tor]

die Wimperntusche
rimel n
[ri'mel]

der Spiegel
oglindă f
[o'glin·də]

die Farbpalette
trusă de farduri f
[tru'sə de 'far·durʲ]

der Lidschatten
fard de pleoape n
[fard de 'pl̯e̯oa·pe]

die Puderdose
cutiuță de pudră f
[ku·ti'u·tsə de 'pu·drə]

der Nagellack
lac de unghii n
[lak de ungij]

der Bronzer
pudră bronzantă f
['pu·drə bron'zan·tə]

das Rouge
fard de obraz n
[fard de o'braz]

der Pinsel	**pensulă** f ['pen·su·lə]
der Kajalstift	**creion dermatograf** n [kre'jon der·ma·to'graf]
der/das Lipgloss	**luciu de buze** n ['lu·tʃju de 'bu·ze]
die Wimpernzange	**cleşte pentru gene** m ['kleʃ·te 'pen·tru 'dʒe·ne]

ZU HAUSE

ACASĂ

DIE WOHNUNG – LOCUINȚA

der Hausschlüssel
cheie de la casă f
[ˈke·je de la ˈka·sə]

die Sprechanlage
interfon n
[in·terˈfon]

die Hausnummer
număr (al casei) n
[ˈnu·mər (al ˈka·sej)]

die Türklingel
sonerie f
[so·neˈri·e]

das Türschloss
broască f
[ˈbrọas·kə]

der Fußabtreter
preș n
[preʃ]

der Briefkasten
cutie poștală f
[kuˈti·e poʃˈta·lə]

das Einfamilienhaus
casă unifamilială f
[ˈka·sə u·ni·fa·miˈlja·lə]

das Doppelhaus
casă bifamilială f
[ˈka·sə bi·fa·miˈlja·lə]

das Reihenhaus
casă semi-izolată f
[ˈka·sə ˈse·mi i·zoˈla·tə]

das Mehrfamilienhaus
casă multifamilială f
[ˈka·sə mul·ti·fa·miˈlja·lə]

der Bungalow
bungalou n
[bun·gaˈlow]

der Schirmständer
suport de umbrele n
[suˈport de umˈbre·le]

die Eigentumswohnung	**locuință proprietate personală** f [lo·kuˈin·tsə pro·pri·eˈta·te per·soˈna·lə]
die Mietwohnung	**locuință în chirie** f [lo·kuˈin·tsə ɨn kiˈri·e]
der Hof	**curte** f [ˈkur·te]
das Eigentum	**proprietate** f [pro·pri·eˈta·te]
das Grundstück	**teren** n [teˈren]
der Umbau	**restructurare** f [re·struk·tuˈra·re]
der Anbau	**construcție adițională** f [konˈstruk·tsi·e a·di·tsi·oˈna·lə]
zu verkaufen	**de vânzare** [de vɨnˈza·re]

DIE WOHNUNG – LOCUINȚA

der Dachboden
pod n
[pod]

der Keller
pivniță f
[ˈpiv·ni·ʦə]

der Flur
coridor n
[ko·riˈdor]

der Aufzug
ascensor n
[as·ʧenˈsor]

der Grundriss
planul terenului n
[ˈpla·nul teˈre·nu·luj]

die Garage
garaj n
[gaˈraʒ]

der Carport
parcare acopertită f
[parˈka·re a·ko·peˈri·tə]

der Altbau
construcție veche f
[konˈstruk·ʦi·e ˈve·ke]

der Hausmeister
administrator m
[ad·mi·nisˈtra·tor]

die Wendeltreppe
scară în spirală f
[ˈska·rə ɨn spiˈra·lə]

der Rauchmelder
detector de fum n
[de·tekˈtor de fum]

das Treppenhaus
casa scărilor f
[ˈka·sa ˈskə·ri·lor]

mieten	**a închiria** [a ɨn·ki·riˈa]
die Miete	**chirie** f [kiˈri·je]
vermieten	**a închiria** [a ɨn·ki·riˈa]
der Vermieter	**proprietar** m [pro·pri·eˈtar]
die Vermieterin	**proprietară** f [pro·pri·eˈta·rə]
der Mieter	**chiriaș** m [ki·riˈaʃ]
die Mieterin	**chiriașă** f [ki·riˈa·ʃə]
die Kaution	**depozit** n [deˈpo·zit]

der Mietvertrag
contract de închiriere n
[konˈtrakt de ɨn·ki·riˈe·re]

DAS HAUS – CASA

das Dachfenster
fereastră în acoperiș f
[feˈre̯as·trə ɨn a·ko·peˈriʃ]

der Schornstein
horn n
[horn]

die Dachrinne
streașină f
[ˈstre̯a·ʃi·nə]

der Dachziegel
țiglă f
[ˈtsi·glə]

die Dachgaube
lucarnă f
[luˈkar·nə]

der erste Stock
etajul întâi n
[eˈtaʒul ɨnˈtɨj]

das Dach
acoperiș n
[a·ko·peˈriʃ]

der Balkon
balcon n
[balˈkon]

die Türschwelle
prag n
[prag]

die Haustür
ușă de la intrare f
[ˈu·ʃə de la inˈtra·re]

das Fenster
fereastră f
[feˈre̯as·trə]

das Erdgeschoss
parter n
[parˈter]

die Terrasse
terasă f
[teˈra·sə]

das Einzelhaus	**casă izolată** f [ˈka·sə i·zoˈla·tə]
der Neubau	**construcție nouă** f [konˈstruk·tsi·e ˈno·wə]
die Dreizimmerwohnung	**apartament cu trei camere** n [a·par·taˈment ku trej ˈka·me·re]
möbliert	**mobilat** [mo·biˈlat]
das Stockwerk	**etaj** n [eˈtaʒ]
der Eigentümer	**proprietar** m [pro·pri·eˈtar]
die Eigentümerin	**proprietară** f [pro·pri·eˈta·rə]
eine Hypothek aufnehmen	**a ipoteca** [a i·po·teˈka]

DAS HAUS - CASA

Der Eingang - Intrarea

die Diele
antreu n
[anˈtrew]

der Spiegel
oglindă f
[oˈglin·də]

der Sessel
fotoliu n
[foˈto·lju]

der Ablagetisch
măsuță f
[məˈsu·tsə]

die Wohnungstür
ușă de la intrare f
[ˈu·ʃə de la inˈtra·re]

der Garderobenständer
cuier n
[kuˈjer]

der Schirmständer
suport de umbrele n
[suˈport de umˈbre·le]

das Treppengeländer
balustradă f
[ba·luˈstra·də]

die Treppe
scară f
[ˈska·rə]

der Treppenabsatz
palier n
[pa·liˈer]

die Treppenstufe
treaptă f
[ˈtre̯ap·tə]

das Schlüsselbrett
portchei n
[portˈkej]

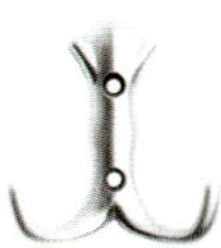

der Kleiderhaken
cârlig n
[kɨrˈlig]

der Kleiderbügel
umeraș n
[u·meˈraʃ]

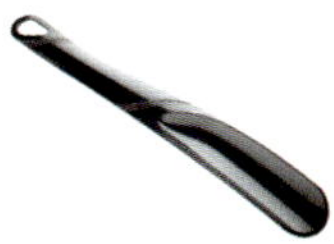

der Schuhlöffel
încălțător n
[ɨn·kəl·tsəˈtor]

DAS HAUS – CASA

Das Wohnzimmer – Camera de zi

der Spiegel
oglindă f [oˈglin·də]

der Ventilator
ventilator n [ven·ti·laˈtor]

der Bilderrahmen
ramă f [ˈra·mə]

der Vorhang
draperie f [dra·peˈri·e]

die Decke
tavan n [taˈvan]

das Gemälde
tablou n [taˈblow]

das Sofa
canapea f
[ka·naˈpe̯a]

die Lampe
lampă f
[ˈlam·pə]

das Sofakissen
pernă de pe canapea f
[ˈper·nə de pe ka·naˈpe̯a]

der Beistellschrank
dulăpior n
[du·ləˈpjor]

der Kaminsims
poliță deasupra căminului f
[ˈpo·li·tsə de̯aˈsu·pra kəˈmi·nu·luj]

der gepolsterte Hocker
scaun tapițat n
[ˈska·un ta·piˈtsat]

der Teppichboden
mochetă f
[moˈke·tə]

der Kamin
cămin n
[kəˈmin]

der Sessel
fotoliu n
[foˈto·lju]

der Couchtisch
măsuță f
[məˈsu·tsə]

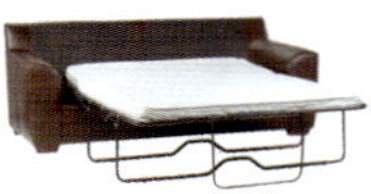

die Schlafcouch
canapea extensibilă f
[ka·naˈpe̯a eks·tenˈsi·bi·lə]

die Vitrine
vitrină f
[viˈtri·nə]

die Fernsehbank
suport TV n
[suˈport teˈve]

das Bücherregal
raft n
[raft]

DAS HAUS – CASA

Das Esszimmer – Sufrageria

das Rollo
stor n
[stor]

der Kronleuchter
candelabru n
[kan·de'la·bru]

die Vitrine
vitrină f
[vi'tri·nə]

die Zimmerpflanze
plantă de interior f
['plan·tə de in·te·ri'or]

das Fensterbrett
pervaz n
[per'vaz]

der Tischläufer
milieu n
[mi·li'ew]

die Kerze
lumânare f
[lu·mɨ'na·re]

der Stuhl
scaun n
['ska·un]

der Esstisch
masă f
['ma·sə]

die Tischdekoration
ornament n
[or·na'ment]

der Holzboden
podea din lemn f
[po'de̯a din lemn]

die Blumenvase
vază f
['va·zə]

die Anrichte
servantă f
[ser'van·tə]

die Wanduhr
ceas de perete n
[ʧe̯as de pe're·te]

der Hochstuhl
scaun înalt (pentru bebeluș) n
['ska·un ɨ'nalt ('pen·tru be·be'luʃ)]

DAS HAUS – CASA

Die Küche – Bucătăria

die Einbauküche
bucătărie echipată f
[bu·kə·tə'ri·e e·ki'pa·tə]

die Einbauleuchte
spot incastrabil n
[spot in·ka'stra·bil]

die Dunstabzugshaube
hotă f
['ho·tə]

die Arbeitsplatte
blat de lucru n
[blat de 'lu·kru]

der Hängeschrank
dulap suspendat n
[du'lap sus·pen'dat]

der Backofenschalter
întrerupător pentru cuptor n
[în·tre·ru·pə'tor 'pen·tru kup'tor]

der Herd
plită f
['pli·tə]

der Backofen
cuptor n
[kup'tor]

das Spülbecken
chiuvetă f
[kju've·tə]

der Küchenhocker
scaun de bar n
['ska·un de bar]

die Schublade
sertar n
[ser'tar]

der Kühlschrank
frigider n
[fri·ʤi'der]

die Frühstückstheke
bar n
[bar]

die Spülmaschine
mașină de spălat vase f
[ma'ʃi·nə de spə'lat 'va·se]

der Gefrierschrank
congelator n
[kon·ʤe·la'tor]

das Geschirrtuch
șervet de bucătărie n
[ʃer'vet de bu·kə·tə'ri·e]

der Mülleimer	**coș de gunoi** n [koʃ de gu'noj]
die Mülltrennung	**sortare a deșeurilor** f [sor'ta·re a de'ʃe·u·ri·lor]
die Verpackung	**ambalaj** n [am·ba'laʒ]
das Altglas	**sticlă veche** f ['sti·klə 've·ke]
den Ofen vorheizen	**a preîncălzi cuptorul** [a pre·in·kəl'zi kup'to·rul]
die Spülmaschine laufen lassen	**a da drumul la mașina de spălat vase** [a da 'dru·mul la ma'ʃi·na de spə'lat 'va·se]
das Geschirr abtropfen lassen	**a lăsa vasele la scurs** [a lə'sa 'va·se·le la skurs]

DAS HAUS – CASA

Küchengeräte – Aparate de bucătărie

der Pürierstab
mixer vertical n
[ˈmi·ksər ver·tiˈkal]

der Mixer
mixer de legume și fructe n [ˈmi·ksər de leˈgu·me ʃi ˈfruk·te]

die Küchenmaschine
robot de bucătărie m
[roˈbot de bu·kə·təˈri·e]

die Mikrowelle
cuptor cu microunde n
[kupˈtor ku mi·kroˈun·de]

das Handrührgerät
mixer n
[ˈmi·ksər]

der Wasserkocher
fierbător de apă n
[fjer·bəˈtor de ˈa·pə]

das Waffeleisen
aparat pentru preparat gofre n [a·paˈrat ˈpen·tru pre·paˈrat ˈgo·fre]

der Elektrogrill
grătar electric n
[grəˈtar eˈlek·trik]

der Toaster
prăjitor de pâine n
[prə·jiˈtor de ˈpɨj·ne]

die Küchenwaage
cântar de bucătărie n
[kɨnˈtar de bu·kə·təˈri·e]

der Schnellkochtopf
oală sub presiune f
[ˈo̯a·lə sub pre·siˈu·ne]

der Sandwichgrill
aparat pentru sandvișuri calde n [a·paˈrat ˈpen·tru ˈsand·vi·ʃuri ˈkal·de]

die Kaffeemaschine
mașină de cafea f
[maˈʃi·nə de kaˈfe̯a]

der Dampfgarer
aparat de gătit cu aburi n
[a·paˈrat de gəˈtit ku ˈa·burʲ]

der Raclettegrill
plită electrică pentru raclette f [ˈpli·tə eˈlek·tri·kə ˈpen·tru raˈklet]

der Reiskocher
fierbător de orez n
[fjer·bəˈtor de oˈrez]

DAS HAUS – CASA

Koch- und Backutensilien – Ustensile de gătit și de copt

der Küchenwecker
cronometru de bucătărie n
[kro·no'me·tru de bu·kə·tə'ri·e]

das Ausstechförmchen
formă pentru decupat aluat f ['for·mə 'pen·tru de·ku'pat a·lu'at]

das Küchenpapier
hârtie de bucătărie f
[hɨr'ti·e de bu·kə·tə'ri·e]

die Schürze
șorț n
[ʃorts]

das Muffinförmchen
formă pentru muffin f
['for·mə 'pen·tru 'ma·fin]

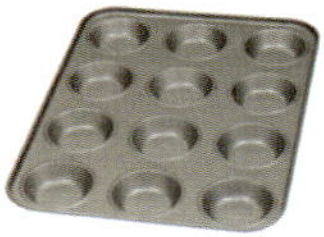

die Törtchenform
formă pentru brioșe f
['for·mə 'pen·tru bri'o·ʃe]

die Springform
formă pentru tort detașbilă f
['for·mə 'pen·tru tort de·ta'ʃa·bi·lə]

das Backblech
tavă de copt f
['ta·və de kopt]

der Messerschärfer
ascuțitor de cuțite n
[as·ku·tsi'tor de ku'tsi·te]

das Teigrad
tăietor pentru aluat n
[tə·je'tor 'pen·tru a·lu'at]

der Topfhandschuh
mănușă termoprotectoare f [mə'nu·ʃə ter·mo·pro·tek'to̯a·re]

das Tablett
tavă f
['ta·və]

die Sanduhr
clepsidră f
[klep'si·drə]

das Kuchengitter	**grătar pentru prăjituri** n [grə'tar 'pen·tru prə·ʒi'turʲ]
der Spritzbeutel	**cornet pentru ornat** n [kor'net 'pen·tru or'nat]
das Backpapier	**hârtie de copt** f [hɨr'ti·e de kopt]
die Frischhaltefolie	**folie alimentară** f ['fo·li·e a·li·men'ta·rə]
der Putzlappen	**cârpă** f ['kɨr·pə]
die Alufolie	**folie de aluminiu** f ['fo·li·e de a·lu'mi·nju]
der Gefrierbeutel	**pungă pentru congelare** f ['pun·gə 'pen·tru kon·ʤe'la·re]
die Rührschüssel	**bol** n [bol]

DAS HAUS – CASA

Koch- und Backutensilien – Ustensile de gătit și de copt

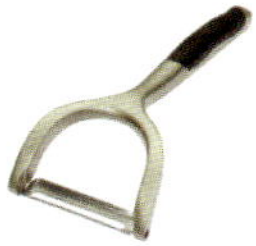

der Schäler
cuțit de curățat legume n
[kuˈtsit de ku·rəˈtsat leˈgu·me]

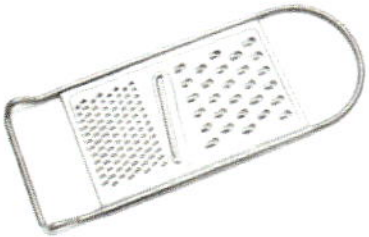

die Reibe
răzătoare f
[rə·zəˈto̯a·re]

das Hackmesser
satâr n
[saˈtɨr]

das Küchenmesser
cuțit de bucătărie n
[kuˈtsit de bu·kə·təˈri·e]

das Küchensieb
sită f
[ˈsi·tə]

das Abtropfsieb
strecurătoare f
[stre·ku·rəˈto̯a·re]

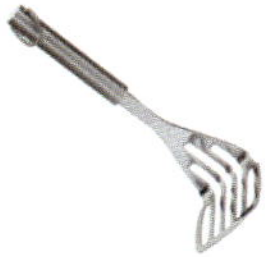

der Kartoffelstampfer
zdrobitor de cartofi n
[zdro·biˈtor de karˈtofʲ]

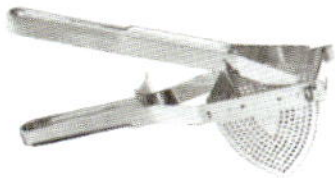

die Knoblauchpresse
presă de usturoi f
[ˈpre·sə de us·tuˈroj]

die Schöpfkelle
polonic n
[po·loˈnik]

der Schneebesen
tel n
[tel]

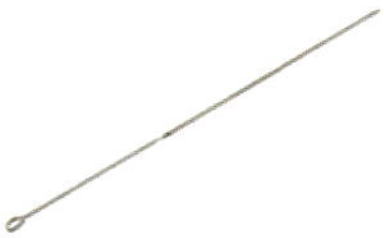

der Spieß
țepușă f
[tseˈpu·ʃə]

der Dosenöffner
deschizător de conserve n
[des·ki·zəˈtor de konˈser·ve]

der Mörser	**mojar** n [moˈʒar]
der Stößel	**pisălog** n [pi·səˈlog]
der Messerblock	**suport de cuțite** n [suˈport de kuˈtsi·te]
der Fleischklopfer	**ciocan pentru carne** n [tʃjoˈkan ˈpen·tru ˈkar·ne]
der Eierschneider	**dispozitiv de tăiat ouă** n [dis·po·ziˈtiv de təˈjat ˈo·wə]
der Eisportionierer	**clește pentru înghețată** m [ˈkleʃ·te ˈpen·tru ɨn·geˈtsa·tə]
die Thermoskanne®	**cană termos** f [ˈka·nə ˈter·mos]
der Spüllappen	**lavetă** f [laˈve·tə]

das Schneidebrett
tocător n
[to·kəˈtor]

DAS HAUS – CASA

Koch- und Backutensilien – Ustensile de gătit și de copt

der Korkenzieher
tirbușon n
[tir·bu'ʃon]

der Backpinsel
pensulă de patiserie f
['pen·su·lə de pa·ti·se'ri·e]

das Nudelholz
sucitor n
[su·ʧi'tor]

der Pfannenwender
paletă f
[pa'le·tə]

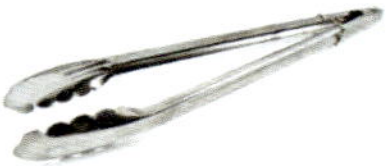

die Küchenzange
cleşte de bucătărie m
['kleʃ·te de bu·kə·tə'ri·e]

der Teigschaber
spatulă f
[spa'tu·lə]

der Servierlöffel
lingură pentru sos f
['lin·gu·rə 'pen·tru sos]

der Kochlöffel
lingură de lemn f
['lin·gu·rə de lemn]

die Bratpfanne
tigaie f
[ti'ga·je]

der Wok
tigaie wok f
[ti'ga·je vok]

der Kochtopf
oală f
['o̯a·lə]

der Schmortopf
oală de lut f
['o̯a·lə de lut]

das Auflaufförmchen
vase pentru copt n
['va·se 'pen·tru kopt]

die Bratengabel	**furculiță pentru friptură** f [fur·ku'li·tsə 'pen·tru frip'tu·rə]
der Untersetzer	**suport** n [su'port]
die Grillpfanne	**tigaie pentru grătar** f [ti'ga·je 'pen·tru grə'tar]
der Messbecher	**cană gradată** f ['ka·nə gra'da·tə]
der Trichter	**pâlnie** f ['pɨl·ni·e]
der Messlöffel	**lingură gradată** f ['lin·gu·rə gra'da·tə]
der Abtropfständer	**scurgător de vase** n [skur·gə'tor de 'va·se]
der Flaschenöffner	**deschizător de sticle** n [des·ki·zə'tor de 'sti·kle]

DAS HAUS – CASA

Das Schlafzimmer – Dormitorul

der Bettbezug
așternut n
[aʃ·terˈnut]

die Bettdecke
pătură f
[ˈpə·tu·rə]

das Kopfteil
tăblie a patului f
[təˈbli·e a ˈpa·tu·luj]

das Doppelbett
pat dublu n
[pat ˈdu·blu]

das Kopfkissen
pernă f
[ˈper·nə]

der Kissenbezug
față de pernă f
[ˈfa·tsə de ˈper·nə]

die Nachttischlampe
veioză f
[veˈjo·zə]

die Kommode
comodă f
[koˈmo·də]

das Bettgestell
pat n
[pat]

das Laken
cearșaf n
[tʃe̯arˈʃaf]

der Teppich
covor n
[koˈvor]

der Hocker
taburet n
[ta·buˈret]

die Matratze
saltea f
[salˈte̯a]

der Nachttisch
noptieră f
[nop·tiˈe·rə]

der Kleiderschrank	**șifonier** n [ʃi·fo·niˈer]
der Wecker	**ceas deșteptător** n [tʃe̯as deʃ·tep·təˈtor]
den Wecker stellen	**a fixa alarma** [a fiˈksa aˈlar·ma]
die Wärmflasche	**termofor** n [ter·moˈfor]
die Heizdecke	**pătură electrică** f [ˈpə·tu·rə eˈlek·tri·kə]
die Tagesdecke	**cuvertură** f [ku·verˈtu·rə]
die Schlafbrille	**ochelari de somn** m [o·keˈlarʲ de somn]
das Zimmer mit Bad	**cameră cu baie** f [ˈka·me·rə ku ˈba·je]

DAS HAUS – CASA

Das Kinderzimmer – Camera copiilor

der Ball
minge f
[ˈmin·ʤe]

die Puppe
păpușă f
[pəˈpu·ʃə]

die Wickeltasche
geantă de scutece f
[ˈʤe̯an·tə de ˈsku·te·ʧe]

der Kinderwagen
cărucior n
[kə·ruˈʧjor]

das Babyfon®
emițăor de supra-veghere n [e·mi·tsəˈtor de su·pra·veˈge·re]

der Laufstall
țarc n
[tsark]

das Gitterbettchen
pătuț n
[pəˈtuts]

die Flauschdecke
păturică flaușată f
[pə·tuˈri·kə flawˈʃa·tə]

das Mobile
jucărie mobilă f
[ʒu·kəˈri·e moˈbi·lə]

der Gitterstab
bară f
[ˈba·rə]

der Teddy
ursuleț de pluș m
[ur·suˈlets de pluʃ]

der Wickeltisch
masă de înfășat f
[ˈma·sə de ɨn·fəˈʃat]

das Kuscheltier
jucărie de pluș f
[ʒu·kəˈri·e de pluʃ]

das Spielzeug
jucărie f
[ʒu·kəˈri·e]

die Wickelauflage
saltea de înfășat f
[salˈte̯a de ɨn·fəˈʃat]

das Töpfchen
oliță de noapte f
[oˈli·tsə de ˈno̯ap·te]

die Babytragetasche
portbebe n
[port·beˈbe]

der Schulranzen
ghiozdan n
[gjozˈdan]

das Bauklötzchen
cub n
[kub]

DAS HAUS – CASA

Das Jugendzimmer – Camera pentru tineret

das Etagenbett	**pat supraetajat** n [pat su·pra·e·taˈʒat]
schlafen	**a dormi** [a dorˈmi]
schnarchen	**a sforăi** [a sfo·rəˈi]
aufwachen	**a se trezi** [a se treˈzi]
aufstehen	**a se scula** [a se skuˈla]
der Albtraum	**coşmar** n [koʃˈmar]
träumen	**a visa** [a viˈsa]

einschlafen	**a adormi** [a a·dorˈmi]
tief schlafen	**a dormi adânc** [a dorˈmi aˈdɨnk]
ausschlafen	**a dormi pe săturate** [a dorˈmi pe sə·tuˈra·te]
wach sein	**a fi treaz** [a fi treaz]
das Bett machen	**a face patul** [a ˈfa·ʧe ˈpa·tul]
ins Bett gehen	**a se culca** [a se kulˈka]
das Zimmer aufräumen	**a ordona camera** [a or·doˈna ˈka·me·ra]

DAS HAUS – CASA

Das Arbeitszimmer – Camera de lucru

der Bilderrahmen
ramă f
[ˈra·mə]

die Verandatür
ușa de la verandă f
[uʃa de la veˈran·də]

der Bücherschrank
bibliotecă f
[bi·bli·oˈte·kə]

die Zimmerpflanze
plantă de interior f
[ˈplan·tə de in·te·riˈor]

das Foto
fotografie f
[fo·to·graˈfi·e]

das Tageslicht
lumina zilei f
[luˈmi·na ˈzi·lej]

der/das Laptop
laptop n
[ˈlep·top]

die Rückenlehne
spătar n
[spəˈtar]

der Sessel
fotoliu n
[foˈto·lju]

der Schreibtisch
birou n
[biˈrow]

der Rollcontainer
dulăpior pe role n
[du·ləˈpjor pe ˈro·le]

der Drehstuhl
scaun rotativ n
[ˈska·un ro·taˈtiv]

die Armlehne
cotieră f
[ko·tiˈe·rə]

die Unterlage	**document** n [do·kuˈment]
die Steuererklärung	**declarație fiscală** f [de·klaˈra·tsi·e fisˈka·lə]
arbeiten	**a lucra** [a luˈkra]
sich konzentrieren	**a se concentra** [a se kon·ʧenˈtra]
die Überstunde	**oră suplimentară** f [ˈo·rə su·pli·menˈta·rə]
von zu Hause arbeiten	**a lucra de acasă** [a luˈkra de aˈka·sə]
eine Pause machen	**a face o pauză** [a ˈfa·ʧe o ˈpa·u·zə]
selbstständig sein	**a fi liber profesionist** [a fi ˈli·ber pro·fe·si·oˈnist]

DAS HAUS – CASA

Das Badezimmer – Baia

der Spiegel
oglindă f
[oˈglin·də]

das Waschbecken
chiuvetă f
[kjuˈve·tə]

der Seifenspender
dozator de săpun n
[do·zaˈtor de səˈpun]

der Waschbecken-unterschrank
dulăpior n
[du·ləˈpjor]

die Duschkabine
cabină de duș f
[kaˈbi·nə de duʃ]

die Dusche
duș n [duʃ]

der Handtuchhalter
suport pentru prosoape n [suˈport ˈpen·tru proˈso̯a·pe]

das Handtuch
prosop n [proˈsop]

der Wasserhahn
robinet n [ro·biˈnet]

die Badewanne
vană f [ˈva·nə]

die Toilette
toaletă f
[to·aˈle·tə]

die Toilettenspülung
sistem de tragere a apei n
[sisˈtem de ˈtra·ʤe·re a ˈa·pej]

der Spülkasten
rezervor de apă n
[re·zerˈvor de ˈa·pə]

auf die Toilette gehen
a merge la toaletă
[a ˈmer·ʤe la to·aˈle·tə]

der Toilettendeckel
capac de toaletă n
[kaˈpak de to·aˈle·tə]

die Toilettenbrille
colac de toaletă m
[koˈlak de to·aˈle·tə]

die Kloschüssel
vas de W.C. n
[vas de veˈʧe]

die Klobürste
perie de W.C. f
[ˈpe·ri·e de veˈʧe]

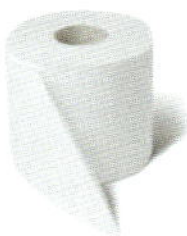

das Toilettenpapier
hârtie igienică f
[hɨrˈti·e i·ʤiˈe·ni·kə]

der Raumduft
odorizant pentru cameră n [o·do·riˈzant ˈpen·tru ˈka·me·rə]

der Klostein
odorizant pentru W.C. n
[o·do·riˈzant ˈpen·tru veˈʧe]

DAS HAUS – CASA

Sanitäre Anlagen – Instalații sanitare

der Elektroboiler
boiler electric n
[ˈboj·lər eˈlek·trik]

der Behälter
recipient n
[re·tʃi·piˈent]

das Thermostat
termostat n
[ter·moˈstat]

der Warmwasserablauf
conductă de ieșire pentru apa caldă f
[konˈduk·tə de jeˈʃi·re ˈpen·tru ˈa·pə ˈkal·də]

der Kaltwasserzulauf
conductă de alimentare cu apă rece f
[konˈduk·tə de a·li·menˈta·re ku ˈa·pə ˈre·tʃe]

das Gas-Wandheizgerät
centrală termică de perete pe gaz f
[tʃenˈtra·lə ˈter·mi·kə de peˈre·te pe gaz]

das Sicherheitsventil
supapă de siguranță f
[suˈpa·pə de si·guˈran·tsə]

der Regler
regulator n
[re·gu·laˈtor]

der Überlauf
țeavă de scurgere f
[ˈtse̯a·və de ˈskur·dʒe·re]

das Waschbecken
chiuvetă f
[kjuˈve·tə]

die Zuleitung
conductă de alimentare f
[konˈduk·tə de a·li·menˈta·re]

der Absperrhahn
robinet de siguranță n
[ro·biˈnet de si·guˈran·tsə]

der Abfluss
conductă de scurgere f
[konˈduk·tə de ˈskur·dʒe·re]

der Siphon
sifon n
[siˈfon]

der Spülkasten
rezervor n
[re·zerˈvor]

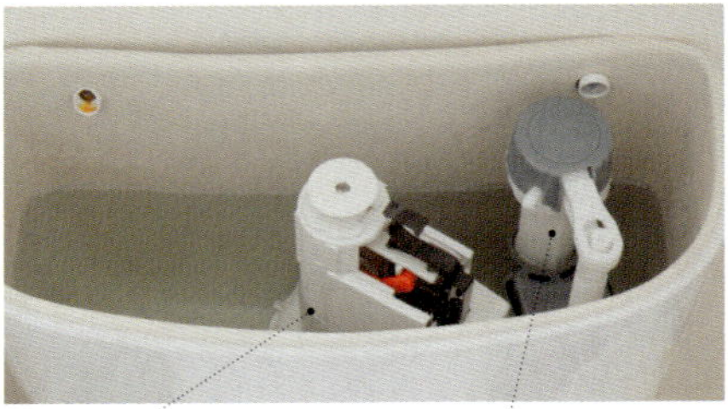

die Heberglocke
flotor n
[floˈtor]

der Überlauf
valvă de scurgere f
[ˈval·və de ˈskur·dʒe·re]

DAS HAUS - CASA

Im Badezimmer - În baie

das Wattepad
dischetă cosmetică f
[disˈke·tə kosˈme·ti·kə]

der Duschschwamm
burete de duș m
[buˈre·te de duʃ]

der Lockenstab
ondulator n
[on·du·laˈtor]

das Glätteisen
placă de întins părul f
[ˈpla·kə de ɨnˈtins ˈpə·rul]

der Rasierapparat
aparat electric de ras n
[a·paˈrat eˈlek·trik de ras]

das Schwammtuch
lavetă de burete f
[laˈve·tə de buˈre·te]

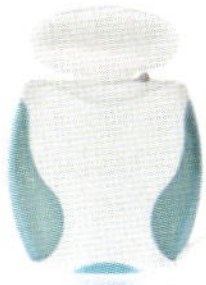

die Zahnseide
ață dentară f
[ˈa·ʦə denˈta·rə]

die Zahnbürste
periuță de dinți f
[pe·riˈu·ʦə de dinʦʲ]

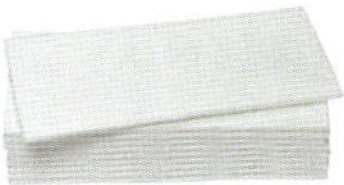

das Taschentuch
batistă f
[baˈtis·tə]

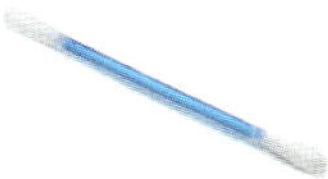

das Wattestäbchen
bețișor de urechi n
[be·ʦiˈʃor de uˈre·kʲ]

der Föhn
uscător de păr n
[us·kəˈtor de pər]

der Rasierschaum
spumă de ras f
[ˈspu·mə de ras]

der Waschlappen	**prosopel pentru spălat** n [pro·soˈpel ˈpen·tru spəˈlat]
das Mundwasser	**apă de gură** f [ˈa·pə de ˈgu·rə]
sich rasieren	**a se rade** [a se ˈra·de]
sich frisch machen	**a se împrospăta** [a se ɨm·pros·pəˈta]
sich schminken	**a se machia** [a se maˈki·a]
sich die Zähne putzen	**a se spăla pe dinți** [a se spəˈla pe dinʦʲ]
das Rasierwasser	**loțiune după ras** f [lo·ʦiˈu·ne ˈdu·pə ras]
der Duschkopf	**pară de duș** f [ˈpa·rə de duʃ]
der Duschvorhang	**perdea de duș** f [perˈde̯a de duʃ]
die Bodematte	**covoraș de baie** n [ko·voˈraʃ de ˈba·je]
sich waschen	**a se spăla** [a se spəˈla]
baden	**a face baie** [a ˈfa·ʧe ˈba·je]
den Hahn auf-/zudrehen	**a deschide/închide robinetul** [a desˈki·de/ɨnˈki·de ro·biˈne·tul]
duschen	**a face duș** [a ˈfa·ʧe duʃ]

der Rasierer
aparat de ras n
[a·paˈrat de ras]

DAS HAUS – CASA

Die Waschküche – Spălătoria

die Waschmaschine
mașină de spălat f
[maˈʃi·nə de spəˈlat]

die Waschmittelkammer
sertar pentru detergent n
[serˈtar ˈpen·tru de·terˈʤent]

der Frontlader
mașină de spălat cu încărcare frontală f
[maˈʃi·nə de spəˈlat ku ɨn·kərˈka·re fronˈta·lə]

der Wäschekorb
coș de rufe n
[koʃ de ˈru·fe]

die zusammengelegte Wäsche
rufe împăturate f
[ˈru·fe ɨm·pə·tuˈra·te]

die Wäscheleine
sfoară de întins rufe f
[ˈsfo̯a·rə de ɨnˈtins ˈru·fe]

die Wäscheklammer
cârlig de rufe n
[kɨrˈlig de ˈru·fe]

der Fleckenentferner
soluție de scos pete f
[soˈlu·tsi·e de skos ˈpe·te]

der Weichspüler
balsam pentru rufe n
[balˈsam ˈpen·tru ˈru·fe]

das Bleichmittel
înălbitor m
[ɨ·nəl·biˈtor]

das Waschpulver
detergent de rufe m
[de·terˈʤent de ˈru·fe]

das Bügeleisen
fier de călcat n
[fjer de kəlˈkat]

das Bügelbrett
masă de călcat f
[ˈma·sə de kəlˈkat]

die Waschmaschine füllen	**a încărca mașina de spălat** [a ɨn·kərˈka maˈʃi·na de spəˈlat]
die Wäsche waschen	**a spăla rufe** [a spəˈla ˈru·fe]
die Wäsche schleudern	**a centrifuga rufe** [a ʧen·tri·fuˈga ˈru·fe]
der Wäscheständer	**uscător de rufe** n [us·kəˈtor de ˈru·fe]
der Wäschetrockner	**mașină de uscat rufe** f [maˈʃi·nə de usˈkat ˈru·fe]
der Schmutzwäschekorb	**coș de rufe murdare** n [koʃ de ˈru·fe murˈda·re]
die Wäsche zum Trocknen aufhängen	**a întinde rufele la uscat** [a ɨnˈtin·de ˈru·fe·le la usˈkat]
bügeln	**a călca** [a kəlˈka]

DAS HAUS – CASA

Reinigungsartikel – Produse de curățat

das Reinigungsmittel
detergent m
[de·ter'ʤent]

das Spülmittel
detergent de vase m
[de·ter'ʤent de 'va·se]

die Bürste
perie de W.C. f
['pe·ri·e de ve'ʧe]

die Sprühflasche
pulverizator n
[pul·ve·ri·za'tor]

der Gummiwischer
racletă de cauciuc f
[ra'kle·tə de ka·u'ʧjuk]

die Kehrschaufel
făraș n
[fə'raʃ]

der Handfeger
perie f
['pe·ri·e]

der Wischmopp
mop n
[mop]

der Schwamm
burete m
[bu're·te]

der Gummihandschuh
mănușă de cauciuc f
[mə'nu·ʃə de ka·u'ʧjuk]

der Eimer
găleată f
[gə'le̯a·tə]

der WC-Reiniger
detergent pentru W.C. m
[de·ter'ʤent 'pen·tru ve'ʧe]

schrubben	**a freca cu peria**	[a fre'ka ku 'pe·ri·a]
fegen	**a mătura**	[a mə·tu'ra]
polieren	**a lustrui**	[a lus·tru'i]
putzen	**a curăța**	[a ku·'rə·tsa]
abwischen	**a șterge**	[a 'ʃter·ʤe]
der Staubsauger	**aspirator** n	[as·pi·ra'tor]
Staub saugen	**a aspira**	[a as·pi'ra]
der Staubwedel	**pămătuf de praf** n	[pə·mə'tuf de praf]

die Wurzelbürste
perie de rădăcini f
['pe·ri·e de rə·də'ʧinʲ]

DAS HAUS - CASA

Die Heimwerkstatt - Atelierul

die Handsäge
fierăstrău de mână n
[fje·rəsˈtrəw de ˈmɨ·nə]

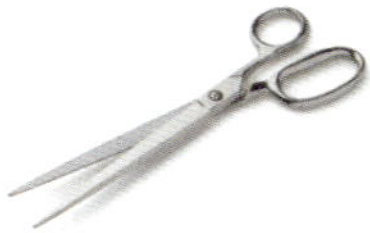

die Schere
foarfecă f
[ˈfo̯ar·fe·kə]

die Schraube
șurub n
[ʃuˈrub]

die Mutter
piuliță f
[pi·uˈli·tsə]

der Schrauben-schlüssel
cheie fixă f
[ˈke·je ˈfi·ksə]

der Holzhammer
ciocan de lemn n
[tʃjoˈkan de lemn]

die Rohrzange
cheie mops f
[ˈke·je mops]

das Maßband
ruletă f
[ruˈle·tə]

der Nagel
cui n
[kuj]

der Hammer
ciocan n
[tʃjoˈkan]

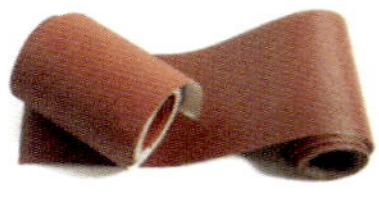

das Schleifpapier
șmirghel n
[ˈʃmir·gel]

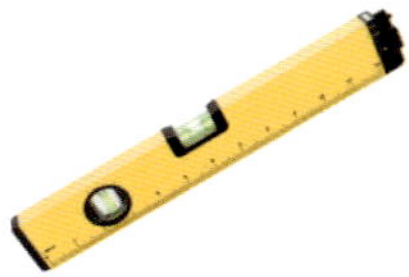

die Wasserwaage
nivelă f
[niˈve·lə]

die Kombizange
cleşte patent m
[ˈkleʃ·te paˈtent]

der Schraubenzieher
șurubelniță f
[ʃu·ruˈbel·ni·tsə]

die Bügelsäge
bomfaier n
[bomˈfa·jer]

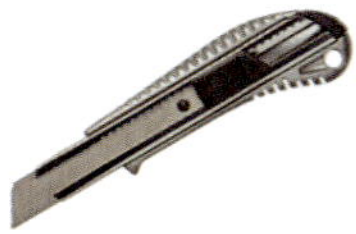

das Teppichmesser
cutter n
[ˈka·tər]

DAS HAUS - CASA

Die Heimwerkstatt - Atelierul

der Akkubohrer
mașină de găurit cu acumulator f
[ma'ʃi·nə de gə·u'rit ku a·ku·mu·la'tor]

der Akku
acumulator n
[a·ku·mu·la'tor]

der Bohrer
burghiu n
[bur'giw]

der Elektrobohrer
mașină electrică de găurit f
[ma'ʃi·nə e'lek·tri·kə de gə·u'rit]

das Stemmeisen	**daltă** f ['dal·tə]
die Nietenzange	**clește pentru nituit** m ['kleʃ·te 'pen·tru ni·tu'it]
der Seitenschneider	**clește de tăiat sârmă** m ['kleʃ·te de tə'jat 'sɨr·mə]
das Sägeblatt	**lamă de fierăstrău** f ['la·mə de fje·rəs'trəw]
schrauben	**a înșuruba** [a ɨn·ʃu·ru'ba]
löten	**a lipi cu cositor** [a li'pi ku ko·si'tor]
messen	**a măsura** [a mə·su'ra]
sägen	**a tăia cu fierăstrăul** [a tə'ja ku fje·rəs'trə·ul]
schneiden	**a tăia** [a tə'ja]
bohren	**a găuri** [a gə·u'ri]
hämmern	**a bate cu ciocanul** [a 'ba·te ku tʃjo'ka·nul]
feilen	**a pili** [a pi'li]
ausstemmen	**a scobi** [a sko'bi]
nieten	**a nitui** [a ni·tu'i]
streichen	**a vopsi** [a vop'si]
hobeln	**a rindelui** [a rin·de·lu'i]

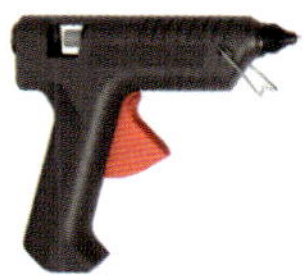

die Klebepistole
pistol de lipit n
[pis'tol de li'pit]

die Stichsäge
fierăstrău electric n
[fje·rəs'trəw e'lek·trik]

der Bandschleifer
mașină de șlefuit f
[ma'ʃi·nə de ʃle·fu'it]

die Kreissäge
fierăstrău circular n
[fje·rəs'trəw tʃir·ku'lar]

DAS HAUS – CASA

Die Heimwerkstatt – Atelierul

der Müllbeutel
sac de gunoi m
[sak de guˈnoj]

das Mikrofasertuch
cârpă de microfibră f
[ˈkɨr·pə de mi·kroˈfi·brə]

der Dichtstoff
pastă de sigilat f
[ˈpas·tə de si·ʤiˈlat]

die Kartuschenpistole
pistol pentru tuburi n
[pisˈtol ˈpen·tru ˈtu·burʲ]

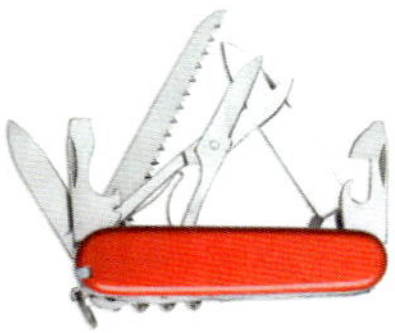

das Taschenmesser
briceag n
[briˈʧe̯ag]

der Werkzeugkasten
trusă de scule f
[ˈtru·sə de ˈsku·le]

die Werkbank
banc de lucru n
[bank de ˈlu·kru]

der Inbusschlüssel
cheie imbus f
[ˈke·je ˈim·bus]

der Besen
mătură f
[ˈmə·tu·rə]

die Schutzbrille
ochelari de protecție m
[o·keˈlarʲ de proˈtek·tsi·e]

der Lötkolben
ciocan electric de lipit n
[ʧjoˈkan eˈlek·trik de liˈpit]

das Lötzinn
cositor n
[ko·siˈtor]

das Sperrholz	**placaj** n [plaˈkaʒ]
die Spanplatte	**placă aglomerată** f [ˈpla·kə a·glo·meˈra·tə]
der Lack	**lac** n [lak]
das Metall	**metal** n [meˈtal]
der rostfreie Stahl	**oțel inoxidabil** n [oˈtsel i·no·ksiˈda·bil]
der Kunststoff	**plastic** n [ˈplas·tik]
der Draht	**sârmă** f [ˈsɨr·mə]
das Holzbrett	**scândură** f [ˈskɨn·du·rə]

DAS HAUS - CASA

Renovieren - Renovare

der Acryllack
lac acrilic n
[lak aˈkri·lik]

der Flachpinsel
pensulă lată f
[ˈpen·su·lə ˈla·tə]

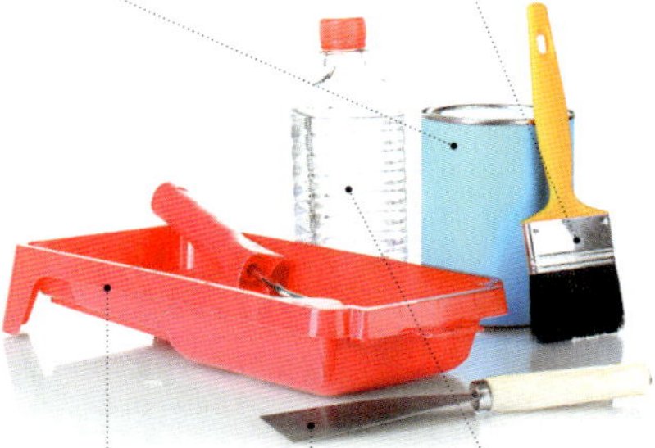

die Farbwanne
tavă pentru vopsea f
[ˈta·və ˈpen·tru vopˈse̯a]

das Verdünnungsmittel
diluant m
[di·luˈant]

der/die Spachtel
șpaclu n
[ˈʃpa·klu]

der Farbroller
rolă pentru vopsit f
[ˈro·lə ˈpen·tru vopˈsit]

der Handwerker
meseriaș m
[me·seˈri·aʃ]

die Leiter
scară f
[ˈska·rə]

die Latzhose
salopetă f
[sa·loˈpe·tə]

die Farbdose
cutie de vopsea f
[kuˈti·e de vopˈse̯a]

tapezieren
a tapeta
[a ta·peˈta]

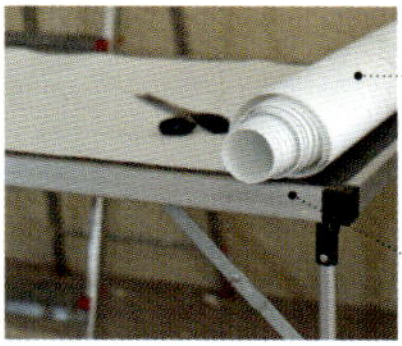

die Tapetenrolle
rolă de tapet f
[ˈro·lə de taˈpet]

der Tapeziertisch
masă de încleiat f
[ˈma·sə de ɨn·kleˈjat]

die Farbe
vopsea f
[vopˈse̯a]

das Abdeckband
bandă adezivă de hârtie f
[ˈban·də a·deˈzi·və de hɨrˈti·e]

kacheln	**a faianța** [a fa·janˈtsa]
verputzen	**a tencui** [a ten·kuˈi]
spachteln	**a astupa** [a as·tuˈpa]
die Tapete entfernen	**a dezlipi tapetul** [a dez·liˈpi taˈpe·tul]
die Abdeckfolie	**folie protectoare** f [ˈfo·li·e pro·tekˈto̯a·re]
die Spachtelmasse	**mastic** n [masˈtik]
das Lösungsmittel	**dizolvant** m [di·zolˈvant]
das Versiegelungsmittel	**soluție de etanșare** f [soˈlu·tsi·e de e·tanˈʃa·re]

das Farbmuster
paletă de culori f
[paˈle·tə de kuˈlorʲ]

DAS HAUS - CASA

Strom und Heizung - Curent și încălzire

der Stromzähler
contor de curent electric n
[kon'tor de ku'rent e'lek·trik]

die Sicherung
siguranță f
[si·gu'ran·tsə]

der Heizkörper
calorifer n
[ka·lo·ri'fer]

der Kaminofen
șemineu n
[ʃe·mi'neu]

der Stecker
ștecăr n
['ʃte·kər]

die Steckdose
priză f
['pri·zə]

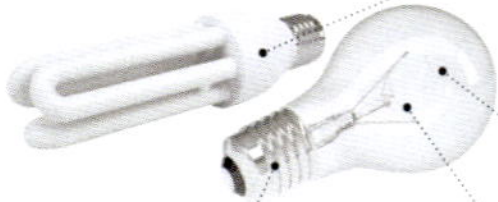

die Energiesparlampe
bec economic n
[bek e·ko'no·mik]

die Glühbirne
bec n
[bek]

der Lampensockel
soclul becului n
['so·klul 'be·ku·luj]

der Glühfaden
filament n
[fi·la'ment]

das Verlängerungskabel
prelungitor n
[pre·lun·dʒi'tor]

der Schalter
întrerupător n
[ɨn·tre·ru·pə'tor]

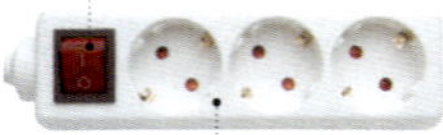

die Mehrfachsteckdose
priză multiplă f
['pri·zə mul'ti·plə]

der Luftkanal	**canal de aerisire** n [ka'nal de a·e·ri'si·re]
die Heizung anschalten/ausschalten	**a porni/opri încălzirea** [a por'ni/o'pri ɨn·kəl'zi·rea]
die erneuerbare Energie	**energie din surse regenerabile** f [e·ner'dʒi·e din 'sur·se re·dʒe·ne'ra·bi·le]
das Stromnetz	**rețea electrică** f [re'tsea e'lek·tri·kə]
die Stromstärke	**intensitatea curentului** f [in·ten·si'ta·tea ku'ren·tu·luj]
die Spannung	**tensiune** f [ten·si'u·ne]
die Solarheizung	**încălzire solară** f [ɨn·kəl'zi·re so'la·rə]
die Zentralheizung	**încălzire centrală** f [ɨn·kəl'zi·re tʃen'tra·lə]
die Fußbodenheizung	**încălzire prin pardoseală** f [ɨn·kəl'zi·re prin par·do'sea·lə]
der Sicherungskasten	**tablou de siguranțe** n [ta'blow de si·gu'ran·tse]
die Leitung	**cablu** n ['ka·blu]
das Ampere	**amper** m [am'per]
das Watt	**watt** m [wat]
das Volt	**volt** m [volt]
der Adapter	**adaptor** n [a·dap'tor]
die Erdung	**împământare** f [ɨm·pə·mɨn'ta·re]

DER GARTEN – GRĂDINA

die Terrasse
terasă f
[teˈra·sə]

der Gartenteich
iaz de gădină n
[jaz de grəˈdi·nə]

der Gartenweg
alee f
[aˈle·e]

der Gemüsegarten
grădină de zarzavat f
[grəˈdi·nə de zar·zaˈvat]

die Küchenkräuter
ierburi aromatice culinare f [ˈjer·burʲ a·roˈma·ti·ʧe ku·liˈna·re]

das Gewächshaus
seră f
[ˈse·rə]

das Gartenhaus
căsuță de grădină f
[kəˈsu·tsə de grəˈdi·nə]

das Blumenbeet
strat de flori n
[strat de florʲ]

die Gartenbank
bancă f
[ˈban·kə]

die Gartenmöbel
mobilier de grădină n
[mo·bi·liˈer de grəˈdi·nə]

die Gartenmauer
zid n
[zid]

der Dachgarten
grădină pe acoperiș f
[grəˈdi·nə pe a·ko·peˈriʃ]

der Komposter
compostieră f
[kom·pos·tiˈe·rə]

der Steingarten
grădină cu pietriș f
[grəˈdi·nə ku pjeˈtriʃ]

der Gartenzaun
gard n
[gard]

die Hecke
gard viu n
[gard viw]

DER GARTEN – GRĂDINA

Gartengeräte – Unelte de grădinărit

die Rosenschere
foarfecă pentru trandafiri f
[ˈfo̯ar·fe·kə ˈpen·tru tran·daˈfirʲ]

der Gartenschlauch
furtun de stropit n
[furˈtun de stroˈpit]

die Topfpflanze
plantă în ghiveci f
[ˈplan·tə ɨn giˈvet͡ʃʲ]

der Handrechen
greblă de mână f
[ˈgre·blə de ˈmɨ·nə]

die Blumenkelle
mistrie de grădinărit f
[misˈtri·e de grə·di·nəˈrit]

die Gießkanne
stropitoare f
[stro·piˈto̯a·re]

der Laubrechen
greblă pentru frunze f
[ˈgre·blə ˈpen·tru ˈfrun·ze]

der Spaten
cazma f
[kazˈma]

der Gartenhandschuh
mănușă de grădinărit f
[məˈnu·ʃə de grə·di·nəˈrit]

der Rasenmäher
mașină de tuns iarba f
[maˈʃi·nə de tuns ˈjar·ba]

der Rasentrimmer
motocositoare f
[mo·to·ko·siˈto̯a·re]

der Rechen
greblă f
[ˈgre·blə]

die Mistgabel
furcă f
[ˈfur·kə]

die Schubkarre
roabă f
[ˈro̯a·bə]

die Heckenschere
foarfecă de tuns gard viu f [ˈfo̯ar·fe·kə de tuns gard viw]

die Hacke
sapă f
[ˈsa·pə]

der Rasensprenger
irigator pentru gazon n
[i·ri·gaˈtor ˈpen·tru gaˈzon]

DER GARTEN - GRĂDINA

Die Gartenarbeit - Grădinăritul

Rollrasen verlegen
a monta gazonul rulat
[a mon'ta ga'zo·nul ru'lat]

den Rasen sprengen
a iriga gazonul
[a i·ri'ga ga'zo·nul]

das Laub rechen
a grebla frunze
[a gre'bla 'frun·ze]

pflanzen
a planta
[a plan'ta]

stutzen
a tunde
[a 'tun·de]

den Rasen mähen
a tunde gazonul
[a 'tun·de ga'zo·nul]

Unkraut jäten
a smulge buruiană
[a 'smul·ʤe bu·ru'ja·nə]

umgraben
a săpa
[a sə'pa]

zurückschneiden
a tăia
[a tə'ja]

pflücken
a culege
[a ku·'le·ʤe]

säen
a sădi
[a sə'di]

spritzen
a stropi
[a stro'pi]

düngen	**a fertiliza** [a fer·ti·li'za]
ernten	**a recolta** [a re·kol'ta]
züchten	**a cultiva** [a kul·ti'va]
vermehren	**a înmulți** [a ɨn·mul'tsi]
gießen	**a uda** [a u'da]
der Sämling	**răsad** n [rə'sad]
der Dünger	**îngrășământ** n [ɨn·grə·ʃə'mɨnt]
der Unkrautvernichter	**erbicid** n [er·bi'ʧid]

eintopfen
a planta în ghiveci
[a plan'ta ɨn gi'veʧʲ]

ESSEN UND TRINKEN

MÂNCARE ȘI BĂUTURĂ

TIERISCHE PRODUKTE – PRODUSE ANIMALE

Fleisch – Carne

das Lammfleisch
carne de miel f
[ˈkar·ne de mjel]

das Rindfleisch
carne de vită f
[ˈkar·ne de ˈvi·tə]

das Steak
mușchi m
[muʃkʲ]

das Schweinefleisch
carne de porc f
[ˈkar·ne de pork]

das Filet
file n
[fiˈle]

das Kalbfleisch
carne de vițel f
[ˈkar·ne de viˈʦel]

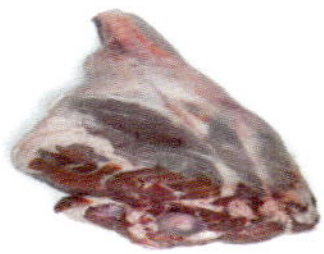

die Keule
pulpă f
[ˈpul·pə]

das Kotelett
cotlet n
[koˈtlet]

die Leber
ficat m
[fiˈkat]

die Niere
rinichi m
[riˈnikʲ]

das Kaninchen
iepure (de casă) m
[ˈje·pu·re (de ˈka·sə)]

der Schinken
șuncă f
[ˈʃun·kə]

das Hackfleisch
carne tocată f
[ˈkar·ne toˈka·tə]

die Wurst
cârnat m
[kɨrˈnat]

der Aufschnitt
mezeluri pl
[meˈze·lurʲ]

die Salami
salam n
[saˈlam]

TIERISCHE PRODUKTE – PRODUSE ANIMALE

Geflügel – Pasăre

das Hähnchen
pui m
[puj]

der Schenkel
pulpă f
[ˈpul·pə]

die Brust
piept n
[pjept]

der Flügel
aripă f
[ˈa·ri·pə]

die Hähnchenkeule
copan de pui n
[koˈpan de puj]

die Ente
rață f
[ˈra·tsə]

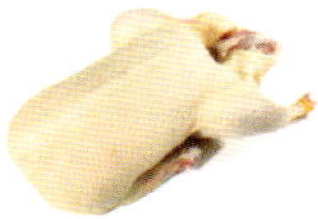

das Entenfleisch
carne de rață f
[ˈkar·ne de ˈra·tsə]

die Gans
gâscă f
[ˈgɨs·kə]

das Gänsefleisch
carne de gâscă f
[ˈkar·ne de ˈgɨs·kə]

die Wachtel
prepeliță f
[ˈpre·pe·li·tsə]

das Wachtelfleisch
carne de prepeliță f
[ˈkar·ne de ˈpre·pe·li·tsə]

die Pute
curcan m
[kurˈkan]

das Putenfleisch
carne de curcan f
[ˈkar·ne de kurˈkan]

das Bioprodukt	**produs ecologic** n [proˈdus e·ko·ˈlo·ʤik]
die Innereien	**măruntaie** n [mə·runˈta·je]
mariniert	**marinat** [ma·riˈnat]
geräuchert	**afumat** [a·fuˈmat]
gepökelt	**sărat** [səˈrat]
braten	**a frige** [a ˈfri·ʤe]
schmoren	**a fierbe înăbușit** [a ˈfjer·be ɨ·nə·buˈʃit]
grillen	**a frige la grătar** [a ˈfri·ʤe la grəˈtar]

aus Freilandhaltung
crescut în aer liber
[kresˈkut ɨn ˈa·jer ˈli·ber]

TIERISCHE PRODUKTE – PRODUSE ANIMALE

Fisch – Pește

die Forelle
păstrăv m
[ˈpəs·trəv]

der Karpfen
crap m
[krap]

der Zander
șalău m
[ʃaˈləw]

der Seeteufel
pește pescar m
[ˈpeʃ·te pesˈkar]

die Makrele
macrou n
[maˈkrow]

die Seezunge
limbă de mare f
[ˈlim·bə de ˈma·re]

die Sardine
sardină f
[sarˈdi·nə]

die Scholle
cambulă f
[ˈkam·bu·lə]

der Aal
anghilă f
[anˈgi·lə]

der Thunfisch
ton m
[ton]

der Kabeljau
merluciu m
[merˈlu·ʧju]

der Seebarsch
lup de mare m
[lup de ˈma·re]

der Lachs
somon m
[soˈmon]

der Heilbutt
cambulă uriașă f
[ˈkam·bu·lə u·riˈa·ʃə]

der Fischrogen
icre pl
[ˈi·kre]

das Fischsteak
felie de pește f
[feˈli·e de ˈpeʃ·te]

TIERISCHE PRODUKTE – PRODUSE ANIMALE

Meeresfrüchte – Fructe de mare

die Garnele
crevetă f
[kre've·tə]

der Hummer
homar m
[ho'mar]

der Krebs
crab m
[krab]

der Flusskrebs
rac m
[rak]

die Miesmuschel
midie f
['mi·di·e]

die Kammmuschel
scoică-pieptene f
['skoj·kə 'pjep·te·ne]

die Venusmuschel
scoică veneridae f
['skoj·kə ve·ne'ri·de]

die Herzmuschel
moluscă f
[mo'lus·kə]

die Auster
stridie f
['stri·di·e]

der Tintenfisch
calamar m
[ka·la'mar]

der Krake
caracatiță f
[ka·ra'ka·ti·tsə]

der Räucherfisch
pește afumat m
['peʃ·te a·fu'mat]

das Filet	**file** n [fi'le]
geräuchert	**afumat** [a·fu'mat]
einen Fisch entgräten	**a dezosa un pește** [a de·zo'sa un 'peʃ·te]
die Gräte	**os de pește** n [os de 'peʃ·te]
die Schuppe	**solz** m [solz]
abschuppen	**a curăța de solzi** [a ku·rə'tsa de solzʲ]
tiefgefroren	**congelat** [kon·dʒe'lat]
frisch	**proaspăt** ['pro̯as·pət]

der Dosenfisch
pește în conservă m
['peʃ·te ɨn kon'ser·və]

TIERISCHE PRODUKTE – PRODUSE ANIMALE

Milchprodukte und Eier – Lactate și ouă

die Sahne
frișcă f
[ˈfriʃ·kə]

die Milch
lapte n
[ˈlap·te]

der Hüttenkäse
brânză dulce f
[ˈbrɨn·zə ˈdul·ʧe]

der Ziegenkäse
brânză de capră f
[ˈbrɨn·zə de ˈka·prə]

der Quark
brânză de vaci f
[ˈbrɨn·zə de vaʧʲ]

der Joghurt
iaurt n
[jaˈurt]

der Brie
brânză Brie f
[ˈbrɨn·zə bri]

der Gorgonzola
brânză Gorgonzola f
[ˈbrɨn·zə gor·gonˈʦo·la]

der Feta
brânză feta f
[ˈbrɨn·zə ˈfe·ta]

das Hühnerei
ou de găină n
[ow de gəˈi·nə]

die Eierschale
coajă de ou f
[ˈko̯a·ʒə de ow]

das Eiweiß
albuș de ou n
[alˈbuʃ de ow]

das Eigelb
gălbenuș de ou n
[gəl·beˈnuʃ de ow]

das Wachtelei
ou de prepeliță n
[ow de ˈpre·pe·li·ʦə]

das Gänseei
ou de gâscă n
[ow de ˈgɨs·kə]

TIERISCHE PRODUKTE – PRODUSE ANIMALE

Milchprodukte und Eier – Lactate și ouă

der Eierkarton
cofraj de ouă n
[koˈfraʒ de ˈo·wə]

die Butter
unt n
[unt]

der Parmesan
brânză Parmezan f
[ˈbrɨn·zə par·meˈzan]

der Emmentaler
brânză Emmental f
[ˈbrɨn·zə ˈe·men·tal]

der Cheddar
brânză Cheddar f
[ˈbrɨn·zə ˈʧe·dar]

der Raclettekäse
brânză pentru raclette f
[ˈbrɨn·zə ˈpen·tru raˈklet]

der Camembert
brânză Camembert f
[ˈbrɨn·zə ka·memˈbert]

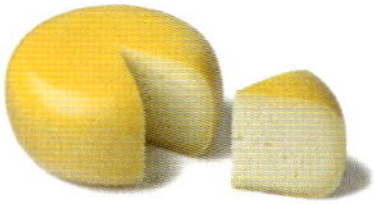

der Gouda
brânză Gouda f
[ˈbrɨn·zə ˈgaw·da]

der Mozzarella
brânză Mozzarella f
[ˈbrɨn·zə mo·tsaˈre·la]

der geriebene Käse
brânză rasă f
[ˈbrɨn·zə ˈra·sə]

die Buttermilch
lapte bătut n
[ˈlap·te bəˈtut]

der Frischkäse
brânză proaspătă f
[ˈbrɨn·zə ˈpro̯as·pə·tə]

die Kuhmilch	**lapte de vacă** n [ˈlap·te de ˈva·kə]
die Ziegenmilch	**lapte de capră** n [ˈlap·te de ˈka·prə]
die laktosefreie Milch	**lapte fără lactoză** n [ˈlap·te ˈfə·rə lakˈto·zə]
die Sojamilch	**lapte de soia** n [ˈlap·te de ˈso·ja]
homogenisiert	**omogenizat** [o·mo·ʤe·niˈzat]
pasteurisiert	**pasteurizat** [pas·te·u·riˈzat]
fettarm	**degresat** [de·greˈsat]
die Vollmilch	**lapte integral** n [ˈlap·te in·teˈgral]

die Kondensmilch
lapte condensat n
[ˈlap·te kon·denˈsat]

GEMÜSE – LEGUME

die/der Trüffel
trufă f
[ˈtru·fə]

der Champignon
șampinion m
[ˈʃam·pi·njon]

der Steinpilz
hrib m
[hrib]

der Pfifferling
gălbior m
[gəl·biˈor]

der Spargel
sparanghel m
[spaˈran·gel]

der Kohlrabi
gulie f
[guˈli·e]

der Rhabarber
rubarbă f
[ruˈbar·bə]

der Mangold
frunză de gulie f
[ˈfrun·zə de guˈli·e]

der Fenchel
fenicul m
[feˈni·kul]

der/die Stangensellerie
tulpină de țelină f
[tulˈpi·nə de ˈtse·li·nə]

die Artischocke
anghinare f
[an·giˈna·re]

die Kresse
creson n
[kreˈson]

die Brunnenkresse
năsturel m
[nəs·tuˈrel]

das Blatt	**frunză** f [ˈfrun·zə]
der Strunk	**tulpină** f [tulˈpi·nə]
das Röschen	**buchețel** n [bu·keˈtsel]
das Herz	**inimă** f [ˈi·ni·mə]
die Spitze	**vârf** n [vɨrf]
das gedämpfte Gemüse	**legume la aburi** pl [leˈgu·me la ˈa·burʲ]
aus biologischem Anbau	**de cultură biologică** [de kulˈtu·rə bi·oˈlo·dʒi·kə]
aus heimischer Produktion	**din producție locală** [din proˈduk·tsi·e loˈka·lə]

GEMÜSE – LEGUME

Wurzelgemüse – Legume rădăcinoase

die Süßkartoffel
cartof dulce m
[karˈtof ˈdul·ʧe]

die Karotte
morcov m
[ˈmor·kov]

die Kartoffel
cartof m
[karˈtof]

die Schalotte
hașmă f
[ˈhaʃ·mə]

die rote Zwiebel
ceapă roșie f
[ˈʧe̯a·pə ˈro·ʃi·e]

die Pastinake
păstârnac m
[pəs·tɨrˈnak]

der Knoblauch
usturoi m
[us·tuˈroj]

die Rübe
sfeclă f
[ˈsfe·klə]

die Zwiebel
ceapă f
[ˈʧe̯a·pə]

das Radieschen
ridiche f
[riˈdi·ke]

die Frühlingszwiebel
ceapă verde f
[ˈʧe̯a·pə ˈver·de]

die Rote Bete
sfeclă roșie f
[ˈsfe·klə ˈro·ʃi·e]

die Knoblauchzehe	**cățel de usturoi** m [kəˈtsel de us·tuˈroj]
die Knoblauchknolle	**căpățână de usturoi** f [kə·pəˈtsɨ·nə de us·tuˈroj]
die Wurzel	**rădăcină** f [rə·dəˈʧi·nə]
bitter	**amar** [aˈmar]
roh	**crud** [krud]
scharf	**picant** [piˈkant]
mehligkochend	**făinos la fiert** [fə·iˈnos la fjert]
festkochend	**nefăinos la fiert** [ne·fə·iˈnos la fjert]

der Lauch
praz m
[praz]

GEMÜSE – LEGUME

Blattgemüse – Legume cu frunze

der Brokkoli
broccoli m
[ˈbro·ko·li]

der Rotkohl
varză roșie f
[ˈvar·zə ˈro·ʃi·e]

der Wirsing
varză creață f
[ˈvar·zə ˈkre̯a·tsə]

der Rosenkohl
varză de Bruxelles f
[ˈvar·zə de bryˈsel]

der Blumenkohl
conopidă f
[ko·noˈpi·də]

der Weißkohl
varză albă f
[ˈvar·zə ˈal·bə]

der Kopfsalat
salată f
[saˈla·tə]

der Eisbergsalat
salată iceberg f
[saˈla·tə ˈajs·berg]

der Römersalat
lăptucă romană f
[ləpˈtu·kə roˈma·nə]

der/die Chicorée
andivă f
[anˈdi·və]

der Feldsalat
fetică f
[feˈti·kə]

der Spinat
spanac n
[spaˈnak]

der Rucola
rucolă f
[ruˈko·lə]

der Endiviensalat
cicoare de grădină f
[tʃiˈko̯a·re de grəˈdi·nə]

GEMÜSE – LEGUME

Fruchtgemüse – Legume-fruct

der/die Paprika
ardei m
[arˈdej]

die Zucchini
dovlecel m
[do·vleˈʧel]

die Aubergine
vânătă f
[ˈvɨ·nə·tə]

die Tomate
roșie f
[ˈro·ʃi·e]

die Kirschtomate
roșie cherry f
[ˈro·ʃi·e ˈʧe·ri]

die Olive
măslină f
[məsˈli·nə]

die Okraschote
bamă f
[ˈba·mə]

die Chilischote
ardei iute m
[arˈdej ˈju·te]

die Avocado
avocado n
[a·voˈka·do]

die Gurke
castravete m
[kas·traˈve·te]

der Kürbis
dovleac m
[doˈvle̯ak]

der Butternusskürbis
dovleac tămâios m
[doˈvle̯ak tə·mɨˈjos]

schälen	**a descoji** [a des·koˈʒi]
schneiden	**a tăia** [a təˈja]
roh	**crud** [krud]
gekocht	**gătit** [gəˈtit]
gegart	**fiert** [fjert]
das Püree	**piure** n [pjuˈre]
püriert	**pasat** [paˈsat]
braten	**a frige** [a ˈfri·ʤe]

der Mais
porumb m
[poˈrumb]

GEMÜSE – LEGUME

Hülsenfrüchte – Leguminoase

die grüne Linse
linte verde f
[ˈlin·te ˈver·de]

die Ackerbohne
fasole albă f
[faˈso·le ˈal·bə]

die schwarze Bohne
fasole neagră f
[faˈso·le ˈn̩ea·grə]

die Gartenerbse
mazăre f
[ˈma·zə·re]

die Kichererbse
năut m
[nəˈut]

die rote Linse
linte roșie f
[ˈlin·te ˈro·ʃi·e]

die grüne Bohne
fasole verde f
[faˈso·le ˈver·de]

die Zuckererbse
păstaie de mazăre f
[pəsˈta·je de ˈma·zə·re]

die Kidneybohne
fasole roșie f
[faˈso·le ˈro·ʃi·e]

die Limabohne
fasole Lima f
[faˈso·le ˈli·ma]

die Tellerlinse
linte maro f
[ˈlin·te maˈro]

die Hülse	**păstaie** f [pəsˈta·je]
der Kern	**sâmbure** m [ˈsɨm·bu·re]
die Schote	**teacă** f [ˈt̯ea·kə]
der Samen	**sămânță** f [səˈmɨn·tsə]
die Sojasprossen	**germeni de soia** m [ˈdʒer·menʲ de ˈso·ja]
die Sojabohne	**bob de soia** n [bob de ˈso·ja]
die Mungobohne	**fasole mung** f [faˈso·le mung]
die Schwarzaugenbohne	**fasole ochi-negri** f [faˈso·le okʲ ˈne·gri]

OBST – FRUCTE

Beeren und Steinobst – Fructe de pădure și fructe cu sâmbure

die Erdbeere
căpșună f
[kəpˈʃu·nə]

die Himbeere
zmeură f
[ˈzme·u·rə]

die Brombeere
mură f
[ˈmu·rə]

die Heidelbeere
afină f
[a·ˈfi·nə]

die roten Johannisbeeren
coacăze roșii f
[ˈkoa·kə·ze ˈro·ʃij]

die schwarzen Johannisbeeren
coacăze negre f
[ˈkoa·kə·ze ˈne·gre]

die Weintraube
strugure m
[ˈstru·gu·re]

die Stachelbeere
agrișă f
[aˈgri·ʃə]

die Preiselbeere
merișor n
[me·riˈʃor]

die Kirsche
cireașă f
[tʃiˈrea·ʃə]

die Holunderbeere
fruct de soc n
[frukt de sok]

der Pfirsich
piersică f
[ˈpjer·si·kə]

die Nektarine
nectarină f
[nek·taˈri·nə]

die Zwetschge
prună f
[ˈpru·nə]

die Aprikose
caisă f
[kaˈi·sə]

der Apfel
măr n
[mər]

die Birne
pară f
[ˈpa·rə]

die Quitte
gutuie f
[guˈtu·je]

OBST – FRUCTE

Exotische Früchte – Fructe exotice

die Feige
smochină f
[smoˈki·nə]

die Birnenmelone
pepino m
[peˈpi·no]

die Physalis
physalis n
[fiˈsa·lis]

die Litschi
litchi n
[ˈli·ʧi]

die Sternfrucht
carambolă f
[ka·ramˈbo·lə]

die Ananasguave
acca sellowiana f
[ˈa·ka se·lo·viˈa·na]

die Papaya
papaia f
[paˈpa·ja]

die Cherimoya
cherimoya f
[ʧe·riˈmo·ja]

die Passionsfrucht
fructul pasiunii n
[ˈfruk·tul pa·siˈu·nij]

die Mangostanfrucht
mangustan n
[man·guˈstan]

der Granatapfel
rodie f
[ˈro·di·e]

die Kiwano
kiwano n
[kiˈva·no]

die Rambutan
rambutan n
[ˈram·bu·tan]

die Drachenfrucht
fructul dragonului n
[ˈfruk·tul draˈgo·nu·luj]

die Ananas
ananas m
[a·naˈnas]

die Guave
guava f
[ˈgwa·va]

die Banane
banană f
[baˈna·nə]

die Kiwi
kiwi n
[ˈki·vi]

die Mango
mango n
[ˈman·go]

die Kokosnuss
nucă de cocos f
[ˈnu·kə de ˈko·kos]

OBST – FRUCTE

Zitrusfrüchte und Melonen – Citrice și pepeni

die Orange
portocală f
[por·toˈka·lə]

die Limette
lămâie verde f
[ləˈmɨ·je ˈver·de]

die Grapefruit
grepfrut n
[ˈgrep·frut]

die Zitrone
lămâie f
[ləˈmɨ·je]

geschält
cojit
[koˈʒit]

die Clementine
clementină f
[kle·menˈti·nə]

der Schnitz
felie f
[feˈli·e]

die Schale
coajă f
[ˈko̯a·ʒə]

die Zuckermelone
pepene galben cantalup m
[ˈpe·pe·ne ˈgal·ben kan·taˈlup]

die Honigmelone
pepene galben m
[ˈpe·pe·ne ˈgal·ben]

die Wassermelone
pepene roșu m
[ˈpe·pe·ne ˈro·ʃu]

die Blutorange
portocală roșie f
[por·toˈka·lə ˈro·ʃi·e]

kernlos	**fără sâmburi** [ˈfə·rə ˈsɨm·burʲ]
saftig	**zemos** [zeˈmos]
knackig	**crocant** [kroˈkant]
das Kerngehäuse	**cotor** n [koˈtor]
sauer	**acru** [ˈa·kru]
reif	**copt** [kopt]
frisch	**proaspăt** [ˈpro̯as·pət]
faulig	**putred** [ˈpu·tred]

die Kumquat
kumquat n
[kumˈkwat]

OBST – FRUCTE

Nüsse und Trockenobst – Nuci și fructe uscate

der Cashewkern
nucă de caju f
[ˈnu·kə de kaˈʒu]

die Mandel
migdală f
[migˈda·lə]

die Kastanie
castană f
[kasˈta·nə]

die Walnuss
nucă f
[ˈnu·kə]

die Haselnuss
alună f
[aˈlu·nə]

die Erdnuss
arahidă f
[a·raˈhi·də]

die Pekannuss
nucă pecan f
[ˈnu·kə peˈkan]

die Macadamianuss
nucă macadamia f
[ˈnu·kə ma·kaˈda·mja]

der Pinienkern
sămânță de pin f
[səˈmɨn·tsə de pin]

die Rosine
stafidă f
[staˈfi·də]

die Sultanine
stafidă de Smirna f
[staˈfi·də de ˈsmir·na]

die Backpflaume
prună uscată f
[ˈpru·nə usˈka·tə]

die Dattel
curmală f
[kurˈma·lə]

die Paranuss	**nucă de Brazilia** f [ˈnu·kə de braˈzi·li·a]
die Pistazie	**fistic** n [fisˈtik]
geröstet	**prăjit** [prəˈʒit]
gesalzen	**sărat** [səˈrat]
das Studentenfutter	**amestec de nuci și fructe uscate** n [aˈmes·tek de ˈnu·tʃi ʃi ˈfruk·te usˈka·te]
der Nussknacker	**spărgător de nuci** n [spər·gəˈtor de ˈnu·tʃi]
die Nussschale	**coajă de nucă** f [ˈko̯a·ʒə de ˈnu·kə]
eine Nuss knacken	**a sparge o nucă** [a ˈspar·dʒe o ˈnu·kə]

KRÄUTER UND GEWÜRZE – IERBURI AROMATICE ȘI MIRODENII

Kräuter – Ierburi aromatice

der Lavendel
lavandă f
[laˈvan·də]

der Estragon
tarhon m
[tarˈhon]

der Oregano
oregano m
[o·reˈga·no]

das/der Liebstöckel
leuștean m
[le·uʃˈte̯an]

der Salbei
salvie f
[ˈsal·vi·e]

die Minze
mentă f
[ˈmen·tə]

der Majoran
maghiran m
[ma·giˈran]

der Rosmarin
rozmarin m
[roz·maˈrin]

das Basilikum
busuioc m
[bu·suˈjok]

die Petersilie
pătrunjel m
[pə·trunˈʒel]

der Thymian
cimbrișor m
[ʧim·briˈʃor]

der Koriander
coriandru m
[ko·riˈan·dru]

der Schnittlauch
arpagic n
[ar·paˈʤik]

der Fenchel
fenicul m
[feˈni·kul]

der Dill
mărar m
[məˈrar]

die Zitronenmelisse
roiniță f
[ˈroj·ni·ʦə]

KRÄUTER UND GEWÜRZE – IERBURI AROMATICE ȘI MIRODENII

Gewürze – Mirodenii

der Sternanis
anason m
[a·naˈson]

das Lorbeerblatt
frunză de dafin f
[ˈfrun·zə de ˈda·fin]

der Koriander
coriandru m
[ko·riˈan·dru]

die Zimtrinde
scorțișoară f
[skor·tsiˈʃo̯a·rə]

die Kurkuma
curcuma f
[kurˈku·ma]

das Currypulver
praf de curry n
[praf de ˈka·ri]

der Paprika
paprică f
[paˈpri·kə]

der Pfeffer
piper m
[piˈper]

die Muskatnuss
nucșoară f
[nukˈʃo̯a·rə]

der/das Kardamom
cardamom m
[kar·daˈmom]

die Nelken
cuișoare n
[ku·iˈʃo̯a·re]

der Ingwer
ghimbir m
[gimˈbir]

die Chiliflocken
ardei iute tocat m
[arˈdej ˈju·te toˈkat]

die Chilischote
ardei iute m
[arˈdej ˈju·te]

der Fenchel
fenicul m
[feˈni·kul]

das Garam masala
garam masala n
[gaˈram maˈsa·la]

KRÄUTER UND GEWÜRZE – IERBURI AROMATICE ȘI MIRODENII

Würzmittel und Soßen – Arome și sosuri

der Essig
oțet n
[oˈtset]

das Olivenöl
ulei de măsline n
[uˈlej de məsˈli·ne]

der Pfeffer
piper m
[piˈper]

das Salz
sare f
[ˈsa·re]

die Pfeffermühle
râșniță f
[ˈrɨʃ·ni·tsə]

die Salsa
sos n
[sos]

der/das Ketchup
ketchup n
[ˈke·tʃap]

der Senf
muștar n
[muʃˈtar]

die Mayonnaise
maioneză f
[ma·joˈne·zə]

zerstoßen	**a pisa** [a piˈsa]
gemahlen	**măcinat** [mə·tʃiˈnat]
geraspelt	**ras** [ras]
der Salzstreuer	**solniță** f [ˈsol·ni·tsə]
die Salatsoße	**dressing** n [ˈdre·sing]
würzen	**a condimenta** [a kon·di·menˈta]
anmachen	**a aromatiza** [a a·ro·ma·tiˈza]
marinieren	**a marina** [a ma·riˈna]

die Sojasoße
sos de soia n
[sos de ˈso·ia]

GETREIDE UND MEHL – CEREALE ȘI FĂINĂ

der Dinkel
alac n
[aˈlak]

die Kürbiskerne
semințe de dovleac f
[seˈmin·tse de doˈvle̯ak]

die Sonnenblumen-kerne
semințe de floarea-soarelui f [seˈmin·tse de ˈflo̯a·re̯a ˈso̯a·re·luj]

die Quinoa
quinoa f
[kiˈno·a]

der Wildreis
orez sălbatic m
[oˈrez səlˈba·tik]

der Hafer
ovăz m
[oˈvəz]

die Gerste
orz m
[orz]

der Naturreis
orez brun m
[oˈrez brun]

der Mais
porumb m
[poˈrumb]

die Hirse
mei m
[mej]

der Weizen
grâu m
[grɨw]

der/das Couscous
cușcuș n
[kuʃˈkuʃ]

der Buchweizen
hrișcă f
[ˈhriʃ·kə]

der Basmatireis
orez basmati m
[oˈrez basˈma·ti]

der Bulgur
bulgur n
[bulˈgur]

der Reis
orez m
[oˈrez]

GETREIDE UND MEHL – CEREALE ȘI FĂINĂ

die Penne
penne f
[ˈpe·ne]

die Tagliatelle
tăiței lați m
[tə·iˈtsej latsʲ]

die Spaghetti
spaghete f
[spaˈge·te]

die Ravioli
ravioli m
[ra·viˈo·li]

die Fusilli
spirale f
[spiˈra·le]

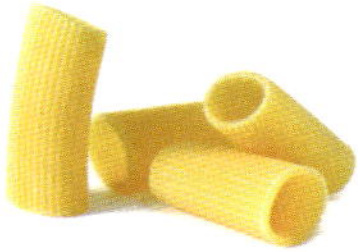

die Rigatoni
rigatoni m
[ri·gaˈto·ni]

die Tortellini
tortellini m
[tor·teˈli·ni]

das Weizenmehl
făină de grâu f
[fəˈi·nə de grɨw]

das Maismehl
făină de porumb f
[fəˈi·nə de poˈrumb]

die Hefe
drojdie f
[ˈdroʒ·di·e]

der Teig
aluat n
[a·luˈat]

das Backpulver	**praf de copt** n [praf de kopt]
das glutenfreie Mehl	**făină fără gluten** f [fəˈi·nə ˈfə·rə gluˈten]
das Roggenmehl	**făină de secară** f [fəˈi·nə de seˈka·rə]
das Vollkornmehl	**făină integrală** f [fəˈi·nə in·teˈgra·lə]
sieben	**a cerne** [a ˈtʃer·ne]
kneten	**a frământa** [a frə·minˈta]
verrühren	**a amesteca** [a a·mes·teˈka]
backen	**a coace** [a ˈko̯a·tʃe]

die Reisnudeln
tăiței de orez m
[tə·iˈtsej de oˈrez]

GETREIDE UND MEHL – CEREALE ȘI FĂINĂ

Brot – Pâine

die Brezel
covrig m
[koˈvrig]

das Croissant
corn n
[korn]

das/die Baguette
baghetă f
[baˈge·tə]

das Schwarzbrot
pâine neagră f
[ˈpɨj·ne ˈne̯a·grə]

das Weißbrot
pâine albă f
[ˈpɨj·ne ˈal·bə]

das Vollkornbrot
pâine integrală f
[ˈpɨj·ne in·teˈgra·lə]

das Mehrkornbrot
pâine multicereale f
[ˈpɨj·ne mul·ti·ʧe·reˈa·le]

das Graubrot
pâine de grâu și secară f
[ˈpɨj·ne de grɨw ʃi de seˈka·rə]

das Fladenbrot
lipie f
[liˈpi·e]

die Tortilla
lipie mexicană f
[liˈpi·e me·ksiˈka·nə]

das Toastbrot
pâine toast f
[ˈpɨj·ne tost]

das Sauerteigbrot
pâine dospită f
[ˈpɨj·ne dosˈpi·tə]

das Brötchen
chiflă f
[ˈki·flə]

der Bagel
colăcel m
[ko·ləˈʧel]

das belegte Brötchen
tartină f
[tarˈti·nə]

das Knäckebrot
pâine crocantă f
[ˈpɨj·ne kroˈkan·tə]

GETREIDE UND MEHL – CEREALE ȘI FĂINĂ

Brotaufstriche – Alimente de uns pe pâine

das Glas
borcan n
[borˈkan]

der Honig
miere f
[ˈmje·re]

der Waldhonig
miere de pădure f
[ˈmje·re de pəˈdu·re]

der flüssige Honig
miere fluidă f
[ˈmje·re fluˈi·də]

der Zitronenaufstrich
gem de lămâie n
[ʤem de ləˈmɨ·je]

die Konfitüre
dulceață f
[dulˈʧe̯a·tsə]

die Marmelade
marmeladă f
[mar·meˈla·də]

der Ahornsirup
sirop de arțar n
[siˈrop de arˈtsar]

die Erdnussbutter
unt de arahide n
[unt de a·raˈhi·de]

der Schokoladen-aufstrich
cremă de ciocolată f
[ˈkre·mə de ʧjo·koˈla·tə]

die Margarine
margarină f
[mar·gaˈri·nə]

der Laib
pâine întreagă f
[ˈpɨj·ne ɨnˈtre̯a·gə]

die Scheibe
felie f
[feˈli·e]

das Paniermehl
pesmet m
[pesˈmet]

das Sandwich
sandviș n
[ˈsand·viʃ]

GETRÄNKE – BĂUTURI

Erfrischungsgetränke – Băuturi răcoritoare

das Wasser
apă f
[ˈa·pə]

das Tonicwater
apă tonică f
[ˈa·pə ˈto·ni·kə]

der Orangensaft
suc de portocale n
[suk de por·toˈka·le]

der Tomatensaft
suc de roșii n
[suk de ˈro·ʃij]

das alkoholfreie Bier
bere fără alcool f
[ˈbe·re ˈfə·rə al·koˈol]

der Karottensaft
suc de morcovi n
[suk de ˈmor·kovʲ]

die/das Cola
cola f
[ˈko·la]

die Limonade
limonadă f
[li·moˈna·də]

der Eiskaffee
cafea frappe f
[kaˈfe̯a fraˈpe]

die Eisschokolade
ciocolată cu înghețată f
[ʧjo·koˈla·tə ku ɨn·geˈtsa·tə]

der Eistee
ceai cu gheață n
[ʧe̯aj ku ˈge̯a·tsə]

die Apfelschorle
suc de mere cu apă n
[suk de ˈme·re ku ˈa·pə]

der Milchshake
cocteil cu lapte n
[ˈkok·tejl ku ˈlap·te]

die Saftpresse	**storcător** n [stor·kəˈtor]
der frisch gepresste Grapefruitsaft	**suc de grepfrut proaspăt stors** n [suk de ˈgrep·frut ˈpro̯as·pət stors]
das Tafelwasser	**apă minerală** f [ˈa·pə mi·neˈra·lə]
das Leitungswasser	**apă de la robinet** f [ˈa·pə de la ro·biˈnet]
das Mineralwasser mit Kohlensäure	**apă minerală carbogazoasă** f [ˈa·pə mi·neˈra·lə kar·bo·gaˈzo̯a·sə]
das stille Mineralwasser	**apă plată** f [ˈa·pə ˈpla·tə]
der Apfelsaft	**suc de mere** n [suk de ˈme·re]

GETRÄNKE – BĂUTURI

Heißgetränke – Băuturi calde

der Espresso
espresso n
[esˈpre·so]

die Kaffeebohnen
boabe de cafea f
[ˈbo̯a·be de kaˈfe̯a]

der Amaretto
biscuit amaretto m
[bis·kuˈit a·maˈre·to]

der Kaffee zum Mitnehmen
cafea to go f
[kaˈfe̯a tu gəw]

der Deckel
capac n
[kaˈpak]

der Becher
pahar n
[paˈhar]

der Milchschaum
spumă de lapte f
[ˈspu·mə de ˈlap·te]

der Teebeutel
pliculeț cu ceai n
[pli·kuˈlets ku t͡ʃe̯aj]

die Teeblätter
frunze de ceai f
[ˈfrun·ze de t͡ʃe̯aj]

die Teekanne
ceainic n
[ˈt͡ʃe̯aj·nik]

der Schwarztee
ceai negru n
[t͡ʃe̯aj ˈne·gru]

der/die Latte macchiato
latte macchiato n
[ˈla·te maˈkja·to]

der Kaffee
cafea f
[kaˈfe̯a]

der Cappuccino
cappuccino n
[ka·puˈt͡ʃi·no]

der Milchkaffee
cafea cu lapte f
[kaˈfe̯a ku ˈlap·te]

der Minztee
ceai de mentă n
[t͡ʃe̯aj de ˈmen·tə]

der Kamillentee
ceai de mușețel n
[t͡ʃe̯aj de mu·ʃeˈtsel]

der Kräutertee
ceai de plante n
[t͡ʃe̯aj de ˈplan·te]

der Glühwein
vin fiert n
[vin fjert]

GETRÄNKE – BĂUTURI

Alkoholische Getränke – Băuturi alcoolice

der Cocktail
cocteil n
[ˈkok·tejl]

die Sangria
sangria f
[sanˈgri·a]

mit Eis
cu gheață
[ku ˈge̯a·tsə]

der Whisky
whisky n
[ˈwi·ski]

der Gin Tonic
gin tonic n
[ʤin ˈto·nik]

der Rum
rom n
[rom]

das Bier
bere f
[ˈbe·re]

das Pils
pils n
[pils]

das dunkle Bier
bere brună f
[ˈbe·re ˈbru·nə]

der Wodka
votcă f
[ˈvot·kə]

der Roséwein
vin roze n
[vin roˈze]

der Weißwein
vin alb n
[vin alb]

der Rotwein
vin roșu n
[vin ˈro·ʃu]

der Sekt
vin spumant n
[vin spuˈmant]

der Tequila
tequila f
[teˈki·la]

der Weinbrand	**coniac** n [ko·niˈak]
der Schnaps	**țuică** f [ˈtsuj·kə]
der Sherry	**sherry** n [ˈʃe·ri]
der Likör	**lichior** n [liˈkjor]
der Cidre	**cidru** n [ˈʧi·dru]
die Weinschorle	**șpriț** n [ʃprits]
das Hefeweizen	**bere din grâu** f [ˈbe·re din griw]
der Champagner	**șampanie** f [ʃamˈpa·ni·e]

KOCHEN – GĂTIT

Zubereitung – Preparare

schälen
a descoji
[a des·ko'ʒi]

schneiden
a tăia
[a tə'ja]

schlagen
a mixa
[a mi'ksa]

reiben
a rade
[a 'ra·de]

zerstoßen
a pisa
[a pi'sa]

glasieren
a glazura
[a gla·zu'ra]

sieben
a cerne
[a 'ʧer·ne]

stampfen
a zdrobi
[a zdro'bi]

klopfen
a bate
[a 'ba·te]

ausrollen
a întinde
[a ɨn'tin·de]

salzen
a săra
[a sə'ra]

ausstechen
a decupa aluat
[a de·ku'pa a·lu'at]

rösten	**a rumeni** [a ru·me'ni]
kochen	**a fierbe** [a 'fjer·be]
köcheln lassen	**a fierbe la foc mic** [a 'fjer·be la fok mik]
grillen	**a frige la grătar** [a 'fri·ʤe la grə'tar]
anbraten	**a căli** [a kə'li]
braten	**a frige** [a 'fri·ʤe]
frittieren	**a prăji** [a prə'ʒi]
pochieren	**a fierbe în apă cu sare** [a 'fjer·be ɨn 'a·pə ku 'sa·re]

streuen
a presăra
[a pre·sə'ra]

GERICHTE UND MAHLZEITEN – MÂNCĂRURI ȘI MESE

Das Frühstück – Micul dejun

das Brot
pâine f
[ˈpɨj·ne]

der Orangensaft
suc de portocale n
[suk de por·toˈka·le]

das Brötchen
chiflă f
[ˈki·flə]

die Milch
lapte n
[ˈlap·te]

der Käse
brânză f
[ˈbrɨn·zə]

die Marmelade
marmeladă f
[mar·meˈla·də]

der Cappuccino
cappuccino n
[ka·puˈʧi·no]

das gekochte Ei
ou fiert n
[ow fjert]

das Müsli
müsli n
[ˈmy·sli]

die Melone
pepene galben m
[ˈpe·pe·ne ˈgal·ben]

der Schinken
șuncă f
[ˈʃun·kə]

die Butter
unt n
[unt]

die Frühstücksflocken
cereale f
[ʧe·reˈa·le]

das Croissant
corn n
[korn]

die Cornflakes
fulgi de porumb m
[fulʤʲ de poˈrumb]

der Früchtejoghurt
iaurt cu fructe n
[jaˈurt ku ˈfruk·te]

das frische Obst
fruct proaspăt n
[frukt ˈpro̯as·pət]

der Müsliriegel
baton de müsli n
[baˈton de ˈmy·sli]

die Weizenkeime
germeni de grâu m
[ˈʤer·menʲ de grɨw]

GERICHTE UND MAHLZEITEN – MÂNCĂRURI ȘI MESE

Das Frühstück – Micul dejun

das Toastbrot
pâine toast f
[ˈpɨj·ne tost]

die gegrillte Tomate
roșie la grătar f
[ˈro·ʃi·e la grəˈtar]

die gebackenen Bohnen
fasole scăzută f
[faˈso·le skəˈzu·tə]

die Rösti
triunghiuri de cartofi rași și prăjiți n
[triˈun·gjurʲ de karˈtofʲ raʃʲ ʃi prəˈʒitsʲ]

die Blutwurst
sângerete m
[sin·ʤeˈre·te]

der Speck
bacon n
[ˈbej·kən]

die Pilze
ciuperci f
[ʧjuˈperʧʲ]

die Wurst
cârnat m
[kɨrˈnat]

das Spiegelei
ou ochi n
[ow okʲ]

das Rührei
scrob n
[skrob]

das Omelett
omletă f
[omˈle·tə]

armer Ritter
frigănea f
[fri·gəˈne̯a]

die Waffel
gofră f
[ˈgo·frə]

der Pfannkuchen
clătită americană f
[kləˈti·tə a·me·riˈka·nə]

der Haferbrei
ovăz cu lapte n
[oˈvəz ku ˈlap·te]

der Fruchtshake
shake de fructe n
[ʃejk de ˈfruk·te]

die heiße Schokolade
ciocolată caldă f
[ʧjo·koˈla·tə ˈkal·də]

GERICHTE UND MAHLZEITEN – MÂNCĂRURI ȘI MESE

Snacks und Knabbereien – Gustări și snack-uri

die Chips
chipsuri n
[ˈʧip·surʲ]

die Salzbrezel
covrig cu sare m
[koˈvrig ku ˈsa·re]

das Popcorn
floricele de porumb pl
[flo·riˈʧe·le de poˈrumb]

der/das Bonbon
bomboană f
[bomˈbo̯a·nə]

das Gummibärchen
ursuleț de jeleu m
[ur·suˈlets de ʒeˈlew]

die Lakritze
jeleu de lemn dulce n
[ʒeˈlew de lemn ˈdul·ʧe]

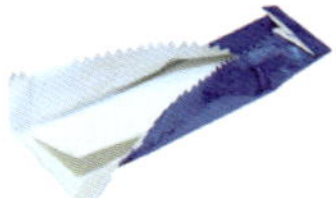

der/das Kaugummi
gumă de mestecat f
[ˈgu·mə de mes·teˈkat]

der Lutscher
bomboană pe băț f
[bomˈbo̯a·nə pe bəts]

die weiße Schokolade
ciocolată albă f
[ʧjo·koˈla·tə ˈal·bə]

der Schokoriegel
baton de ciocolată n
[baˈton de ʧjo·koˈla·tə]

die Zartbitter-schokolade
ciocolată amăruie f
[ʧjo·koˈla·tə a·məˈru·je]

die Milchschokolade
ciocolată cu lapte f
[ʧjo·koˈla·tə ku ˈlap·te]

der Eislutscher
înghețată pe băț f
[ɨn·geˈtsa·tə pe bəts]

der Frozen Yogurt
iaurt înghețat n
[jaˈurt ɨn·geˈtsat]

der Keks
biscuit m
[bis·kuˈit]

die Praline
pralină f
[praˈli·nə]

GERICHTE UND MAHLZEITEN – MÂNCĂRURI ȘI MESE

Das Fastfood – Fast food

das Stück Pizza
bucată de pizza f
[buˈka·tə de ˈpi·tsa]

die Pizza
pizza f
[ˈpi·tsa]

der Hamburger
hamburger m
[ˈham·bur·ger]

die Pommes frites
cartofi prăjiți m
[karˈtofʲ prəˈʒitsʲ]

die Tortilla-Chips
tortilla-chips n
[torˈti·ja ʧips]

der Taco
taco m
[ˈta·ko]

die gebratenen Nudeln
tăiței prăjiți m
[tə·iˈtsej prəˈʒitsʲ]

das Sushi
sushi n
[ˈsu·ʃi]

der/das Hot Dog
hot dog m
[hot dog]

der Döner
chebap n
[keˈbap]

der Wrap
wrap n
[rep]

der Fisch mit Pommes
pește cu cartofi prăjiți m
[ˈpes·te ku karˈtofʲ prəˈʒitsʲ]

Ich würde gerne etwas zum Mitnehmen bestellen.	**Aș dori să comand ceva la pachet.** [aʃ dori sə koˈmand ʧeˈva la paˈket]
Eine Portion Pommes rot-weiß, bitte.	**O porție de cartofi prăjiți cu ketchup și maioneză, vă rog.** [o ˈpor·tsi·e de karˈtofʲ prəˈʒitsʲ ku ˈke·ʧap ʃi ma·joˈne·zə və rog]
klein/mittelgroß/groß	**mic / mediu / mare** [mik / ˈme·dju / ˈma·re]
süß	**dulce** [ˈdul·ʧe]
salzig	**sărat** [səˈrat]
der Lieferservice	**serviciu de livrare** n [serˈvi·ʧju de liˈvra·re]
bestellen	**a comanda** [a ko·manˈda]
liefern	**a livra** [a liˈvra]

das Nugget
nugget m
[ˈna·git]

GERICHTE UND MAHLZEITEN – MÂNCĂRURI ȘI MESE

Hauptmahlzeit – Masă principală

die Suppe
ciorbă f
[ˈtʃjo̯r·bə]

die Frikadelle
chiftea f
[kifˈte̯a]

das Steak
grătar n
[grəˈtar]

der Beilagensalat
salată f
[saˈla·tə]

die Kartoffelspalten
sferturi de cartofi n
[ˈsfer·turʲ de karˈtofʲ]

die Lasagne
lasagne f
[laˈza·nje]

die Spaghetti Bolognese
spaghete bolognese f
[spaˈge·te bo·loˈnje·ze]

das Brathähnchen
pui la rotisor m
[puj la ro·tiˈsor]

das panierte Schnitzel
șnițel n
[ˈʃni·tsel]

die Bratkartoffeln
cartofi la cuptor m
[karˈtofʲ la kupˈtor]

der Eintopf
iahnie f
[jahˈni·e]

der Auflauf
graten n
[graˈten]

die Pastete
pateu n
[paˈtew]

die Quiche
tartă lorenă f
[ˈtar·tə loˈre·nə]

das Curry
curry n
[ˈka·ri]

GERICHTE UND MAHLZEITEN – MÂNCĂRURI ȘI MESE

Im Restaurant – La restaurant

① *der Gast*
client m
[kli'ent]

② *der Kellner*
chelner m
['kel·ner]

③ *der Tisch für zwei Personen*
masă pentru două persoane f
['ma·sə 'pen·tru 'do·wə per'so̯a·ne]

④ *das Rotweinglas*
pahar de vin roșu n
[pa'har de vin 'ro·ʃu]

⑤ *die Speisekarte*
meniu n
[me'niw]

⑥ *die Bestellung*
comandă f
[ko'man·də]

die Vorspeise
antreu n
[an'trew]

der Nachtisch
desert n
[de'sert]

die Beilage
garnitură f
[gar·ni'tu·rə]

das Hauptgericht
fel principal n
[fel prin·tʃi'pal]

die Suppe
supă f
['su·pə]

der Aperitif
aperitiv n
[a·pe·ri'tiv]

der/das Sorbet
sorbet n
[sor'bet]

der Salat
salată f
[sa'la·tə]

der Käseteller
farfurie cu brânzeturi f
[far·fu'ri·e ku brɨn'ze·turʲ]

der Kaffee
cafea f
[ka'fe̯a]

der Likör
lichior n
[li'kjor]

das Käsemesser
cuțit de brânză n
[ku'tsit de 'brɨn·zə]

das Stäbchen
bețigașe chinezești n
[be·tsi'ga·ʃe ki·ne'zeʃtʲ]

GERICHTE UND MAHLZEITEN – MÂNCĂRURI ȘI MESE

Geschirr und Besteck – Veselă și tacâmuri

die Serviette
șervet n
[ʃer'vet]

der Brotteller
farfurie pentru pâine f
[far·fu'ri·e 'pen·tru 'pij·ne]

die Gabel
furculiță f
[fur·ku'li·tsə]

die Tischdecke
față de masă f
['fa·tsə de 'ma·sə]

der Essteller
farfurie f
[far·fu'ri·e]

das Wasserglas
pahar de apă n
[pa'har de 'a·pə]

das Weinglas
pahar de vin n
[pa'har de vin]

der Dessertlöffel
linguriță pentru desert f
[lin·gu'ri·tsə 'pen·tru de'sert]

der Suppenlöffel
lingură de supă f
['lin·gu·rə de 'su·pə]

das Messer
cuțit n
[ku'tsit]

die Schüssel
castron n
[kas'tron]

die Karaffe
carafă f
[ka'ra·fə]

das Steakmesser
cuțit pentru grătar n
[ku'tsit 'pen·tru grə'tar]

der Zahnstocher
scobitoare f
[sko·bi'to̯a·re]

Könnten Sie uns bitte die Weinkarte bringen?	**Puteți să ne aduceți lista de vinuri, vă rog?** [pu'tetsʲ sə ne a'du·tʃetsʲ 'lis·ta de vi'nurʲ və rog]
Guten Appetit!	**Poftă bună!** ['pof·tə 'bu·nə]
Zum Wohl!	**Sănătate!** [sə·nə'ta·te]
Als Vorspeise/Hauptgericht/Nachtisch nehme ich …	**Ca aperitiv/fel principal/desert iau …** [ka a·pe·ri'tiv/fel prin·tʃi'pal/de'sert jaw]
die Spezialitäten	**specialități** f [spe·tʃi·a·li'tətsʲ]
Ich hätte gerne die Rechnung, bitte.	**Aș dori nota de plată, vă rog.** [aʃ dori 'no·ta de 'pla·tə və rog]
die Bezahlung	**plată** f ['pla·tə]
das Trinkgeld	**bacșiș** n [bak'ʃiʃ]

DIE ERNÄHRUNG – ALIMENTAȚIA

das Fett
grăsime f
[grə'si·me]

der Zucker
zahăr n
['za·hər]

das Kohlenhydrat
glucidă f
[glu'tʃi·də]

das Eiweiß
proteină f
[pro·te'i·nə]

ohne Eier
fără ouă
['fə·rə 'o·wə]

zuckerfrei
fără zahăr
['fə·rə 'za·hər]

glutenfrei
fără gluten
['fə·rə glu'ten]

laktosefrei
fără lactoză
['fə·rə lak'to·zə]

die Ballaststoffe
fibră f
['fi·brə]

das Cholesterin
colesterol m
[ko·les·te'rol]

vegetarisch
vegetarian
[ve·dʒe·ta·ri'an]

vegan
vegan
[ve'gan]

die Lebensmittelintoleranz	**intoleranță alimentară** f [in·to·le'ran·tsə a·li·men'ta·rə]
die Fruktose	**fructoză** f [fruk'to·zə]
die Glukose	**glucoză** f [glu'ko·zə]
das Natrium	**sodiu** n ['so·dju]
die Kalorien	**calorie** f [ka·lo'ri·e]
der Geschmacksverstärker	**aditiv alimentar** m [a·di'tiv a·li·men'tar]
die gesunde Ernährung	**alimentație sănătoasă** f [a·li·men'ta·tsi·e sə·nə'to̯a·sə]
fasten	**a posti** [a pos'ti]

die Diät
dietă f
[di'e·tə]

UNTERWEGS
LA DRUM

STRASSEN UND VERKEHR – DRUMURI ȘI TRAFIC

① *die Straßenlaterne*
stâlp de iluminat m
[stɨlp de i·lu·miˈnat]

② *die Einbahnstraße*
stradă cu sens unic f
[ˈstra·də ku sens ˈu·nik]

③ *die Fußgängerampel*
semafor pietonal n
[se·maˈfor pje·toˈnal]

④ *der Bürgersteig*
trotuar n
[troˈtwar]

⑤ *der Bordstein*
bordură f
[borˈdu·rə]

⑥ *die Ampel*
semafor n
[se·maˈfor]

⑦ *das geparkte Auto*
mașină parcată f
[maˈʃi·nə parˈka·tə]

⑧ *die Fahrspur*
bandă f
[ˈban·də]

⑨ *die Straßen-markierung*
marcaj rutier n
[marˈkaʒ ru·tiˈer]

⑩ *der Rinnstein*
rigolă f
[riˈgo·lə]

der Tunnel
tunel n
[tuˈnel]

der Parkschein-automat
parcometru n
[par·koˈme·tru]

der Fahrradweg
pistă pentru biciclete f
[ˈpis·tə ˈpen·tru bi·tʃiˈkle·te]

der Behinderten-parkplatz
parcare pentru persoane cu handicap f
[parˈka·re ˈpen·tru perˈso̯a·ne ku han·diˈkap]

die Brücke
pod n
[pod]

der Kreisverkehr
sens giratoriu n
[sens ʤi·raˈto·rju]

der Zebrastreifen
trecere de pietoni f
[ˈtre·tʃe·re de pi·eˈtonʲ]

die Notrufsäule
telefon de urgență n
[te·leˈfon de urˈʤen·tsə]

das Autobahnkreuz
încrucișare de autostrăzi f
[ɨn·kru·ʧi'ʃa·re de a·u·tos'trəzʲ]

STRASSEN UND VERKEHR – DRUMURI ȘI TRAFIC

die Autobahn
autostradă f
[a·u·tos'tra·də]

der Berufsverkehr
trafic la ore de vârf n
[tra'fik la 'o·re de vɨrf]

① *der Mittelstreifen*
parapet despărțitor m
[pa·ra'pet des·pər·tsi'tor]

② *die Überholspur*
bandă de depășire f
['ban·də de de·pə'ʃi·re]

③ *die Überführung*
viaduct n
[vi·a'dukt]

④ *die Kurve*
curbă f
['kur·bə]

⑤ *die Unterführung*
pasaj subteran n
[pa'saʒ sub·te'ran]

⑥ *die Einfahrt*
intrare (pe autostradă) f
[in'tra·re (pe a·u·tos'tra·də)]

⑦ *die Ausfahrt*
ieșire (de pe autostradă) f
[je'ʃi·re (de pe a·u·tos'tra·də)]

der Verkehrspolizist
agent de circulație m
[a'ʤent de ʧir·ku'la·tsi·e]

der Strafzettel
amendă f
[a'men·də]

die Mautstelle
gheretă pentru plata taxei de drum f
[ge're·tə 'pen·tru 'pla·ta 'ta·ksej de drum]

abschleppen
a remorca
[a re·mor'ka]

die Kreuzung	**intersecție** f [in·ter'sek·tsi·e]
die Vorfahrt	**prioritate** f [pri·o·ri'ta·te]
die Geschwindigkeitsüberschreitung	**depășire de viteză** f [de·pə'ʃi·re de vi'te·zə]
anhalten	**a opri** [a o'pri]
der Standstreifen	**bandă de urgență** f ['ban·də de ur'ʤen·tsə]
die Raststätte	**loc de popas** n [lok de po'pas]
die Entfernungstafel	**indicator de distanță** n [in·di·ka'tor de dis'tan·tsə]
rückwärtsfahren	**a merge în marșarier** [a 'mer·ʤe ɨn mar·ʃa·ri'er]

der Stau
ambuteiaj n
[am·bu·te'jaʒ]

STRASSEN UND VERKEHR – DRUMURI ȘI TRAFIC

Verkehrsschilder – Indicatoare rutiere

Einfahrt verboten
accesul interzis
[ak'tʃe·sul in·ter'zis]

das Halteverbot
oprirea interzisă f
[o'pri·rea in·ter'zi·sə]

die Baustelle
drum în lucru n
[drum ɨn 'lu·kru]

der Tunnel
tunel n
[tu'nel]

das Parkverbot
parcarea interzisă f
[par'ka·rea in·ter'zi·sə]

der Stau
ambuteiaj n
[am·bu·te'jaʒ]

das Gefälle
coborâre periculoasă f
[ko·bo'rɨ·re pe·ri·ku'loa·sə]

der Kreisverkehr
sens giratoriu n
[sens dʒi·ra'to·rju]

die Geschwindigkeits-begrenzung
limitare de viteză f
[li·mi'ta·re de vi'te·zə]

Vorfahrt gewähren!
Cedează trecerea!
[tʃe'dea·zə 'tre·tʃe·rea]

die Einbahnstraße
stradă cu sens unic f
['stra·də ku sens 'u·nik]

der Gegenverkehr
circulație în ambele sensuri f
[tʃir·ku'la·tsi·e ɨn 'am·be·le 'sen·surʲ]

Einbiegen nach rechts verboten
interzis a vira la dreapta
[in·ter'zis a vi'ra la 'dreap·ta]

Einbiegen nach links verboten
interzis a vira la stânga
[in·ter'zis a vi'ra la 'stɨn·ga]

Wenden verboten
întoarcerea interzisă
[ɨn'toar·tʃe·rea in·ter'zi·sə]

die Schnee- oder Eisglätte
drum alunecos - polei, gheață, zăpadă n
[drum a·lu·ne'kos po'lej 'gea·tsə zə'pa·də]

DAS AUTO – MAȘINA

Autotypen – Tipuri de mașini

die Stretchlimousine
limuzină f
[li·mu'zi·nə]

das Cabrio
mașină decapotabilă f
[ma'ʃi·nə de·ka·po'ta·bi·lə]

die Fließhecklimousine
berlină cu două volume f
[ber'li·nə ku 'do·wə vo'lu·me]

der Sportwagen
mașină sport f
[ma'ʃi·nə sport]

der Kleinstwagen
minimașină f
[mi·ni·ma'ʃi·nə]

der Kleinwagen
mașină mică f
[ma'ʃi·nə 'mi·kə]

der Oldtimer
mașină de epocă f
[ma'ʃi·nə de 'e·po·kə]

die Limousine
berlină f
[ber'li·nə]

der Kombiwagen
mașină break f
[ma'ʃi·nə brek]

der Pick-up
Pick-up n
[pik ap]

der Kleintransporter
microbuz n
[mi·kro'buz]

die Klimaanlage	**climatizare** f [kli·ma·ti'za·re]
die Sitzheizung	**încălzire pentru scaun auto** f [ɨn·kəl'zi·re 'pen·tru 'ska·un a'u·to]
die Automatikschaltung	**schimbător de viteză automat** n [skim·bə'tor de vi'te·zə a·u·to'mat]
die Handschaltung	**schimbător de viteză manual** n [skim·bə'tor de vi'te·zə ma·nu'al]
die Zündung	**aprindere** f [a'prin·de·re]
zweitürig	**cu două uși** [ku 'do·wə uʃʲ]
dreitürig	**cu trei uși** [ku trej uʃʲ]
viertürig	**cu patru uși** [ku 'pa·tru uʃʲ]

der Geländewagen
mașină de teren f
[ma'ʃi·nə de te'ren]

DAS AUTO – MAȘINA

Das Auto – Außenansicht – Mașina – Exteriorul mașinii

die Beifahrerseite
parte a copilotului f
[ˈpar·te a ko·piˈlo·tu·luj]

das Dach
plafon n
[plaˈfon]

die Windschutzscheibe
parbriz n
[parˈbriz]

die Fahrerseite
parte a șoferului f
[ˈpar·te a ʃoˈfe·ru·luj]

die Begrenzungsleuchte
lampă de poziție f
[ˈlam·pə de poˈzi·tsi·e]

der Rückspiegel
oglindă retrovizoare f
[oˈglin·də re·tro·viˈzo̯a·re]

die Blinkleuchte
lumină de semnalizare f
[luˈmi·nə de sem·na·liˈza·re]

das Rad
roată f
[ˈro̯a·tə]

der Scheibenwischer
ștergător de parbriz n
[ʃter·gəˈtor de parˈbriz]

der Kühlergrill
mască de radiator f
[ˈmas·kə de ra·di·aˈtor]

die Stoßstange
bară de protecție f
[ˈba·rə de proˈtek·tsi·e]

das Nummernschild
plăcuță de înmatriculare f
[pləˈku·tsə de ɨn·ma·tri·kuˈla·re]

das Markenemblem
emblemă a mărcii f
[emˈble·mə a ˈmər·tʃij]

der Nebelscheinwerfer
far de ceață n
[far de ˈtʃe̯a·tsə]

das Reifenprofil
profil al cauciucului n
[proˈfil al ka·uˈtʃju·ku·luj]

der Ölmessstab	**joją** f [ˈʒo·ʒə]
der Luftfilter	**filtru de aer** n [ˈfil·tru de ˈa·jer]
der Bremsflüssigkeitsbehälter	**rezervor pentru lichid de frână** n [re·zerˈvor ˈpen·tru liˈkid de ˈfrɨ·nə]
die Antenne	**antenă** f [anˈte·nə]
die Radaufhängung	**suspensie a roții** f [susˈpen·si·e a ˈro·tsij]
das Abblendlicht	**fază de întâlnire** f [ˈfa·zə de ɨn·tɨlˈni·re]
das Fernlicht	**fază de drum** f [ˈfa·zə de drum]

DAS AUTO – MAȘINA

Das Auto – Außenansicht – Mașina – Exteriorul mașinii

① *der Seitenspiegel*
oglindă laterală f
[oˈglin·də la·teˈra·lə]

② *die B-Säule*
stâlpul B m
[ˈstɨl·pul be]

③ *der Kofferraum*
portbagaj n
[port·baˈgaʒ]

④ *die Heckscheibe*
lunetă f
[luˈne·tə]

⑤ *die Motorhaube*
capotă f
[kaˈpo·tə]

⑥ *das Seitenfenster*
geam lateral n
[ʤe̯am la·teˈral]

⑦ *die Autotür*
portieră f
[por·tiˈe·rə]

⑧ *die Radkappe*
capac de roată n
[kaˈpak de ˈro̯a·tə]

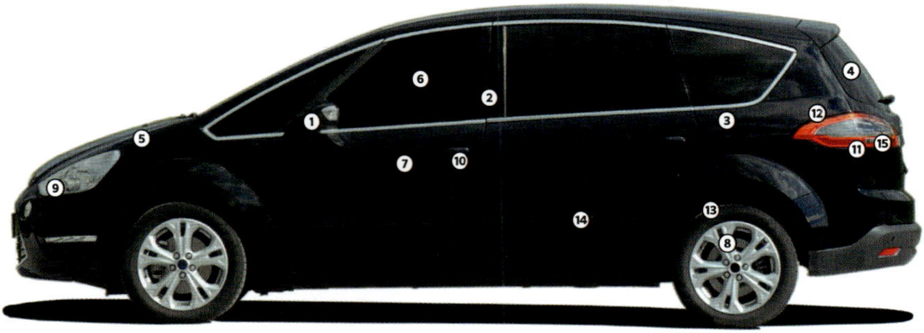

⑨ *der Scheinwerfer*
far n
[far]

⑩ *der Türgriff*
mâner n
[mɨˈner]

⑪ *die Bremsleuchte*
lumină de frână f
[luˈmi·nə de ˈfrɨ·nə]

⑫ *die Rückleuchte*
stop n
[stop]

⑬ *der Reifen*
cauciuc n
[ka·uˈʧjuk]

⑭ *die Seitenschutzleiste*
bară de protecție laterală f
[ˈba·rə de proˈtek·tsi·e la·teˈra·lə]

⑮ *der Rückfahrscheinwerfer*
lumină de marșarier f
[luˈmi·nə de mar·ʃa·riˈer]

der Motor	**motor** n [moˈtor]
der Benzintank	**rezervor de benzină** n [re·zerˈvor de benˈzi·nə]
das Getriebe	**cutie de viteză** n [kuˈti·e de viˈte·zə]
der Kühler	**radiator** n [ra·di·aˈtor]
der Ventilator	**ventilator** n [ven·ti·laˈtor]
die Batterie	**baterie** f [ba·teˈri·e]
der Auspufftopf	**tobă de eșapament** f [ˈto·bə de e·ʃa·paˈment]
das Auspuffrohr	**țeavă de eșapament** f [ˈtse̯a·və de e·ʃa·paˈment]

die Felge
jantă f
[ˈʒan·tə]

DAS AUTO – MAȘINA

Das Auto – Innenausstattung – Mașina – Interiorul mașinii

① *der Seitenspiegel*
oglindă laterală f
[oˈglin·də la·teˈra·lə]

② *das Lenkrad*
volan n
[voˈlan]

③ *das Armaturenbrett*
tablou de bord n
[taˈblow de bord]

④ *der Türöffner*
mâner de deschidere a portierei n [mɨˈner de desˈki·de·re a por·tiˈe·rej]

⑤ *der Fahrersitz*
scaun al șoferului n
[ˈska·un al ʃoˈfe·ru·luj]

⑥ *die Mittelkonsole*
consolă centrală f
[konˈso·lə ʧenˈtra·lə]

⑦ *die Handbremse*
frână de mână f
[ˈfrɨ·nə de ˈmɨ·nə]

⑧ *der Heizungsregler*
regulator de temperatură n [re·gu·laˈtor de tem·pe·raˈtu·rə]

⑨ *das Handschuhfach*
torpedou n
[tor·peˈdow]

⑩ *der Schalthebel*
schimbător de viteză n
[skim·bəˈtor de viˈte·zə]

⑪ *der Beifahrersitz*
scaun al copilotului n
[ˈska·un al ko·piˈlo·tu·luj]

der Warnblinkschalter
buton de avarii n
[buˈton de aˈva·rij]

die Stereoanlage
sistem stereo n
[sisˈtem ˈste·reo]

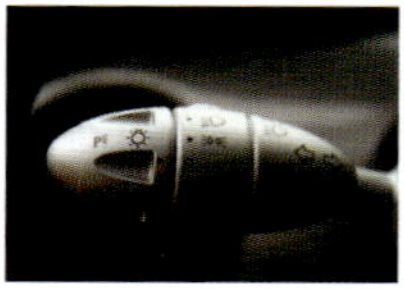

der Blinkerhebel
manetă pentru semnalizare f
[maˈne·tə ˈpen·tru sem·na·liˈza·re]

der Zigaretten-anzünder
brichetă f
[briˈke·tə]

das Navigationsgerät
aparat de navigație n
[a·paˈrat de na·viˈga·tsi·e]

die Fußstütze	**suport pentru picioare** n [suˈport ˈpen·tru piˈʧjo̯a·re]
das Kupplungspedal	**pedală de ambreiaj** f [peˈda·lə de am·breˈjaʒ]
das Bremspedal	**pedală de frână** f [peˈda·lə de ˈfrɨ·nə]
das Gaspedal	**pedală de accelerație** f [peˈda·lə de ak·ʧe·leˈra·tsi·e]
der Sicherheitsgurt	**centură de siguranță** f [ʧenˈtu·rə de si·guˈran·tsə]
die Kopfstütze	**tetieră** f [te·tiˈe·rə]
der Airbag	**airbag** n [ˈer·beg]
die Hupe	**claxon** n [klaˈkson]

DAS AUTO – MAȘINA

Die Tankstelle – Benzinăria

die Preisanzeige
afișaj al prețului n
[a·fi'ʃaʒ al 'pre·tsu·luj]

die Literanzeige
afișaj al litrilor n
[a·fi'ʃaʒ al 'li·tri·lor]

der Feuerlöscher
extinctor n
[eks·tink'tor]

die Zapfsäule
pompă f
['pom·pə]

das Reifenfüllgerät
compresor n
[kom·pre'sor]

das Rauchverbot
interdicție de fumat f
[in·ter'dik·tsi·e de fu'mat]

das Benzin
benzină f
[ben'zi·nə]

der Diesel
motorină f
[mo·to'ri·nə]

bleifrei
fără plumb
['fə·rə plumb]

verbleit
cu plumb
[ku plumb]

der Zapfschlauch
furtun de alimentare n
[fur'tun de a·li·men'ta·re]

die Zapfpistole
pistol de alimentare n
[pis'tol de a·li·men'ta·re]

der Tankdeckel
capac pentru rezervor n
[ka'pak 'pen·tru re·zer'vor]

der Wagenheber
cric n
[krik]

(das) Öl wechseln	**a schimba uleiul** [a skim'ba u'le·jul]
der Reifendruck	**presiune a anvelopelor** f [pre·si'u·ne a an·ve'lo·pe·lor]
der Keilriemen	**curea de transmisie trapezoidală** f [ku'rea de trans'mi·si·e tra·pe·zo·i'da·lə]
die Lichtmaschine	**alternator** n [al·ter·na'tor]
der Sommerreifen	**anvelopă de vară** f [an·ve'lo·pə de 'va·rə]
der Winterreifen	**anvelopă de iarnă** f [an·ve'lo·pə de 'jar·nə]
der Allwetterreifen	**anvelopă universală** f [an·ve'lo·pə u·ni·ver'sa·lə]
die Schneekette	**lanț antiderapant** n [lants an·ti·de·ra'pant]

tanken
a alimenta cu combustibil
[a a·li·me'ta ku kom·bus'ti·bil]

DAS AUTO - MAȘINA

Die Tankstelle - Benzinăria

① *die Tankanzeige*
indicator al nivelului de carburant n
[in·di·ka'tor al ni've·lu·luj de kar·bu'rant]

② *die Tankleuchte*
lumină de control pentru rezervor f
[lu'mi·nə de kon'trol 'pen·tru re·zer'vor]

③ *der/das Tachometer*
tahometru n [ta·ho'me·tru]

④ *die Geschwindigkeit*
viteză f [vi'te·zə]

⑤ *der Kilometerstand*
kilometraj n [ki·lo·me'traʒ]

⑥ *der Drehzahlmesser*
turometru n
[tu·ro'me·tru]

⑦ *die Kühlmitteltemperaturanzeige*
afișaj al temperaturii lichidului din radiator n
[a·fi'ʃaʒ al tem·pe·ra'tu·rij li'ki·du·luj din ra·di·a'tor]

den Reifen wechseln
a schimba un cauciuc
[a skim'ba un ka·u'ʧjuk]

der Radmutternschlüssel
manivelă f
[ma·ni've·lə]

das Reserverad
roată de rezervă f
['ro̯a·tə de re'zer·və]

die Reifenpanne
pană de cauciuc f
['pa·nə de ka·u'ʧjuk]

der Verkehrsunfall	**accident de circulație** n [ak·ʧi'dent de ʧir·ku'la·tsi·e]
Ich habe eine Panne.	**Eu am o pană.** [jeu am o 'pa·nə]
Könnten Sie bitte den Pannendienst anrufen?	**Ați putea să sunați la asistența rutieră, vă rog?** [atsʲ 'pu·te̯a sə su'natsʲ la a·sis'ten·tsa ru·ti'e·rə və rog]
Der Motor springt nicht an.	**Nu pornește motorul.** [nu por'neʃ·te mo'to·rul]
das Starthilfekabel	**cablu de alimentare** n ['ka·blu de a·li·men'ta·re]
Könnten Sie mir Starthilfe geben?	**Ați putea să-mi dați curent?** [atsʲ 'pu·te̯a səmʲ datsʲ ku'rent]
der Ersatzreifen	**roată de rezervă** f ['ro̯a·tə de re'zer·və]
Könnten Sie mir beim Reifenwechseln helfen?	**Ați putea să mă ajutați să schimb cauciucul?** [atsʲ 'pu·te̯a sə mə a·ʒu'tatsʲ sə skimb ka·u'ʧju·kul]

DER BUS – AUTOBUZUL

der Doppeldecker
autobuz supraetajat n
[a·u·to'buz su·pra·e·ta'ʒat]

die Liniennummer
numărul rutei n
['nu·mə·rul 'ru·tej]

das Fahrziel
destinație f
[des·ti'na·tsi·e]

der Reisebus
autocar n
[a·u·to'kar]

die Automatiktür
ușă automată f
['u·ʃə a·u·to'ma·tə]

der Gepäckraum
compartiment de bagaje n
[kom·par·ti'ment de ba'ga·ʒe]

die Bushaltestelle
stație de autobuz f
['sta·tsi·e de a·u·to'buz]

der Fahrplan
orar n
[o'rar]

das Wartehäuschen
refugiu n
[re'fu·ʤju]

der Schulbus
autobuz școlar n
[a·u·to'buz ʃko'lar]

der Halteknopf
buton de solicitare a opririi în stație n
[bu'ton de so·li·tʃi'ta·re a o'pri·rij ɨn 'sta·tsi·e]

der Niederflurbus	**autobuz cu podeaua la nivelul trotuarului** n [a·u·to'buz ku po'de̯a·wa la ni've·lul tro'twa·ru·luj]
der Busbahnhof	**autogară** f [a·u·to'ga·rə]
der Linienbus	**cursă** f ['kur·sə]
die Monatskarte	**abonament lunar** n [a·bo·na'ment lu'nar]
der Fahrpreis	**preț al biletului** n [prets al bi'le·tu·luj]
die Fahrkarte	**bilet de călătorie** n [bi'let de kə·lə·to'ri·e]
der Fahrkartenautomat	**automat de bilete** n [a·u·to'mat de bi'le·te]

die Halteschlaufe
mâner n
[mɨ'ner]

DAS MOTORRAD – MOTOCICLETA

die Rennmaschine
motocicletă de curse f
[mo·to·ʧiˈkle·tə de ˈkur·se]

das Cockpit
bord n
[bord]

der Kupplungshebel
ambreiaj n
[am·breˈjaʒ]

der Lenkergriff
ghidon n
[giˈdon]

der Fahrersitz
șa anterioară f
[ʃa an·te·riˈo̯a·rə]

der Rückspiegel
oglindă retrovizoare f
[oˈglin·də re·tro·viˈzo̯a·re]

der Soziussitz
șa posterioară f
[ʃa pos·te·riˈo̯a·rə]

das Schutzblech
apărătoare de noroi f
[a·pə·rəˈto̯a·re de noˈroj]

der Seitenständer
suport articulat lateral n
[suˈport ar·ti·kuˈlat la·teˈral]

die Fußraste
suport pentru picioare n
[suˈport ˈpen·tru piˈʧo̯a·re]

die Rückleuchte
stop n
[stop]

das Getriebe
cutie de viteză f
[kuˈti·e de viˈte·zə]

der Fußschalthebel
pedală a schimbătorului de viteză f [peˈda·lə a skim·bəˈto·ru·luj de viˈte·zə]

die Radaufhängung
suspensie a roții f
[susˈpen·si·e a ˈro·tsij]

der Motorroller
scuter n
[ˈsku·ter]

das Quad
ATV n
[a te ve]

das Geländemotorrad
motocicletă de cros f
[mo·to·ʧiˈkle·tə de kros]

der Chopper
motocicletă chopper f
[mo·to·ʧiˈkle·tə ˈtʃo·pər]

DAS MOTORRAD - MOTOCICLETA

der Motorradhelm
cască f
[ˈkas·kə]

die Lederjacke
geacă de piele f
[ˈʤe̯a·kə de ˈpje·le]

die Motorradkombi
costum de motociclist n
[kosˈtum de mo·to·ʧiˈklist]

der Lederhandschuh
mănușă de piele f
[məˈnu·ʃə de ˈpje·le]

das Visier
vizieră f
[vi·ziˈe·rə]

der Lufteinlass
orificiu de ventilare n
[o·riˈfi·ʧju de ven·tiˈla·re]

der Reflektorstreifen
bandă reflectorizantă f
[ˈban·də re·flek·to·riˈzan·tə]

der/das Tachometer
tahometru n
[ta·hoˈme·tru]

der Lenker
ghidon n
[giˈdon]

der Tankdeckel
capac de rezervor n
[kaˈpak de re·zerˈvor]

der Benzintank
rezervor de benzină n
[re·zerˈvor de benˈzi·nə]

der Blinker
semnalizator de direcție n
[sem·na·li·zaˈtor de diˈrek·tsi·e]

der Bremshebel für die Vorderradbremse
levier al frânei din față n
[le·viˈer al ˈfrɨ·nej din ˈfa·tsə]

der Gasdrehgriff
manșon de comandă pentru accelerație n
[manˈʃon de koˈman·də ˈpen·tru ak·ʧe·leˈra·tsi·e]

das Motorradgespann
motocicletă cu ataș f
[mo·to·ʧiˈkle·tə ku aˈtaʃ]

der Tourer
motocicletă touring f
[mo·to·ʧi kle·tə ˈtu·ring]

der Beiwagen
ataș n
[aˈtaʃ]

DAS FAHRRAD – BICICLETA

die Felgenbremse
frână f
[ˈfri·nə]

der Sattel
șa f
[ʃa]

die Sattelstütze
ax port-șa n
[aks port ʃa]

der Lenker
ghidon n
[giˈdon]

der Fahrradkorb
coș n
[koʃ]

der Gepäckträger
portbagaj n
[port·baˈgaʒ]

die Gabel
furcă f
[ˈfur·kə]

das Hinterrad
roată din spate f
[ˈro̯a·tə din ˈspa·te]

der Reifen
cauciuc n
[ka·uˈtʃjuk]

die Felge
jantă f
[ˈʒan·tə]

das Vorderrad
roată din față f
[ˈro̯a·tə din ˈfa·tsə]

der Reflektor
catadioptru n
[ka·ta·diˈop·tru]

die Speiche
spiță f
[ˈspi·tsə]

der Kettenschutz
apărătoare pentru lanț f
[a·pə·rəˈto̯a·re ˈpen·tru lants]

die Kette
lanț n
[lants]

das Pedal
pedală f
[peˈda·lə]

das Zahnrad
roată dințată f
[ˈro̯a·tə dinˈtsa·tə]

das Schutzblech
apărătoare de noroi f
[a·pə·rəˈto̯a·re de noˈroj]

der Schalthebel	**schimbător de viteză** n [skim·bəˈtor de viˈte·zə]
der Bremshebel	**levier al frânei** n [le·viˈer al ˈfri·nej]
die Luftpumpe	**pompă** f [ˈpom·pə]
der Fahrradhelm	**cască pentru bicicletă** f [ˈkas·kə ˈpen·tru bi·tʃiˈkle·tə]
der Dynamo	**dinam** n [diˈnam]
in die Pedale treten	**a pedala** [a pe·daˈla]
bremsen	**a frâna** [a friˈna]
in einen höheren/niedrigeren Gang schalten	**a schimba într-o viteză mai mare/mică** [a skimˈba ˈin·tro viˈte·zə maj ˈma·re/ˈmi·kə]
Radfahren lernen	**a învăța să mergi cu bicicleta** [a in·vəˈtsa sə merdʒʲ ku bi·tʃiˈkle·ta]
einen Fahrradschlauch flicken	**a petici o cameră de bicicletă** [a pe·tiˈtʃi o ˈka·me·rə de bi·tʃiˈkle·tə]

DAS FAHRRAD – BICICLETA

der Kindersitz
scaun pentru copil n
[ˈska·un ˈpen·tru koˈpil]

das Einrad
monociclu n
[mo·noˈʧi·klu]

das Tandem
tandem n
[tanˈdem]

das BMX-Rad
bicicletă de sărituri f
[bi·ʧiˈkle·tə de sə·riˈtu·rʲ]

das Rennrad
bicicletă de ciclism f
[bi·ʧiˈkle·tə de ʧiˈklism]

das Tourenfahrrad
bicicletă de cicloturism f
[bi·ʧiˈkle·tə de ʧi·klo·tuˈrism]

das Mountainbike
bicicletă de teren f
[bi·ʧiˈkle·tə de teˈren]

das Elektrofahrrad
bicicletă electrică f
[bi·ʧiˈkle·tə eˈlek·tri·kə]

das Liegerad
bicicletă orizontală f
[bi·ʧiˈkle·tə o·ri·zonˈta·lə]

das Dreirad
tricicletă f
[tri·ʧiˈkle·tə]

das Fahrradschloss
lacăt pentru bicicletă n
[ˈla·kət ˈpen·tru bi·ʧiˈkle·tə]

das Flickzeug
trusă pentru reparat pene de cauciuc f
[ˈtru·sə ˈpen·tru re·paˈrat ˈpe·ne de ka·uˈʧjuk]

das Leihfahrrad
bicicletă de închiriat f
[bi·ʧiˈkle·tə de ɨn·ki·riˈat]

der Kinderanhänger
remorcă de bicicletă pentru copii f [reˈmor·kə de bi·ʧiˈkle·tə ˈpen·tru koˈpij]

die Satteltasche
geantă dublă pentru bicicletă f [ˈʤe̯an·tə ˈdu·blə ˈpen·tru bi·ʧiˈkle·tə]

der Fahrradständer
rastel pentru biciclete n
[rasˈtel ˈpen·tru bi·ʧiˈkle·te]

DAS LASTKRAFTFAHRZEUG – CAMIONUL

der Sattelschlepper
tractor rutier n
[trakˈtor ru·ti·ˈer]

die Kühlerhaube
capotă f
[kaˈpo·tə]

der Kühlergrill
mască de radiator f
[ˈmas·kə de ra·di·aˈtor]

der Scheinwerfer
far n
[far]

der Stoßfänger
bară de protecție f
[ˈba·rə de proˈtek·tsi·e]

die Windschutzscheibe
parbriz n
[parˈbriz]

die Trittstufe
scară f
[ˈska·rə]

der Kraftstofftank
rezervor de combustibil n
[re·zerˈvor de kom·busˈti·bil]

das Auspuffrohr
țeavă de eșapament f
[ˈtse̯a·və de e·ʃa·paˈment]

die Schlafkabine
cabină de dormit f
[kaˈbi·nə de dorˈmit]

das Lufthorn
claxon n
[klaˈkson]

der Stauraum
spațiu de dpozitare n
[ˈspa·tsju de de·po·ziˈta·re]

der Autotransporter
transportor auto cu platformă n
[trans·porˈtor aˈu·to ku platˈfor·mə]

die Schneefräse
autofreză de deszăpezire f
[a·u·toˈfre·zə de des·zə·peˈzi·re]

die Straßenkehrmaschine
mașină de măturat strada f
[maˈʃi·nə de mə·tuˈrat ˈstra·da]

der Müllwagen
mașină de gunoi f
[maˈʃi·nə de guˈnoj]

der Tankwagen
cisternă f
[ʧisˈter·nə]

der Sattelzug
autotren articulat n
[a·u·toˈtren ar·ti·kuˈlat]

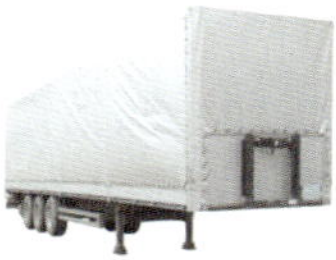

der Auflieger
semiremorcă f
[se·mi·reˈmor·kə]

der Flachbettauflieger
trailer n
[ˈtraj·ler]

WEITERE FAHRZEUGE – ALTE VEHICULE

der Bagger
excavator n
[eks·ka·vaˈtor]

der Radlader
tractor cu încărcător frontal n [trakˈtor ku ɨn·kər·kəˈtor fronˈtal]

der Betonmischer
autobetonieră f
[a·u·to·be·to·niˈe·rə]

der Kipper
autobasculantă f
[a·u·to·bas·kuˈlan·tə]

der Wohnwagen
rulotă f
[ruˈlo·tə]

das Wohnmobil
autorulotă f
[a·u·to·ruˈlo·tə]

der Gabelstapler
motostivuitor n
[mo·to·sti·vu·iˈtor]

das Feuerwehrfahrzeug
mașină de pompieri f
[maˈʃi·nə de pom·piˈerʲ]

der Anhänger
remorcă f
[reˈmor·kə]

der Traktor
tractor n
[trakˈtor]

der Polizeiwagen
mașină de poliție f
[maˈʃi·nə de poˈli·tsi·e]

das Taxi
taxi n
[taˈksi]

der Abschleppwagen
platformă auto de depanare f [platˈfor·mə aˈu·to de de·paˈna·re]

der Fahrzeugkran
automacara f
[a·u·to·ma·kaˈra]

der Taxistand
stație de taxiuri f
[ˈsta·tsi·e de taˈksi·urʲ]

ein Taxi herbeiwinken
a face semn la un taxi
[a ˈfa·tʃe semn la un taˈksi]

DER ZUG – TRENUL

der Zug
tren n
[tren]

der Führerstand
cabină a mecanicului de locomotivă f
[ka'bi·nə a me'ka·ni·ku·luj de lo·ko·mo'ti·və]

die Schiene
șină f
['ʃi·nə]

der Waggon
vagon n
[va'gon]

das Kleinabteil
compartiment n
[kom·par·ti'ment]

die Gepäckablage
spațiu pentru bagaje n
['spa·tsju 'pen·tru ba'ga·ʒe]

die Armlehne
cotieră f
[ko·ti'e·rə]

der Sitz
loc n
[lok]

die Kopflehne
tetieră f
[te·ti'e·rə]

der Güterzug
tren de marfă n
[tren de 'mar·fə]

die Straßenbahn
tramvai n
[tram'vaj]

die U-Bahn
metrou n
[me'trow]

die Einschienenbahn
tren monoșină n
[tren mo·no'ʃi·nə]

die Dampflok
locomotivă cu aburi f
[lo·ko·mo'ti·və ku 'a·bur']

der Hochgeschwindigkeitszug	**tren de mare viteză** n [tren de 'ma·re vi'te·zə]
das Großraumabteil	**vagon necompartimentat** n [va'gon ne·kom·par·ti·men'tat]
die Oberleitung	**linie electrică** f ['li·ni·e e'lek·tri·kə]
die erste Klasse	**clasă întâi** f ['kla·sa ɨn'tɨj]
die zweite Klasse	**clasă a doua** f ['kla·sa a 'do·wa]
der Klapptisch	**măsuță rabatabilă** f [mə'su·tsə ra·ba'ta·bi·lə]
der Triebwagen	**(tren) automotor** n [(tren) a·u·to·mo'tor]
die Sitzplatzreservierung	**rezervare de loc** f [re·zer'va·re de lok]

DER ZUG – TRENUL

Am Bahnhof – La gară

der Bahnsteig
peron n
[pe'ron]

einsteigen
a urca
[a ur'ka]

aussteigen
a coborî
[a ko·bo'rɨ]

das Geländer
balustradă f
[ba·lu'stra·də]

die Gleisnummer
numărul liniei n
['nu·mə·rul 'li·ni·ej]

der Wegweiser
indicator n
[in·di·ka'tor]

der Reisende
călător m
[kə·lə'tor]

die Rolltreppe
scară rulantă f
['ska·rə ru'lan·tə]

die Bahnhofshalle
holul gării n
['ho·lul 'gə·rij]

der Fahrkartenschalter
ghișeu de bilete n
[gi'ʃew de bi'le·te]

der Fahrkarten-automat
automat de bilete n
[a·u·to'mat de bi'le·te]

die Schaffnerin
controloare f
[kon·tro'lo̯a·re]

die Verspätung	**întârziere** f [in·tɨr·zi'e·re]
pünktlich	**punctual** [punk·tu'al]
umsteigen	**a schimba** [a skim'ba]
das Schienennetz	**rețea feroviară** f [re'tse̯a fe·ro·vi'a·rə]
Eine einfache Fahrt nach ..., bitte.	**Un bilet simplu spre ..., vă rog.** [un bi'let 'sim·plu spre... və rog]
hin und zurück	**dus-întors** [dus ɨn'tors]
Ist dieser Platz noch frei?	**E liber locul acesta?** [je 'li·ber 'lo·kul a'ʧes·ta]

der Kofferkuli
cărucior de bagaje n
[kə·ru'ʧjor de ba'ga·ʒe]

DAS FLUGZEUG – AVIONUL

das Verkehrsflugzeug
avion de pasageri n
[a·viˈon de pa·saˈʤerʲ]

das Fenster
hublou n
[huˈblow]

der Rumpf
fuzelaj n
[fu·zeˈlaʒ]

der Bug
bot n
[bot]

das Heck
coadă a avionului f
[ˈko̯a·də a a·viˈo·nu·luj]

die Tragfläche
aripă f
[ˈa·ri·pə]

die Flugzeugtür
ușă de acces f
[ˈu·ʃə de akˈʧes]

das Seitenleitwerk
ampenaj vertical n
[am·peˈnaj ver·tiˈkal]

der Frachtraum
cală de bagaje f
[ˈka·lə de baˈga·ʒe]

das Fahrwerk
tren de aterizare principal n
[tren de a·te·riˈza·re prin·ʧiˈpal]

das Cockpit
cabină de pilotaj f
[kaˈbi·nə de pi·loˈtaʒ]

das Höhenleitwerk
ampenaj orizontal n
[am·peˈnaj o·ri·zonˈtal]

das Querruder
flaps n
[flaps]

das Triebwerk
motor propulsor n
[moˈtor pro·pulˈsor]

das Bugfahrwerk
tren de aterizare anterior n
[tren de a·te·riˈza·re an·te·riˈor]

der Windsack
mânecă de vânt f
[ˈmɨ·ne·kə de vɨnt]

Ihr Flug ist jetzt zum Einsteigen bereit.	**Zborul dumneavoastră e pregătit pentru îmbarcare.** [ˈzbo·rul dum·ne̯aˈvo̯a·strə e pre·gəˈtit ˈpen·tru ɨm·barˈka·re]
die Fluggesellschaft	**companie aeriană** f [kom·paˈni·e a·e·riˈa·nə]
der Flugsicherungsdienst	**control al traficului aerian** n [konˈtrol al ˈtra·fi·ku·luj a·e·riˈan]
der Pilot	**pilot** m [piˈlot]
die Pilotin	**pilot** m [piˈlot]
die erste Klasse	**clasă întâi** f [ˈkla·sə ɨnˈtɨj]
die Businessklasse	**clasă business** f [ˈkla·sə ˈbiz·nis]
die Economyklasse	**clasă economică** f [ˈkla·sə e·koˈno·mi·kə]

DAS FLUGZEUG - AVIONUL

Im Flugzeug - În avion

die Sicherheitsanweisung
instrucțiune de siguranță f
[in·struk·tsi'u·ne de si·gu'ran·tsə]

die Flugbegleiterin
însoțitoare de bord f
[ɨn·so·tsi'tóa·re de bord]

der Sitzplatz
loc n
[lok]

das Gepäckfach
compartiment de bagaje n
[kom·par·ti'ment de ba'ga·ʒe]

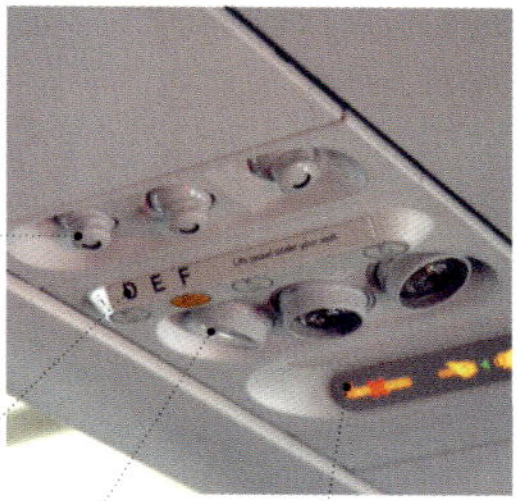

die Luftdüse
duză de ventilație f
['du·zə de ven·ti'la·tsi·e]

die Sitznummer
număr de loc n
['nu·mər de lok]

der Nichtraucherflug
zbor pentru nefumători n
[zbor 'pen·tru ne·fu·mə'torʲ]

die Leselampe
lampă de lectură f
['lam·pə de lek'tu·rə]

das Handgepäck
bagaj de mână n
[ba'gaʒ de 'mɨ·nə]

der Gang
culoar n
[ku'lo̯ar]

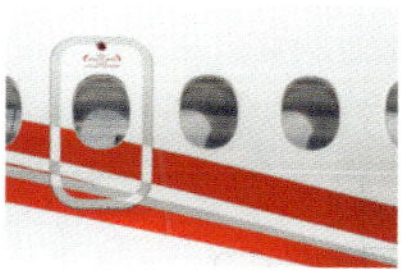

der Notausgang
ieșire de urgență f
[je'ʃi·re de ur'ʤen·tsə]

der Sitzabstand
spațiu dintre scaune n
['spa·tsju 'din·tre ska'u·ne]

die Sitzreihe	**rând** n [rɨnd]
der Sicherheitsgurt	**centură de siguranță** f [ʧen'tu·rə de si·gu'ran·tsə]
sich anschnallen	**a-și pune centura de siguranță** [aʃʲ 'pu·ne ʧen'tu·ra de si·gu'ran·tsə]
die Start- und Landebahn	**pistă de decolare și aterizare** f ['pis·tə de de·ko'la·re ʃi a·te·ri'za·re]
fliegen	**a zbura** [a zbu'ra]
starten	**a decola** [a de·ko'la]
landen	**a ateriza** [a a·te·ri'za]
die Turbulenzen	**turbulență** f [tur·bu'len·tsə]
die Notlandung	**aterizare de urgență** f [a·te·ri'za·re de ur'ʤen·tsə]
die Sauerstoffmaske	**mască de oxigen** f ['mas·kə de o·ksi'ʤen]

der Bildschirm für das Bordprogramm
monitor pentru programul de bord n
[mo·ni'tor 'pen·tru pro'gra·mul de bord]

DAS FLUGZEUG – AVIONUL

Am Flughafen – La aeroport

der Check-in-Automat
automat pentru check-in n
[a·u·to'mat 'pen·tru ʧek in]

der Check-in-Schalter
ghișeu de check-in n
[gi'ʃew de ʧek in]

die Bordkarte
tichet de îmbarcare n
[ti'ket de ɨm·bar'ka·re]

der Reisepass
pașaport n
[pa·ʃa'port]

die Ankunft
sosire f
[so'si·re]

der Abflug
plecare f
[ple'ka·re]

das Terminal
terminal n
[ter·mi'nal]

der Zoll
vamă f
['va·mə]

die Sicherheits-kontrolle
control de securitate n
[kon'trol de se·ku·ri'ta·te]

die Ticketkontrolle
control de bilet n
[kon'trol de bi'let]

der Duty-free-Laden
magazin duty-free n
[ma·ga'zin 'dju·ti fri]

die Fluggasttreppe
scară pentru pasageri f
['ska·rə 'pen·tru pa·sa'ʤerʲ]

der Flugsteig
poartă f
['po̯ar·tə]

die Fluggastbrücke
tunel de îmbarcare și debarcare n
[tu'nel de ɨm·bar'ka·re ʃi de·bar'ka·re]

der Kontrollturm
turn de control n
[turn de kon'trol]

der Fluglotse
controlor de trafic aerian m
[kon·tro'lor de 'tra·fik a·e·ri'an]

DAS FLUGZEUG – AVIONUL

Am Flughafen – La aeroport

① *die Anzeigetafel*
tabelă (electronică) de informație f
[taˈbe·lə (e·lekˈtro·ni·kə) de in·forˈma·tsi·e]

② *das Reiseziel*
destinație f
[des·tiˈna·tsi·e]

der Langstreckenflug
zbor lung-curier n
[zbor lung ku·riˈer]

der Auslandsflug
zbor extern n
[zbor eksˈtern]

der Inlandsflug
zbor intern n
[zbor inˈtern]

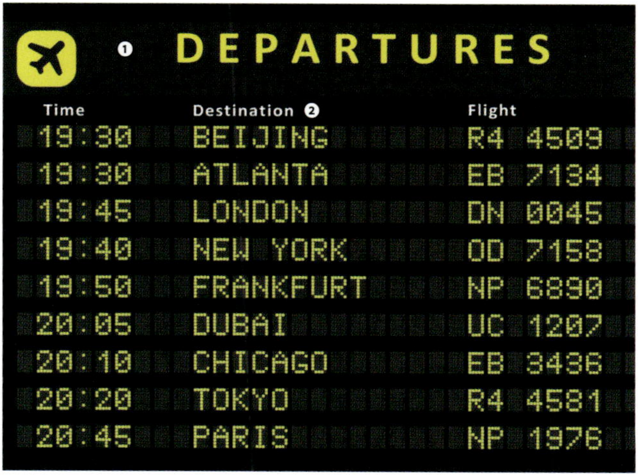

der Rollkoffer
geamantan cu roți n
[ʤe̯a·manˈtan ku rotsʲ]

das Übergepäck
excedent de bagaj n
[eks·ʧeˈdent de baˈgaʒ]

das Gepäckband
bandă transportoare pentru bagaje f
[ˈban·də trans·porˈto̯a·re ˈpen·tru baˈga·ʒe]

der Fahrsteig
covor rulant n
[koˈvor ruˈlant]

die Zwischenlandung	**escală** f [esˈka·lə]
einen Flug buchen	**a rezerva un zbor** [a re·zerˈva un zbor]
der/das Online-Check-in	**check-in online** n [ʧek in onˈlajn]
die Buchungsnummer	**număr de rezervare** n [ˈnu·mər de re·zerˈva·re]
das Visum	**viză** f [ˈvi·zə]
die Gepäckkontrolle	**control de bagaj** n [konˈtrol de baˈgaʒ]
der Währungsumtausch	**schimb valutar** n [skimb va·luˈtar]

der Rucksack
rucsac n
[ˈruk·sak]

DAS SCHIFF – VAPORUL

das Kreuzfahrtschiff
navă de croazieră f
[ˈna·və de kro̯a·ziˈe·rə]

die Radarantenne
antenă radar f
[anˈte·nə ˈra·dar]

das Deck
punte f
[ˈpun·te]

die Kabine
cabină f
[kaˈbi·nə]

der Schornstein
coş n
[koʃ]

die Funkantenne
antenă radio f
[anˈte·nə ˈra·di·o]

die Backbordseite
babord n
[baˈbord]

der Rumpf
cocă f
[ˈko·kə]

das Bullauge
hublou n
[huˈblow]

die Steuerbordseite
tribord n
[triˈbord]

der Bug
proră f
[ˈpro·rə]

das Rettungsboot
barcă de salvare f
[ˈbar·kə de salˈva·re]

der Bugwulst
etravă bulb f
[eˈtra·və bulb]

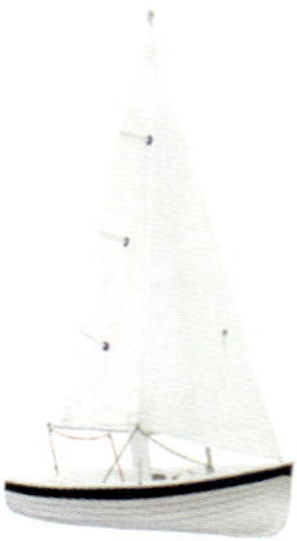

das Segelboot
barcă cu vele f
[ˈbar·kə ku ˈve·le]

die Motorjacht
iaht n
[jaht]

das Motorboot
barcă cu motor f
[ˈbar·kə ku moˈtor]

der Katamaran
catamaran n
[ka·ta·maˈran]

DAS SCHIFF - VAPORUL

Der Hafen - Portul

der Containerhafen
terminal de containere n
[ter·mi'nal de kon'taj·ne·re]

das Containerlager
depozit de containere n
[de'po·zit de kon'taj·ne·re]

die Fracht
încărcătură f
[ɨn·kər·kə'tu·rə]

der Kai
chei n
[kjej]

der Kran
macara f
[ma·ka'ra]

das Containerschiff
navă port-container f
['na·və port kon'taj·ner]

der Leuchtturm
far n
[far]

die Vertäuung
amarare f
[a·ma'ra·re]

der Poller
bolard m
[bo'lard]

die Boje
geamandură f
[ʤe̯a·man'du·rə]

den Anker werfen/lichten	**a coborâ/ridica ancora** [a ko·bo'rɨ/ri·di'ka 'an·ko·ra]
die Küstenwache	**gardă de coastă** f ['gar·də de ko̯as·tə]
anlegen	**a ancora** [a an·ko'ra]
auslaufen	**a ieși în larg** [a je'ʃi ɨn larg]
an Bord gehen	**a se îmbarca** [a se ɨm·bar'ka]
von Bord gehen	**a debarca** [a de·bar'ka]
der Landungssteg	**ponton** n [pon'ton]
das U-Boot	**submarin** n [sub·ma'rin]

die Fähre
feribot n
[fe·ri'bot]

IN DER STADT

ÎN ORAȘ

DIE INNENSTADT – CENTRUL ORAȘULUI

die Vorstadt **suburbie** f [sub·ur'bi·e]

die Brücke **pod** n [pod]

der Fluss **râu** n [riw]

die Straße **stradă** f ['stra·də]

das Geschäftsviertel **zonă comercială** f ['zo·nə ko·mer·tʃi'a·lə]

der Fernsehturm **turn de televiziune** n [turn de te·le·vi·zi'u·ne]

der Wohnblock **bloc** n [blok]

der Dom **dom** n [dom]

der Gehweg **trotuar** n [tro'twar]

die Altstadt **orașul vechi** n [o'ra·ʃul vek[j]]

der Turm **turn** n [turn]

die Straßenbeleuchtung **iluminare stradală** f [i·lu·mi'na·re stra'da·lə]

die Seitenstraße **stradă laterală** f ['stra·də la·te'ra·lə]

der Boulevard **bulevard** n [bu·le'vard]

die Treppe **scări** pl [skər[j]]

die Gasse **străduță** f [strə'du·tsə]

DIE INNENSTADT – CENTRUL ORAȘULUI

der Park
parc n
[park]

der Kanal
canal n
[kaˈnal]

das Ausgehviertel
zonă de localuri și divertisment f
[ˈzo·nə de loˈka·lurʲ ʃi di·ver·tisˈment]

der Platz
piață f
[ˈpja·tsə]

das Einkaufsviertel
zonă comercială f
[ˈzo·nə ko·mer·tʃiˈa·lə]

das Industriegebiet
zonă industrială f
[ˈzo·nə in·dus·triˈa·lə]

das Wohngebiet
zonă rezidențială f
[ˈzo·nə re·zi·den·tsiˈa·lə]

das Rathaus
primărie f
[pri·məˈri·e]

die Universität
universitate f
[u·ni·ver·siˈta·te]

die Schule
școală f
[ˈʃko̯a·lə]

die Post
poștă f
[ˈpoʃ·tə]

die Feuerwache
remiză de pompieri f
[reˈmi·zə de pom·piˈerʲ]

die Polizeiwache
sediu al poliției n
[ˈse·dju al poˈli·tsi·ej]

das Krankenhaus
spital n
[spiˈtal]

die Bibliothek
bibliotecă f
[bi·bli·oˈte·kə]

das Gerichtsgebäude
judecătorie f
[ʒu·de·kə·toˈri·e]

DIE INNENSTADT – CENTRUL ORAȘULUI

Gebäude in der Innenstadt – Clădiri în centrul orașului

der Wolkenkratzer
zgârie-nori m
[ˈzgɨ·ri·e norʲ]

die Burg
cetate f
[tʃeˈta·te]

das Schloss
castel n
[kasˈtel]

die Kirche
biserică f
[biˈse·ri·kə]

die Moschee
moschee f
[mosˈke·e]

die Synagoge
sinagogă f
[si·naˈgo·gə]

der Tempel
templu n
[ˈtem·plu]

die Ruine
ruină f
[ruˈi·nə]

das Bürogebäude
clădire de birouri f
[kləˈdi·re de biˈro·urʲ]

das Theater
teatru n
[ˈte̯a·tru]

das Kino
cinematograf n
[tʃi·ne·ma·toˈgraf]

die Fabrik
fabrică f
[ˈfa·bri·kə]

die Botschaft
ambasadă f
[am·baˈsa·də]

das Opernhaus
clădire a operei f
[kləˈdi·re a ˈo·pe·rej]

das Museum
muzeu n
[muˈzeu]

die Kunsthalle
galerie de artă f
[ga·leˈri·e de ˈar·tə]

DIE INNENSTADT – CENTRUL ORAȘULUI

Auf der Straße – Pe stradă

die Straßenlaterne
stâlp de iluminat m
[stɨlp de i·lu·miˈnat]

die Fußgängerampel
semafor pietonal n
[se·maˈfor pje·toˈnal]

die Ampel
semafor n
[se·maˈfor]

das Denkmal
monument n
[mo·nuˈment]

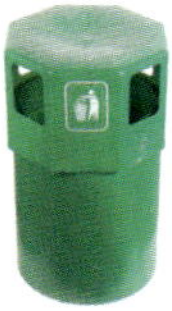

der Abfalleimer
coș de gunoi n
[koʃ de guˈnoj]

der Kanaldeckel
capac de canal n
[kaˈpak de kaˈnal]

der Hydrant
hidrant n
[hiˈdrant]

der Friedhof
cimitir n
[ʧi·miˈtir]

die Bushaltestelle
stație de autobuz f
[ˈsta·tsi·e de a·u·toˈbuz]

der Kiosk
chioșc n
[kjoʃk]

die Tiefgarage
parcare subterană f
[parˈka·re sub·teˈra·nə]

die Fußgängerzone
zonă pietonală f
[ˈzo·nə pje·toˈna·lə]

Entschuldigen Sie, wie komme ich nach ...?	**Mă scuzați, cum ajung la...?** [mə skuˈzatsʲ kum aˈʒung la…]
Könnten Sie mir bitte sagen, wo ... ist?	**Puteți să îmi spuneți, vă rog, unde e...?** [puˈtetsʲ sə ɨmʲ ˈspu·netsʲ və rog ˈun·de e…]
Könnten Sie mir das bitte auf der Karte zeigen?	**Puteți să îmi arătați, vă rog, asta pe hartă?** [puˈtetsʲ sə ɨmʲ a·rəˈtatsʲ və rog ˈas·ta pe ˈhar·tə]
an der Ecke	**la colț** [la kolts]
rechts/links abbiegen	**a o lua la dreapta/stânga** [a o lwa la ˈdre̯ap·ta/ˈstɨn·ga]
auf der rechten/linken Seite	**pe partea dreaptă/stângă** [pe ˈpar·te̯a ˈdre̯ap·tə/ˈstɨn·gə]
(schräg) gegenüber	**peste drum (în linie diagonală)** [ˈpes·te drum (ɨn ˈli·ni·e di·a·goˈna·lə)]
in der Nähe (von)	**în apropiere (de)** [ɨn a·pro·piˈe·re (de)]

DIE INNENSTADT – CENTRUL ORAȘULUI

Das Hotel – Hotelul

die Rezeption
recepție f
[reˈtʃep·tsi·e]

die Empfangsdame
recepționeră f
[re·tʃep·tsi·oˈne·rə]

die Schlüsselkarte
cartelă de acces f
[karˈte·lə de akˈtʃes]

die Klingel
clopoțel m
[klo·poˈtsel]

die Lobby
lobby n
[ˈlo·bi]

die Bar
bar n
[bar]

das Restaurant
restaurant n
[res·tawˈrant]

die Hotelanlage
complex hotelier n
[komˈpleks ho·te·liˈer]

das Doppelzimmer
cameră dublă f
[ˈka·me·rə ˈdu·blə]

das Zweibettzimmer
cameră cu două paturi f
[ˈka·me·rə ku ˈdo·wə ˈpa·turʲ]

das Einzelzimmer
cameră simplă f
[ˈka·me·rə ˈsim·plə]

der Fitnessraum
sală de fitness f
[ˈsa·lə de ˈfit·nes]

der Pool
piscină f
[pisˈtʃi·nə]

Ich habe ein Zimmer unter dem Namen ... gebucht.	**Am rezervat o cameră pe numele ...** [am re·zerˈvat o ˈka·me·rə pe ˈnu·me·le]
Was kostet das Zimmer, bitte?	**Îmi spuneți, vă rog, cât costă camera?** [imʲ ˈspu·netsʲ və rog kit ˈkos·tə ˈka·me·ra]
Ich hätte gerne ein Doppelzimmer für eine Nacht.	**Aș dori o cameră dublă pentru o noapte.** [aʃ doˈri o ˈka·me·rə ˈdu·blə ˈpen·tru o ˈnoap·te]
Haben Sie ein Zimmer frei?	**Aveți o cameră liberă?** [aˈvetsʲ o ˈka·me·rə ˈli·be·rə]

DIE INNENSTADT – CENTRUL ORAȘULUI

Das Hotel – Hotelul

der/die Concierge
angajat/angajată al/a hotelului m/f
[an·ga'ʒat/an·ga'ʒa·tə al/a ho'te·lu·luj]

der Kofferwagen
cărucior pentru bagaje n
[kə·ru'tʃjor 'pen·tru ba'ga·ʒe]

der Türanhänger „Bitte nicht stören"
semn „Nu deranjați!" n
[semn nu de·ran'ʒatsʲ]

die Gepäckablage
suport pentru bagaje n
[su'port 'pen·tru ba'ga·ʒe]

der Zimmerservice
room service n
[rum 'ser·vis]

das Zimmermädchen
cameristă f
[ka·me'ris·tə]

die Suite
apartament n
[a·par·ta'ment]

die Toilettenartikel
articole de toaletă n
[ar'ti·ko·le de to·a'le·tə]

die Minibar
minibar n
[mi·ni'bar]

die Zimmernummer
număr al camerei n
['nu·mər al 'ka·me·rej]

das Frühstücksbuffet
mic-dejun cu bufet suedez n
[mik de'ʒun ku bu'fet su·e'dez]

das Drei-/Vier-Sterne-Hotel	**hotel de trei/patru stele** n [ho'tel de trej/'pa·tru 'ste·le]
das Familienzimmer	**cameră de familie** f ['ka·me·rə de fa'mi·li·e]
ein-/auschecken	**a face check-in/out** [a 'fa·tʃe tʃek in/awt]
die Halbpension	**demipensiune** f [de·mi·pen'sju·ne]
die Vollpension	**pensiune completă** f [pen'sju·ne kom'ple·tə]
das Zimmer mit Frühstück	**cameră cu mic-dejun** f ['ka·me·rə ku mik de'ʒun]
das Zustellbett	**pat adițional** n [pat a·di·tsjo'nal]
der Weckanruf	**apel de trezire** n [a'pel de tre'zi·re]

der Tresor
seif n
[se'if]

DIE INNENSTADT – CENTRUL ORAȘULUI

Die Bank – Banca

das Chipkartenterminal
cititor de card cu chip n
[ʧi·ti'tor de kard ku ʧip]

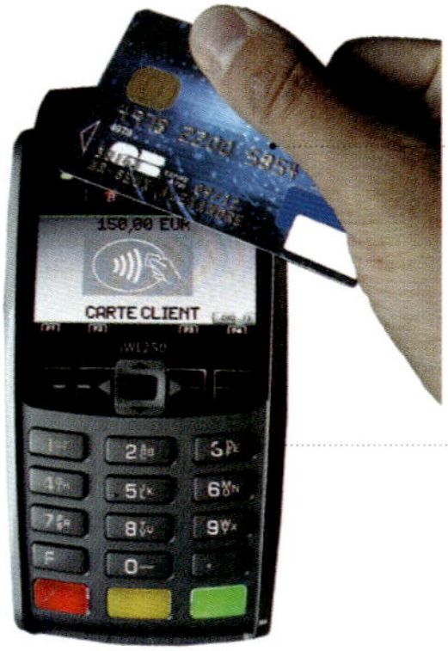

die EC-Karte
card de debit n
[kard de 'de·bit]

das Tastenfeld
tastatură numerică f
[tas·ta'tu·rə nu'me·ri·kə]

der Schalter
ghișeu n
[gi'ʃew]

die Kassiererin
casieră f
[ka·si'e·rə]

das Onlinebanking
tranzacție online f
[tran'zak·tsi·e on'lajn]

der Geldautomat
bancomat n
[ban·ko'mat]

Geld abheben
a ridica bani
[a ri·di'ka ban^j]

Geld einzahlen
a depune bani
[a de'pu·ne ban^j]

einen Scheck ausstellen
a scrie un cec
[a 'skri·e un ʧek]

die Kontoüberziehung	**descoperire de cont** f [des·ko·pe'ri·re de kont]
das Girokonto	**cont curent** n [kont ku'rent]
das Sparkonto	**cont de economii** n [kont de e·ko·no'mij]
die PIN-Nummer	**cod PIN** n [kod pin]
der Zinssatz	**dobândă** f [do'bin·də]
das Darlehen	**împrumut** n [im·pru'mut]
die Hypothek	**ipotecă** f [i·po'te·kə]
die Kontonummer	**număr de cont** n ['nu·mər de kont]

DIE INNENSTADT – CENTRUL ORAȘULUI

Die Bank – Banca

der Geldschein
bancnotă f
[bank'no·tə]

die Münze
monedă f
[mo'ne·də]

die Währung
valută f
[va'lu·tə]

das Wertpapier
hârtie de valoare f
[hɨr'ti·e de va'lo̯a·re]

der Wechselkurs
curs valutar n
[kurs va·lu'tar]

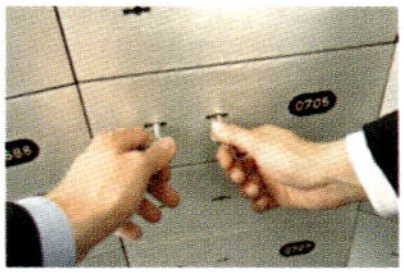

das Bankschließfach
casetă de valori f
[ka'se·tə de va'lorʲ]

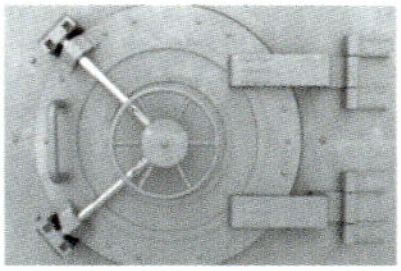

der Tresor
seif n
[se'if]

die Kreditkarte
card de credit n
[kard de 'kre·dit]

die Börse
bursă f
['bur·sə]

der Börsenkurs
curs bursier n
[kurs bur·si'er]

der Finanzberater
consultant financiar m
[kon·sul'tant fi·nan·tʃi'ar]

die Rechnung
factură f
[fak'tu·rə]

Könnten Sie mir das bitte wechseln?	**Puteți sa-mi schimbați asta, vă rog?** [pu'tetsʲ səmʲ skim'batsʲ 'as·ta və rog]
Wie ist der aktuelle Wechselkurs?	**Care este cursul valutar actual?** ['ka·re 'jes·te 'kur·sul va·lu'tar ak·tu'al]
Ich möchte gerne ein Konto eröffnen.	**Aș dori să deschid un cont.** [aʃ do'ri sə des'kid un kont]
der Betrag	**sumă** f ['su·mə]
der Reisescheck	**cec de călătorie** n [tʃek de kə·lə·to'ri·e]
das Eigenkapital	**capital propriu** n [ka·pi'tal 'pro·prju]
die Provision	**comision** n [ko·mi'sjon]
die Wechselstube	**casă de schimb valutar** f ['ka·sə de skimb va·lu'tar]

der Überweisungs-schein
ordin de plată n
['or·din de 'pla·tə]

EINKAUFEN – LA CUMPĂRĂTURI

Läden und Geschäfte – Magazine și prăvălii

der Markt
piață f
[ˈpja·tsə]

der Marktstand
tarabă f
[taˈra·bə]

das Schaufenster
vitrină f
[viˈtri·nə]

die Tierhandlung
magazin de animale de companie n [ma·gaˈzin de a·niˈma·le de kom·paˈni·e]

der Gemüseladen
aprozar n
[a·proˈzar]

die Metzgerei
măcelărie f
[mə·ʧe·ləˈri·e]

die Bäckerei
brutărie f
[bru·təˈri·e]

die Konditorei
cofetărie f
[ko·fe·təˈri·e]

der Supermarkt
supermagazin n
[su·per·ma·gaˈzin]

das Fischgeschäft
pescărie f
[pes·kəˈri·e]

die Weinhandlung
vinărie f
[vi·nəˈri·e]

der Blumenladen
florărie f
[flo·rəˈri·e]

das Lebensmittel-geschäft
magazin alimentar n
[ma·gaˈzin a·li·menˈtar]

der Bioladen
magazin de produse ecologice n
[ma·gaˈzin de proˈdu·se e·koˈlo·ʤi·ʧe]

das Schreibwaren-geschäft
magazin de papetărie n
[ma·gaˈzin de pa·pe·təˈri·e]

der Tante-Emma-Laden
magazin de cartier n
[ma·gaˈzin de kar·tiˈer]

EINKAUFEN - LA CUMPĂRĂTURI

Läden und Geschäfte - Magazine și prăvălii

der Buchladen
librărie f
[li·brəˈri·e]

die Drogerie
drogherie f
[dro·geˈri·e]

die Boutique
butic n
[buˈtik]

der Antiquitätenladen
magazin de antichități n
[ma·gaˈzin de an·ti·kiˈtətsʲ]

der Spielzeugladen
magazin de jucării n
[ma·gaˈzin de ʒu·kəˈrij]

das Juweliergeschäft
bijuterie f
[bi·ʒu·teˈri·e]

das Möbelgeschäft
magazin de mobilă n
[ma·gaˈzin de moˈbi·lə]

der Elektrofachmarkt
magazin de electronice și electrocasnice n
[ma·gaˈzin de e·lekˈtro·ni·tʃe ʃi e·lek·troˈkas·ni·tʃe]

das Schuhgeschäft
magazin de încălțăminte n
[ma·gaˈzin de ɨn·kəl·tsəˈmin·te]

der Friseursalon
salon de coafură n
[saˈlon de ko̯aˈfu·rə]

die Schneiderei
croitorie f
[kro·i·toˈri·e]

die Parfümerie
parfumerie f
[par·fu·meˈri·e]

der Baumarkt
magazin de materiale de construcție n
[ma·gaˈzin de ma·te·riˈa·le de konˈstruk·tsi·e]

der Geschenkeladen
magazin de cadouri n
[ma·gaˈzin de kaˈdo·urʲ]

die Apotheke
farmacie f
[far·maˈtʃi·e]

der Optiker
magazin de optică n
[ma·gaˈzin de ˈop·ti·kə]

EINKAUFEN – LA CUMPĂRĂTURI

Der Supermarkt – Supermagazinul

der Kassierer
casier m
[ka·si'er]

die Kundin
clientă f
[kli'en·tə]

die Ware
marfă f
['mar·fə]

das Warentransportband
bandă rulantă f
['ban·də ru'lan·tə]

das Warenregal
raft n
[raft]

der Einkaufswagen
cărucior n
[kə·ru'tʃjor]

die Kasse
casă f
['ka·sə]

der Scanner
scanner n
['ske·ner]

die Käsetheke
galantar cu brânzeturi n [ga·lan'tar ku brɨn'ze·turʲ]

die Fleischtheke
galantar cu produse din carne n [ga·lan'tar ku pro'du·se din 'kar·ne]

die Einkaufsliste
listă de cumpărături f ['lis·tə de kum·pə·rə'turʲ]

der Gang
culoar n
[ku'lo̯ar]

der Einkaufskorb
coș n
[koʃ]

der Strichcode
cod de bare n
[kod de 'ba·re]

das Sonderangebot
ofertă promoțională f
[o'fer·tə pro·mo·tsjo'na·lə]

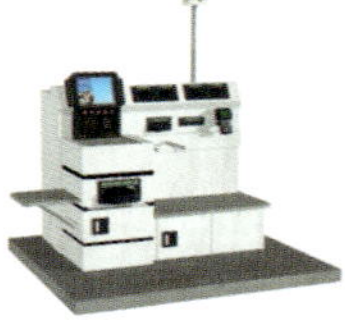

die Selbstbedienungskasse
casă de marcat cu autotaxare f ['ka·sə de mar'kat ku a·u·to·ta'ksa·re]

EINKAUFEN – LA CUMPĂRĂTURI

Der Supermarkt – Supermagazinul

das Kühlregal
vitrină frigorifică f
[viˈtri·nə fri·goˈri·fi·kə]

die Milchprodukte
produse lactate n
[proˈdu·se lakˈta·te]

die Tiefkühlkost
produse congelate n
[proˈdu·se kon·ʤeˈla·te]

das Obst und Gemüse
fructe și legume n /f
[ˈfruk·te ʃi leˈgu·me]

das Fleisch und Geflügel
carne și pasăre f
[ˈkar·ne ʃi ˈpa·sə·re]

die Konserven
conserve f
[konˈser·ve]

die Feinkost
delicatesă f
[de·li·kaˈte·sə]

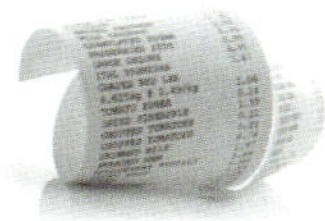

der Kassenzettel
bon fiscal n
[bon fisˈkal]

die Babyartikel
articole pentru bebeluș n
[arˈti·ko·le ˈpen·tru be·beˈluʃ]

die Frühstücksflocken
cereale f
[ʧe·reˈa·le]

die Backwaren
produse de panificație n
[proˈdu·se de pa·ni·fi·kaˈtsi·e]

die Fischtheke
galantar cu pește n
[ga·lanˈtar ku ˈpeʃ·te]

die Getränke	**băuturi** f [bə·uˈturʲ]
die Süßigkeiten	**dulciuri** n [ˈdul·ʧurʲ]
das Tierfutter	**mâncare pentru animale** f [mɨnˈka·re ˈpen·tru a·niˈma·le]
die Bioprodukte	**produse ecologice** n [proˈdu·se e·koˈlo·ʤi·ʧe]
bezahlen	**a plăti** [a pləˈti]
das Kleingeld	**bani mărunți** m [banʲ məˈruntsʲ]
der Preis	**preț** n [prets]
das Preisschild	**etichetă de preț** f [e·tiˈke·tə de prets]

die Reinigungsmittel
produse de curățat n
[proˈdu·se de ku·rəˈtsat]

EINKAUFEN – LA CUMPĂRĂTURI

Der Kiosk – Chioșcul

die Zeitung
ziar n
[ziˈar]

die Zeitschrift
revistă f
[reˈvis·tə]

das Notizbuch
carnețel n
[kar·neˈtsel]

der/das Comic
revistă de benzi desenate f
[reˈvis·tə de benzʲ de·seˈna·te]

das Zeitschriftenregal
stand de reviste n
[stand de reˈvis·te]

die Grußkarte
felicitare f
[fe·li·ʧiˈta·re]

der Lottoschein
bilet de loterie n
[biˈlet de lo·teˈri·e]

das Buch
carte f
[ˈkar·te]

der/das Kaugummi
gumă de mestecat f
[ˈgu·mə de mes·teˈkat]

der/das Pfefferminz-bonbon
bomboană de mentă f
[bomˈbo̯a·nə de ˈmen·tə]

der Schokoriegel
baton de ciocolată n
[baˈton de ʧjo·koˈla·tə]

der Tabak
tutun n
[tuˈtun]

die Zigarette
țigară f
[tsiˈga·rə]

die Pfeife
pipă f
[ˈpi·pə]

das Feuerzeug
brichetă f
[briˈke·tə]

die Zigarre
trabuc n
[traˈbuk]

CAFÉS UND BARS – CAFENELE ȘI BARURI

das Straßencafé
cafenea în aer liber f
[ka·fe'ne̯a ɨn 'a·jer 'li·ber]

die Sonnenterrasse
terasă la soare f
[te'ra·sə la 'so̯a·re]

die Theke
bar n
[bar]

die Kaffeemaschine
mașină de cafea f
[ma'ʃi·nə de ka'fe̯a]

das Tablett
tavă f
['ta·və]

der Zapfhahn
robinet de bere n
[ro·bi'net de 'be·re]

der Barkeeper
barman m
['bar·man]

der Barista
barista m
[ba'ris·ta]

der Barhocker
scaun de bar n
['ska·un de bar]

der Korkenzieher
tirbușon n
[tir·bu'ʃon]

der Cocktailshaker
shaker pentru cocteil n
['ʃej·kər 'pen·tru 'kok·tejl]

der Weinkühler
frapieră f
[fra·pi'e·rə]

etwas auf Rechnung setzen	**a pune ceva pe factură** [a 'pu·ne tʃe'va pe fak'tu·rə]
die Rechnung übernehmen	**a prelua costul consumației** [a pre·lu'a 'kos·tul kon·su'ma·tsi·ej]
sich auf einen Kaffee treffen	**a se întâlni la o cafea** [a se ɨn·tɨl'ni la o ka'fe̯a]
Wo sind bitte die Toiletten?	**Mă scuzați, unde e toaleta?** [mə sku'zatsʲ 'un·de e to·a'le·ta]
Ich hätte gern ...	**Aș dori...** [aʃ do'ri]
Bitte ein Glas ...	**Un pahar de ..., vă rog.** [un pa'har de ··· və rog]
Bitte eine Tasse ...	**O ceașcă de ..., vă rog.** [o 'tʃe̯aʃ·kə de ··· və rog]
Das Gleiche noch einmal.	**Încă o dată același lucru.** ['ɨn·kə o 'da·tə a'tʃe·laʃʲ 'lu·kru]

der Aschenbecher
scrumieră f
[skru·mi'e·rə]

SEHENSWÜRDIGKEITEN – OBIECTIVE TURISTICE

der Stadtplan
hartă a orașului f
[ˈhar·tə a oˈra·ʃu·luj]

die Touristen-information
birou de informații turistice n [biˈrow de in·forˈma·tsij tuˈris·ti·ʧe]

der Reiseführer
ghid turistic n
[gid tuˈris·tik]

das Souvenir
suvenir n
[su·veˈnir]

die Stadtbesichtigung
vizitare a orașului f
[vi·ziˈta·re a oˈra·ʃu·luj]

die Stadtrundfahrt
vizitare a orașului din autocar f [vi·ziˈta·re a oˈra·ʃu·luj din a·u·toˈkar]

die Flussfahrt
plimbare pe râu f
[plimˈba·re pe rɨw]

das Aquarium
acvariu n
[akˈva·rju]

die Aussichtsplattform
belvedere f
[bel·veˈde·re]

die Ausstellung
expoziție f
[eks·poˈzi·tsi·e]

der Straßenmusiker
muzicant ambulant m
[mu·ziˈkant am·buˈlant]

der Straßenkünstler
artist ambulant m
[arˈtist am·buˈlant]

die Warteschlange
rând n
[rɨnd]

der Fremdenführer	**ghid turistic** m [gid tuˈris·tik]
die Fremdenführerin	**ghid turistic** m [gid tuˈris·tik]
der Ausflug	**excursie** f [eksˈkur·si·e]
die Öffnungszeiten	**program de lucru** n [proˈgram de ˈlu·kru]
geöffnet	**deschis** [desˈkis]
geschlossen	**închis** [ɨnˈkis]
das Eintrittsgeld	**taxă de intrare** f [ˈta·ksə de inˈtra·re]
die Ermäßigung	**reducere de preț** f [reˈdu·ʧe·re de prets]

DIE ARCHITEKTUR – ARHITECTURA

klassizistisch
clasicistic
[kla·si'ʧis·tik]

gotisch
gotic
['go·tik]

barock
baroc
[ba'rok]

romanisch
romanic
[ro'ma·nik]

die Renaissance
renaștere f
[re'naʃ·te·re]

der/das Art déco
art deco f
[art de'ko]

der Jugendstil
art nouveau f
[art nu'vo]

das Rokoko
rococo n
[ro·ko'ko]

das Bauhaus
Bauhaus n
['baw·haws]

die Säule
coloană f
[ko'lo̯a·nə]

der Bogen
arc n
[ark]

die Kuppel
cupolă f
[ku'po·lə]

die Fassade	**fațadă** f [fa'tsa·də]
der Flügel	**aripă** f ['a·ri·pə]
das Gewölbe	**boltă** f ['bol·tə]
das Grabmal	**mormânt** n [mor'mɨnt]
der Innenhof	**curte interioară** f ['kur·te in·te·ri'o̯a·rə]
die Stadtmauer	**zid al orașului** n [zid al o'ra·ʃu·luj]
die Katakomben	**catacombe** f [ka·ta'kom·be]
die Gedenkstätte	**monument comemorativ** n [mo·nu'ment ko·me·mo·ra'tiv]

das Wahrzeichen
simbol n
[sim'bol]

BILDUNG UND BERUF

EDUCAȚIE ȘI PROFESIE

DIE SCHULE – ȘCOALA

der Kindergarten
grădiniță f
[grə·di'ni·tsə]

die Vorschule
clasă pregătitoare f
['kla·sə pre·gə·ti'to̯a·re]

die Grundschule
școală primară f
['ʃko̯a·lə pri'ma·rə]

die weiterführende Schule
școală medie f
['ʃko̯a·lə 'me·di·e]

das Gymnasium
liceu n
[li'tʃew]

die Klasse
clasă f
['kla·sə]

die Prüfung
examen n
[e'gza·men]

die Aula
aulă f
['a·u·lə]

der Computerraum
cabinet de informatică n
[ka·bi'net de in·for'ma·ti·kə]

die Schulleiterin
directoare f
[di·rek'to̯a·re]

die Lehrerin
învățătoare f
[ɨn·və·tsə'to̯a·re]

der Sportplatz
teren de sport n
[te'ren de sport]

die Schuluniform
uniformă școlară f
[u·ni'for·mə ʃko'la·rə]

der Aufsatz	**compunere** f [kom'pu·ne·re]
die Klassenarbeit	**teză** f ['te·zə]
die Note	**notă** f ['no·tə]
seinen/ihren Abschluss machen	**a absolvi** [a ab·sol'vi]
der mittlere Schulabschluss	**absolvire a școlii medii** f [ab·sol'vi·re a 'ʃko·lij 'me·dij]
die Privatschule	**școală privată** f ['ʃko̯a·lə pri'va·tə]
das Abitur	**bacalaureat** n [ba·ka·la·u·re'at]
das Internat	**internat** n [in·ter'nat]

DIE SCHULE – ȘCOALA

Das Klassenzimmer – Sala de clasă

das Lehrerpult
catedră f
[kaˈte·drə]

die Tafel
tablă f
[ˈta·blə]

der Schüler
elev m
[eˈlev]

die Schülerin
elevă f
[eˈle·və]

der Winkelmesser
raportor n
[ra·porˈtor]

der Bleistift
creion n
[kreˈjon]

das Schulheft
caiet n
[kaˈjet]

das Federmäppchen
penar n
[peˈnar]

das Zeichendreieck
echer n
[eˈker]

das Lineal
riglă f
[ˈri·glə]

die Schultasche	**ghiozdan** n [gjozˈdan]
das Wörterbuch	**dicționar** n [dik·tsi·oˈnar]
die Nachhilfe	**meditație** f [me·diˈta·tsi·e]
die Kreide	**cretă** f [ˈkre·tə]
das Schulbuch	**manual** n [ma·nuˈal]
der Füller	**stilou** n [stiˈlow]
die Tintenpatrone	**patron de cerneală** n [paˈtron de ʧerˈnea·lə]
der Marker	**marker** n [ˈmar·kər]

der Taschenrechner
calculator n
[kal·ku·laˈtor]

DIE SCHULE – ȘCOALA

Die Schulfächer – Materiile școlare

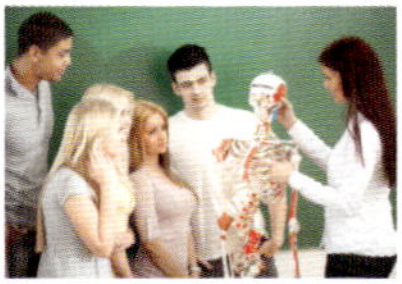

die Biologie
biologie f
[bi·o·loˈdʒi·e]

die Mathematik
matematică f
[ma·teˈma·ti·kə]

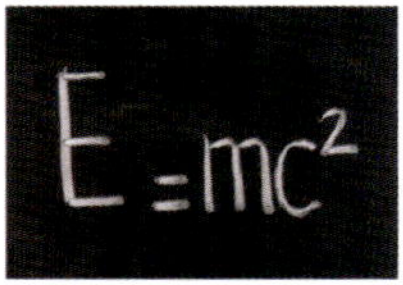

die Physik
fizică f
[ˈfi·zi·kə]

die Chemie
chimie f
[kiˈmi·e]

der Religionsunterricht
religie f
[reˈli·dʒi·e]

der Ethikunterricht
etică f
[ˈe·ti·kə]

die Kunst
arte f
[ˈar·te]

die Erdkunde
geografie f
[dʒe·o·graˈfi·e]

die Fremdsprachen
limbi străine f
[limbʲ strəˈi·ne]

die Geschichte
istorie f
[isˈto·ri·e]

der Sport
educație fizică f
[e·duˈka·t͡si·e ˈfi·zi·kə]

die Musik
muzică f
[ˈmu·zi·kə]

das Drama
teatru n
[ˈte̯a·tru]

die Informatik
informatică f
[in·forˈma·ti·kə]

der Werkunterricht
oră de atelier f
[ˈo·rə de a·te·liˈer]

die Gemeinschaftskunde
educație civică f
[e·duˈka·t͡si·e ˈt͡ʃi·vi·kə]

DIE SCHULE – ȘCOALA

Die Schulfächer – Materiile școlare

das Technische Zeichnen
desen tehnic n
[de'sen 'teh·nik]

die Hauswirtschaft
curs de gospodărie n
[kurs de gos·po·də'ri·e]

schreiben
a scrie
[a 'skri·e]

rechnen
a calcula
[a kal·ku'la]

buchstabieren
a spune pe litere
[a 'spu·ne pe 'li·te·re]

lesen
a citi
[a ʧi'ti]

sich melden
a ridica mâna
[a ri·di'ka 'mɨ·na]

die Klassenfahrt
excursie f
[eks'kur·si·e]

der Stundenplan
orar n
[o'rar]

der Abschlussball
banchet de absolvire (a școlii) n [ban'ket de ab·sol'vi·re (a 'ʃko·lij)]

die Hausaufgabe
temă pentru acasă f
['te·mə 'pen·tru a'ka·sə]

das Sportfest
festivitate sportivă f
[fes·ti·vi'ta·te spor'ti·və]

zeichnen	**a desena** [a de·se'na]
zählen	**a număra** [a nu·mə'ra]
die Übung	**exercițiu** n [e·gzer'ʧi·tsju]
der Elternabend	**ședință cu părinții** f [ʃe'din·tsə ku pə'rin·tsij]
das Zeugnis	**listă a mediilor** f ['lis·tə a 'me·di·i·lor]
der Schüleraustausch	**schimb de experiență** n [skimb de eks·pe·ri'en·tsə]
der Lehrplan	**programă școlară** f [pro'gra·mə ʃko'la·rə]
das Schulfach	**materie școlară** f [ma'te·ri·e ʃko'la·rə]

die Ferien
vacanță f
[va'kan·tsə]

DIE SCHULE – ȘCOALA

Im Labor – În laborator

der Versuch
experiment n
[eks·pe·riˈment]

die Schutzbrille
ochelari de protecție m
[o·keˈlarʲ de proˈtek·tsi·e]

der Kittel
halat n
[haˈlat]

das Reagenzglas
eprubetă f
[e·pruˈbe·tə]

der Chemikalienhandschuh
mănușă de protecție f
[məˈnu·ʃə de proˈtek·tsi·e]

die Laborausrüstung
aparatură de laborator f
[a·pa·raˈtu·rə de la·bo·raˈtor]

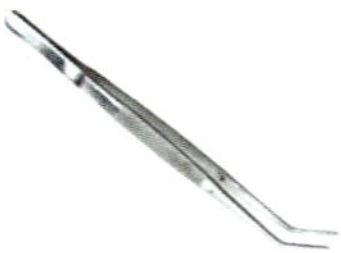

die Pinzette
pensetă f
[penˈse·tə]

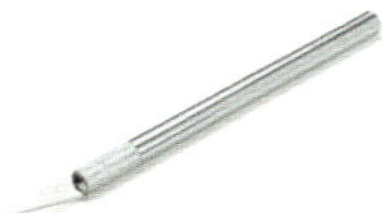

das Skalpell
bisturiu n
[bis·tuˈriw]

die Lupe
lupă f
[ˈlu·pə]

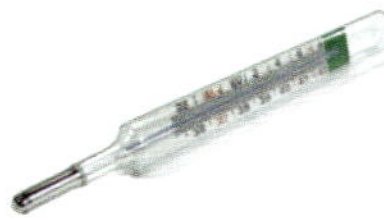

das Thermometer
termometru n
[ter·moˈme·tru]

die Laborwaage
balanță de laborator f
[baˈlan·tsə de la·bo·raˈtor]

die Stoppuhr
cronometru n
[kro·noˈme·tru]

der Magnet
magnet m
[magˈnet]

die Batterie
baterie f
[ba·teˈri·e]

DIE SCHULE – ȘCOALA

Im Labor – În laborator

das Mikroskop
microscop n
[mi·kro'skop]

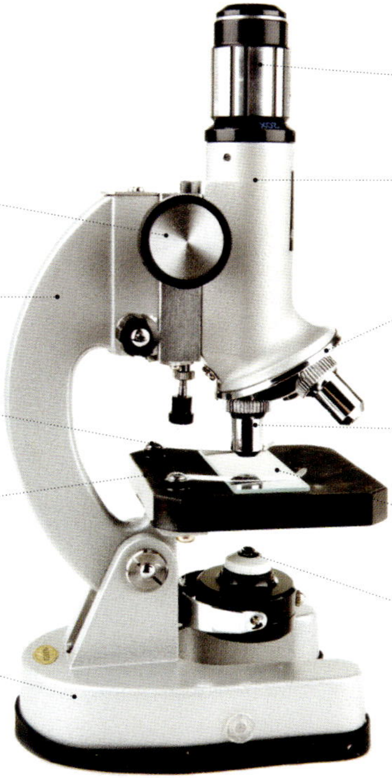

das Einstellrad
roată de focalizare f
['ro̯a·tə de fo·ka·li'za·re]

das Stativ
stativ n
[sta'tiv]

die Objektklemme
clamă de poziționare f
['kla·mə de po·zi·tsi·o'na·re]

der Objekttisch
platformă f
[plat'for·mə]

der Fuß
bază f
['ba·zə]

das Okular
ocular n
[o·ku'lar]

der Tubus
tub n
[tub]

der Objektivrevolver
adaptor rotativ n
[a·dap'tor ro·ta'tiv]

das Objektiv
obiectiv n
[o·bi·ek'tiv]

der Objektträger
lamă port-obiect f
['la·mə port o'bjekt]

die Lampe
iluminator n
[i·lu·mi·na'tor]

die Pipette
pipetă f
[pi'pe·tə]

die Petrischale
placă Petri f
['pla·kə 'pe·tri]

das Drahtnetz
sită metalică f
['si·tə me'ta·li·kə]

der Dreifuß
trepied n
[tre·pi'ed]

der Bunsenbrenner
bec de gaz Bunsen n
[bek de gaz 'bun·sen]

DIE SCHULE – ȘCOALA

In der Pause – În pauză

die Mittagspause
pauză de prânz f
[ˈpa·u·zə de prɨnz]

das Tablett
tavă f
[ˈta·və]

die Butterbrotdose
cutie pentru sandviș f
[kuˈti·e ˈpen·tru ˈsand·viʃ]

das Pausenbrot
sandviș n
[ˈsand·viʃ]

die Schulglocke
clopoțel m
[klo·poˈtsel]

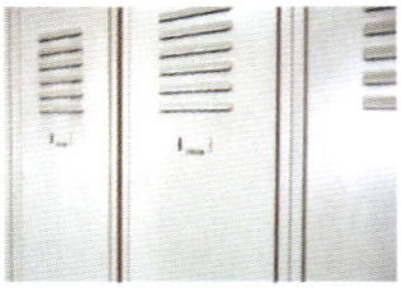

der Spind
dulap n
[duˈlap]

die Pause
pauză f
[ˈpa·u·zə]

der Schulhof
curte a școlii f
[ˈkur·te a ˈʃko·lij]

Himmel und Hölle spielen
a juca pară
[a ʒuˈka ˈpa·rə]

der Speisesaal
sală de mese f
[ˈsa·lə de ˈme·se]

das Lunchpaket
prânz la pachet n
[prɨnz la paˈket]

die Essensausgabe
distribuire a mâncării f
[dis·tri·buˈi·re a mɨnˈkə·rij]

DIE SCHULE – ȘCOALA

Die Sporthalle – Sala de sport

der Volleyball
minge de volei f
[ˈmin·ʤe de ˈvo·lej]

der Basketball
minge de baschet f
[ˈmin·ʤe de ˈbas·ket]

der Handball
minge de handbal f
[ˈmin·ʤe de ˈhand·bal]

der Fußball
minge de fotbal f
[ˈmin·ʤe de ˈfot·bal]

der Baseball
minge de baseball f
[ˈmin·ʤe de ˈbejs·bol]

der Federball
fluturaș de badminton m
[flu·tuˈraʃ de ˈbed·min·ton]

der Tennisball
minge de tenis f
[ˈmin·ʤe de ˈte·nis]

der Football
minge de fotbal american f
[ˈmin·ʤe de ˈfot·bal a·me·riˈkan]

der Puck
puc n
[puk]

der Basketballkorb
coș de baschet n
[koʃ de ˈbas·ket]

die Sprossenwand
spalier n
[spa·liˈer]

das Korbbrett
panou n
[paˈnow]

die Strickleiter
scară de frânghie f
[ˈska·rə de frinˈgi·e]

das Trampolin
trambulină f
[tram·buˈli·nə]

die Ringe
inele n
[ˈi·ne·le]

das Springseil
coardă f
[ˈko̯ar·də]

DIE UNIVERSITÄT – UNIVERSITATEA

der Campus
campus n
[ˈkam·pus]

der Hörsaal
aulă f
[ˈa·u·lə]

die Politikwissenschaft
științe politice f
[ʃtiˈin·tse poˈli·ti·ʧe]

die Kunstgeschichte
istoria artei f
[isˈto·ri·a ˈar·tej]

die Rechtswissenschaft
drept n
[drept]

die Betriebswirtschaftslehre
gestiunea afacerilor f
[ʤes·tiˈu·ne̯a aˈfa·ʧe·ri·lor]

die Geisteswissenschaften
științe umaniste f
[ʃtiˈin·tse u·maˈnis·te]

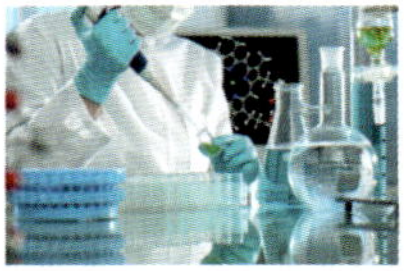

die Naturwissenschaften
științe naturale f
[ʃtiˈin·tse na·tuˈra·le]

das Ingenieurwesen
inginerie f
[in·ʤi·neˈri·e]

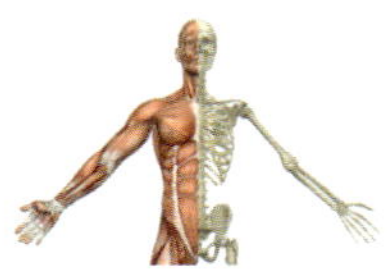

die Medizin
medicină f
[me·diˈʧi·nə]

die Pädagogik
pedagogie f
[pe·da·goˈʤi·e]

der Professor
profesor m
[proˈfe·sor]

die Dozentin
docent m
[doˈʧent]

das Diplom	**licență** f [liˈʧen·tsə]
der Bachelor	**bachelor** n [ˈbe·ʧe·lər]
der Master	**masterat** n [mas·teˈrat]
die Dissertation	**disertație** f [di·serˈta·tsi·e]
die Promotion	**doctorat** n [dok·toˈrat]
die Habilitation	**abilitare** f [a·bi·liˈta·re]
die Forschung	**cercetare** f [ʧer·ʧeˈta·re]
das Forschungsinstitut	**institut de cercetare** n [in·stiˈtut de ʧer·ʧeˈta·re]

DIE UNIVERSITÄT – UNIVERSITATEA

ein Referat halten
a ține un referat
[a ˈtsi·ne un re·feˈrat]

das Seminar
seminar n
[se·miˈnar]

die Vorlesung
curs n
[kurs]

die Klausur
examen n
[eˈgza·men]

der Lesesaal
sală de lectură f
[ˈsa·lə de lekˈtu·rə]

die Ausleihe
împrumut n
[ɨm·pruˈmut]

das Bücherregal
raft de cărți n
[raft de kərtsʲ]

die mündliche Prüfung
examen oral n
[eˈgza·men oˈral]

sein Studium abschließen
a-și încheia studiul
[aʃʲ ɨn·keˈja ˈstu·di·ul]

das Studentenwohnheim
cămin studențesc n
[kəˈmin stu·denˈtsesk]

die Mensa
cantină f
[kanˈti·nə]

die Bibliothek
bibliotecă f
[bi·bli·oˈte·kə]

der Student
student m
[stuˈdent]

der Bibliothekar	**bibliotecar** m [bi·bli·o·teˈkar]
die Bibliothekarin	**bibliotecară** f [bi·bli·o·teˈka·rə]
der Bibliotheksausweis	**legitimație de bibliotecă** f [le·ʤi·tiˈma·tsi·e de bi·bli·oˈte·kə]
ausleihen	**a împrumuta** [a ɨm·pru·muˈta]
verlängern	**a prelungi** [a pre·lunˈʤi]
vorbestellen	**a rezerva** [a re·zerˈva]
das Rückgabedatum	**dată de returnare** f [ˈda·tə de re·turˈna·re]
das Periodikum	**publicație periodică** f [pu·bliˈka·tsi·e pe·riˈo·di·kə]

DIE UNIVERSITÄT – UNIVERSITATEA

die Lerngruppe
grup de studiu n
[grup de ˈstu·dju]

lernen
a învăța
[a ɨn·vəˈtsa]

das Praxissemester
semestru de practică obligatorie n [seˈmes·tru de ˈprak·ti·kə o·bli·gaˈto·ri·e]

das Praktikum
practică f
[ˈprak·ti·kə]

das Volontariat
voluntariat n
[vo·lun·ta·riˈat]

das freie Jahr
an sabatic m
[an saˈba·tik]

jobben
a lucra (ocazional)
[a luˈkra (o·ka·zi·oˈnal)]

das schwarze Brett
afișier n
[a·fi·ʃiˈer]

die Ausbildung
formare profesională f
[forˈma·re pro·fe·si·oˈna·lə]

die Berufsfachschule
școală profesională f
[ˈʃko̯a·lə pro·fe·si·oˈna·lə]

die Kunsthochschule
Academia de Arte Frumoase f
[a·ka·deˈmi·a de ˈar·te fruˈmo̯a·se]

die Musikhochschule
Conservator n
[kon·ser·vaˈtor]

die Akademie für darstellende Künste
Academia de Teatru și Film f
[a·ka·deˈmi·a de ˈte̯a·tru ʃi film]

der Studentenausweis	**legitimație de student** f [le·ʤi·tiˈma·tsi·e de stuˈdent]
der Kurs	**curs** n [kurs]
das Semester	**semestru** n [seˈmes·tru]
die Semesterferien	**vacanță intersemestrială** f [vaˈkan·tsə in·ter·se·mes·triˈa·lə]
der Fachbereich	**departament/secție** n/f [de·par·taˈment/ˈsek·tsi·e]
die Hausarbeit	**lucrare** f [luˈkra·re]
der Hochschulabschluss	**licență** f [liˈʧen·tsə]
das Stipendium	**bursă de studiu** f [ˈbur·sə de ˈstu·dju]

DIE ARBEITSWELT - CÂMPUL MUNCII

Die Bewerbung - Candidatura pentru un loc de muncă

das Bewerbungsgespräch
interviu n
[in·terˈviw]

die Personalreferentin
referentă la departamentul de resurse umane f
[re·feˈren·tə la de·par·taˈmen·tul de reˈsur·se uˈma·ne]

der Lebenslauf
curriculum vitae n
[kuˈri·ku·lum ˈvi·te]

die Bewerbungsunterlagen
dosar pentru concurs n
[doˈsar ˈpen·tru konˈkurs]

die Bewerberin
candidată f
[kan·diˈda·tə]

die Stellenanzeige
anunț pentru loc de muncă n [aˈnunts ˈpen·tru lok de ˈmun·kə]

die Zeitarbeit
angajare temporară f
[an·gaˈʒa·re tem·poˈra·rə]

die Festanstellung
angajare permanentă m
[an·gaˈʒa·re per·maˈnen·tə]

die Karriere
carieră f
[ka·riˈe·rə]

sich um eine Stelle bewerben	**a candida pentru un loc de muncă** [a kan·diˈda ˈpen·tru un lok de ˈmun·kə]
die Arbeitsbedingungen	**condiții de muncă** f [konˈdi·tsij de ˈmun·kə]
die Schichtarbeit	**muncă în schimburi** f [ˈmun·kə ɨn ˈskim·burʲ]
die Teilzeit	**timp parțial** n [timp par·tsiˈal]
die Vollzeit	**normă întreagă** f [ˈnor·mə ɨnˈtre̯a·gə]
die Qualifikation	**calificare** f [ka·li·fiˈka·re]
die Berufserfahrung	**experiență profesională** f [eks·pe·riˈen·tsə pro·fe·si·oˈna·lə]

jemanden einstellen
a angaja pe cineva
[a an·gaˈʒa pe tʃi·neˈva]

DIE ARBEITSWELT – CÂMPUL MUNCII

Berufe – Profesii

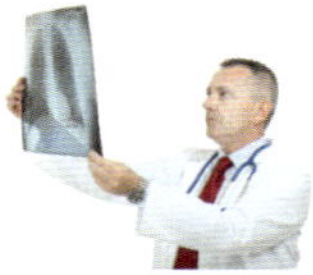

der Arzt
medic m
[ˈme·dik]

der Chirurg
chirurg m
[kiˈrurg]

der Krankenpfleger
asistent m
[a·sisˈtent]

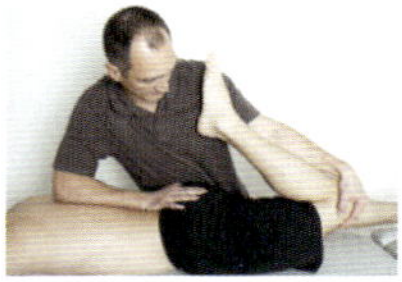

der Physiotherapeut
fizioterapeut m
[fi·zjo·te·ra·peˈut]

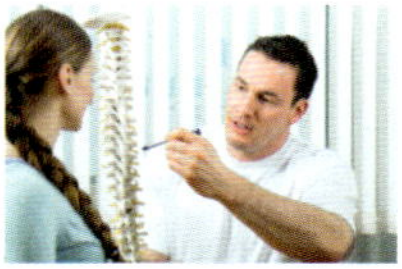

der Orthopäde
ortoped m
[or·toˈped]

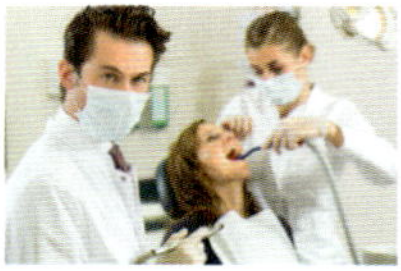

der Zahnarzt
dentist m
[denˈtist]

die Psychologin
psihologă f
[psi·hoˈlo·gə]

die Apothekerin
farmacistă f
[far·maˈʧis·tə]

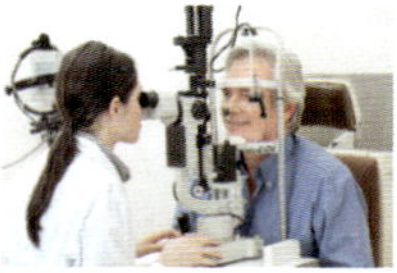

die Optikerin
opticiană f
[op·ti·ʧiˈa·nə]

der Tierarzt
veterinar m
[ve·te·riˈnar]

die Empfangsdame
recepționeră f
[re·ʧep·tsi·oˈne·rə]

der Rechtsanwalt
avocat m
[a·voˈkat]

die Richterin
judecătoare f
[ʒu·de·kəˈto̯a·re]

der Wirtschaftsprüfer
revizor contabil m
[reˈvi·zor konˈta·bil]

die Unternehmens-beraterin
consultant de afaceri m
[kon·sulˈtant de aˈfa·ʧerʲ]

der Informatiker
informatician m
[in·for·ma·ti·ʧiˈan]

DIE ARBEITSWELT – CÂMPUL MUNCII

Berufe – Profesii

der Architekt
arhitect m
[ar·hiˈtekt]

die Ingenieurin
ingineră f
[in·ʤiˈne·rə]

der Schreiner
tâmplar m
[tɨmˈplar]

der Elektriker
electrician m
[e·lek·tri·ʧiˈan]

der Klempner
instalator m
[in·sta·laˈtor]

der Dachdecker
țiglar m
[tsiˈglar]

der Maler
zugrav m
[zuˈgrav]

der Müllmann
gunoier m
[gu·noˈjer]

die Kfz-Mechanikerin
mecanic auto m
[meˈka·nik aˈu·to]

der Landwirt
agricultor m
[a·gri·kulˈtor]

die Soldatin
soldat m
[solˈdat]

die Briefträgerin
poștăriță f
[poʃ·təˈri·tsə]

der Bauarbeiter
constructor m
[konˈstruk·tor]

der Gebäudereiniger
îngrijitor m
[ɨn·gri·ʒiˈtor]

der Landschafts-gärtner
peisagist m
[pe·i·saˈʤist]

der Fischer
pescar m
[pesˈkar]

DIE ARBEITSWELT – CÂMPUL MUNCII

Berufe – Profesii

der Pilot
pilot m
[pi'lot]

die Flugbegleiterin
însoțitoare de bord f
[in·so·tsi'to̯a·re de bord]

der Koch
bucătar m
[bu·kə'tar]

der Kellner
chelnăr m
['kel·ner]

der Bäcker
brutar m
[bru'tar]

die Metzgerin
măcelar m
[mə·ʧe'lar]

der Verkäufer
vânzător m
[vɨn·zə'tor]

die Friseurin
coafeză f
[ko·a'fe·zə]

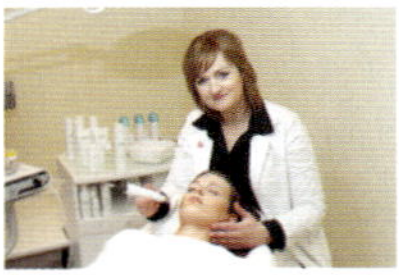

die Kosmetikerin
cosmeticiană f
[kos·me·ti·ʧi'a·nə]

der Gärtner
grădinar m
[grə·di'nar]

die Immobilien-maklerin
agentă imobiliară f
[a'ʤen·tə i·mo·bi'lja·rə]

die Bürokauffrau
secretară f
[se·kre'ta·rə]

der Sanitäter
infirmier m
[in·fir·mi'er]

der Busfahrer
șofer de autobuz m
[ʃo'fer de a·u·to'buz]

der Taxifahrer
taximetrist m
[ta·ksi·me'trist]

der Paketzusteller
curier m
[ku·ri'er]

DIE ARBEITSWELT – CÂMPUL MUNCII

Berufe – Profesii

die Journalistin
jurnalistă f
[ʒur·na'lis·tə]

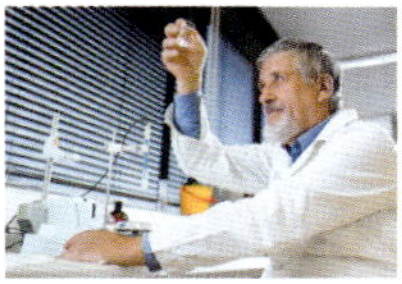

der Wissenschaftler
om de știință m
[om de ʃti'in·tsə]

die Grafikerin
graficiană f
[gra·fi·tʃi'a·nə]

der Profisportler
sportiv profesionist m
[spor'tiv pro·fe·si·o'nist]

die Moderatorin
moderatoare f
[mo·de·ra'to̯a·re]

die Schauspielerin
actriță f
[ak'tri·tsə]

die Sängerin
cântăreață f
[kin·tə're̯a·tsə]

der Tänzer
balerin m
[ba·le'rin]

die Kunstmalerin
pictoriță f
['pik·to·ri·tsə]

der Fotograf
fotograf m
[fo·to'graf]

die Musikerin
muziciană f
[mu·zi·tʃi'a·nə]

die Schneiderin
croitoreasă f
[kro·i·to're̯a·sə]

der Bildhauer
sculptor m
['skulp·tor]

die Bankkauffrau
funcționară bancară f
[funk·tsi·o'na·rə ban'ka·rə]

der Bibliothekar
bibliotecar m
[bi·bli·o·te'kar]

der Lehrer
profesor m
[pro'fe·sor]

DIE ARBEITSWELT – CÂMPUL MUNCII

Das Organigramm – Organigrama

das Sekretariat
secretariat n
[se·kre·ta·ri'at]

der kaufmännische Bereich
sector comercial n
[sek'tor ko·mer·tʃi'al]

die kaufmännische Leitung
director comercial m
[di'rek·tor ko·mer·tʃi'al]

die IT-Leitung
director al departamentului de informatică m
[di'rek·tor al de·par·ta'men·tu·luj de in·for'ma·ti·kə]

die Buchhaltung
contabilitate f [kon·ta·bi·li'ta·te]

das Controlling
controlling n [kon'tro·ling]

das sekundäre Geschäftsfeld
segment de afaceri secundar n
[seg'ment de a'fa·tʃer' se·kun'dar]

die Geschäftsführung
conducere f
[kon'du·tʃe·re]

das primäre Geschäftsfeld
segment de afaceri primar n
[seg'ment de a'fa·tʃer' pri'mar]

die Geschäftsführung
conducere f
[kon'du·tʃe·re]

das Team
echipă f [e'ki·pə]

die Teamleitung
coordonator de echipă m
[ko·or·do·na'tor de e'ki·pə]

der Angestellte
angajat m [an·ga'ʒat]

die Zweigstelle
filială f
[fi·li'a·lə]

der Manager
manager m
['me·ne·dʒer]

die Aktiengesellschaft (AG)	**societate pe acțiuni (S.A.)** f [so·tʃi·e'ta·te pe ak·tsi'un' (se a)]
der Aktionär/die Aktionärin	**acționar** m [ak·tsi·o'nar]/**acționară** f [ak·tsi·o'na·rə]
die Gesellschaft mit beschränkter Haftung (GmbH)	**societate cu răspundere limitată (S.R.L.)** f [so·tʃi·e'ta·te ku rəs'pun·de·re li·mi'ta·tə (se re le)]
die GmbH & Co. KG	**societate în comandită având o societate cu răspundere limitată drept comanditat** f [so·tʃi·e'ta·te ɨn ko·man'di·tə a'vɨnd o so·tʃi·e'ta·te ku rəs'pun·de·re li·mi'ta·tə drept ko·man·di'tat]
die Kommanditgesellschaft (KG)	**societate în comandită** f [so·tʃi·e'ta·te ɨn ko·man'di·tə]
die offene Handelsgesellschaft (OHG)	**societate comercială (S.C.)** f [so·tʃi·e'ta·te ko·mer·tʃi'a·lə (se tʃe)]
der Konzern	**concern** n [kon'tʃern]

der Vorstand
consiliu de conducere n
[kon'si·lju de kon'du·tʃe·re]

der Gesellschafter
asociat m
[a·so·tʃi'at]

die Geschäftsführung
conducere f
[kon'du·tʃe·re]

die stellvertretende Geschäftsführung
director adjunct m
[di'rek·tor ad'ʒunkt]

der Prokurist
procurator m
[pro·ku·ra'tor]

die Personalabteilung
departament de resurse umane n
[de·par·ta'ment de re'sur·se u'ma·ne]

die Personalleitung
director al departamentului de resurse umane m
[di'rek·tor al de·par·ta'men·tu·luj de re'sur·se u'ma·ne]

die Rechtsabteilung
departament juridic n
[de·par·ta'ment ʒu'ri·dik]

die Marketingabteilung
departament de marketing n
[de·par·ta'ment de 'mar·ke·ting]

die Marketingleitung
director al departamentului de marketing m
[di'rek·tor al de·par·ta'men·tu·luj de 'mar·ke·ting]

die PR-Abteilung
departament de relații publice n
[de·par·ta'ment de re'la·tsij 'pu·bli·tʃe]

die Produktion
departament de producție n
[de·par·ta'ment de pro'duk·tsi·e]

die Produktionsleitung
director al departamentului de producție m
[di'rek·tor al de·par·ta'men·tu·luj de pro'duk·tsi·e]

der Betriebsrat
consiliu al întreprinderii n
[kon'si·lju al ɨn·tre'prin·de·rij]

der Vertrieb
departament de vânzare n
[de·par·ta'ment de vɨn'za·re]

die Vertriebsleitung
director al departamentului de vânzare m
[di'rek·tor al de·par·ta'men·tu·luj de vɨn'za·re]

das Key-Account-Management
key-account-management n
[ki ə'kawnt 'me·nedʒ·ment]

der Außendienst
serviciu extern n
[ser'vi·tʃju eks'tern]

der Innendienst
serviciu intern n
[ser'vi·tʃju in'tern]

der Kundendienst
serviciu de relații cu clienții n
[ser'vi·tʃju de re'la·tsij ku kli'en·tsij]

die Kundenakquise
achiziție de noi clienți f
[a·ki'zi·tsi·e de noj kli'entsʲ]

DAS BÜRO – BIROUL

Büromöbel – Mobilier de birou

der Arbeitsplatz
spațiu de lucru n
[ˈspa·tsju de ˈlu·kru]

die Ablage
tavă pentru documente f
[ˈta·və ˈpen·tru do·kuˈmen·te]

die Schublade
sertar n
[serˈtar]

die Büromöbel
mobilier de birou n
[mo·bi·liˈer de biˈrow]

der Schreibtisch
birou n
[biˈrow]

die Schreibunterlage
mapă pentru birou f
[ˈma·pə de biˈrow]

der Bürostuhl
scaun de birou n
[ˈska·un de biˈrow]

der Safe
seif n
[seˈif]

der Aktenschrank
fișet n
[fiˈʃet]

der Wasserspender
dozator de apă n
[do·zaˈtor de ˈa·pə]

die Schreibtischlampe
lampă de birou f
[ˈlam·pə de biˈrow]

die Pinnwand
panou de plută n
[paˈnow de ˈplu·tə]

der Papierkorb
coș de gunoi n
[koʃ de guˈnoj]

der Terminkalender	**agendă personală** f [aˈdʒen·də per·soˈna·lə]
die Akte	**document** n [do·kuˈment]
der Aktenvernichter	**distrugător de documente** n [dis·tru·gəˈtor de do·kuˈmen·te]
das Postfach	**căsuță poștală** f [kəˈsu·tsə poʃˈta·lə]
der Termin	**întâlnire/programare** f [ɨn·tilˈni·re/pro·graˈma·re]
die Hauspost	**poștă internă** f [ˈpoʃ·tə inˈter·nə]
die Ablage für Eingänge	**tavă port-corespondență** f [ˈta·və port ko·res·ponˈden·tsə]
die Teeküche	**bucătărie** f [bu·kə·təˈri·e]

DAS BÜRO – BIROUL

Der Bürobedarf – Accesorii de birou

die Schere
foarfecă f
[ˈfo̯ar·fe·kə]

der Textmarker
marker n
[ˈmar·kər]

der Stiftehalter
suport de creioane n
[suˈport de kreˈjo̯a·ne]

das Notizbuch
blocnotes n
[blokˈno·tes]

die Haftnotiz
notiță autoadezivă f
[noˈti·tsə a·u·to·a·deˈzi·və]

der Haftstreifen
semn de carte autoadeziv n
[semn de ˈkar·te a·u·to·a·deˈziv]

der Bleistift
creion n
[kreˈjon]

der Bleistiftspitzer
ascuțitoare f
[as·ku·tsiˈto̯a·re]

der Radiergummi
gumă de șters f
[ˈgu·mə de ʃters]

der Kugelschreiber
pix n
[piks]

die Büroklammer
agrafă f
[aˈgra·fə]

die Reißzwecke
piuneze f
[pi·uˈne·ze]

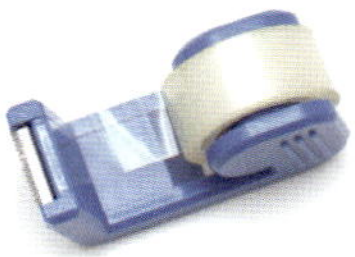

der Tesafilm®
scotch® n
[skotʃ]

der Tacker
capsator n
[kap·saˈtor]

der Locher
perforator n
[per·fo·raˈtor]

das Hängeregister
dosar suspendat n
[doˈsar sus·penˈdat]

der Briefumschlag
plic n
[plik]

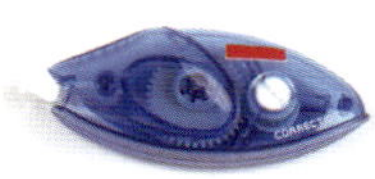

das Tipp-Ex®
bandă corectoare f
[ˈban·də ko·rekˈto̯a·re]

der Ordner
biblioraft n
[bi·bli·oˈraft]

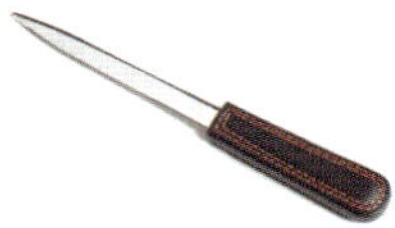

der Brieföffner
deschizător de scrisori n
[des·ki·zəˈtor de skriˈsorʲ]

DAS BÜRO – BIROUL

Der Besprechungsraum – Sala de conferință

die Sitzung
ședință f
[ʃeˈdin·tsə]

der Teamleiter
coordonator de echipă m
[ko·or·do·naˈtor de eˈki·pə]

der Teilnehmer
participant m
[par·ti·ʧiˈpant]

die Tagesordnung
ordine de zi f
[ˈor·di·ne de zi]

protokollieren
a scrie un protocol
[a ˈskri·e un pro·toˈkol]

der Besprechungstisch
masă de conferință f
[ˈma·sə de kon·feˈrin·tsə]

die Präsentation
prezentare f
[pre·zenˈta·re]

der Beamer
videoproiector n
[vi·de·o·pro·jekˈtor]

das Balkendiagramm
grafic tip coloană n
[ˈgra·fik tip koˈlo̯a·nə]

das Tortendiagramm
grafic cu structură radială n
[ˈgra·fik ku strukˈtu·rə ra·diˈa·lə]

die Folie
folie de prezentare f
[ˈfo·li·e de pre·zenˈta·re]

organisieren	**a organiza** [a or·ga·niˈza]
die Besprechung	**ședință** f [ʃeˈdin·tsə]
der Bericht	**raport** n [raˈport]
das Protokoll	**protocol** n [pro·toˈkol]
der Vertrag	**contract** n [konˈtrakt]
der Geschäftsmann	**om de afaceri** m [om de aˈfa·ʧerʲ]
die Geschäftsfrau	**femeie de afaceri** f [feˈme·je de aˈfa·ʧerʲ]
die Geschäftsreise	**călătorie de afaceri** f [kə·lə·toˈri·e de aˈfa·ʧerʲ]

DAS BÜRO – BIROUL

Der Büroalltag – La birou

der Arbeitgeber
angajator m
[an·ga·ʒaˈtor]

① *die Assistentin*
asistentă f
[a·sisˈten·tə]

② *der Kollege*
coleg m
[koˈleg]

③ *der Arbeitnehmer*
angajat m
[an·gaˈʒat]

④ *die Kollegin*
colegă f
[koˈle·gə]

⑤ *die Managerin*
manager m
[ˈme·ne·ʤer]

⑥ *der Chef*
şef m
[ʃef]

die Visitenkarte
carte de vizită f
[ˈkar·te de ˈvi·zi·tə]

entlassen werden
a fi demisionat
[a fi de·mi·sjoˈnat]

das Personal
personal n
[per·soˈnal]

die Elternzeit
concediu parental n
[konˈʧe·dju pa·renˈtal]

die Vertretung	**suplinire** f [su·pliˈni·re]
der Jahresurlaub	**concediu anual** n [konˈʧe·dju a·nuˈal]
das Gehalt	**salariu** n [saˈla·rju]
die Beförderung	**promovare** f [pro·moˈva·re]
jemandem kündigen	**a demite pe cineva** [a deˈmi·te pe ʧi·neˈva]
seine Stelle kündigen	**a demisiona** [a de·mi·si·oˈna]
verdienen	**a câştiga** [a kɨʃ·tiˈga]
in Rente gehen	**a se pensiona** [a se pen·si·oˈna]

der Mutterschutz
concediu de materni-tate n [konˈʧe·dju de ma·ter·ni ta·te]

KOMMUNI-KATION

COMUNICAȚIE

DER COMPUTER – CALCULATORUL

Der Desktop-Computer – Calculatorul (de birou)

der Desktop-Computer
calculator (de birou) n
[kal·ku·la'tor (de bi'row)]

der Ein/Aus-Schalter
buton de pornire/oprire n
[bu'ton de por'ni·re/o'pri·re]

die USB-Schnittstelle
port USB n
[port u·se'be]

das CD/DVD-Laufwerk
unitate CD/DVD f
[u·ni'ta·te si'di/di·vi'di]

das Computergehäuse
carcasă f
[kar'ka·sə]

die Tastatur
tastatură f
[tas·ta'tu·rə]

der Bildschirm
monitor n
[mo·ni'tor]

die Maus
maus n
[maws]

das Scrollrad
rotiță de derulare f
[ro'ti·tsə de de·ru'la·re]

die Tastatur
tastatură f
[tas·ta'tu·rə]

die Escapetaste
tastă escape f
['tas·tə is'kejp]

die Tabulatortaste
tastă tabulator f
['tas·tə ta·bu·la'tor]

die Feststelltaste
tastă caps lock f
['tas·tə keps lok]

die Rücklöschtaste
tastă backspace f
['tas·tə 'bek·spejs]

die Eingabetaste
tastă enter f
['tas·tə 'en·tər]

die Umschalttaste
tastă shift f
['tas·tə ʃift]

die Steuerungstaste
tastă control f
['tas·tə kon'trol]

die Leertaste
tastă spațiu f
['tas·tə 'spa·tsju]

DER COMPUTER – CALCULATORUL

Hardware und Zubehör – Hardware și accesorii

der Lautsprecher
boxă f
[ˈbo·ksə]

der/das Laptop
laptop n
[ˈlep·top]

das Stromkabel
cablu de alimentare n
[ˈka·blu de a·li·menˈta·re]

die Laptoptasche
husă pentru laptop f
[ˈhu·sə ˈpen·tru ˈlep·top]

der Prozessor
procesor n
[pro·tʃeˈsor]

die (externe) Festplatte
hard disk (extern) n
[hard disk (eksˈtern)]

der Arbeitsspeicher
memorie RAM f
[meˈmo·ri·e ram]

die Webcam
cameră web f
[ˈka·me·rə web]

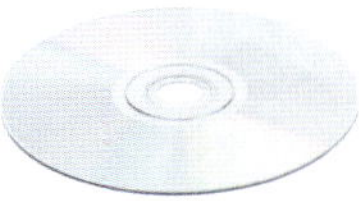

die CD-ROM
CD-ROM n
[si·diˈrom]

der USB-Stick
stick de memorie USB n
[stik de meˈmo·ri·e u·seˈbe]

der Scanner
scaner n
[ˈska·ner]

der Tintenstrahldrucker
imprimantă cu jet de cerneală f
[im·priˈman·tə ku ʒet de tʃerˈn̯e̯a·lə]

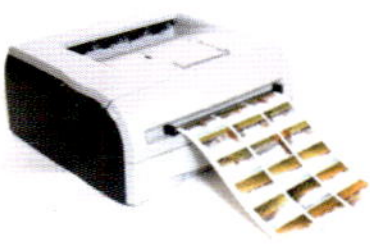

der Laserdrucker
imprimantă laser f
[im·priˈman·tə ˈla·ser]

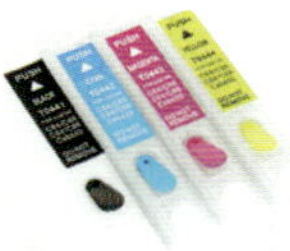

die Tintenpatrone
cartuș de cerneală n
[karˈtuʃ de tʃerˈn̯e̯a·lə]

die Tonerkartusche
cartuș de toner n
[karˈtuʃ de ˈto·nər]

das Mauspad
covoraș pentru maus n
[ko·voˈraʃ ˈpen·tru maws]

DER COMPUTER – CALCULATORUL

Am Computer arbeiten – Lucrul la calculator

tippen
a tasta
[a tas'ta]

klicken
a da clic
[a da klik]

scrollen
a derula
[a de·ru'la]

ausschneiden
a decupa
[a de·ku'pa]

kopieren
a copia
[a ko·pi'a]

einfügen
a lipi
[a li'pi]

eine Datei ausdrucken
a tipări un fișier
[a ti·pə'ri un fi·ʃi'er]

speichern
a salva
[a sal'va]

eine Datei öffnen
a deschide un fișier
[a des'ki·de un fi·ʃi'er]

löschen
a șterge
[a 'ʃter·ʤe]

der Ordner
folder n
['fol·dər]

der Papierkorb
coș de gunoi n
[koʃ de gu'noj]

suchen
a căuta
[a kə·u'ta]

eingeben	**a introduce** [a in·tro'du·ʧe]
eine Datei verschieben	**a muta un fișier** [a mu'ta un fi·ʃi'er]
eine Sicherungskopie erstellen	**a face o copie de siguranță** [a 'fa·ʧe o 'ko·pi·e de si·gu'ran·tsə]
markieren	**a selecta** [a se·lek'ta]
sich einloggen	**a se înregistra** [a se ɨn·re·ʤis'tra]
sich ausloggen	**a se deconecta** [a se de·ko·nek'ta]
der Neustart	**repornire** f [re·por'ni·re]
(die) Bytes	**byte** m [bajt]

DER COMPUTER – CALCULATORUL

Am Computer arbeiten – Lucrul la calculator

rückgängig machen
a anula
[a a·nuˈla]

wiederherstellen
a restaura
[a res·ta·uˈra]

die Einstellungen
setări f
[seˈtərʲ]

die Schriftart
font n
[font]

die Fehlermeldung
mesaj de eroare n
[meˈsaʒ de eˈro̯a·re]

der Mauszeiger
cursor n
[kurˈsor]

die Sanduhr
clepsidră f
[klepˈsi·drə]

der Lautstärkeregler
regulator de volum n
[re·gu·laˈtor de voˈlum]

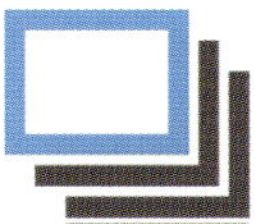

ein Fenster minimieren
a reduce o fereastră
[a reˈdu·ʧe o feˈre̯as·trə]

eine CD/DVD auswerfen
a ejecta un CD/DVD
[a e·ʒekˈta un siˈdi/ di·viˈdi]

den Rechner hochfahren
a porni calculatorul
[a porˈni kal·ku·laˈto·rul]

den Rechner herunterfahren
a închide calculatorul
[a ɨnˈki·de kal·ku·laˈto·rul]

die Datei	**fișier** n [fi·ʃiˈer]
das Programm	**program** n [proˈgram]
der Scrollbalken	**bară de derulare** f [ˈba·rə de de·ruˈla·re]
ein Programm installieren	**a instala un program** [a in·staˈla un proˈgram]
ein Programm deinstallieren	**a dezinstala un program** [a dez·in·staˈla un proˈgram]
das Betriebssystem	**sistem de operare** n [sisˈtem de o·peˈra·re]
die Taskleiste	**bară de activități** f [ˈba·rə de ak·ti·viˈtəʦʲ]
der Fortschrittsbalken	**bară de progres** f [ˈba·rə de proˈgres]

das Fenster
fereastră f
[feˈre̯as·trə]

DER COMPUTER – CALCULATORUL

Das Internet – Internetul

das WLAN
rețea wireless f
[re'tsea 'wa·jer·les]

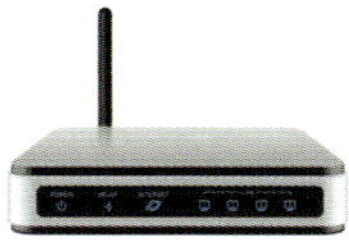

der Router
router n
['ru·ter]

das LAN-Kabel
cablu de rețea n
['ka·blu de re'tsea]

der Browser
program de navigare pe internet n [pro'gram de na·vi'ga·re pe in·ter'net]

das Lesezeichen
semn de carte n
[semn de 'kar·te]

der Download
descărcare f
[des·kər'ka·re]

die Nachricht
mesaj n
[me'saʒ]

die Social Media
rețea de socializare f
[re'tsea de so·tʃi·a·li'za·re]

der Online-Einkauf
cumpărare online f
[kum·pə'ra·re on'lajn]

die Verschlüsselung
criptare f
[krip'ta·re]

die E-Mail-Adresse
adresă de e-mail f
[a'dre·sə de 'i·mejl]

der Anhang
atașament n
[a·ta·ʃa'ment]

eine Mail weiterleiten
a redirecționa un e-mail
[a re·di·rek·tsi·o'na un 'i·mejl]

senden	**a trimite** [a tri'mi·te]
empfangen	**a primi** [a pri'mi]
das Benutzerkonto	**cont de utilizator** n [kont de u·ti·li·za'tor]
der Posteingang	**mesaje primite** pl [me'sa·ʒe pri'mi·te]
der Postausgang	**mesaje trimise** pl [me'sa·ʒe tri'mi·se]
die Abwesenheitsnotiz	**notificare de absență** f [no·ti·fi'ka·re de ab'sen·tsə]
die Spammail	**mesaj spam** n [me'saʒ spam]
im Internet surfen	**a naviga pe internet** [a na·vi'ga pe in·ter'net]

DER COMPUTER – CALCULATORUL

Mobile Endgeräte – Echipamente mobile

der Tablet-Computer
tabletă f
[taˈble·tə]

der E-Book-Reader
cititor de cărți electronice n
[ʧi·tiˈtor de ˈkərtsʲ e·lekˈtro·ni·ʧe]

der MP3-Player
MP3 player n
[em·peˈtrej ˈple·jər]

das Bluetooth®-Headset
cască Bluetooth® f
[ˈkas·kə ˈblu:tu:θ]

die App
aplicație f
[a·pliˈka·tsi·e]

die SIM-Karte
cartelă SIM f
[karˈte·lə sim]

die Handytasche
husă pentru telefon mobil f [ˈhu·sə ˈpen·tru te·leˈfon moˈbil]

das Handy
telefon mobil n
[te·leˈfon moˈbil]

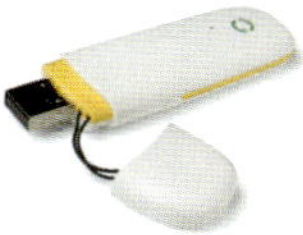

der Surfstick
modem extern n
[ˈmo·dem eksˈtern]

wischen
a glisa cu degetul
[a gliˈsa ku ˈde·ʤe·tul]

die SMS
mesaj/SMS n
[meˈsaʒ/ se·meˈse]

das Smartphone
smartphone n
[ˈsmart·fon]

der Touchscreen
ecran tactil n
[eˈkran takˈtil]

der Datenspeicher	**mediu de stocare a datelor** n [ˈme·dju de stoˈka·re a ˈda·te·lor]
die Software	**software** n [ˈsoft·wer]
das Funkloch	**zonă fară semnal** f [ˈzo·nə ˈfə·rə semˈnal]
die Flatrate	**serviciu nelimitat** n [serˈvi·ʧju ne·li·miˈtat]
die Prepaidkarte	**cartelă preplătită** f [karˈte·lə pre·pləˈti·tə]
das Guthaben	**credit** n [ˈkre·dit]
der Klingelton	**sunet de apel** n [ˈsu·net de aˈpel]
der Akku	**acumulator** n [a·ku·mu·laˈtor]

DAS TELEFON – TELEFONUL

das Display
ecran n
[eˈkran]

das Telefonbuch
carte de telefon f
[ˈkar·te de te·leˈfon]

der Anrufbeantworter
robot telefonic m
[roˈbot te·leˈfo·nik]

das Tastenfeld
tastatură f
[tas·taˈtu·rə]

der Telefonhörer
receptor de telefon n
[re·tʃepˈtor de te·leˈfon]

das Kabel
cablu n
[ˈka·blu]

das schnurlose Telefon
telefon fără fir n
[te·leˈfon ˈfə·rə fir]

der Hörer
receptor n
[re·tʃepˈtor]

abheben
a răspunde
[a rəsˈpun·de]

auflegen
a închide
[a ɨnˈki·de]

die Basisstation
stație f
[ˈsta·tsi·e]

der Kopfhörer
cască f
[ˈkas·kə]

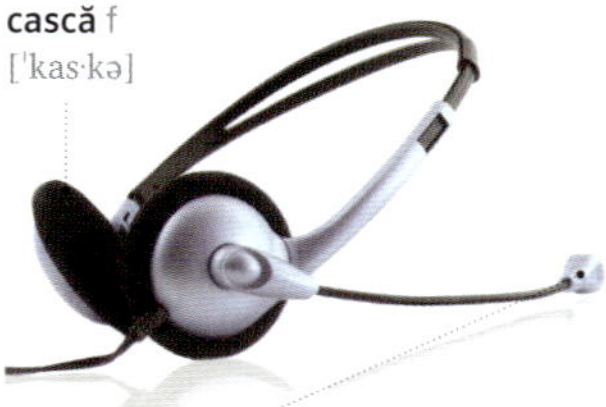

das Mikrofon
microfon n
[mi·kroˈfon]

das Faxgerät
fax n
[faks]

jemanden anrufen	**a suna pe cineva** [a suˈna pe tʃi·neˈva]
wählen	**a forma (un număr)** [a forˈma (un ˈnu·mər)]
klingeln	**a suna** [a suˈna]
Ich möchte bitte ... sprechen.	**Aș dori să vorbesc cu...** [aʃ doˈri sə vorˈbesk ku...]
Entschuldigung, ich habe mich verwählt.	**Mă scuzați, am greșit numărul.** [mə skuˈzatsʲ am greˈʃit ˈnu·mə·rul]
Ich stelle Sie durch.	**Vă fac legătura.** [və fak le·gəˈtu·ra]
Bitte hinterlassen Sie eine Nachricht nach dem Signalton.	**Vă rugăm să lăsați un mesaj după semnalul sonor.** [və ruˈgəm sə ləˈsatsʲ un meˈsaʒ ˈdu·pə semˈna·lul soˈnor]
Können Sie mich bitte zurückrufen?	**Ați putea, vă rog, să mă sunați înapoi?** [atsʲ puˈtea və rog sə mə suˈnatsʲ ɨ·naˈpoj]

DIE MEDIEN – MASS-MEDIA

Das Fernsehen – Televiziunea

die Fernbedienung
telecomandă f
[te·le·ko'man·də]

die Lautstärke
volum al sonorului n
[vo'lum al so'no·ru·luj]

stumm schalten
a opri sunetul
[a o'pri 'su·ne·tul]

zurückspulen
a derula înapoi
[a de·ru'la ɨ·na'poj]

abspielen
a rula
[a ru'la]

umschalten
a schimba canalul
[a skim'ba ka'na·lul]

aufnehmen
a înregistra
[a ɨn·re·ʤis'tra]

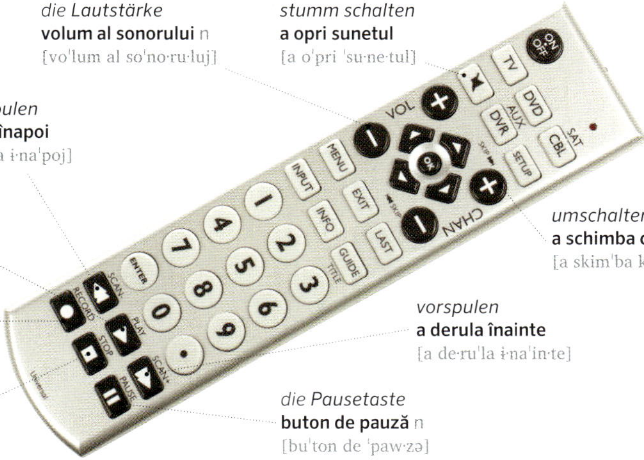

vorspulen
a derula înainte
[a de·ru'la ɨ·na'in·te]

die Stopptaste
buton de stop n
[bu'ton de stop]

die Pausetaste
buton de pauză n
[bu'ton de 'paw·zə]

der DVD-Player
DVD-player n
[di·vi'di 'ple·jər]

das Videospiel
joc video n
[ʒok 'vi·de·o]

der Fernseher
televizor n
[te·le·vi'zor]

der Digitalempfänger
receptor digital n
[re·ʧep'tor di·ʤi'tal]

die DVD
DVD n
[di·vi'di]

das Kabelfernsehen	**televiziune prin cablu** f [te·le·vi·zi'u·ne prin 'ka·blu]
das Free-TV	**programe TV gratuite** pl [pro'gra·me te've gra·tu'i·te]
das Bezahlfernsehen	**programe TV cu plată** pl [pro'gra·me te've ku 'pla·tə]
fernsehen	**a se uita la televizor** [a se uj'ta la te·le·vi'zor]
die Fernsehserie	**serial** n [se·ri'al]
zappen	**a schimba programele** [a skim'ba pro'gra·me·le]
die Folge	**episod** n [e·pi'sod]
der Raumklang	**sunet ambiental** n ['su·net am·bi·en'tal]

die Satellitenschüssel
antenă de satelit f
[an'te·nə de sa·te'lit]

DIE MEDIEN – MASS-MEDIA

Das Fernsehen – Televiziunea

das Set
studio n
[stu·diˈo]

der Teleprompter®
teleprompter® n
[te·leˈpromp·ter]

die Nachrichtensprecherin
prezentatoare de știri f
[pre·zen·taˈto̯a·re de ʃtirʲ]

die Nachrichten
știri f
[ʃtirʲ]

das Interview
interviu n
[in·terˈviw]

der Interviewpartner
intervievat m
[in·ter·vjeˈvat]

die Reporterin
reporteră f
[reˈpor·te·rə]

das Mikrofon
microfon n
[mi·kroˈfon]

die Szene
scenă f
[ˈstʃe·nə]

der Schauspieler
actor m
[akˈtor]

die Klappe
clachetă f
[klaˈke·tə]

die Livesendung
emisiune în direct f
[e·mi·siˈu·ne ɨn diˈrekt]

das Publikum
public n
[ˈpu·blik]

der Dokumentarfilm	**film documentar** n [film do·ku·menˈtar]
die Talkshow	**talkshow** n [ˈtok·ʃow]
die Reportage	**reportaj** n [re·porˈtaʒ]
die Quizshow	**emisiune-concurs cu întrebări din diverse domenii** f [e·mi·siˈu·ne konˈkurs ku ɨn·treˈbərʲ din diˈver·se doˈme·nij]
der/die Moderator/-in	**moderator/-oare** m/f [mo·de·raˈtor/-o̯a·re]
der Teilnehmer	**participant** m [par·ti·tʃiˈpant]
die Teilnehmerin	**participantă** f [par·ti·tʃiˈpan·tə]

DIE MEDIEN – MASS-MEDIA

Das Radio – Radioul

der DJ
DJ m
[di'ʤej]

die Tonaufnahme
înregistrare audio f
[ɨn·re·ʤis'tra·re a'u·di·o]

das Radio
radio n
['ra·di·o]

die Antenne
antenă f
[an'te·nə]

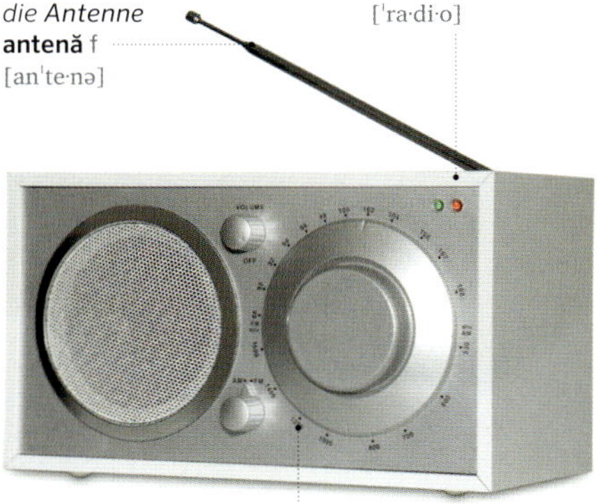

die Frequenz
frecvență f
[frek'ven·tsə]

der Radiosender
post de radio n
[post de 'ra·di·o]

der Wetterbericht
buletin meteorologic n
[bu·le'tin me·te·o·ro'lo·ʤik]

die Verkehrsnachrichten
buletin rutier n
[bu·le'tin ru·ti'er]

die Hitparade
top muzical n
[top mu·zi'kal]

das Hörspiel
teatru radiofonic n
['te̯a·tru ra·di·o'fo·nik]

die Liveaufzeichnung
înregistrare a unui eveniment în direct f
[ɨn·re·ʤis'tra·re a 'u·nuj e·ve·ni'ment ɨn di'rekt]

die Sendung	**transmisiune** f [tran·smi·si'u·ne]
der Berichterstatter	**corespondent** m [ko·res·pon'dent]
die Berichterstatterin	**corespondentă** f [ko·res·pon'den·tə]
die Erkennungsmelodie	**temă muzicală** f ['te·mə mu·zi'ka·lə]
der Werbespot	**spot publicitar** n [spot pu·bli·ʧi'tar]
senden	**a transmite** [a trans'mi·te]
die Langwelle	**unde lungi** f ['un·de lunʤʲ]
die Kurzwelle	**unde scurte** f ['un·de 'skur·te]

DIE MEDIEN – MASS-MEDIA

Die Printmedien – Mediile tipărite

die Zeitung
ziar n
[zi'ar]

das Tabloidformat
format de tabloid n
[for'mat de ta·blo'id]

das Bild
imagine f
[i'ma·ʤi·ne]

der Artikel
articol n
[ar'ti·kol]

die Titelseite
prima pagină f
['pri·ma 'pa·ʤi·nə]

die Schlagzeile
titlu n
['ti·tlu]

der Vorspann
preambul n
[pre·am'bul]

die Zeitungsspalte
coloană f
[ko'lo̯a·nə]

die großformatige Zeitung
ziar în format mare n
[zi'ar ɨn for'mat 'ma·re]

der Stellenmarkt
cereri și oferte de angajare pl
['ʧe·rerʲ ʃi o'fer·te de an·ga'ʒa·re]

der Werbeprospekt
prospect n
[pros'pekt]

die Anzeige
anunț n
[a'nunʦ]

das Abonnement
abonament n
[a·bo·na'ment]

der Leitartikel	**articol de fond** n [ar'ti·kol de fond]
die Todesanzeige	**necrolog** n [ne·kro'log]
die Qualitätszeitung	**ziar de calitate** n [zi'ar de ka·li'ta·te]
die Boulevardzeitung	**ziar de scandal** n [zi'ar de skan'dal]
die Wochenzeitung	**săptămânal** n [səp·tə·mɨ'nal]
die Tageszeitung	**cotidian** n [ko·ti·di'an]
die Kolumne	**rubrică** f ['ru·bri·kə]
die Beilage	**supliment** n [su·pli'ment]

DIE MEDIEN – MASS-MEDIA

Die Printmedien – Mediile tipărite

das gebundene Buch
carte cartonată f
['kar·te kar·to'na·tə]

das Taschenbuch
carte necartonată f
['kar·te ne·kar·to'na·tə]

der Einband
copertă f
[ko'per·tə]

der Buchdeckel
copertă anterioară f
[ko'per·tə an·te·ri'o̯a·rə]

der Buchrücken
cotor n
[ko'tor]

der Schutzumschlag
supracopertă f
[su·pra·ko'per·tə]

die Seite
pagină f
['pa·ʤi·nə]

das Lesebändchen
semn de carte n
[semn de 'kar·te]

in einem Buch blättern
a răsfoi o carte
[a rəs·fo'i o 'kar·te]

das Sachbuch
carte de non-ficțiune f
['kar·te de non·fik·tsi'u·ne]

der Roman
roman n
[ro'man]

die Seitenzahl	**număr al paginii** n ['nu·mər al 'pa·ʤi·nij]
der Index	**index** n ['in·deks]
eine Seite überfliegen	**a citi pe diagonală o pagină** [a 'ʧi·ti pe di·a·go'na·lə o 'pa·ʤi·nə]
das Kinderbuch	**carte pentru copii** f ['kar·te 'pen·tru ko'pij]
die Erzählliteratur	**ficțiune** f [fik·tsi'u·ne]
die Sachliteratur	**non-ficțiune** f [non·fik·tsi'u·ne]
das Inhaltsverzeichnis	**cuprins** n [ku'prins]
das Kapitel	**capitol** n [ka'pi·tol]

der Bildband
volum ilustrat n
[vo'lum i·lus'trat]

DIE POST – POȘTA

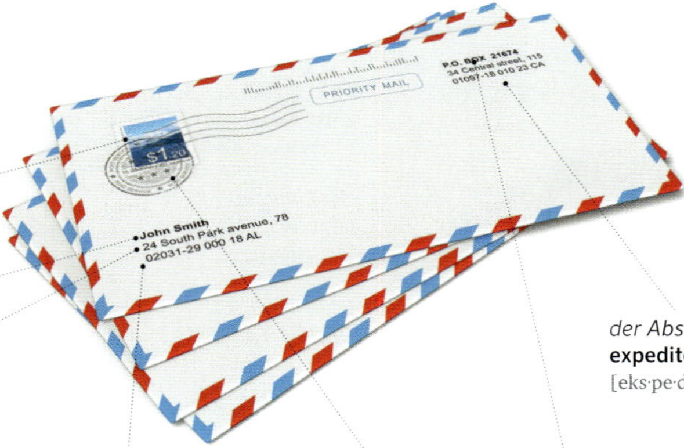

der Briefumschlag
plic n
[plik]

die Briefmarke
timbru n
[ˈtim·bru]

der Empfänger
destinatar m
[des·ti·naˈtar]

die Adresse
adresă f
[aˈdre·sə]

der Absender
expeditor m
[eks·pe·diˈtor]

die Postleitzahl
cod poștal n
[kod poʃˈtal]

der Poststempel
ștampilă poștală f
[ʃtamˈpi·lə poʃˈta·lə]

das Postfach
căsuță poștală f
[kəˈsu·tsə poʃˈta·lə]

die Postkarte
vedere f
[veˈde·re]

die Empfangsbestätigung unterschreiben
a semna confirmarea de primire
[a semˈna kon·firˈma·rea de priˈmi·re]

der Briefkasten
cutie poștală f
[kuˈti·e poʃˈta·lə]

einen Brief einwerfen
a pune o scrisoare la poștă
[a ˈpu·ne o skriˈsoa·re la ˈpoʃ·tə]

das Paket
colet n
[koˈlet]

der Brief	**scrisoare** f [skriˈsoa·re]
der Eilbrief	**scrisoare cu expediere rapidă** f [skriˈsoa·re ku eks·pe·diˈe·re raˈpi·də]
portofrei	**fără taxă de expediere** [ˈfə·rə ˈta·ksə de eks·pe·diˈe·re]
einen Brief erhalten	**a primi o scrisoare** [a priˈmi o skriˈsoa·re]
einen Brief beantworten	**a răspunde la o scrisoare** [a rəsˈpun·de la o skriˈsoa·re]
jemandem einen Brief schicken	**a trimite cuiva o scrisoare** [a triˈmi·te kujˈva o skriˈsoa·re]
das Einschreiben	**scrisoare recomandată** f [skriˈsoa·re re·ko·manˈda·tə]

DIE POST – POȘTA

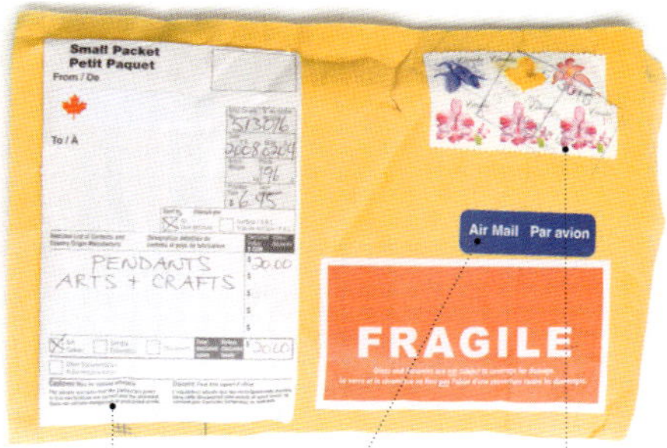

das Klebeband
bandă adezivă f
[ˈban·də a·deˈzi·və]

die Styroporflocken
fulgi de polistiren m
[fuldʒʲ de po·li·stiˈren]

das Päckchen
pachet n
[paˈket]

per Luftpost
par avion
[par a·viˈon]

das Porto
porto n
[ˈpor·to]

zerbrechlich
fragil
[fraˈdʒil]

vor Nässe schützen
a proteja de umiditate
[a pro·teˈʒa de u·mi·di·ˈta·te]

oben
în sus
[ɨn sus]

die Zustellung
livrare f
[liˈvra·re]

liefern	**a livra** [a liˈvra]
die Leerungszeiten	**orar de ridicare a corespondenței** n [oˈrar de ri·diˈka·re a ko·res·ponˈden·tsej]
versandkostenfrei	**cu expediere gratuită** [ku eks·pe·diˈe·re gra·tuˈi·tə]
das Gewicht	**greutate** f [gre·uˈta·te]
die Waage	**cântar** n [kɨnˈtar]
der Hausbriefkasten	**cutie poștală** f [kuˈti·e poʃˈta·lə]
Nicht knicken!	**Nu îndoiți!** [nu ɨn·doˈitsʲ]

der Kurierdienst
curier m
[ku·riˈer]

SPORT UND FITNESS

SPORT ȘI FITNESS

BALLSPORTARTEN – SPORTURI CU MINGEA

Der Fußball – Fotbalul

das Spielfeld
teren de joc n
[teˈren de ʒok]

der Mittelkreis
cerc central n
[ʧerk ʧenˈtral]

der Anstoßpunkt
punct din centrul terenului n
[punkt din ˈʧen·trul teˈre·nu·luj]

der Strafraum
suprafață de pedeapsă f
[su·praˈfa·ʦə de peˈdea̯p·sə]

der Eckbogen
arc de colț n
[ark de kolʦ]

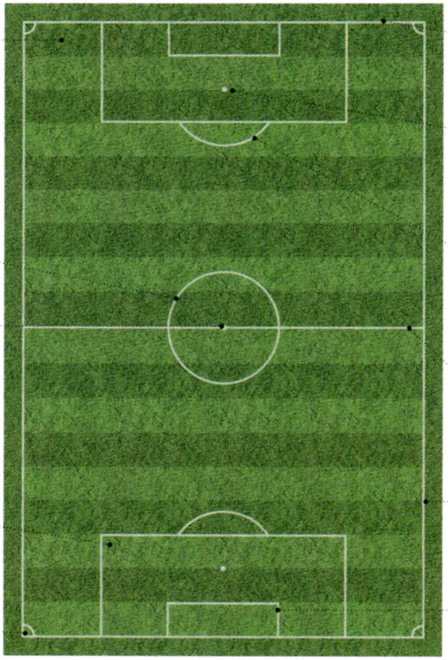

die Torlinie
linie a porții f
[ˈli·ni·e a ˈpor·ʦij]

der Elfmeterpunkt
punct de la unsprezece metri n
[punkt de la ˈun·spre·ze·ʧe ˈme·tri]

der Teilkreis am Strafraum
arc al suprafeței de pedeapsă n
[ark al su·praˈfe·ʦej de peˈdea̯p·sə]

die Mittellinie
linie centrală f
[ˈli·ni·e ʧenˈtra·lə]

die Seitenlinie
linie laterală f
[ˈli·ni·e la·teˈra·lə]

der Torraum
suprafață de poartă f
[su·praˈfa·ʦə de ˈpoa̯r·tə]

das Stadion
stadion n
[sta·diˈon]

die Zuschauertribüne
tribună f
[triˈbu·nə]

die Zuschauer
spectatori m
[spek·taˈtorʲ]

der Platzverweis
eliminare f
[e·li·miˈna·re]

die rote Karte
cartonaș roșu n
[kar·toˈnaʃ ˈro·ʃu]

der Schiedsrichter
arbitru m
[arˈbi·tru]

BALLSPORTARTEN – SPORTURI CU MINGEA

Der Fußball – Fotbalul

die Mannschaftsaufstellung
schemă de joc f
[ˈske·mə de ʒok]

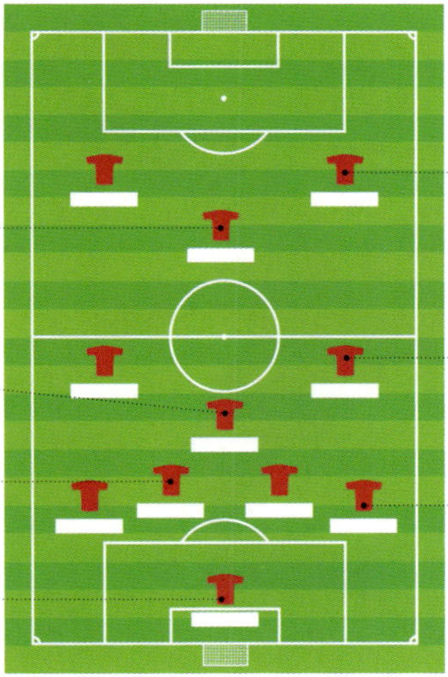

der Mittelstürmer
atacant central m
[a·taˈkant ʧenˈtral]

der Libero
libero m
[ˈli·be·ro]

der Innenverteidiger
apărător central m
[a·pə·rəˈtor ʧenˈtral]

der Torwart
portar m
[porˈtar]

der Außenstürmer
atacant lateral m
[a·taˈkant la·teˈral]

der Mittelfeldspieler
mijlocaș m
[miʒ·loˈkaʃ]

der Außenverteidiger
apărător lateral m
[a·pə·rəˈtor la·teˈral]

angreifen
a ataca
[a a·taˈka]

der Eckstoß
corner n
[ˈkor·ner]

der Freistoß
lovitură liberă f
[lo·viˈtu·rə ˈli·be·rə]

der Einwurf
repunere în joc f
[reˈpu·ne·re ɨn ʒok]

die Liga	**ligă** f [ˈli·gə]
die erste Liga	**liga întâi** f [ˈli·ga ɨnˈtɨj]
die Meisterschaft	**campionat** n [kam·pi·oˈnat]
der Pokal	**cupă** f [ˈku·pə]
die gelbe Karte	**cartonaș galben** n [kar·toˈnaʃ ˈgal·ben]
einen Spieler sperren	**a suspenda un jucător** [a sus·penˈda un ʒu·kəˈtor]
das Foul	**fault** n [ˈfa·ult]
die Verteidigung	**apărare** f [a·pəˈra·re]

das Tor
gol n
[gol]

BALLSPORTARTEN – SPORTURI CU MINGEA

Der Fußball – Fotbalul

der Fußball
minge de fotbal f
[ˈmin·ʤe de ˈfot·bal]

der Fußballschuh
gheată f
[ˈgea·tə]

der Stollen
crampon n
[kramˈpon]

das Trikot
tricou n
[triˈkow]

die Hose
șort n
[ʃort]

der Schienbeinschoner
apărătoare pentru tibie f
[a·pə·rəˈtoa·re ˈpen·tru ˈti·bi·e]

der Stutzen
jambieră f
[ʒam·biˈe·rə]

den Ball halten
a prinde mingea
[a ˈprin·de ˈmin·ʤea]

das Tornetz
plasă a porții f
[ˈpla·sə a ˈpor·tsij]

der Torpfosten
stâlp al porții m
[stɨlp al ˈpor·tsij]

der Torwarthandschuh
mănușă de portar f
[məˈnu·ʃə de porˈtar]

schießen
a trage un șut
[a ˈtra·ʤe un ʃut]

die Querlatte	**bară transversală** f [ˈba·rə trans·verˈsa·lə]
die Halbzeit	**repriză** f [reˈpri·zə]
das Unentschieden	**egal** n [eˈgal]
die Verlängerung	**prelungire** f [pre·lunˈʤi·re]
der Elfmeter	**lovitură de la unsprezece metri** f [lo·viˈtu·rə de la ˈun·spre·ze·ʧe ˈme·tri]
das Abseits	**ofsaid** n [ˈof·sajd]
köpfen	**a lovi cu capul** [a loˈvi ku ˈka·pul]
kicken	**a șuta** [a ʃuˈta]

BALLSPORTARTEN – SPORTURI CU MINGEA

Der Handball – Handbalul

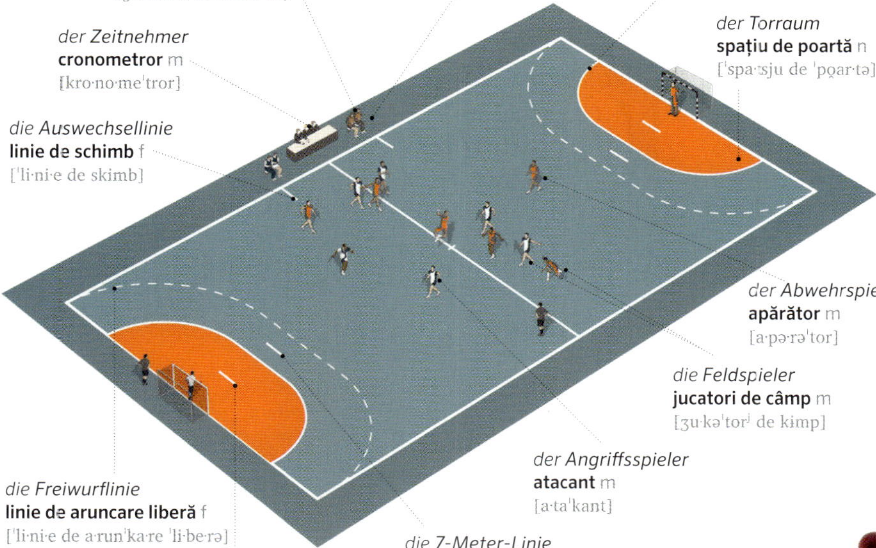

der Sprungwurf
aruncare din săritură f
[a·runˈka·re din sə·riˈtu·rə]

der linke Flügel	**aripă stângă** f [ˈa·ri·pə ˈstin·gə]
der rechte Flügel	**aripă dreaptă** f [ˈa·ri·pə ˈdre̯ap·tə]
der Schlagwurf	**aruncare din sprijin pe sol** f [a·runˈka·re din ˈspri·ʒin pe sol]
die Zeitstrafe	**eliminare temporară** f [e·li·miˈna·re tem·poˈra·rə]
die Disqualifikation	**descalificare** f [des·ka·li·fiˈka·re]
die Auszeit	**eliminare definitivă** f [e·li·miˈna·re de·fi·niˈti·və]
die Verwarnung	**avertisment** n [a·ver·tisˈment]
der Siebenmeter	**aruncare de la șapte metri** f [a·runˈka·re de la ˈʃap·te ˈme·tri]

BALLSPORTARTEN – SPORTURI CU MINGEA

Der Volleyball – Voleiul

die Angriffszone
zonă de atac f
[ˈzo·nə de aˈtak]

der Außenangreifer
atacant lateral m
[a·taˈkant la·teˈral]

der Mittelangreifer
atacant central m
[a·taˈkant ʧenˈtral]

die Verteidigungszone
zonă de apărare f
[ˈzo·nə de a·pəˈra·re]

die Netzkante
margine a fileului f
[ˈmar·ʤi·ne a fiˈle·u·lui]

das Netz
fileu n
[fiˈlew]

die Angriffslinie
linie de atac f
[ˈli·ni·e de aˈtak]

der Freiraum
zonă liberă f
[ˈzo·nə ˈli·be·rə]

der Libero
libero m
[ˈli·be·ro]

die Grundlinie
linie de fund f
[ˈli·ni·e de fund]

der Abwehrspieler
apărător m
[a·pə·rəˈtor]

die Seitenlinie
linie laterală f
[ˈli·ni·e la·teˈra·lə]

der Linienrichter
asistent de linie m
[a·sisˈtent de ˈli·ni·e]

die Reservebank
bancă de rezerve f
[ˈban·kə de reˈzer·ve]

der Beachvolleyball
volei pe plajă n
[ˈvo·lej pe ˈpla·ʒə]

schmettern
a lovi cu putere
[a loˈvi ku puˈte·re]

blocken
a bloca
[a bloˈka]

der Aufschlag
serviciu n
[serˈvi·ʧju]

baggern
a lovi cu antebrațul
[a loˈvi ku an·teˈbra·tsul]

pritschen
a ridica
[a ri·diˈka]

die Hechtabwehr
lovitură de apărare din plonjon f
[lo·viˈtu·rə de a·pəˈra·re din plonˈʒo

BALLSPORTARTEN – SPORTURI CU MINGEA

Der Basketball – Baschetul

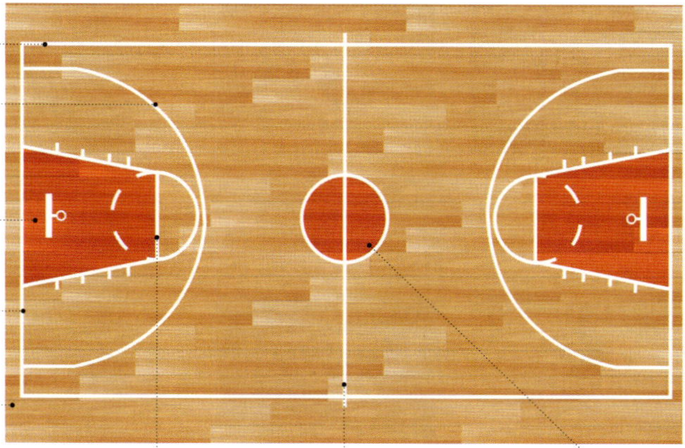

die Seitenlinie
linie laterală f
[ˈli·ni·e la·teˈra·lə]

die Drei-Punkte-Linie
linie a coșului de trei puncte f [ˈli·ni·e a ˈko·ʃu·luj de trej ˈpunk·te]

die begrenzte Zone
zonă de restricție f
[ˈzo·nə de resˈtrik·tsi·e]

die Grundlinie
linie de fund f
[ˈli·ni·e de fund]

im Aus sein
a fi în afara terenului de joc
[a fi ɨn aˈfa·ra teˈre·nu·luj de ʒok]

die Freiwurflinie
linie de aruncare liberă f
[ˈli·ni·e de a·runˈka·re ˈli·be·rə]

die Mittellinie
linie de centru f
[ˈli·ni·e de ˈʧen·tru]

der Mittelkreis
cerc central n
[ʧerk ʧenˈtral]

der Dunk
(slam) dunk n
[(slem) dank]

das Korbbrett
panou n
[paˈnow]

der Korbring
inel n
[iˈnel]

das Netz
plasă f
[ˈpla·sə]

der Korb
coș n
[koʃ]

der Korbleger	**tap-in** n [tep in]
das Doppeldribbling	**dublu dribling** n [ˈdu·blu ˈdrib·ling]
der Rebound	**ricoșeu** n [ri·koˈʃew]
der Sprungball	**angajare între doi** f [an·gaˈʒa·re ˈɨn·tre doj]
fangen	**a prinde** [a ˈprin·de]
werfen	**a arunca** [a a·runˈka]
zielen	**a ochi** [a oˈki]
decken	**a marca** [a marˈka]

WEITERE BALLSPORTARTEN – ALTE SPORTURI CU MINGEA

das Hockey
hochei n
[ˈho·kej]

das Eishockey
hochei pe gheață n
[ˈho·kej pe ˈge̯a·tsə]

der Hockeyschläger
crosă f
[ˈkro·sə]

der Puck
puc n
[puk]

der Softball
softball n
[ˈsoft·bol]

der Baseball
baseball n
[ˈbejs·bol]

der Baseballschläger
bâtă de baseball f
[ˈbɨ·tə de ˈbejs·bol]

der Baseballhandschuh
mănușă de baseball f
[məˈnu·ʃə de ˈbejs·bol]

der American Football
fotbal american n
[ˈfot·bal a·me·riˈkan]

das Rugby
rugby n
[ˈrag·bi]

das Kricket
crichet n
[ˈkri·ket]

das Schlagholz
bâtă f
[ˈbɨ·tə]

die Trillerpfeife
fluier n
[ˈflu·jer]

die Mannschaft	**echipă** f [eˈki·pə]
der Sieger	**câștigător** m [kɨʃ·ti·gəˈtor]
der Verlierer	**învins** m [ɨnˈvins]
der Weltmeister	**campion mondial** m [kam·piˈon mon·diˈal]
das Turnier	**competiție** f [kom·peˈti·tsi·e]
der Spielstand	**scor** n [skor]
der Trainer	**antrenor** m [an·treˈnor]
die Trainerin	**antrenoare** f [an·treˈno̯a·re]
die Anzeigetafel	**tabelă de marcaj** f [taˈbe·lə de marˈkaʒ]

BALLSPORTARTEN MIT SCHLÄGERN – SPORTURI CU MINGI ȘI RACHETE

Das Badminton – Badmintonul

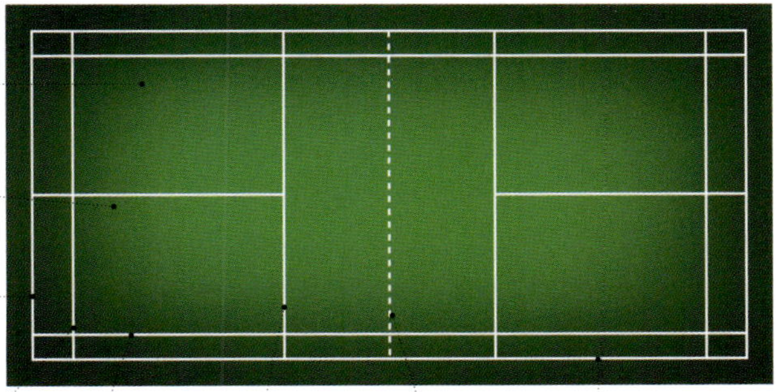

der Badmintonplatz
teren de badminton n
[teˈren de ˈbed·min·ton]

das linke Aufschlagfeld
careu de serviciu stâng n
[kaˈrew de serˈvi·ʧju stɨng]

das rechte Aufschlagfeld
careu de serviciu drept n
[kaˈrew de serˈvi·ʧju drept]

die hintere Aufschlaglinie Einzel
linie de serviciu lung pentru simplu f
[ˈli·ni·e de serˈvi·ʧju lung ˈpen·tru ˈsim·plu]

die hintere Aufschlaglinie Doppel
linie de serviciu lung pentru dublu f
[ˈli·ni·e de serˈvi·ʧju lung ˈpen·tru ˈdu·blu]

die Seitenlinie Einzel
linie laterală pentru simplu f
[ˈli·ni·e la·teˈra·lə ˈpen·tru ˈsim·plu]

die vordere Aufschlaglinie
linie de serviciu scurt f
[ˈli·ni·e de serˈvi·ʧju skurt]

die Mittellinie
linie centrală f
[ˈli·ni·e ʧenˈtra·lə]

die Seitenlinie Doppel
linie laterală pentru dublu f
[ˈli·ni·e la·teˈra·lə ˈpen·tru ˈdu·blu]

das Squash
squash n
[skwoʃ]

der Racquetball
racquetball n
[ˈre·kit·bol]

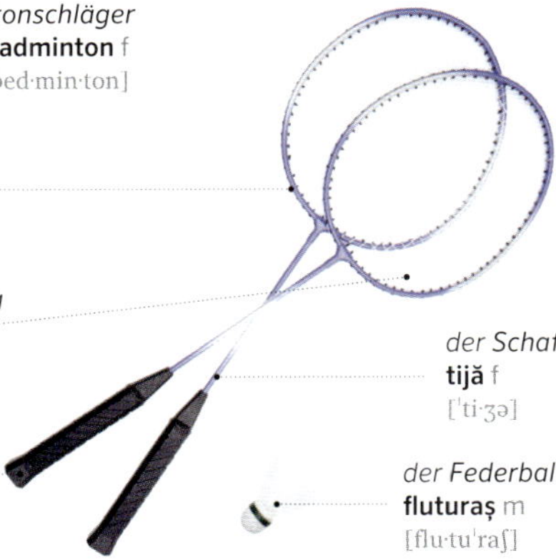

der Badmintonschläger
rachetă de badminton f
[raˈke·tə de ˈbed·min·ton]

der Rahmen
ramă f
[ˈra·mə]

die Bespannung
cordaj n
[korˈdaʒ]

der Griff
mâner n
[mɨˈner]

der Schaft
tijă f
[ˈti·ʒə]

der Federball
fluturaș m
[flu·tuˈraʃ]

BALLSPORTARTEN MIT SCHLÄGERN – SPORTURI CU MINGI ȘI RACHETE

Das Tennis – Tenisul

der Balljunge
copil de mingi m
[koˈpil de minʤʲ]

die Grundlinie
linie de fund f
[ˈli·ni·e de fund]

die Aufschlaglinie
linie de serviciu f
[ˈli·ni·e de serˈvi·ʧju]

das Halbfeld
jumătate de teren f
[ʒu·məˈta·te de teˈren]

die Seitenlinie für das Einzelspiel
linie laterală pentru simplu f
[ˈli·ni·e la·teˈra·lə ˈpen·tru ˈsim·plu]

die Seitenlinie für das Doppelspiel
linie laterală pentru dublu f
[ˈli·ni·e la·teˈra·lə ˈpen·tru ˈdu·blu]

die Aufschlagmittellinie
linie mediană de serviciu f
[ˈli·ni·e me·diˈa·nə de serˈvi·ʧju]

das Netz
fileu n
[fiˈlew]

der Tennisball
minge de tenis f
[ˈmin·ʤe de ˈte·nis]

der Tennisschläger
rachetă de tenis f
[raˈke·tə de ˈte·nis]

die Vorhand
lovitură de dreapta f
[lo·viˈtu·rə de ˈdr̯eap·ta]

die Rückhand	**rever** n [reˈver]
das Einzel	**joc simplu** n [ʒok ˈsim·plu]
das Doppel	**joc dublu** n [ʒok ˈdu·blu]
der/das Tiebreak	**tie-break** n [ˈtaj·brek]
der Einstand	**egalitate** f [e·ga·liˈta·te]
der Fehler	**greșeală** f [greˈʃe̯a·lə]
das Ass	**ace** n [ejs]
der Satz	**set** n [set]
der Schiedsrichter	**arbitru** m [arˈbi·tru]
die Schiedsrichterin	**arbitră** f [arˈbi·trə]
der Linienrichter	**arbitru de linie** m [arˈbi·tru de ˈli·ni·e]
die Linienrichterin	**arbitră de linie** f [arˈbi·trə de ˈli·ni·e]

BALLSPORTARTEN MIT SCHLÄGERN – SPORTURI CU MINGI ȘI RACHETE

Das Tischtennis – Tenisul de masă

der Tischtennistisch
masă de tenis f
[ˈma·sə de ˈte·nis]

die Netzoberkante
margine superioară a fileului f [ˈmar·ʤi·ne su·pe·riˈo̯a·rə a fiˈle·u·luj]

der Netzhalter
stâlp m
[stilp]

die Seitenlinie
margine f
[ˈmar·ʤi·ne]

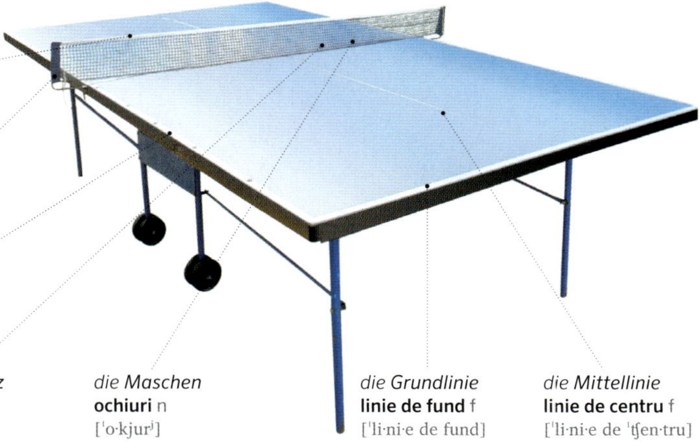

das Netz
fileu n
[fiˈlew]

die Maschen
ochiuri n
[ˈo·kjurʲ]

die Grundlinie
linie de fund f
[ˈli·ni·e de fund]

die Mittellinie
linie de centru f
[ˈli·ni·e de ˈʧen·tru]

der Tischtennisschläger
paletă de tenis de masă f
[paˈle·tə de ˈte·nis de ˈma·sə]

die Schlagfläche
față f
[ˈfa·tsə]

der Belag
strat de cauciuc n
[strat de ka·uˈʧjuk]

der Penholdergriff
priză asiatică f
[ˈpri·zə a·siˈa·ti·kə]

der Tischtennisball
minge de tenis de masă f
[ˈmin·ʤe de ˈte·nis de ˈma·sə]

der Griff
mâner n
[mɨˈner]

der Shakehandgriff
priză europeană f
[ˈpri·zə e·u·roˈpe̯a·nə]

DAS GOLF – GOLFUL

der Golfplatz
teren de golf n
[teˈren de golf]

das Wasserhindernis
obstacol cu apă n
[obˈsta·kol ku ˈa·pə]

der Bunker
groapă cu nisip f
[ˈgro̯a·pə ku niˈsip]

das Fairway
zonă de joc f
[ˈzo·nə de ʒok]

das Rough
zonă cu acces dificil f
[ˈzo·nə ku akˈtʃes di·fiˈtʃil]

der Abschlag
zonă de start f
[ˈzo·nə de start]

die Haltung
poziție f
[poˈzi·tsi·e]

das Tee
tee n
[ti]

der Golfball
minge de golf f
[ˈmin·ʤe de golf]

einlochen
a introduce în gaură
[a in·troˈdu·tʃe ɨn ˈga·u·rə]

die Fahne
steag n
[ste̯ag]

das Loch
gaură f
[ˈga·u·rə]

das Grün
zonă verde f
[ˈzo·nə ˈver·de]

DAS GOLF – GOLFUL

die Golfschläger
crose de golf f
[ˈkro·se de golf]

das Holz
crosă wood f
[ˈkro·sə wud]

das Eisen
crosă iron f
[ˈkro·sə ˈaj·rən]

der Wedge
crosă sand wedge f
[ˈkro·sə send wedʒ]

der Putter
crosă putter f
[ˈkro·sə ˈpu·tər]

die Golftasche
sac de crose m
[sak de ˈkro·se]

driven
a lovi la mare distanță
[a loˈvi la ˈma·re disˈtan·tsə]

der Golfspieler
jucător de golf m
[ʒu·kəˈtor de golf]

der Caddie
caddie m
[ˈke·di]

der Golftrolley
cărucior de golf n
[kə·ruˈtʃjor de golf]

der Durchschwung
balans pe spate n
[baˈlans pe ˈspa·te]

schwingen	**a (se) balansa** [a (se) ba·lanˈsa]
chippen	**a lovi la mică distanță** [a loˈvi la ˈmi·kə disˈtan·tsə]
den Ball vom Abschlag spielen	**a efectua lovitura de start** [a e·fek·tuˈa lo·viˈtu·ra de start]
das Par	**par** n [par]
das Birdie	**birdie** n [ˈbər·di]
das Bogey	**bogey** n [ˈbəw·gi]
das Handicap	**handicap** n [han·diˈkap]
das Hole-in-one	**hole-in-one** n [həwl in wan]

das Golfcart
golf cart n
[golf kart]

DER WASSERSPORT – SPORTURILE ACVATICE

Das Segeln – Sportul cu vele

der Mast
catarg n
[kaˈtarg]

die Takelage
tachelaj n
[ta·keˈlaʒ]

das Großsegel
velă randă f
[ˈve·lə ˈran·də]

die Fock
velă foc f
[ˈve·lə fok]

der Bug
proră f
[ˈpro·rə]

der Rumpf
cocă f
[ˈko·kə]

das Heck
pupă f
[ˈpu·pə]

der Rettungsring
colac de salvare n
[koˈlak de salˈva·re]

die Leuchtrakete
rachetă de semnalizare f
[raˈke·tə de sem·na·liˈza·re]

der Segler
velist m
[veˈlist]

der Baum
chilă f
[ˈki·lə]

das Cockpit
cockpit n
[ˈkok·pit]

die Pinne
eche f
[ˈe·ke]

der Seegang	**mișcare a valurilor** f [miʃˈka·re a ˈva·lu·ri·lor]
der Wind	**vânt** n [vɨnt]
die Meeresströmung	**curent marin** m [kuˈrent maˈrin]
der Anker	**ancoră** f [ˈan·ko·rə]
die Crew	**echipaj** n [e·kiˈpaj]
das Ruder	**vâslă** f [ˈvɨs·lə]
kentern	**a se răsturna** [a se rəs·turˈna]
kreuzen	**a volta** [a volˈta]
der Jachthafen	**port pentru iahturi** n [port ˈpen·tru ˈjah·turʲ]
das Rettungsboot	**barcă de salvare** f [ˈbar·kə de salˈva·re]
der Katamaran	**catamaran** n [ka·ta·maˈran]

DER WASSERSPORT – SPORTURILE ACVATICE

Das Tauchen – Scufundarea

der Tauchanzug
costum de scufundare n
[kosˈtum de sku·funˈda·re]

die Druckluftflasche
butelie de aer comprimat f
[bu·teˈli·e de aˈjer kom·priˈmat]

der Lungenautomat
regulator n
[re·gu·laˈtor]

die Taschenlampe
lanternă f
[lanˈter·nə]

der Tiefenmesser
profundimetru n
[pro·fun·diˈme·tru]

die Schwimmflosse
labă de înot f
[ˈla·bə de ɨˈnot]

der Tauchstiefel
cizmă de scufundare f
[ˈʧiz·mə de sku·funˈda·re]

der Schnorchel
tub de respirat n
[tub de res·piˈrat]

die Tauchmaske
mască de scufundare f
[ˈmas·kə de sku·funˈda·re]

das Finimeter
manometru submersibil n
[ma·noˈme·tru sub·merˈsi·bil]

der/das Kajak
caiac n
[kaˈjak]

das Doppelpaddel
padelă dublă f
[paˈċe·lə ˈdu·blə]

der Kanadier
canoe f
[kaˈno·e]

das Stechpaddel
pagaie f
[paˈga·je]

der Sitz
banc n
[bank]

der Vordersteven
etravă f
[eˈtra·və]

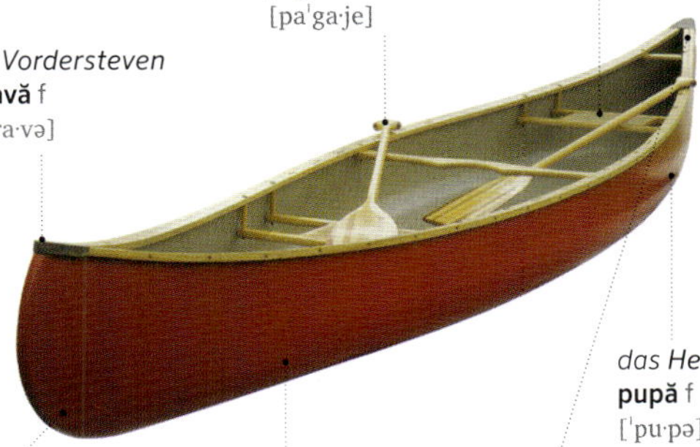

das Heck
pupă f
[ˈpu·pə]

der Bug
provă f
[ˈpro·və]

der Bootsrumpf
cocă f
[ˈko·kə]

der Achtersteven
etambou n
[e·tamˈbow]

DER REITSPORT – ECHITAȚIA

DER REITSPORT – ECHITAȚIA

das Pferderennen
cursă de cai f
[ˈkur·sə de kaj]

das Rennpferd
cal de cursă m
[kal de ˈkur·sə]

der Jockey
jocheu m
[ʒoˈkew]

das Dressurreiten
dresaj n
[dreˈsaʒ]

der Ausritt
plimbare călare f
[plimˈba·re kəˈla·re]

der Trabrennsport
cursă de trap (cu atelaj) f
[ˈkur·sə de trap (ku a·teˈlaʒ)]

das Jagdrennen
cursă cu obstacole f
[ˈkur·sə ku obˈsta·ko·le]

ohne Sattel reiten
a călări fără șa
[a kə·ləˈri ˈfə·rə ʃa]

der Stall
grajd n
[graʒd]

der/das Rodeo
rodeo n
[roˈde·o]

das Polo
polo n
[ˈpo·lo]

das Springreiten
cursă cu sărituri peste obstacole f [ˈkur·sə ku sə·riˈturʲ ˈpes·te obˈsta·ko·le]

das Hufeisen	**potcoavă** f [potˈko̯a·və]
die Reitgerte	**cravașă** f [kraˈva·ʃə]
die Koppel	**padoc** n [paˈdok]
der Kanter	**galop mic** n [gaˈlop mik]
der Galopp	**galop** n [gaˈlop]
der Schritt	**pas** m [pas]
das Trabrennen	**cursă de trap (cu atelaj)** f [ˈkur·sə de trap (ku a·teˈlaʒ)]
das Flachrennen	**cursă pe pistă netedă** f [ˈkur·sə pe ˈpis·tə ˈne·te·də]

der Pferdepfleger
îngrijitor de cai m
[ɨn·gri·ʒiˈtor de kaj]

DAS ANGELN – PESCUITUL

der Angler
pescar m
[pes'kar]

die Angel
undiță f
['un·di·tsə]

die Angelrute
lansetă f
[lan'se·tə]

die Anglerweste
vestă de pescar f
['ves·tə de pes'kar]

einen Fisch fangen
a pescui
[a pes·ku'i]

der Unterfangkescher
minciog n
[min'ʧjog]

der Watstiefel
cizmă de pescar f
['ʧiz·mə de pes'kar]

die Spule
bobină f
[bo'bi·nə]

die Angelrolle
mulinetă f
[mu·li'ne·tə]

die Kurbel
manivelă f
[ma·ni've·lə]

die Angelausrüstung
echipament de pescuit n
[e·ki·pa'ment de pes·ku'it]

die Angelschnur
fir de pescuit n
[fir de pes·ku'it]

die Kunstfliege
muscă artificială f
['mus·kə ar·ti·fi·ʧi'a·lə]

die Pose
plută f
['plu·tə]

der Angelhaken
cârlig de pescuit n
[kɨr'lig de pes·ku'it]

die Öse
ochet m
[o'ket]

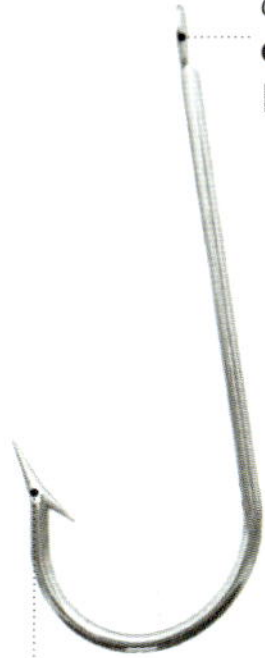

der Widerhaken
spin m
[spin]

DAS ANGELN – PESCUITUL

das Brandungsangeln
pescuit la malul mării n
[pes·ku'it la 'ma·lul 'mə·rij]

mit dem Netz fangen
a pescui cu plasa
[a pes·ku'i ku 'pla·sa]

das Hochseeangeln
pescuit maritim cu undița n
[pes·ku'it ma'ri·tim ku 'un·di·tsa]

das Süßwasserangeln
pescuit în apă dulce n
[pes·ku'it ɨn 'a·pə 'dul·tʃe]

das Speerfischen
pescuit cu sulița n
[pes·ku'it ku 'su·li·tsa]

einholen
a scoate din apă
[a 'skoa·te din 'a·pə]

das Fliegenfischen
pescuit la muscă n
[pes·ku'it la 'mus·kə]

fangen
a prinde
[a 'prin·de]

freilassen
a elibera
[a e·li·be'ra]

der Köder
momeală f
[mo'mea·lə]

der Fang
captură f
[kap'tu·rə]

die Hummerfalle
capcană pentru homari f
[kap'ka·nə 'pen·tru ho'marʲ]

der Angelschein	**permis de pescuit** n [per'mis de pes·ku'it]
anbeißen	**a mușca** [a muʃ'ka]
der Fischkorb	**coș de pescuit** n [koʃ de pes·ku'it]
der Erdspeer	**suport pentru undiță** n [su'port 'pen·tru 'un·di·tsə]
der Wobbler	**nălucă** f [nə'lu·kə]
die Harpune	**harpon** n ['har·pon]
die Angel auswerfen	**a lansa** [a lan'sa]
einen Fisch einholen	**a scoate peștele din apă** [a 'skoa·te 'peʃ·te·le din 'a·pə]

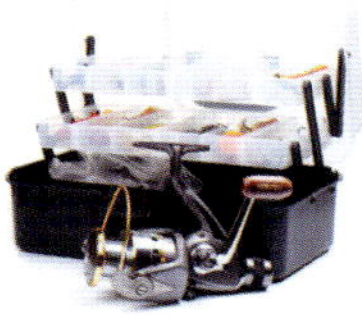

der Spinnerkasten
cutie pentru accesorii f
[ku'ti·e 'pen·tru ak·tʃe'so·rij]

DER WINTERSPORT – SPORTURILE DE IARNĂ

der Sturzhelm
cască f
[ˈkas·kə]

der Pulverschnee
zăpadă afânată f
[zəˈpa·də a·fɨˈna·tə]

der Stockteller
rozetă f
[roˈze·tə]

der Skistock
băț n
[bəts]

die Seilbahn
telecabină f
[te·le·kaˈbi·nə]

die Spitze
vârf n
[vɨrf]

der Ski
schi n
[ski]

der Skistiefel
clăpar m
[kləˈpar]

der Skianzug
costum de schi n
[kosˈtum de ski]

die Skipiste
pârtie de schi f
[ˈpɨr·ti·e de ski]

die Kante
cant n
[kant]

der Skiläufer
schior m
[skiˈor]

der Slalom
slalom n
[ˈsla·lom]

der Abfahrtslauf
coborâre f
[ko·boˈrɨ·re]

das Skispringen
sărituri cu schiurile f
[sə·riˈturʲ ku ˈski·u·ri·le]

abseits der Piste
în afara pârtiei
[ɨn aˈfa·ra ˈpɨr·ti·ej]

der Skihang
pantă f
[ˈpan·tə]

das Biathlon
biatlon n
[bi·aˈtlon]

der Langlauf
schi fond n
[ski fond]

die Langlaufloipe
pârtie pentru schi fond f
[ˈpɨr·ti·e ˈpen·tru ski fond]

DER WINTERSPORT – SPORTURILE DE IARNĂ

die Skibrille
ochelari de schi m
[o·keˈlarʲ de ski]

der Snowboardfahrer
snowboarder m
[ˈsnow·bor·dər]

das Snowboard
snowboard n
[ˈsnow·bord]

die Bindung
legătură f
[le·gəˈtu·rə]

die Halfpipe
halfpipe n
[ˈhaf·pajp]

das Rail
rail n
[rejl]

Schlitten fahren
a merge cu sania
[a ˈmer·ʤe ku ˈsa·ni·a]

das Rennrodeln
competiție de sanie f
[kom·peˈti·tsi·e de ˈsa·ni·e]

der Bobsport
bob n
[bob]

das Curling
curling n
[ˈkər·ling]

Schlittschuh laufen
a patina pe gheață
[a pa·tiˈna pe ˈgea̯·tsə]

der Eisschnelllauf
patinaj viteză n
[pa·tiˈnaʒ viˈte·zə]

das Skifahren	**schi** n [ski]
das Snowboarding	**snowboarding** n [ˈsnow·bor·ding]
der Winter-Fünfkampf	**pentatlon de iarnă** n [pen·taˈtlon de ˈjar·nə]
der Freistil	**stil liber** n [stil ˈli·ber]
das Schneeschuhwandern	**drumeție cu rachete de zăpadă** f [dru·meˈtsi·e ku raˈke·te de zəˈpa·də]
das Hundeschlittenfahren	**plimbare cu sania trasă de câini** f [plimˈba·re ku ˈsa·ni·a ˈtra·sə de kijnʲ]
das Après-Ski	**après-ski** n [aˈpre ski]
die Skihütte	**cabană** f [kaˈba·nə]

der Eiskunstlauf
patinaj artistic n
[pa·tiˈnaʒ arˈtis·tik]

SONSTIGE SPORTARTEN – ALTE SPORTURI

das Klettern
cățărare f
[kə·tsə'ra·re]

das Wandern
drumeție f
[dru·me'tsi·e]

der Radsport
ciclism n
[tʃi'klism]

das Mountainbiken
mountainbiking n
['mawn·tin·baj·king]

das Abseilen
coborâre în rapel f
[ko·bo'rɨ·re ɨn ra'pel]

das Bungeespringen
bungee jumping n
['ban·dʒi 'dʒam·ping]

das Drachenfliegen
deltaplanism n
[del·ta·pla'nism]

das Fallschirmspringen
parașutism n
[pa·ra·ʃu'tism]

das Rallyefahren
cursă de raliu f
['kur·sə de ra'liw]

die Formel 1®
Formula 1® f
[for'mu·la 'u·nu]

das Motocross
motocros n
[mo·to'kros]

das Motorradrennen
cursă de motociclete f
['kur·sə de mo·to·tʃi'kle·te]

das Skateboardfahren
skateboard n
['skejt·bord]

das Longboardfahren
longboard n
['long·bord]

das Inlineskaten
patinaj pe role n
[pa·ti'naʒ pe 'ro·le]

das Offroadfahren
cursă pe teren accidentat f
['kur·sə pe te'ren ak·tʃi·den'tat

SONSTIGE SPORTARTEN – ALTE SPORTURI

das Fechten
scrimă f
[skri'mə]

das Bowling
bowling n
['bow·ling]

das Bogenschießen
tir cu arcul n
[tir ku 'ar·kul]

die Jagd
vânătoare f
[vɨ·nə'to̯a·re]

das Darts
darts n
[darts]

das Poolbillard
biliard n
[bi·li'ard]

das Snooker
snooker n
['snu·kər]

das Lacrosse
lacrosse n
[la'kros]

die rhythmische Sportgymnastik
gimnastică ritmică f
[ʤim'nas·ti·kə 'rit·mi·kə]

das Frisbee®
frisbee® n
['fris·bi]

das Triathlon
triatlon n
[tri·a'tlon]

der Australian Football
fotbal australian n
['fot·bal a·us·tra·li'an]

die/das Boule
bocce n
['bo·ʧe]

das Ballett
balet n
[ba'let]

das Krocket
crochet n
[kro'ket]

der/das Parkour
parkour n
[par'kur]

DIE FITNESS – FITNESSUL

das Fitnessstudio
sală de fitness f
[ˈsa·lə de ˈfit·nes]

die Langhantel
halteră f
[halˈte·rə]

die Gewichtsscheibe
greutate f
[gre·uˈta·te]

die Bank
bancă orizontală f
[ˈban·kə o·ri·zonˈta·lə]

das Krafttraining
antrenament de forță n
[an·tre·naˈment de ˈfor·tsə]

die Bizepsübung
exercițiu pentru biceps n
[e·kserˈtʃi·tsju ˈpen·tru ˈbi·tʃeps]

die Kurzhantel
ganteră f
[ganˈte·rə]

das Bankdrücken
împingere de la piept din poziția culcat f
[ɨmˈpin·dʒe·re de la pjept din poˈzi·tsi·a kulˈkat]

trainieren
a se antrena
[a se an·treˈna]

das Ergometer
bicicletă ergometrică f
[bi·tʃiˈkle·tə er·goˈme·tri·kə]

der Crosstrainer
crosstrainer n
[ˈkros·trej·nər]

der Fitnessball
minge de gimnastică f
[ˈmin·dʒe de dʒimˈnas·ti·kə]

die Matte
saltea f
[salˈte̯a]

das Laufband
bandă de alergare f
[ˈban·də de a·lerˈga·re]

das Rudergerät
aparat de vâslit n
[a·paˈrat de visˈlit]

DIE FITNESS – FITNESSUL

der Ausfallschritt
fandare f
[fanˈda·re]

die Rumpfbeuge
aplecare de trunchi f
[a·pleˈka·re de trunkʲ]

der Liegestütz
flotare f
[floˈta·re]

der Sit-up
sit-up n
[ˈsit·ap]

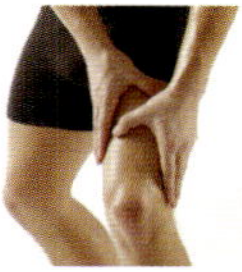

der Muskelkater
febră musculară f
[ˈfe·brə mus·kuˈla·rə]

der Klimmzug
tracțiune la bară fixă f
[trak·tsiˈu·ne la ˈba·rə ˈfi·ksə]

die Kniebeuge
genuflexiune f
[ʤe·nu·fle·ksiˈu·ne]

das Pilates
Pilates n
[piˈla·tes]

das Spinning®
spinning® n
[ˈspi·ning]

die Pulsuhr
ceas cu cardio-frecvențiometru n
[ʧeas ku kar·djo·frek·ven·tsjoˈme·tru]

sich aufwärmen	**a se încălzi** [a se in·kəlˈzi]
sich abkühlen	**a face efort moderat după antrenament** [a ˈfa·ʧe eˈfort mo·deˈrat ˈdu·pə an·tre·naˈment]
das Zirkeltraining	**antrenament în circuit** n [an·tre·naˈment in ʧir·kuˈit]
die Umkleidekabine	**vestiar** n [ves·tiˈar]
die Dehnung	**întindere** f [inˈtin·de·re]
Kalorien verbrennen	**a arde calorii** [a ˈar·de ka·loˈrij]

das Aerobic
aerobic n
[a·eˈro·bik]

das Steppbrett
stepper n
[ˈste·pər]

der Turnschuh
pantof de sport m
[panˈtof de sport]

FREIZEIT

TIMP LIBER

DAS THEATER – TEATRUL

① *der Balkon*
balcon n
[balˈkon]

② *der zweite Rang*
balcon superior n
[balˈkon su·pe·riˈor]

③ *die Loge*
lojă f
[ˈlo·ʒə]

④ *der erste Rang*
mezanin n
[me·zaˈnin]

⑤ *die Sitzreihe*
rând n
[rɨnd]

⑥ *die Kulisse*
culisă f
[kuˈli·sə]

⑦ *die Bühne*
scenă f
[ˈstʃe·nə]

⑧ *das Foyer*
foaier n
[fo̯aˈjer]

⑨ *das Parkett*
stal n
[stal]

⑩ *der Sitzplatz*
loc n
[lok]

⑪ *der Vorhang*
cortină f
[korˈti·nə]

das Varieté
spectacol de varietăți n
[spekˈta·kol de va·ri·eˈtətsʲ]

das Freilufttheater
teatru în aer liber n
[ˈte̯a·tru ɨn aˈjer ˈli·ber]

das Ballett
balet n
[baˈlet]

die Aufführung
spectacol n
[spekˈta·kol]

der Zauberkünstler
iluzionist m
[i·lu·zi·oˈnist]

der Komiker
comediant m
[ko·me·diˈant]

die Tragödie
tragedie f
[tra·dʒeˈdi·e]

die Komödie
comedie f
[ko·meˈdi·e]

DAS THEATER – TEATRUL

das Theaterstück
piesă de teatru f
[ˈpje·sə de ˈtea·tru]

① *das Bühnenbild*
decor n
[deˈkor]

② *die Besetzung*
distribuție f
[dis·triˈbu·tsi·e]

③ *das Theaterkostüm*
costum n
[kosˈtum]

④ *der Applaus*
aplauze pl [aˈpla·u·ze]

⑤ *das Publikum*
public n [ˈpu·blik]

die Probe
repetiție f
[re·peˈti·tsi·e]

⑥ *der Schauspieler*
actor m
[akˈtor]

⑦ *die Schauspielerin*
actriță f
[akˈtri·tsə]

⑧ *der Regisseur*
regizor m
[reˈdʒi·zor]

die Premiere	**premieră** f [pre·miˈe·rə]
die Pause	**pauză** f [ˈpa·u·zə]
das Programm	**program** n [proˈgram]
die Generalprobe	**repetiție generală** f [re·peˈti·tsi·e dʒe·neˈra·lə]
der Platzanweiser	**plasator** m [pla·saˈtor]
die Platzanweiserin	**plasatoare** f [pla·saˈtoa·re]
die Theaterkasse	**casă de bilete** f [ˈka·sə de biˈle·te]
die Eintrittskarte	**bilet de intrare** n [biˈlet de inˈtra·re]

die Künstlergarderobe
cabină de machiaj f
[kaˈbi·nə de ma·kiˈaʒ]

DIE MUSIK – MUZICA

Das Orchester – Orchestra

das Sinfonieorchester
orchestră simfonică f
[or'kes·trə sim'fo·ni·kə]

der Gong
gong n
[gong]

die kleine Trommel
tobă mică f
['to·bə 'mi·kə]

die große Trommel
tobă mare f
['to·bə 'ma·re]

die Pauke
timpan n
[tim'pan]

das Xylophon
xilofon n
[ksi·lo'fon]

die Röhrenglocken
clopote tubulare n
['klo·po·te tu·bu'la·re]

das Dirigentenpult
pupitru al dirijorului n
[pu'pi·tru al di·ri'ʒo·ru·luj]

der Notenständer
stativ pentru partitură n
[sta'tiv 'pen·tru par·ti'tu·rə]

der Dirigent
dirijor m
[di·ri'ʒor]

der Taktstock
baghetă f
[ba'ge·tə]

die Solistin
solistă f
[so'lis·tə]

die Opernsängerin
cântăreață de operă f
[kɨn·tə'rea·tsə de 'o·pe·rə]

die Noten
partitură f
[par·ti'tu·rə]

die Ouvertüre	**uvertură** f [u·ver'tu·rə]
das Quartett	**cvartet** n [kvar'tet]
die Sonate	**sonată** f [so'na·tə]
die Tonhöhe	**înălțime a sunetului** f [ɨ·nəl'tsi·me a 'su·ne·tu·luj]
ein Instrument stimmen	**a acorda un instrument** [a a·kor'da un in·stru'ment]
der Orchestergraben	**fosă a orchestrei** f ['fo·sə a or'kes·trej]
der Chor	**cor** n [kor]
die Oper	**operă** f ['o·pe·rə]

DIE MUSIK – MUZICA

Die Musikinstrumente – Instrumentele muzicale

das Cello
violoncel n
[vi·o·lonˈtʃel]

der Bogen
arcuș n
[arˈkuʃ]

die Geige
vioară f
[viˈo̯a·rə]

die akustische Gitarre
chitară acustică f
[kiˈta·rə aˈkus·ti·kə]

die Harfe
harpă f
[ˈhar·pə]

die elektrische Gitarre
chitară electrică f
[kiˈta·rə eˈlek·tri·kə]

die Bassgitarre
chitară bas f
[kiˈta·rə bas]

die Tuba
tubă f
[ˈtu·bə]

die Posaune
trombon n
[tromˈbon]

das Fagott
fagot n
[faˈgot]

die Oboe
oboi n
[oˈboj]

das Horn
corn n
[korn]

die Trompete
trompetă f
[tromˈpe·tə]

die Pikkoloflöte
piculină f
[pi·kuˈli·nə]

das Saxofon
saxofon n
[sa·ksoˈfon]

die Klarinette
clarinet n
[kla·riˈnet]

die Querflöte
flaut n
[ˈfla·ut]

DIE MUSIK – MUZICA

Die Musikinstrumente – Instrumentele muzicale

das Tamburin
tamburină f
[tam·buˈri·nə]

das Becken
cimbal n
[ʧimˈbal]

die/das Hi-Hat
cinel n
[ʧiˈnel]

das Schlagzeug
baterie f
[ba·teˈri·e]

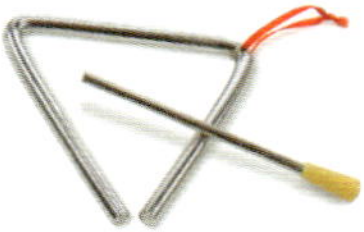

die/der/das Triangel
trianglu n
[triˈan·glu]

die Rassel
maracas n
[ma·raˈkas]

die Bongos
(tobe) bongo (f) n
[(ˈto·be) ˈbon·go]

die Kesselpauke
timpan n
[timˈpan]

die Kastagnetten
castaniete f
[kas·ta·niˈe·te]

die Schellenrassel
zurgălăi pl
[zur·gəˈləj]

die Panflöte
nai n
[naj]

der Schlagzeugstock
băț n
[bəts]

die Mundharmonika
muzicuță f
[mu·ziˈku·tsə]

der Dudelsack
cimpoi n
[ʧimˈpoj]

das Akkordeon
acordeon n
[a·kor·deˈon]

der Flügel
pian cu coadă n
[piˈan ku ˈko̯a·də]

DIE MUSIK – MUZICA

die Notation
notație f
[no'ta·tsi·e]

der Violinschlüssel
cheie sol f
['ke·je sol]

die Notenlinie
portativ n
[por·ta'tiv]

der Bassschlüssel
cheie fa f
['ke·je fa]

das Vorzeichen
accident muzical n
[ak·ʧi'dent mu·zi'kal]

die Taktangabe
metru muzical m
['me·tru mu·zi'kal]

die Note
notă f
['no·tə]

das Kreuz
diez m
[di'ez]

der Taktstrich
bară de măsură f
['ba·rə de mə'su·rə]

die klassische Musik
muzică clasică f
['mu·zi·kə 'kla·si·kə]

das Heavy Metal
heavy metal n
['he·vi 'me·təl]

der Rap
rap n
[rep]

der Hip-Hop
hip-hop n
['hip·hop]

der Reggae	**reggae** n ['re·ge]
die Popmusik	**muzică pop** f ['mu·zi·kə pop]
die Countrymusik	**muzică country** f ['mu·zi·kə 'kan·tri]
die Indie-Musik	**muzică indie** f ['mu·zi·kə 'in·di]
der Blues	**blues** n [bluz]
der/das Techno	**tehno** n ['teh·no]
der Soul	**soul** n [səwl]
die Disko	**discotecă** f [dis·ko'te·kə]

der Jazz
jazz n
[ʤaz/ʤez]

der Rock
rock n
[rok]

HOBBYS – HOBBYURI

gravieren
a grava
[a graˈva]

schnitzen
a sculpta
[a skulpˈta]

Briefmarken sammeln
a colecționa timbre
[a ko·lek·tsi·oˈna ˈtim·bre]

die Modelleisenbahn
trenuleț electric n
[tre·nuˈlets eˈlek·trik]

modellieren
a modela
[a mo·deˈla]

die Bildhauerei
sculptură f
[skulpˈtu·rə]

töpfern
a olări
[a o·ləˈri]

Mosaik legen
a crea un mozaic
[a kreˈa un mo·zaˈik]

der Modellbau
modelism n
[mo·deˈlism]

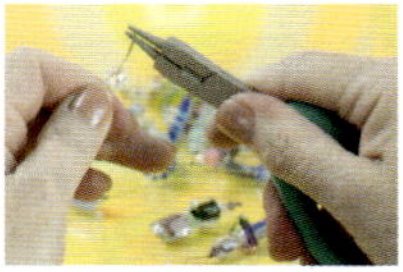

Schmuck herstellen
a crea bijuterii
[a kreˈa bi·ʒu·teˈrij]

lesen
a citi
[a ʧiˈti]

kochen
a găti
[a gəˈti]

gärtnern
a grădinări
[a grə·di·nəˈri]

das Origami	**origami** f [o·riˈga·mi]
das Pappmaschee	**papier mâché** n [paˈpje maˈʃe]
das Scrapbooking	**scrapbooking** n [ˈskrep·bu·king]
Möbel restaurieren	**a restaura mobilier** [a res·tawˈra mo·bi·liˈer]
im Chor singen	**a cânta în cor** [a ˈkɨn·ta ɨn kor]
Filme drehen	**a turna filme** [a turˈna ˈfil·me]
Vögel beobachten	**a observa păsări** [a ob·serˈva ˈpə·sərʲ]
das kreative Schreiben	**scriere creativă** f [ˈskri·e·re kre·aˈti·və]

HOBBYS – HOBBYURI

Kunst und Basteln – Artă și lucru manual

der Buntstift
creion colorat n
[kreˈjon ko·loˈrat]

die Wasserfarbe
acuarelă f
[a·kwaˈre·lə]

der Wachsmalstift
culoare de ceară f
[kuˈlo̯a·re de ˈʧe̯a·rə]

die Lackfarbe
vopsea f
[vopˈse̯a]

die Ölkreide
pastel de ulei n
[pasˈtel de uˈlej]

die Kreide
cretă f
[ˈkre·tə]

die Ölfarbe
culoare de ulei f
[kuˈlo̯a·re de uˈlej]

die Acrylfarbe
culoare acrilică f
[kuˈlo̯a·re aˈkri·li·kə]

die Pastellkreide
pastel n
[pasˈtel]

der Filzstift
cariocă f
[ka·riˈo·kə]

die Tusche
tuș n
[tuʃ]

die Zeichenkohle
cărbune m
[kərˈbu·ne]

die Gouache
guașă f
[ˈgwa·ʃə]

der Klebstoff
lipici n
[liˈpiʧ]

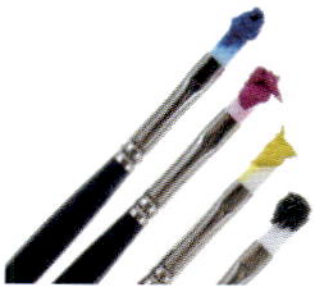

der Pinsel
pensulă f
[ˈpen·su·lə]

die Palette
paletă f
[paˈle·tə]

HOBBYS – HOBBYURI

Kunst und Basteln – Artă și lucru manual

die Aquarellmalerei
pictură în acuarelă f
[pikˈtu·rə ɨn a·kwaˈre·lə]

die Ölmalerei
pictură în ulei f
[pikˈtu·rə ɨn uˈlej]

die Collage
colaj n
[koˈlaʒ]

die Wandmalerei
pictură murală f
[pikˈtu·rə muˈra·lə]

die Tuschezeichnung
desen în tuș n
[deˈsen ɨn tuʃ]

die abstrakte Malerei
pictură abstractă f
[pikˈtu·rə abˈstrak·tə]

die Landschaftsmalerei
peisaj n
[pe·iˈsaʒ]

die Porträtmalerei
portret n
[porˈtret]

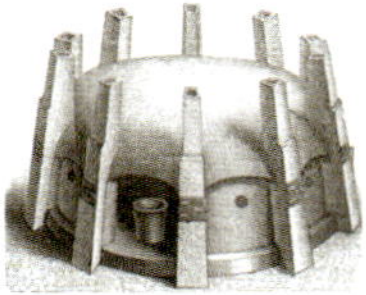

die Bleistiftzeichnung
desen în creion n
[deˈsen ɨn kreˈjon]

das Stillleben
natură moartă f
[naˈtu·rə ˈmo̯ar·tə]

das Graffiti
graffiti n
[graˈfi·ti]

der Siebdruck
serigrafie f
[se·ri·graˈfi·e]

die Skizze
schiță f
[ˈski·tsə]

die Aktmalerei
nud n
[nud]

die Leinwand
pânză f
[ˈpɨn·zə]

der Karton
carton n
[karˈton]

HOBBYS – HOBBYURI

Kunst und Basteln – Artă și lucru manual

die Farbe
culoare f
[kuˈlo̯a·re]

das Schwarz
negru n [ˈne·gru]

das Grau
gri n [gri]

das Schwarzbraun
maro închis n [maˈro ɨnˈkis]

das Braun
maro n [maˈro]

das Hellbraun
maro deschis n [maˈro desˈkis]

das Olivgrün
verde măsliniu n [ˈver·de məs·liˈniw]

das Smaragdgrün
verde smarald n [ˈver·de smaˈrald]

das Grün
verde n [ˈver·de]

das Gelbgrün
verde gălbui n [ˈver·de gəlˈbuj]

das Cyan
cyan n [ʧiˈan]

das Blau
albastru n [alˈbas·tru]

das Dunkelblau
albastru închis n [alˈbas·tru ɨnˈkis]

das Violett
violet n [vi·oˈlet]

das Lila
mov n [mov]

das Blutrot
roșu-sângeriu n [ˈro·ʃu sɨn·ʤeˈriw]

das Pink
fucsia n [ˈfuk·si·a]

das Rosa
roz n [roz]

das Rot
roșu n [ˈro·ʃu]

das Gelborange
galben-portocaliu n [ˈgal·ben por·to·kaˈliw]

das Ocker
ocru n [ˈo·kru]

das Orange
portocaliu n [por·to·kaˈliw]

das Gelb
galben n [ˈgal·ben]

das Hellgelb
galben deschis n [ˈgal·ben desˈkis]

das Weiß
alb n [alb]

HOBBYS – HOBBYURI

Nähen und Stricken – Cusut și tricotat

der Kopf
cap n
[kap]

der Fadenhebel
graifer n
[ˈgraj·fer]

die Fadenführung
ghidaj al firului n
[giˈdaʒ al ˈfi·ru·luj]

der Garnrollenstift
tijă pentru papiotă f
[ˈti·ʒə ˈpen·tru pa·piˈo·tə]

die Nähmaschine
mașină de cusut f
[maˈʃi·nə de kuˈsut]

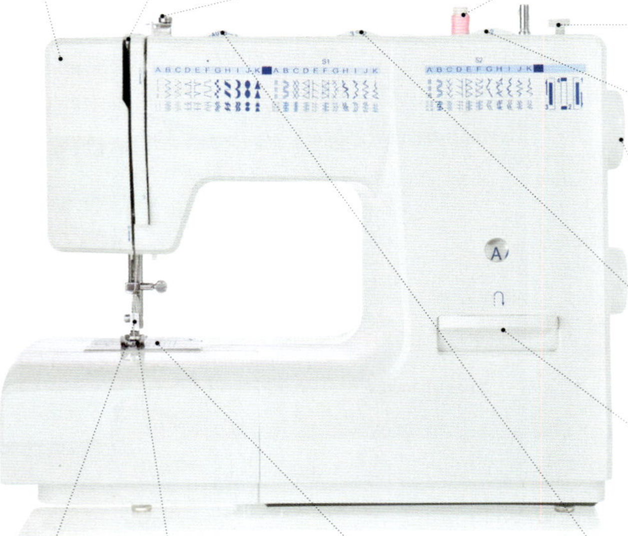

der Spuler
bobinator n
[bo·bi·naˈtor]

der Stichbreitenwähler
selector pentru lățimea de coasere n
[se·lekˈtor ˈpen·tru ləˈtsi·mea de ˈkoa·se·re]

das Handrad
roată volantă f
[ˈroa·tə voˈlan·tə]

der Stichwähler
selector pentru modul de coasere n
[se·lekˈtor ˈpen·tru ˈmo·dul de ˈkoa·se·re]

die Rückwärtsnähtaste
buton pentru coasere înapoi n
[buˈton ˈpen·tru ˈkoa·se·re ɨ·naˈpoj]

die Nadel
ac n
[ak]

der Nähfuß
picior de coasere n
[piˈtʃjor de ˈkoa·se·re]

die Stichplatte
placă de coasere f
[ˈpla·kə de ˈkoa·se·re]

der Nähfußdruckregler
buton pentru reglarea presiunii piciorului de coasere n [buˈton ˈpen·tru reˈgla·rea pre·siˈu·nij piˈtʃjo·ru·luj de ˈkoa·se·re]

die Overlock
mașină de surfilat f
[maˈʃi·nə de sur·fiˈlat]

das Maßband
centimetru n
[tʃen·tiˈme·tru]

die Spule
mosor f
[moˈsor]

das Nähgarn
ață de cusut f
[ˈa·tsə de kuˈsut]

HOBBYS – HOBBYURI

Nähen und Stricken – Cusut și tricotat

die Schneiderpuppe
manechin n
[ma·neˈkin]

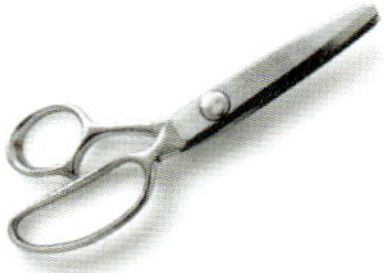

die Schere
foarfecă f
[ˈfo̯ar·fe·kə]

das Nähkästchen
cutie cu accesorii pentru cusut f
[kuˈti·e ku ak·ʧeˈso·rij ˈpen·tru kuˈsut]

das Nadelkissen
perniță pentru ace f
[perˈni·tsə ˈpen·tru ˈa·ʧe]

das Schnittmuster
tipar n
[tiˈpar]

die Nähnadel
ac de cusut n
[ak de kuˈsut]

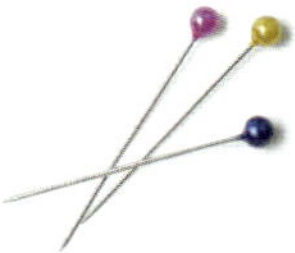

die Stecknadel
ac cu gămălie n
[ak ku gə·məˈli·e]

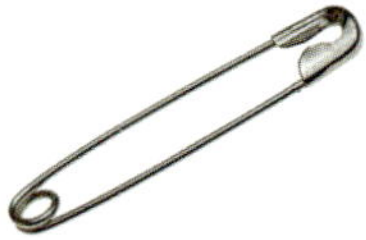

die Sicherheitsnadel
ac de siguranță n
[ak de si·guˈran·tsə]

der Stoff
stofă f
[ˈsto·fə]

der Knopf
nasture m
[ˈnas·tu·re]

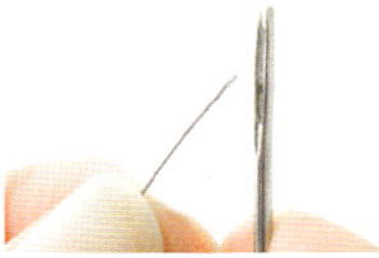

einen Faden einfädeln
a băga ață în ac
[a bəˈga ˈa·tsə ɨn ak]

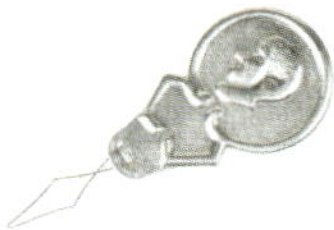

der Einfädler
dispozitiv pentru a băga ața în ac n
[dis·po·ziˈtiv ˈpen·tru a bəˈga ˈa·tsa ɨn ak]

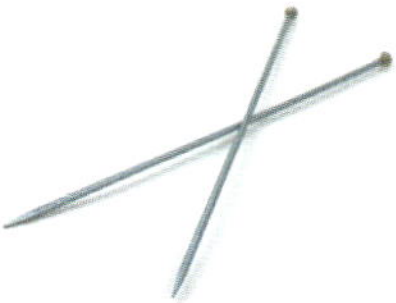

die Stricknadel
andrea f
[anˈdre̯a]

die Wolle
lână f
[ˈlɨ·nə]

der Fingerhut
degetar n
[de·ʤeˈtar]

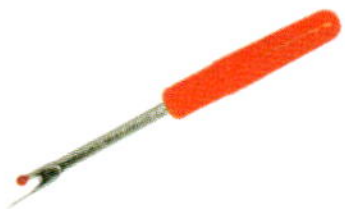

der Nahtauftrenner
ac de descusut n
[ak de des·kuˈsut]

HOBBYS – HOBBYURI

Nähen und Stricken – Cusut și tricotat

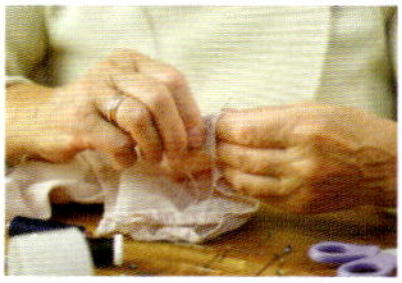

nähen
a coase
[a ˈko̯a·se]

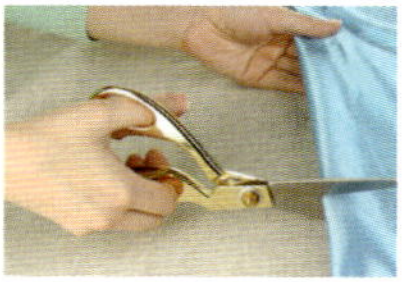

schneiden
a tăia
[a təˈja]

das Patchwork
patchwork f
[ˈpetʃ·wərk]

häkeln
a croșeta
[a kro·ʃeˈta]

der Kreuzstich
cruciuliță f
[kru·tʃjuˈli·tsə]

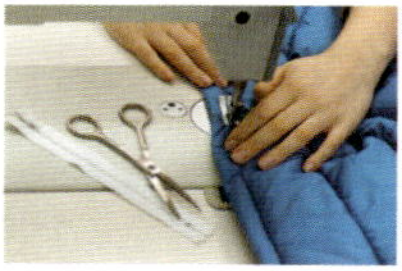

wattieren
a matlasa
[a mat·laˈsa]

stricken
a tricota
[a tri·koˈta]

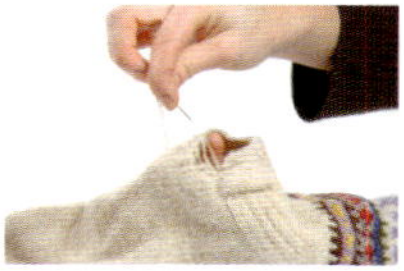

stopfen
a cârpi
[a kɨrˈpi]

weben
a țese
[a ˈtse·se]

Spitze klöppeln
a împleti dantelă
[a ɨm·pleˈti danˈte·lə]

einen Teppich knüpfen
a țese un covor
[a ˈtse·se un koˈvor]

der Reißverschluss
fermoar n
[ferˈmo̯ar]

auftrennen
a descoase
[a desˈko̯a·se]

sticken	**a broda** [a broˈda]
das Leinen	**in** n [in]
die Seide	**mătase** f [məˈta·se]
das Nylon®	**nailon** n [ˈnaj·lon]
die Baumwolle	**bumbac** n [bumˈbak]
der Polyester	**poliester** n [po·li·esˈter]
der Stich	**împunsătură** f [ɨm·pun·səˈtu·rə]
heften	**a însăila** [a ɨn·sə·iˈla]

HOBBYS – HOBBYURI

Das Kino – Cinematograful

der Kinosaal
sală de cinematograf f
[ˈsa·lə de ʧi·ne·ma·toˈgraf]

① *die Kinoleinwand*
ecran n
[eˈkran]

② *die Sitzreihe*
rând n
[rɨnd]

die Snackbar
bar n
[bar]

das Getränk
băutură f
[bə·uˈtu·rə]

das Popcorn
floricele de porumb pl
[flo·riˈʧe·le de poˈrumb]

die Kinokasse
casă de bilete f
[ˈka·sə de biˈle·te]

die Komödie
comedie f
[ko·meˈdi·e]

der Horrorfilm
film de groază n
[film de ˈgro̯a·zə]

der Liebesfilm
film de dragoste n
[film de ˈdra·gos·te]

der Zeichentrickfilm	**desen animat** n [deˈsen a·niˈmat]
der Western	**western** n [ˈwes·tərn]
die Voraufführung	**avanpremieră** f [a·van·pre·miˈe·rə]
das Filmplakat	**afiş** n [aˈfiʃ]
die Premiere	**premieră** f [pre·miˈe·rə]
der Thriller	**thriller** n [ˈtri·lər]
der Sciencefictionfilm	**film ştiinţifico-fantastic** n [film ʃti·inˈtsi·fi·ko fanˈtas·tik]
jugendfrei	**permis minorilor** [perˈmis miˈno·ri·lor]

der 3D-Film
film 3D n
[film trej de]

HOBBYS – HOBBYURI

Fotografieren – Fotografie

die Programmwählscheibe
selector de program n
[se·lek'tor de pro'gram]

die Spiegelreflexkamera
aparat de fotografiat SLR n
[a·pa'rat de fo·to·gra·fi'at se·le're]

der Blitzschuh
patină pentru bliț f
[pa'ti·nə 'pen·tru blits]

der (ausklappbare) Blitz
bliț (integrat) n
[blits (in·te'grat)]

der/das Zoom
zoom n
[zum]

das Objektiv
obiectiv n
[o·bi·ek'tiv]

der Auslöser
declanșator n
[de·klan·ʃa'tor]

das Kameragehäuse
corp al aparatului n
[korp al a·pa'ra·tu·luj]

der Blendenregler
regulator al diafragmei n
[re·gu·la'tor al di·a'frag·mej]

das Selbstauslöser-Lichtsignal
semnal luminos pentru declanșarea automată n
[sem'nal lu·mi'nos 'pen·tru de·klan'ʃa·rea a·u·to'ma·tə]

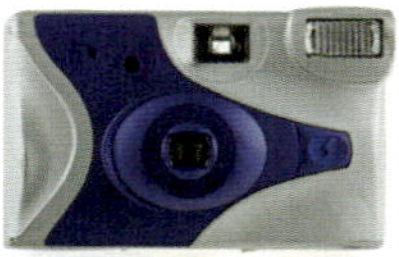

die Einwegkamera
aparat de fotografiat de unică folosință n
[a·pa'rat de fo·to·gra·fi'at de 'u·ni·kə fo·lo'sin·tsə]

die Sofortbildkamera
aparat de fotografiat polaroid n
[a·pa'rat de fo·to·gra·fi'at po·la·ro'id]

die Analogkamera
aparat de fotografiat analog n
[a·pa'rat de fo·to·gra·fi'at a·na'log]

die Digitalkamera
aparat de fotografiat digital n
[a·pa'rat de fo·to·gra·fi'at di·dʒi'tal]

das Stativ
trepied n
[tre·pi'ed]

der Aufsteckblitz
bliț extern n
[blits eks'tern]

der Filter
filtru n
['fil·tru]

der Objektivdeckel
capac pentru obiectiv n
[ka'pak 'pen·tru o·bi·ek'tiv]

HOBBYS – HOBBYURI

Fotografieren – Fotografie

der Film
film n
[film]

das Fotostudio
studio foto n
[stuˈdjo ˈfo·to]

ein Foto machen
a face o fotografie
[a ˈfa·ʧe o fo·to·gra·ˈfi·e]

die Bildbearbeitung
prelucrare a fotografiei f
[pre·luˈkra·re a fo·to·graˈfi·ej]

die Compact-Flash-Karte
card de memorie compact flash n
[kard de meˈmo·ri·e ˈkom·pakt fleʃ]

sich fotografieren lassen
a se lăsa fotografiată
[a se ləˈsa fo·to·gra·fiˈa·tə]

die Kameratasche
husă pentru aparat foto f
[ˈhu·sə ˈpen·tru a·paˈrat ˈfo·to]

die Dunkelkammer
cameră obscură f
[ˈka·me·rə obsˈku·rə]

die Speicherkarte
card de memorie n
[kard de meˈmo·ri·e]

unscharf
defocalizat
[de·fo·ka·liˈzat]

überbelichtet
supraexpus
[su·pra·eksˈpus]

unterbelichtet
subexpus
[sub·eksˈpus]

das Hochformat	**format înalt** n [forˈmat ɨˈnalt]
das Querformat	**format lat** n [forˈmat lat]
die Vergrößerung	**mărire** f [məˈri·re]
der Rote-Augen-Effekt	**efect de ochi roșii** n [eˈfekt de okʲ ˈro·ʃij]
matt	**mat** [mat]
glänzend	**lucios** [luˈʧjos]
das Fotoalbum	**album pentru fotografii** n [alˈbum ˈpen·tru fo·to·graˈfij]
das Negativ	**negativ** n [ne·gaˈtiv]

der digitale Bilderrahmen
ramă de fotografie digitală f [ˈra·mə de fo·to·graˈfi·e di·ʤiˈta·lə]

HOBBYS – HOBBYURI

Spiele – Jocuri

die Spielkarte
carte de joc f
[ˈkar·te de ʒok]

das Karo
caro n
[kaˈro]

das Pik
pică f
[ˈpi·kə]

das Herz
cupă f
[ˈku·pə]

das Kreuz
treflă f
[ˈtre·flə]

das Ass
as m
[as]

der Joker
joker m
[ˈʤo·kər]

der König
rege m
[ˈre·ʤe]

die Dame
damă f
[ˈda·mə]

der Bube
valet m
[vaˈlet]

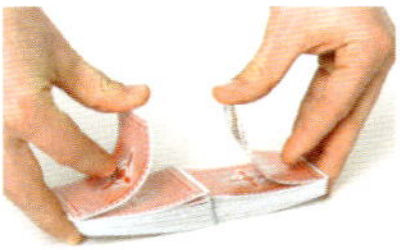

die Karten mischen
a amesteca cărțile
[a a·mes·teˈka ˈkər·tsi·le]

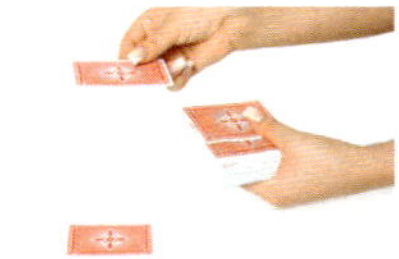

geben
a împărți
[a ɨm·pərˈtsi]

das Blatt
mână f
[ˈmɨ·nə]

Poker spielen
a juca pocher
[a ʒuˈka ˈpo·kər]

der Dominostein
piatră de domino f
[ˈpja·trə de do·miˈno]

das Backgammon
table pl
[ˈta·ble]

das Damespiel
dame pl
[ˈda·me]

das Puzzle
puzzle n
[ˈpa·zəl]

HOBBYS – HOBBYURI

Spiele – Jocuri

das Schach
șah n
[ʃah]

der König
rege m
[ˈre·ʤe]

die Dame
regină f
[reˈʤi·nə]

der Läufer
nebun m
[neˈbun]

der Springer
cal m
[kal]

der Turm
turn n
[turn]

der Bauer
pion m
[piˈon]

das weiße Feld
câmp alb n
[kɨmp alb]

das Schachbrett
tablă de șah f
[ˈta·blə de ʃah]

das schwarze Feld
câmp negru n
[kɨmp ˈne·gru]

der Zug
mutare f
[muˈta·re]

das Brettspiel
joc de masă n
[ʒok de ˈma·sə]

das Monopoly®
Monopoly® n
[moˈno·po·li]

das Mensch ärgere dich nicht®
Nu te supăra frate
[nu te su·pəˈra ˈfra·te]

würfeln	**a da cu zarul** [a da ku ˈza·rul]
mogeln	**a trișa** [a ˈtri·ʃa]
das Glück	**noroc** n [noˈrok]
das Pech	**ghinion** n [gi·niˈon]
Wer ist dran?	**Cine urmează?** [ˈʧi·ne urˈme̯a·zə]
Du bist dran.	**E rândul tău.** [e ˈrɨn·dul təw]
gewinnen	**a câștiga** [a kiʃ·tiˈga]
verlieren	**a pierde** [a ˈpjer·de]

das Jenga®
joc Jenga® n
[ʒok ˈʤen·ga]

der Würfel
zar n
[zar]

FERIEN – VACANȚĂ

Am Strand – Pe plajă

der Strand
plajă f
[ˈpla·ʒə]

die Stranddüne
dună f
[ˈdu·nə]

der Sonnenuntergang
apus de soare n
[aˈpus de ˈso̯a·re]

das Meer
mare f
[ˈma·re]

der Strandkorb
fotoliu de plajă cu acoperiș și laturi închise n
[foˈto·lju de ˈpla·ʒə ku a·ko·peˈriʃ ʃi ˈla·turʲ ɨnˈki·se]

der Sand
nisip n [niˈsip]

die Küste
coastă f
[ˈko̯as·tə]

die Strandpromenade
promenadă pe plajă f
[pro·meˈna·də pe ˈpla·ʒə]

der Liegestuhl
șezlong n
[ʃezˈlong]

der Wasserball
minge de plajă f
[ˈmin·ʤe de ˈpla·ʒə]

das Strandtuch
prosop de plajă n
[proˈsop de ˈpla·ʒə]

die Kinderschaufel
lopățică f
[lo·pəˈtsi·kə]

der Flip-Flop®
șlap m
[ʃlap]

der Eimer
găletușă f
[gə·leˈtu·ʃə]

FERIEN – VACANȚĂ

Am Strand – Pe plajă

der Sonnenschirm
umbrelă de soare f
[umˈbre·lə de ˈso̯a·re]

der Steinstrand
plajă cu piatră f
[ˈpla·ʒə ku ˈpja·trə]

die Strandmuschel
cort de plajă n
[kort de ˈpla·ʒə]

die Sandburg
castel din nisip n
[kasˈtel de niˈsip]

der Seetang
algă f
[ˈal·gə]

die Sonnencreme
cremă de protecție solară f
[ˈkre·mə de proˈtek·tsi·e soˈla·rə]

das Strandresort
complex turistic pe litoral n
[komˈpleks tuˈris·tik pe li·toˈral]

der Steg
punte f
[ˈpun·te]

das Kreuzworträtsel
cuvinte încrucișate n
[kuˈvin·te ɨn·kru·ʧiˈʃa·te]

das Sudoku
sudoku n
[suˈdo·ku]

das Strandhäuschen
căsuță f
[kəˈsu·tsə]

die Strandbar
bar pe plajă n
[bar pe ˈpla·ʒə]

die Ebbe	**reflux** n [reˈfluks]
die Flut	**flux** n [fluks]
die Strömung	**curent** m [kuˈrent]
der FKK-Strand	**plajă de nudiști** f [ˈpla·ʒə de nuˈdiʃtʲ]
das Strandgut	**relicve aduse de mare la țărm** pl [reˈlik·ve aˈdu·se de ˈma·re la tsərm]
schnorcheln	**snorkeling** n [ˈsnor·kə·ling]
der Sonnenbrand	**arsură solară** f [arˈsu·rə soˈla·rə]
die Brandung	**val spart la țărm** n [val spart la tsərm]

sich sonnen
a sta la plajă
[a sta la ˈpla·ʒə]

FERIEN – VACANȚĂ

Das Zelten – Campingul

das Wohnmobil
autorulotă f
[a·u·to·ruˈlo·tə]

der Wohnwagen
rulotă f
[ruˈlo·tə]

der Campingbus
microbuz de camping n
[mi·kroˈbuz de ˈkem·ping]

das Indianerzelt
wigwam n
[ˈwig·wom]

der Campingstuhl
scaun pliant n
[ˈska·un pliˈant]

der Gasbrenner
lampă cu gaz pentru gătit f
[ˈlam·pə ku gaz ˈpen·tru gəˈtit]

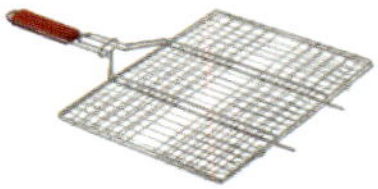

der Grillrost
grătar n
[grəˈtar]

die Lagerfeuerstelle
loc amenajat pentru foc de tabără n [lok a·me·naˈʒat ˈpen·tru fok de ˈta·bə·rə]

der Campingplatz
teren de camping n
[teˈren de ˈkem·ping]

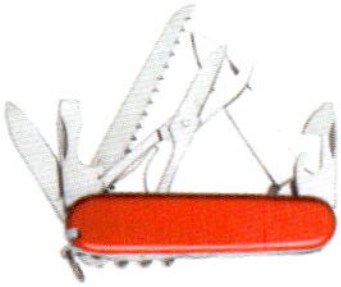

das Taschenmesser
briceag n
[briˈʧe̯ag]

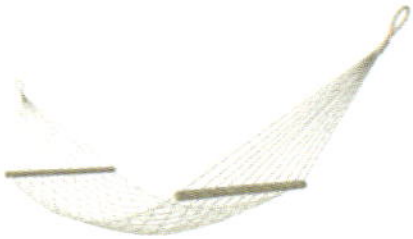

die Hängematte
hamac n
[haˈmak]

das Zelt
cort n
[kort]

der Zeltplatz
loc de camping n
[lok de ˈkem·ping]

die Gasflasche	**butelie de gaz** f [bu·teˈli·e de gaz]
die Stirnlampe	**lanternă de frunte** f [lanˈter·nə de ˈfrun·te]
der Strom-anschluss	**sursă de curent electric** f [ˈsur·sə de kuˈrent eˈlek·trik]
die Duschen und Toiletten	**dușuri și toalete** n|f [ˈdu·ʃurʲ ʃi to·aˈle·te]
der Feuer-anzünder	**brichetă de rumeguș** f [briˈke·tə de ru·meˈguʃ]
die Holzkohle	**cărbune** m [kərˈbu·ne]
der/das Insektenspray	**spray anti-insecte** n [sprej ˈan·ti inˈsek·te]

FERIEN – VACANȚĂ

Das Zelten – Campingul

der Schlafsack
sac de dormit m
[sak de dor'mit]

das Außenzelt
folie exterioară f
['fo·li·e eks·te·ri'o̯a·rə]

das Innenzelt
folie interioară f
['fo·li·e in·te·ri'o̯a·rə]

der Zelteingang
intrare în cort f
[in'tra·re ɨn kort]

die Zeltstange
segment pentru cort n
[seg'ment 'pen·tru kort]

der Zeltboden
folie de sol f
['fo·li·e de sol]

der Reißverschluss
fermoar n
[fer'mo̯ar]

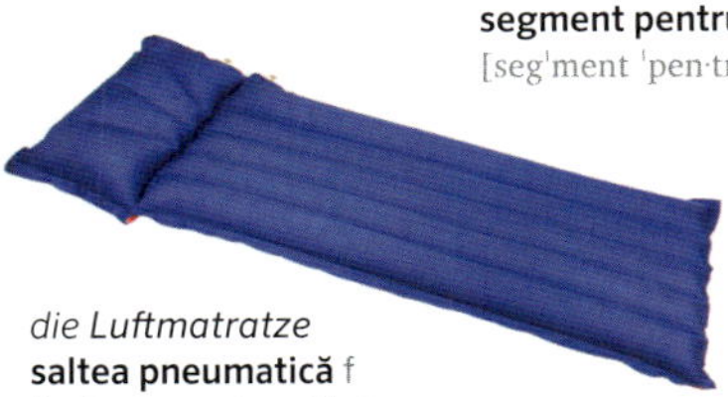

die Luftmatratze
saltea pneumatică f
[sal'te̯a pne·u'ma·ti·kə]

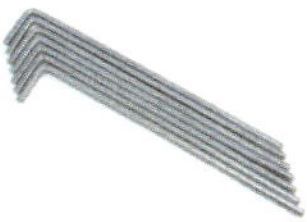

der Hering
cui de ancorat cortul n
[kuj de an·ko'rat 'kor·tul]

die Taschenlampe
lanternă f
[lan'ter·nə]

der Rucksack
rucsac n
['ruk·sak]

die Isomatte
saltea izopren f
[sal'te̯a i·zo'pren]

der Trekkingstock
băț de drumeție n
[bəʦ de dru·me'tsi·e]

der Wanderschuh
bocanc pentru drumeție m
[bo'kank 'pen·tru dru·me'tsi·e]

die Petroleumlampe	**lampă de petrol** f ['lam·pə de pe'trol]
die Luftpumpe	**pompă de aer** f ['pom·pə de 'a·jer]
die Campingtoilette	**toaletă de camping** f [to·a'le·tə de 'kem·ping]
die Entsorgungsstation	**zonă de sortare a deșeurilor** f ['zo·nə de sor'ta·re a de'ʃe·u·ri·lor]
die Regenhaut®	**pelerină de ploaie** f [pe·le'ri·nə de 'plo̯a·je]
die Thermowäsche	**lenjerie de corp termică** f [len·ʒe'ri·e de korp 'ter·mi·kə]
das Moskitonetz	**plasă împotriva țânțarilor** f ['pla·sə ɨm·po'tri·va tsɨn'tsa·ri·lor]
ein Zelt aufschlagen	**a monta un cort** [a mon'ta un kort]
Kann ich hier mein Zelt aufschlagen?	**Pot să îmi montez cortul aici?** [pot sə ɨmʲ mon'tez 'kor·tul a'iʧʲ]

der Wasserkanister
canistră de apă f
[ka'nis·trə de 'a·pə]

KÖRPER UND GESUNDHEIT

CORP ȘI SĂNĂTATE

DER KÖRPER – CORPUL

der Mann
bărbat m
[bərˈbat]

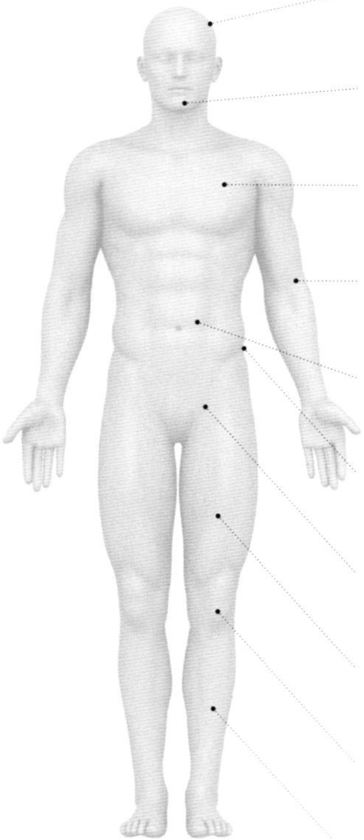

die Frau
femeie f
[feˈme·je]

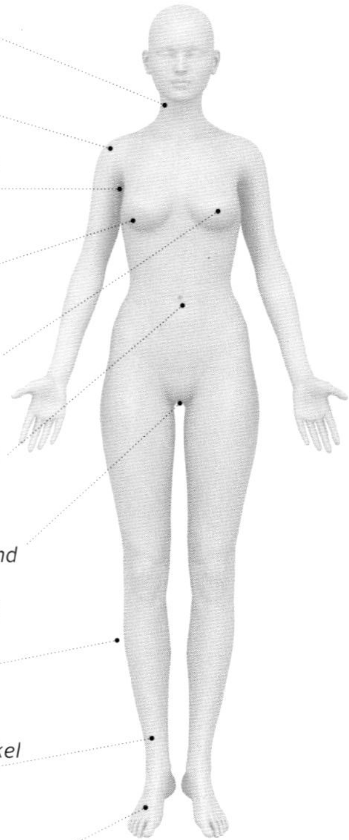

der Kopf
cap n
[kap]

das Kinn
bărbie f
[bərˈbi·e]

der Brustkorb
torace n
[toˈra·ʧe]

der Arm
braț n
[braʦ]

der Bauch
burtă f
[ˈbur·tə]

die Hüfte
șold n
[ʃold]

die Leiste
zonă inghinală f
[ˈzo·nə in·giˈna·lə]

der Oberschenkel
coapsă f
[ˈko̯ap·sə]

das Knie
genunchi m
[ʤeˈnunkʲ]

das Schienbein
tibie f
[ˈti·bi·e]

der Hals
gât n
[gɨt]

die Schulter
umăr m
[ˈu·mər]

die Achselhöhle
axilă f
[aˈksi·lə]

die Brust
piept n
[pjept]

die Brustwarze
sfârc n
[sfɨrk]

der Bauchnabel
buric n
[buˈrik]

die Schamgegend
zonă pubiană f
[ˈzo·nə pu·biˈa·nə]

das Bein
picior n
[piˈʧjor]

der Unterschenkel
gambă f
[ˈgam·bə]

der Fuß
labă a piciorului f
[ˈla·bə a piˈʧjo·ru·luj]

DER KÖRPER – CORPUL

die Frau
femeie f
[feˈme·je]

der Mann
bărbat m
[bərˈbat]

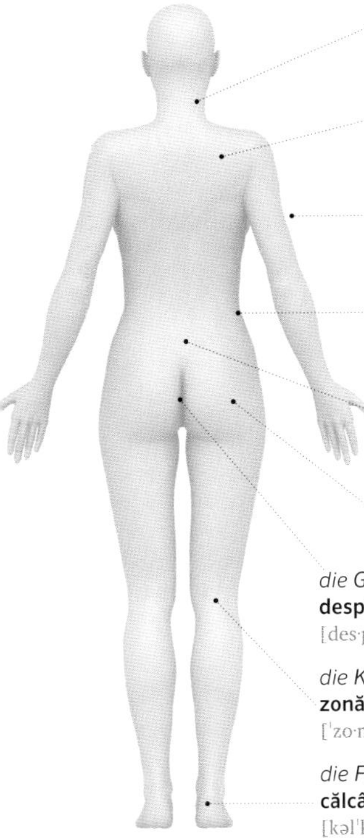

der Nacken
ceafă f
[ˈtʃe̯a·fə]

das Schulterblatt
omoplat m
[o·moˈplat]

der Arm
braț n
[brats]

die Taille
talie f
[ˈta·li·e]

die Lende
zonă lombară f
[ˈzo·nə lomˈba·rə]

das Gesäß
șezut n
[ʃeˈzut]

die Gesäßspalte
despicătură fesieră f
[des·pi·kəˈtu·rə fe·siˈe·rə]

die Kniekehle
zonă poplitee f
[ˈzo·nə po·pliˈte·e]

die Ferse
călcâi n
[kəlˈkɨj]

der Oberarm
braț n
[brats]

der Ellbogen
cot n
[kot]

der Unterarm
antebraț n
[an·teˈbrats]

der Rücken
spate n
[ˈspa·te]

das Handgelenk
încheietură a mâinii f
[ɨn·ke·jeˈtu·rə a ˈmɨj·nij]

die Hand
mână f
[ˈmɨ·nə]

die Gesäßbacke
fesă f
[ˈfe·sə]

die Wade
pulpă f
[ˈpul·pə]

der Knöchel
gleznă f
[ˈglez·nə]

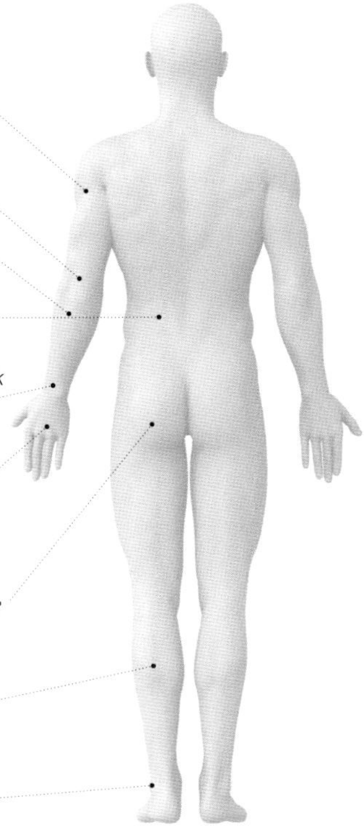

DER KÖRPER – CORPUL

Die Hand und der Fuß – Mâna si piciorul

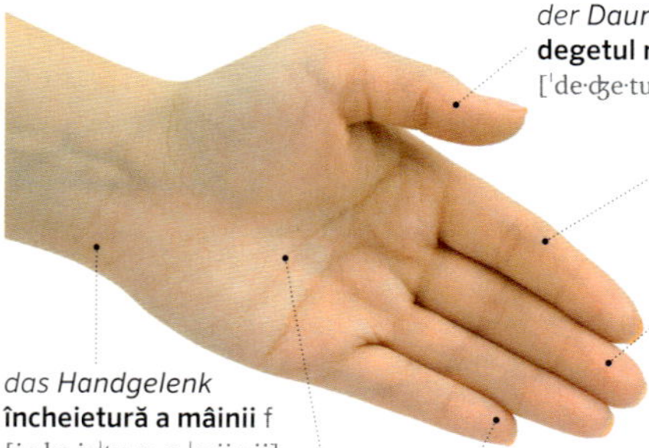

der Daumen
degetul mare n
[ˈde·ʤe·tul ˈma·re]

der Zeigefinger
arătător n
[a·rə·tə'tor]

der Mittelfinger
deget mijlociu n
[ˈde·ʤet miʒ·loˈʧiw]

das Handgelenk
încheietură a mâinii f
[ɨn·ke·jeˈtu·rə a ˈmɨj·nij]

die Handfläche
palmă f
[ˈpal·mə]

die Fingerkuppe
buric al degetului n
[buˈrik al ˈde·ʤe·tu·luj]

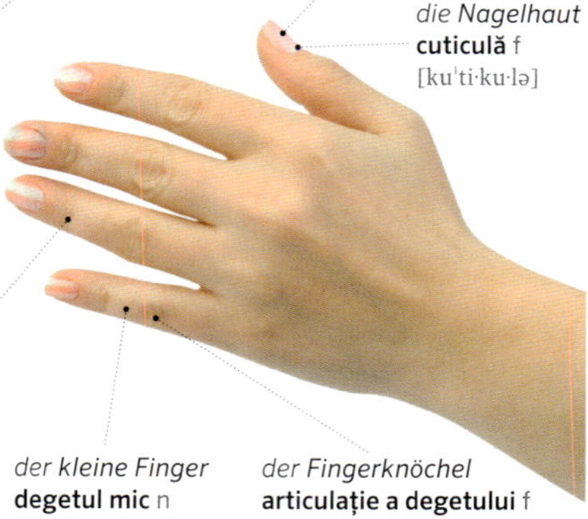

der Fingernagel
unghie f
[ˈun·gi·e]

die Nagelhaut
cuticulă f
[kuˈti·ku·lə]

der Ringfinger
inelar n
[i·neˈlar]

der kleine Finger
degetul mic n
[ˈde·ʤe·tul mik]

der Fingerknöchel
articulaţie a degetului f
[ar·ti·kuˈla·ʦi·e a ˈde·ʤe·tu·luj]

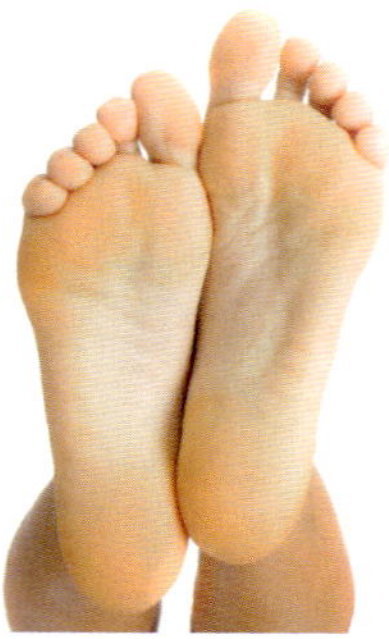

die Fußsohle
talpă f
[ˈtal·pə]

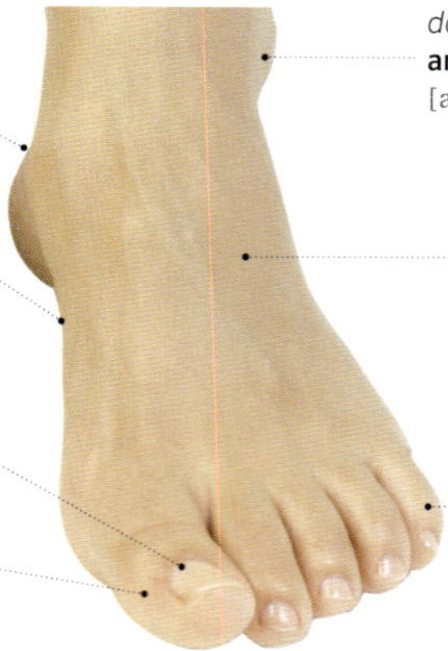

die Ferse
călcâi n
[kəlˈkɨj]

das Fußgewölbe
boltă plantară f
[ˈbol·tə planˈta·rə]

der Zehennagel
unghie f
[ˈun·gi·e]

der große Zeh
degetul mare de la picior n
[ˈde·ʤe·tul ˈma·re de la piˈʧjor]

das Fußgelenk
articulaţie a piciorului f
[ar·ti·kuˈla·ʦi·e a piˈʧjo·ru·lu

der Fußrücken
căpută f
[kəˈpu·tə]

der kleine Zeh
degetul mic de la picior n
[ˈde·ʤe·tul mik de la piˈʧjor]

DER KÖRPER – CORPUL

Der Kopf – Capul

das Gehirn
creier n
[ˈkre·jer]

das Großhirn
creierul mare n
[ˈkre·je·rul ˈma·re]

das Kleinhirn
cerebel n
[tʃe·reˈbel]

der Hirnstamm
trunchi cerebral n
[trunkʲ tʃe·reˈbral]

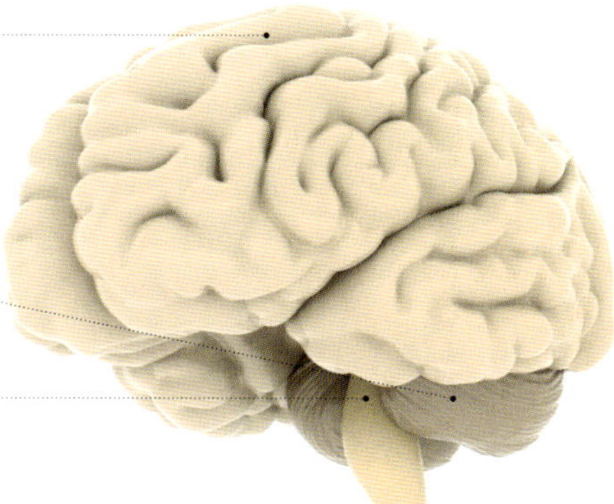

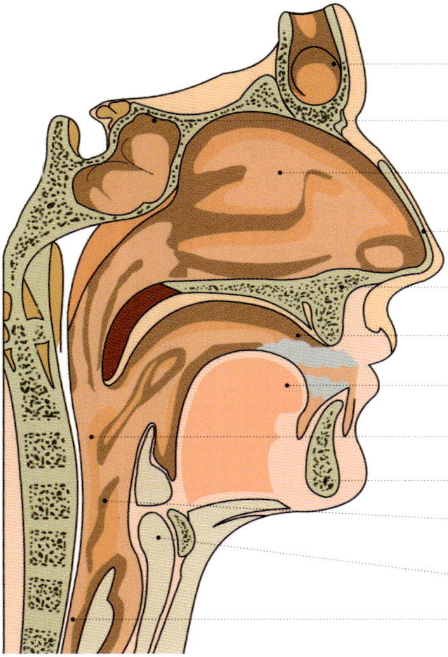

die Stirnhöhle
sinus frontal n
[ˈsi·nus fronˈtal]

die Keilbeinhöhle
sinus sfenoidal n
[ˈsi·nus sfe·no·iˈdal]

die Nasenhöhle
cavitate nazală f
[ka·viˈta·te naˈza·lə]

das Nasenbein
os nazal n
[os naˈzal]

der Oberkiefer
maxilar n
[ma·ksiˈlar]

der Gaumen
palat n
[paˈlat]

die Zunge
limbă f
[ˈlim·bə]

der Rachen
faringe n
[faˈrin·dʒe]

der Unterkiefer
mandibulă f
[manˈdi·bu·lə]

die Kehle
gât n
[gɨt]

der Kehlkopf
laringe n
[laˈrin·dʒe]

die Speiseröhre
esofag n
[e·soˈfag]

DER KÖRPER – CORPUL

Die Muskeln – Mușchii

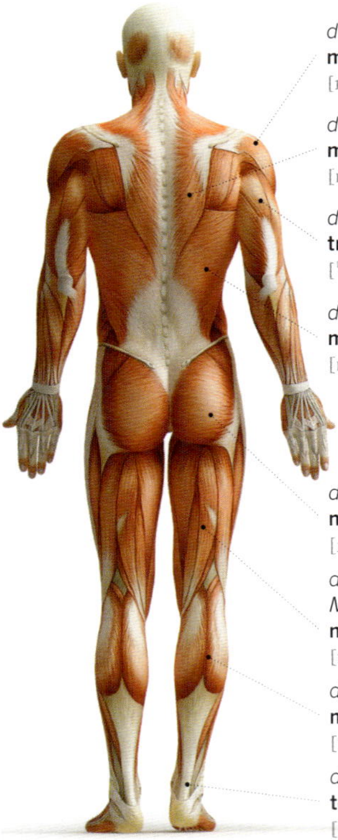

der Deltamuskel
mușchi deltoid m
[muʃkʲ del·toˈid]

der Kapuzenmuskel
mușchi trapez m
[muʃkʲ traˈpez]

der Trizeps
triceps m
[ˈtri·ʧeps]

der Rückenmuskel
mușchi marele dorsal m
[muʃkʲ ˈma·re·le dorˈsal]

der Gesäßmuskel
mușchi fesier m
[muʃkʲ fe·siˈer]

die ischiocruralen Muskeln
mușchi ischiocrural m
[muʃkʲ is·ki·o·kruˈral]

der Wadenmuskel
mușchi gastrocnemian m
[muʃkʲ ga·stro·kne·miˈan]

die Achillessehne
tendon al lui Ahile n
[tenˈdon al luj aˈhi·le]

der Stirnmuskel
mușchi frontal m
[muʃkʲ fronˈtal]

der Brustmuskel
mușchi pectoral m
[muʃkʲ pek·toˈraɫ]

der Bizeps
biceps m
[ˈbi·ʧeps]

der Bauchmuskel
mușchi abdominal m
[muʃkʲ ab·do·miˈnal]

der Oberschenkelmuskel
mușchi cvadriceps femural m
[muʃkʲ kva·driˈʧeps fe·muˈral]

der vordere Schienbeinmuskel
mușchi tibial anterior m
[muʃkʲ ti·biˈal an·te·riˈor]

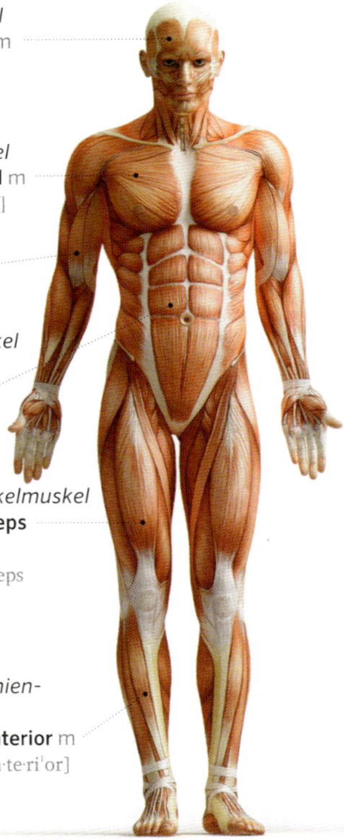

DER KÖRPER – CORPUL

Das Skelett – Scheletul

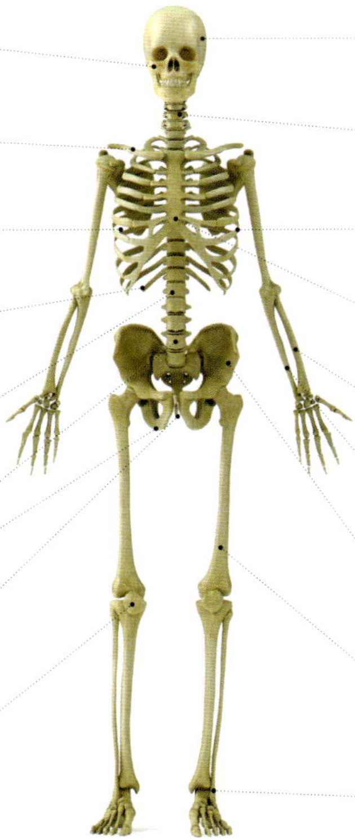

das Jochbein
os zigomatic n
[os zi·goˈma·tik]

das Schlüsselbein
claviculă f
[klaˈvi·ku·lə]

der Brustkorb
cavitate toracică f
[ka·viˈta·te toˈra·tʃi·kə]

die freie Rippe
coastă flotantă f
[ˈkoa̯s·tə floˈtan·tə]

die Wirbelsäule
coloană vertebrală f
[koˈloa̯·nə ver·teˈbra·lə]

der Lendenwirbel
vertebră lombară f
[verˈte·brə lomˈba·rə]

das Sitzbein
ischion n
[is·kiˈon]

das Steißbein
coccis n
[ˈkok·tʃis]

die Kniescheibe
rotulă f
[roˈtu·lə]

der Schädel
craniu n
[ˈkra·nju]

der Halswirbel
vertebră cervicală f
[verˈte·brə tʃer·viˈka·lə]

die Rippe
coastă f
[ˈkoa̯s·tə]

das Brustbein
stern n
[stern]

die Speiche
radius n
[ˈra·di·us]

die Elle
cubitus n
[ˈku·bi·tus]

das Becken
bazin n
[baˈzin]

der Oberschenkelknochen
femur n
[feˈmur]

das Fersenbein
calcaneu n
[kal·kaˈnew]

DER KÖRPER – CORPUL

Die inneren Organe – Organele interne

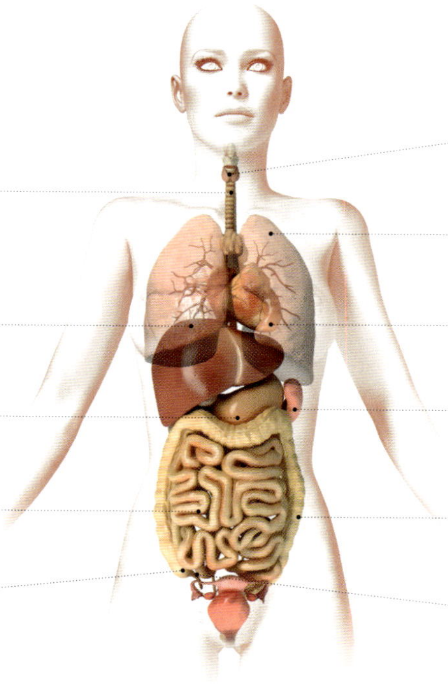

die Niere	**rinichi** m [riˈnikʲ]
die Bauchspeicheldrüse	**pancreas** n [pan·kreˈas]
der Zwölffingerdarm	**duoden** n [du·oˈden]
die Gallenblase	**vezică biliară** f [veˈzi·kə bi·liˈa·rə]
das Zwerchfell	**diafragmă** f [di·aˈfrag·mə]
das Gewebe	**țesut** n [tseˈsut]
die Sehne	**tendon** n [tenˈdon]
die Drüse	**glandă** f [ˈglan·də]
der Knorpel	**cartilaj** n [kar·tiˈlaʒ]

DER KÖRPER – CORPUL

Die Körpersysteme – Sistemele fiziologice

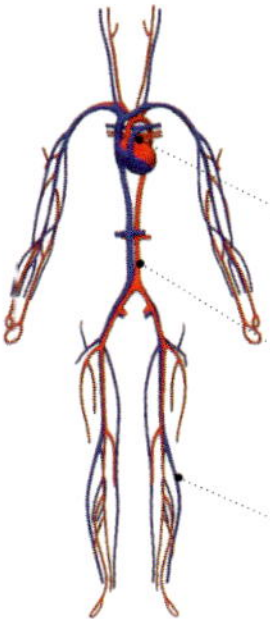

das Herz-Kreislauf-System
sistem cardiovascular n
[sisˈtem kar·di·o·vas·kuˈlar]

das Herz
inimă f
[ˈi·ni·mə]

die Arterie
arteră f
[arˈte·rə]

die Vene
venă f
[ˈve·nə]

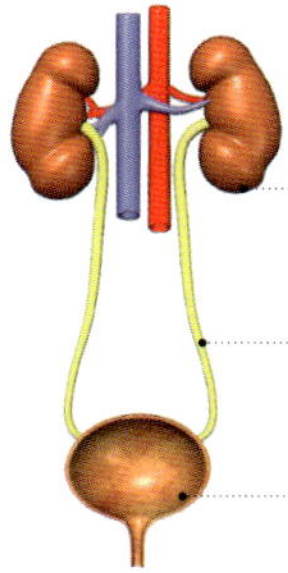

das Harnsystem
sistem urinar n
[sisˈtem u·riˈnar]

die Niere
rinichi m
[riˈnikʲ]

der Harnleiter
ureter n
[u·reˈter]

die Harnblase
vezică urinară f
[veˈzi·kə u·riˈna·rə]

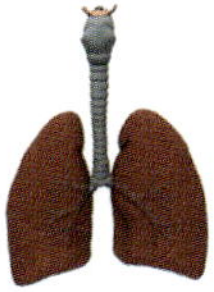

das Atmungssystem
sistem respirator n
[sisˈtem res·pi·raˈtor]

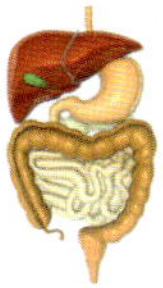

das Verdauungssystem
sistem digestiv n
[sisˈtem di·ʤesˈtiv]

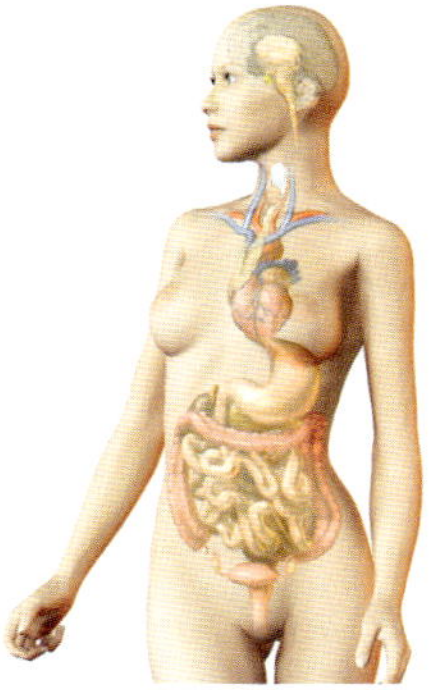

das endokrine System
sistem endocrin n
[sisˈtem en·doˈkrin]

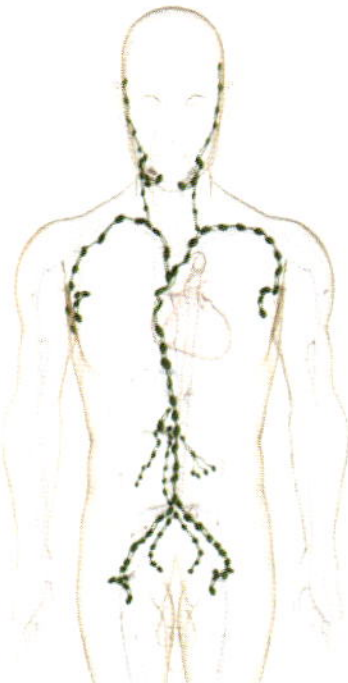

das lymphatische System
sistem limfatic n
[sisˈtem limˈfa·tik]

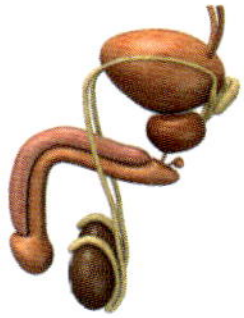

das männliche Fortpflanzungssystem
sistem reproductiv masculin n
[sisˈtem re·pro·dukˈtiv mas·kuˈlin]

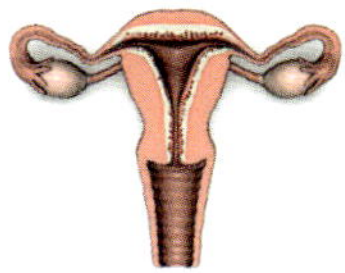

das weibliche Fortpflanzungssystem
sistem reproductiv feminin n
[sisˈtem re·pro·dukˈtiv fe·miˈnin]

das Nervensystem	**sistem nervos** n [sisˈtem nerˈvos]
der Blutkreislauf	**circuit sanguin** n [ʧir·kuˈit san·guˈin]
der Tastsinn	**simț tactil** n [simʦ takˈtil]
der Sehsinn	**simț al văzului** n [simʦ al ˈvə·zu·luj]
der Hörsinn	**simț al auzului** n [simʦ al aˈu·zu·luj]
der Geruchssinn	**simț olfactiv** n [simʦ ol·fakˈtiv]
der Geschmackssinn	**simț al gustului** n [simʦ al ˈgus·tu·luj]
der Gleichgewichtssinn	**simț al echilibrului** n [simʦ al e·kiˈli·bru·luj]

DER KÖRPER – CORPUL

Die Geschlechtsorgane – Organele genitale

die männlichen Geschlechtsorgane
organ genital masculin n
[orˈgan ʤe·niˈtal mas·kuˈlin]

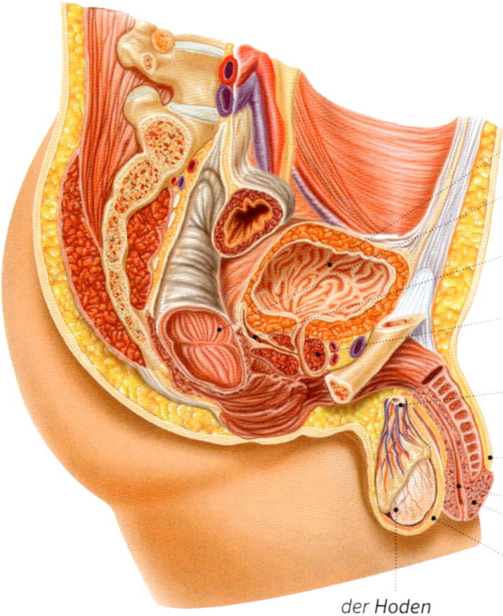

die Harnblase
vezică urinară f
[veˈzi·kə u·riˈna·rə]

der Mastdarm
rect n
[rekt]

das Samenbläschen
vezică seminală f
[veˈzi·kə se·miˈna·lə]

die Prostata
prostată f
[prosˈta·tə]

der Samenleiter
canal deferent n
[kaˈnal de·feˈrent]

der Penis
penis n
[ˈpe·nis]

die Harnröhre
uretră f
[uˈre·trə]

der Hoden
testicul n
[tesˈti·kul]

der Hodensack
scrot n
[skrot]

die Eichel
gland penian n
[gland pe·niˈan]

die Erektion	**erecţie** f [eˈrek·tsi·e]
die Vorhaut	**prepuţ** n [preˈpuʦ]
die Beschneidung	**circumcizie** f [ʧir·kumˈʧi·zi·e]
der Samenerguss	**ejaculare** f [e·ʒa·kuˈla·re]
potent/impotent	**potent/impotent** [poˈtent/im·poˈtent]
das Hormon	**hormon** m [horˈmon]
der Geschlechtsverkehr	**contact sexual** n [konˈtakt se·ksuˈal]
die Geschlechtskrankheit	**boală venerică** f [ˈbo̯a·lə veˈne·ri·kə]

DER KÖRPER – CORPUL

Die Geschlechtsorgane – Organele genitale

die weiblichen Geschlechtsorgane
organ genital feminin n
[orˈgan ʤe·niˈtal fe·miˈnin]

der Eierstock
ovar n
[oˈvar]

der Eileiter
trompă uterină f
[ˈtrom·pə u·teˈri·nə]

die Gebärmutter
uter n
[ˈu·ter]

die Harnblase
vezică urinară f
[veˈzi·kə u·riˈna·rə]

der Gebärmutterhals
col uterin n
[kol u·teˈrin]

die Harnröhre
uretră f
[uˈre·trə]

die Schamlippe
labie f
[ˈla·bi·e]

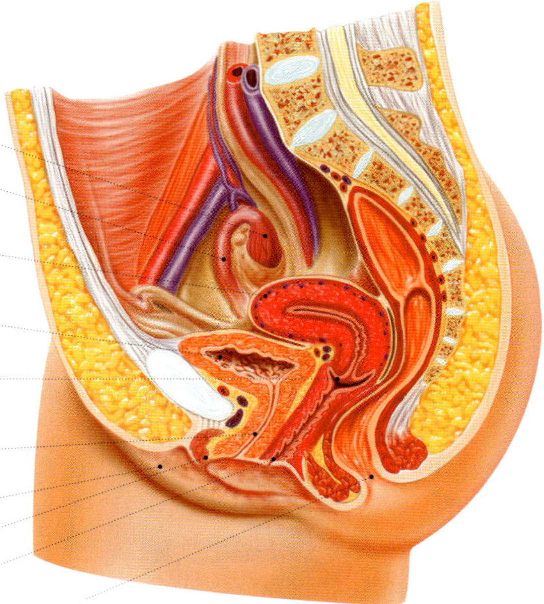

die Klitoris
clitoris n
[ˈkli·to·ris]

die Scheide
vagin n
[vaˈʤin]

der Anus
anus n
[ˈa·nus]

das Kondom
prezervativ n
[pre·zer·vaˈtiv]

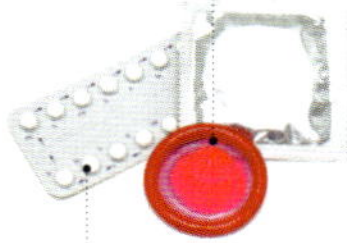

die Pille
pilulă anticoncepţională f
[piˈlu·lə an·ti·kon·ʧep·tsi·oˈna·lə]

die Spirale	**sterilet** n [ste·riˈlet]
das Pessar	**pesar** n [peˈsar]
das Diaphragma	**diafragmă** f [di·aˈfrag·mə]
die Empfängnisverhütung	**contracepţie** f [kon·traˈʧep·tsi·e]
der Eisprung	**ovulaţie** f [o·vuˈla·tsi·e]
die Menstruation	**menstruaţie** f [men·struˈa·tsi·e]
unfruchtbar/fruchtbar	**steril/fertil** [steˈril/ferˈtil]
der Schwangerschaftsabbruch	**avort** n [aˈvort]

SCHWANGERSCHAFT UND GEBURT – SARCINĂ ȘI NAȘTERE

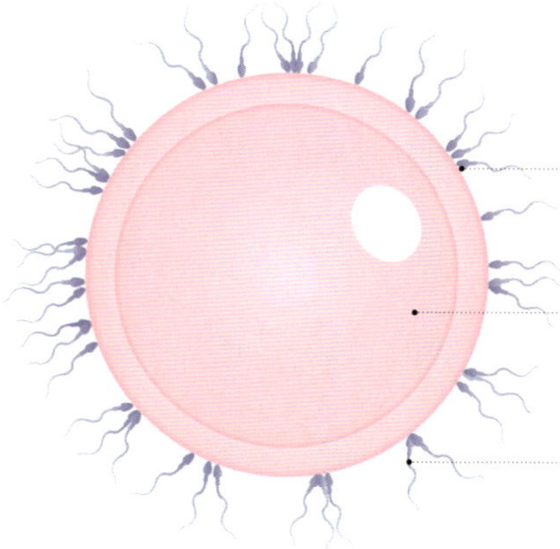

die Empfängnis
concepție f
[kon'ʧep·tsi·e]

die Befruchtung
fecundație f
[fe·kun'da·tsi·e]

die Eizelle
ovul n
[o'vul]

das Spermium
spermatozoid m
[sper·ma·to·zo'id]

die Ultraschall-aufnahme
ecografie f
[e·ko·gra'fi·e]

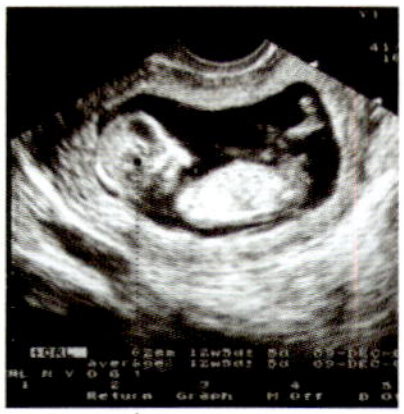

der/das Embryo
embrion m
[em·bri'on]

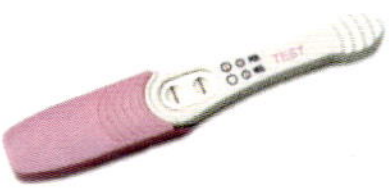

der Schwangerschafts-test
test de sarcină n
[test de 'sar·ʧi·nə]

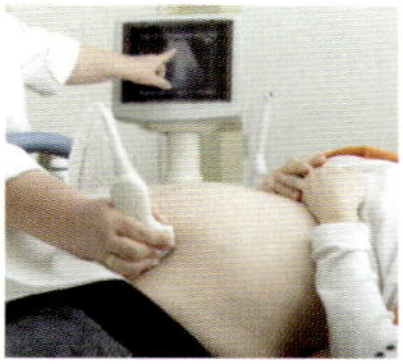

die Ultraschall-untersuchung
examen ecografic n
[e'gza·men e·ko'gra·fik]

die Hebamme
moașă f
['mo̯a·ʃə]

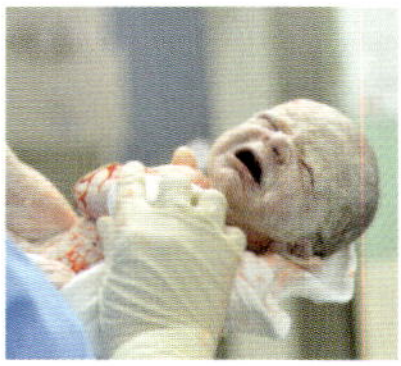

die Geburt
naștere f
['naʃ·te·re]

schwanger	**însărcinată** [in·sər·ʧi'na·tə]
die Wehen	**contracții** f [kon'trak·tsij]
die Geburt einleiten	**a induce nașterea** [a in'du·ʧe 'naʃ·te·re̯a]
pressen	**a presa** [a pre'sa]
die Nabelschnur	**cordon ombilical** n [kor'don om·bi·li'kal]
die Plazenta	**placentă** f [pla'ʧen·tə]
das Fruchtwasser	**lichid amniotic** n [li'kid am·ni'o·tik]
die Fruchtblase	**sac amniotic** m [sak am·ni'o·tik]

SCHWANGERSCHAFT UND GEBURT – SARCINĂ ȘI NAȘTERE

das Fläschchen
sticlă f
[ˈsti·klə]

der Messlöffel
măsură f
[məˈsu·rə]

das Milchpulver
lapte praf n
[ˈlap·te praf]

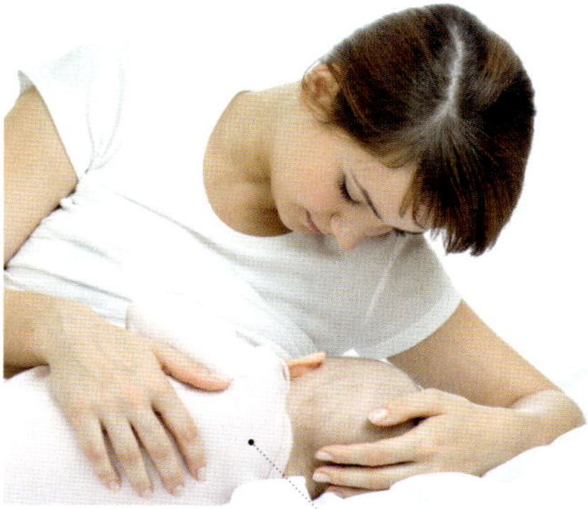

stillen
a alăpta
[a a·ləpˈta]

der Säugling
sugar m
[suˈgar]

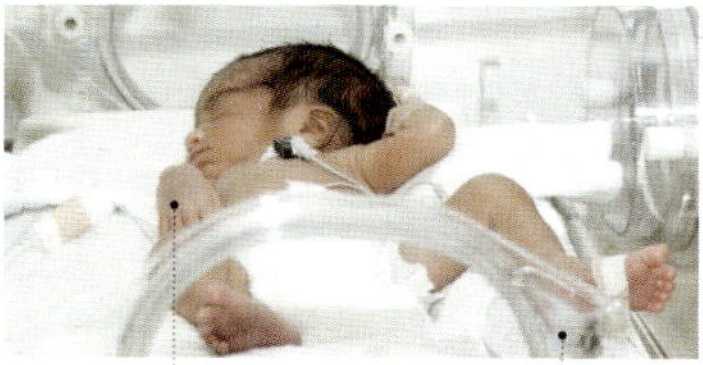

das Frühchen
copil prematur m
[koˈpil pre·maˈtur]

der Brutkasten
incubator n
[in·ku·baˈtor]

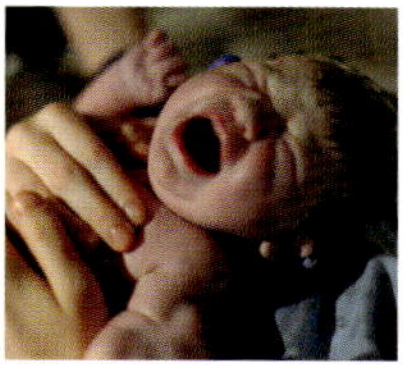

das Neugeborene
nou născut m
[now nəsˈkut]

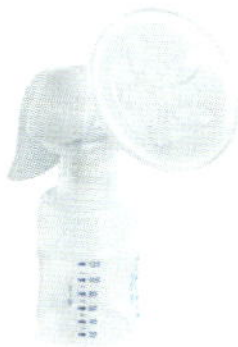

die Milchpumpe
pompă de sân f
[ˈpom·pə de sɨn]

der Kreißsaal	**sală de naștere** f [ˈsa·lə de ˈnaʃ·te·re]
der Kaiserschnitt	**cezariană** f [ʧe·za·riˈa·nə]
die Frühgeburt	**naștere prematură** f [ˈnaʃ·te·re pre·maˈtu·rə]
die Fehlgeburt	**avort** n [aˈvort]
die eineiigen Zwillinge	**gemeni monozigoți** m [ˈʤe·meni mo·no·ziˈgotsʲ]
die zweieiigen Zwillinge	**gemeni dizigoți** m [ˈʤe·meni di·ziˈgotsʲ]
das Geburtsgewicht	**greutate la naștere** f [gre·uˈta·te la ˈnaʃ·te·re]
die Impfung	**vaccin** n [vakˈʧin]

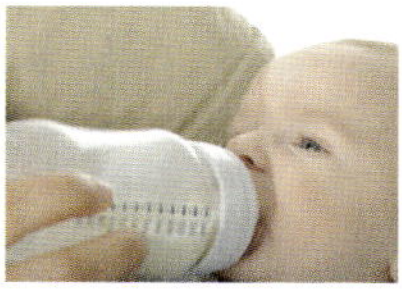

mit der Flasche füttern
a hrăni cu sticla
[a hrəˈni ku ˈsti·kla]

DER ARZTBESUCH – LA MEDIC

den Blutdruck messen
a măsura tensiunea
[a mə·su'ra ten·si'u·ne̯a]

das Wartezimmer
sală de aşteptare f
['sa·lə de aʃ·tep'ta·re]

das Rezept
reţetă f
[re'tse·tə]

die Ärztin
doctoriţă f
[dok·to'ri·tsə]

die Patientin
pacientă f
[pa·tʃi'en·tə]

die Manschette
manşetă f
[man'ʃe·tə]

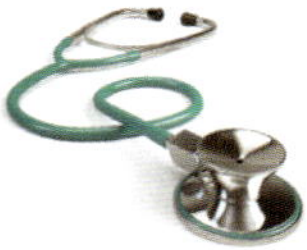

das Stethoskop
stetoscop n
[ste·tos'kop]

das Sprechzimmer
cabinet n
[ka·bi'net]

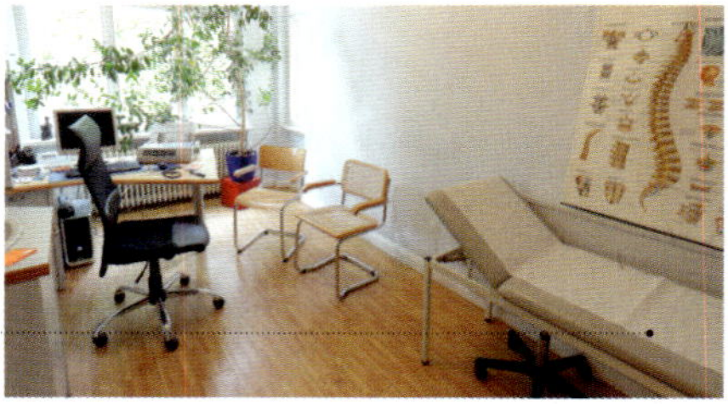

die Untersuchungsliege
pat de examinare n
[pat de e·gza·mi'na·re]

das Blutdruckmessgerät
tensiometru n
[ten·si·o'me·tru]

die Sprechstunde	**program** n [pro'gram]
jemandem Blut abnehmen	**a recolta cuiva sânge** [a re·kol'ta kuj'va 'sin·dʒe]
der Termin	**programare** f [pro·gra'ma·re]
die Behandlung	**tratament** n [tra·ta'ment]
die Diagnose	**diagnoză** f [di·ag'no·zə]
die Überweisung	**bilet de trimitere** n [bi'let de tri'mi·te·re]
die Ergebnisse	**rezultate** n [re·zul'ta·te]
die Krankenkasse	**casă de asigurări** f ['ka·sə de a·si·gu'rərʲ]

SYMPTOME UND KRANKHEITEN – SIMPTOME ŞI BOLI

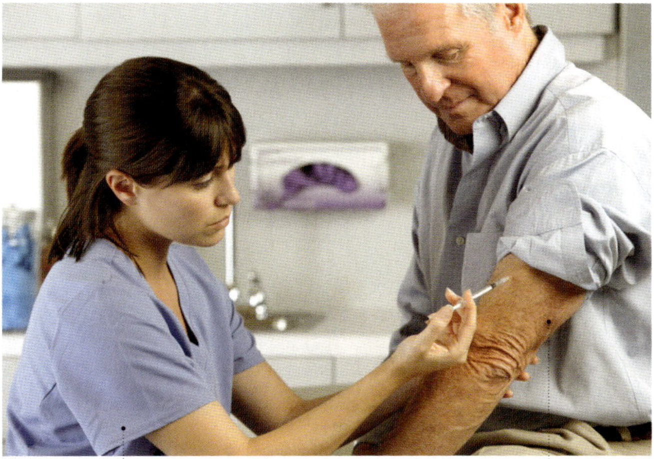

jemandem eine Spritze geben
a face cuiva o injecție
[a ˈfa·tʃe kujˈva o inˈʒek·tsi·e]

eine Spritze bekommen
a primi o injecție
[a priˈmi o inˈʒek·tsi·e]

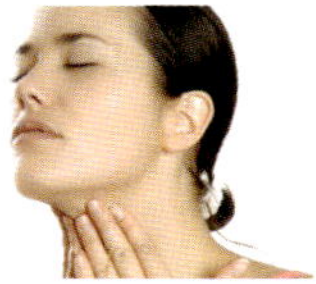

die Halsschmerzen
durere de gât f
[duˈre·re de gɨt]

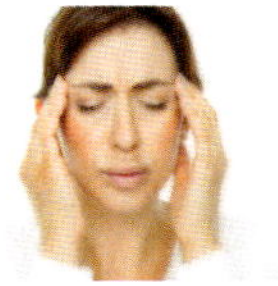

die Kopfschmerzen
durere de cap f
[duˈre·re de kap]

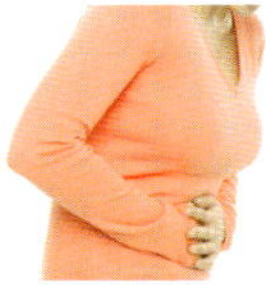

die Magenschmerzen
durere de stomac f
[duˈre·re de stoˈmak]

die Zahnschmerzen
durere de dinți f
[duˈre·re de dintsʲ]

das Virus	**virus** m [ˈvi·rus]
der Infekt	**infecție** f [inˈfek·tsi·e]
die Allergie	**alergie** f [a·lerˈdʒi·e]
der Hautausschlag	**erupție** f [eˈrup·tsi·e]
das Ekzem	**eczemă** f [ekˈze·mə]
die Migräne	**migrenă** f [miˈgre·nə]
das Nasenbluten	**sângerare nazală** f [sɨn·dʒeˈra·re naˈza·lə]
die Bindehautentzündung	**conjunctivită** f [kon·junk·tiˈvi·tə]
die Mittelohrentzündung	**otită** f [oˈti·tə]
der Durchfall	**diaree** f [di·aˈre·e]
die Darmgrippe	**gastroenterită** f [gas·tro·en·teˈri·tə]
der Schwindel	**amețeală** f [a·meˈtse̯a·lə]
die Übelkeit	**greață** f [ˈgre̯a·tsə]
der Krampf	**crampă** f [ˈkram·pə]
die Bronchitis	**bronșită** f [bronˈʃi·tə]
die Blasenentzündung	**cistită** f [tʃisˈti·tə]

SYMPTOME UND KRANKHEITEN – SIMPTOME ȘI BOLI

krank
bolnav
[bolˈnav]

der Schnupfen
rinită f
[riˈni·tə]

der Husten
tuse f
[ˈtu·se]

gesund
sănătos
[sə·nəˈtos]

die Erkältung
răceală f
[rəˈʧe̯a·lə]

die Grippe
gripă f
[ˈgri·pə]

das Niesen
strănut n
[strəˈnut]

das Fieber
febră f
[ˈfe·brə]

der Heuschnupfen
febră a fânului f
[ˈfe·brə a ˈfɨ·nu·luj]

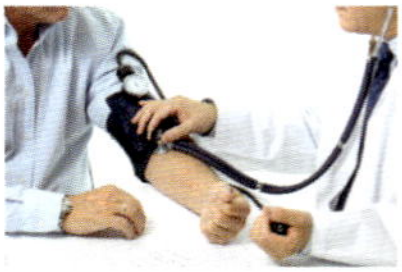

der hohe/niedrige Blutdruck
hipertensiune/ hipotensiune f
[hi·per·ten·siˈu·ne/ hi·po·ten·siˈu·ne]

die Entzündung	**inflamație** f [in·flaˈma·tsi·e]
die Gürtelrose	**zona zoster** f [ˈzo·na ˈzo·ster]
die Mangelerscheinung	**deficiență** f [de·fi·ʧiˈen·tsə]
die Blutvergiftung	**septicemie** f [sep·ti·ʧeˈmi·e]
die Schuppenflechte	**psoriazis** n [pso·riˈa·zis]
die Kinderkrankheit	**boală a copilăriei** f [ˈbo̯a·lə a ko·pi·ləˈri·ej]
die Röteln	**rubeolă** f [ru·beˈo·lə]
der/das Scharlach	**scarlatină** f [skar·laˈti·nə]
die Windpocken	**varicelă** f [va·riˈʧe·lə]
der Mumps	**oreion** n [o·reˈjon]
der Keuchhusten	**tuse convulsivă** f [ˈtu·se kon·vulˈsi·və]
die Masern	**rujeolă** f [ru·ʒeˈo·lə]
die Kinderlähmung	**poliomielită** f [po·li·o·mi·eˈli·tə]
der Wundstarrkrampf	**tetanos** n [teˈta·nos]
die Tuberkulose	**tuberculoză** f [tu·ber·kuˈlo·zə]
die Rachitis	**rahitism** n [ra·hiˈtism]
die Hirnhautentzündung	**meningită** f [me·ninˈʤi·tə]
die Diphtherie	**difterie** f [dif·teˈri·e]
die Tollwut	**rabie** f [ˈra·bi·e]

SYMPTOME UND KRANKHEITEN – SIMPTOME ȘI BOLI

das Asthma
astm n
[astm]

der Inhalator
inhalator n
[in·ha·la'tor]

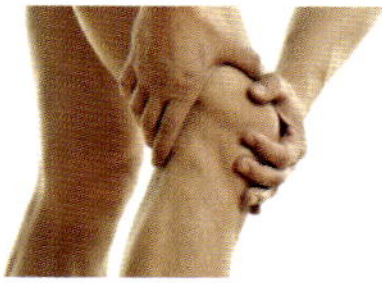

das Rheuma
reumatism n
[re·u·ma'tism]

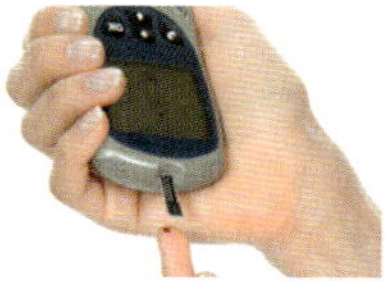

der Diabetes
diabet n
[di·a'bet]

die Schlafstörung
insomnie f
[in·som'ni·e]

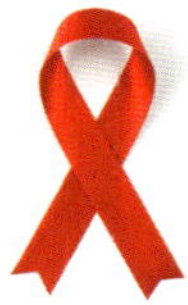

das Aids
sida f
['si·da]

die Atemnot	**dispnee** f [dis'pne·e]
der Alzheimer	**(morb al lui) Alzheimer** n [(morb al luj) 'alts·haj·mər]
die Demenz	**demență** f [de'men·tsə]
die Parkinsonkrankheit	**(morb al lui) Parkinson** n [(morb al luj) 'par·kin·son]
der Krebs	**cancer** n ['kan·ʧer]
das Geschwür	**ulcer** n ['ul·ʧer]
die Schilddrüsenkrankheit	**(morb al lui) Basedow** n [(morb al luj) 'ba·ze·dov]
der Herzinfarkt	**infarct** n [in'farkt]
der Schlaganfall	**accident vascular cerebral** n [ak·ʧi'dent vas·ku'lar ʧe·re'bral]
HIV-positiv/negativ	**seropozitiv/seronegativ** [se·ro·po·zi'tiv/se·ro·ne·ga'tiv]
die multiple Sklerose	**scleroză multiplă** f [skle'ro·zə mul'ti·plə]
die Epilepsie	**epilepsie** f [e·pi·lep'si·e]
die Depression	**depresie** f [de'pre·si·e]
die Essstörung	**tulburare alimentară** f [tul·bu'ra·re a·li·men'ta·rə]
die Sucht	**dependență** f [de·pen'den·tsə]

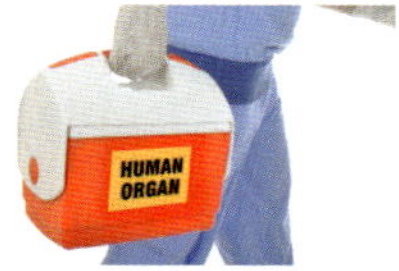

die Transplantation
transplant n
[tran'splant]

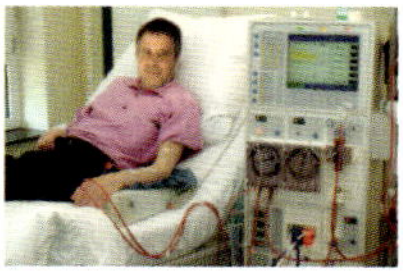

die Dialyse
dializă f
[di·a'li·zə]

BEHINDERUNGEN – HANDICAPURI

der Blindenhund
câine ghid pentru nevăzători m
[ˈkij·ne gid ˈpen·tru ne·və·zəˈtorʲ]

der Blindenstock
baston pentru nevăzători n
[basˈton ˈpen·tru ne·və·zəˈtorʲ]

der Rollstuhl
scaun cu rotile n
[ˈska·un ku roˈti·le]

der Schiebegriff
mâner de împingere n
[mɨˈner de ɨmˈpin·ʤe·re]

die Armlehne
cotieră f
[ko·tiˈe·rə]

der Greifreifen
inel de antrenare n
[iˈnel de an·treˈna·re]

die Fußstütze
suport pentru picioare n
[suˈport ˈpen·tru piˈʧjo̯a·re]

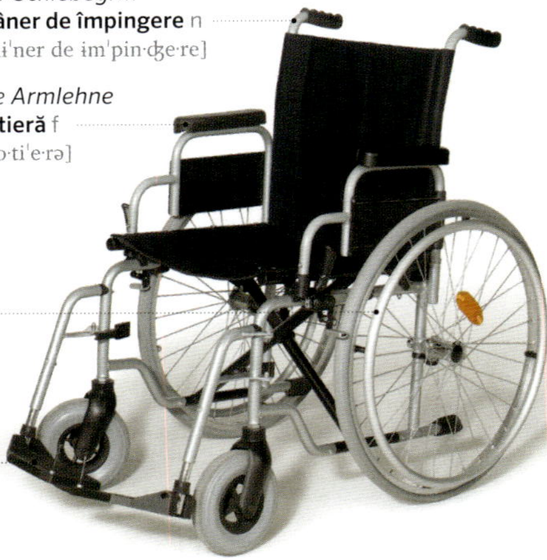

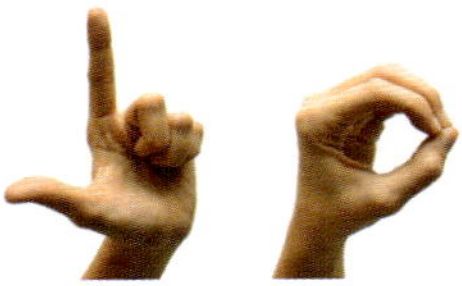

die Gebärdensprache
limbaj al semnelor n
[limˈbaʒ al ˈsem·ne·lor]

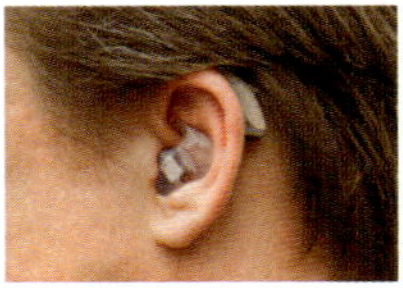

das Hörgerät
aparat auditiv n
[a·paˈrat a·u·diˈtiv]

der Rollator
cadru de mers n
[ˈka·dru de mers]

die Krücke
cârjă f
[ˈkɨr·ʒə]

die Prothese
proteză f
[proˈte·zə]

gelähmt	**paralizat** [pa·ra·liˈzat]
die spastische Lähmung	**paralizie spastică** f [pa·ra·liˈzi·e ˈspas·ti·kə]
hinken	**a şchiopăta** [a ʃkjo·pəˈta]
blind	**orb** [orb]
schwerhörig	**cu deficienţă de auz** [ku de·fi·ʧiˈen·tsə de aˈuz]
gehörlos	**surd** [surd]
behindert	**handicapat** [han·di·kaˈpat]
schwerbehindert	**invalid** [in·vaˈlid]

VERLETZUNGEN – LEZIUNI

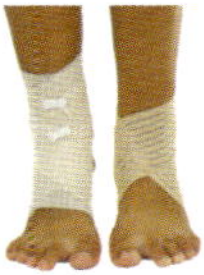

die Verstauchung
entorsă f
[en'tor·sə]

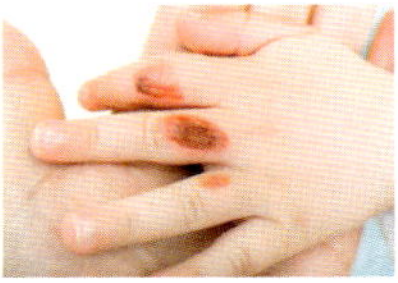

die Verbrennung
arsură f
[ar'su·rə]

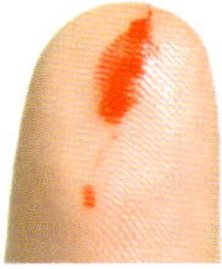

die Schnittwunde
tăietură f
[tə·je'tu·rə]

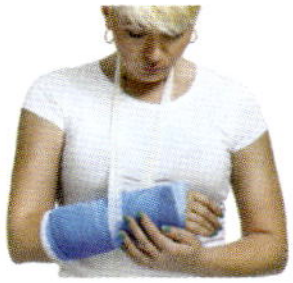

der Knochenbruch
fractură f
[frak'tu·rə]

die Vergiftung
intoxicație f
[in·to·ksi'ka·tsi·e]

der Insektenstich
înțepătură de insectă f
[ɨn·tse·pə'tu·rə de in'sek·tə]

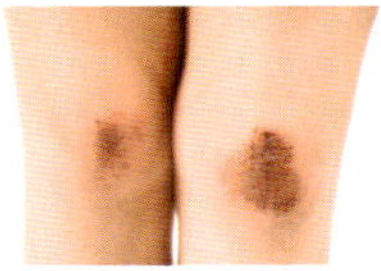

die Schürfwunde
julitură f
[ʒu·li'tu·rə]

in Ohnmacht fallen
a leșina
[a le·ʃi'na]

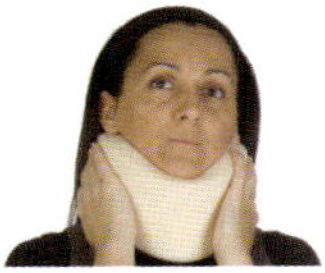

das Schleudertrauma
traumatism cervical n
[tra·u·ma'tism tʃer·vi'kal]

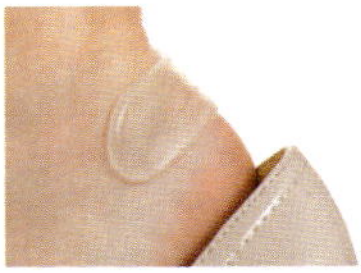

die Blase
bășică f
[bə'ʃi·kə]

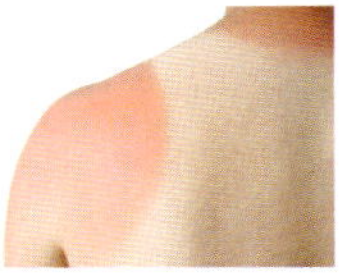

der Sonnenbrand
arsură solară f
[ar'su·rə so'la·rə]

der Bandscheiben-vorfall
hernie de disc f
[her'ni·e de disk]

die Wunde	**rană** f ['ra·nə]
die Brandwunde	**arsură** f [ar'su·rə]
das Blut	**sânge** n ['sin·dʒe]
bluten	**a sângera** [a sin·dʒe'ra]
die Blutung	**hemoragie** f [he·mo·ra'dʒi·e]
die Gehirnerschütterung	**comoție cerebrală** f [ko'mo·tsi·e tʃe·re'bra·lə]
sich den Arm/einen Wirbel ausrenken	**a-și disloca brațul/o vertebră** [aʃʲ dis·lo'ka 'bra·tsul/o ver'te·brə]
sich den Fuß verstauchen/brechen	**a-și scrânti/a-și fractura piciorul** [aʃʲ skrin'ti/aʃʲ frak·tu'ra pi'tʃjo·rul]

der elektrische Schlag
șoc electric n
[ʃok e'lek·trik]

BEIM ZAHNARZT – LA STOMATOLOG

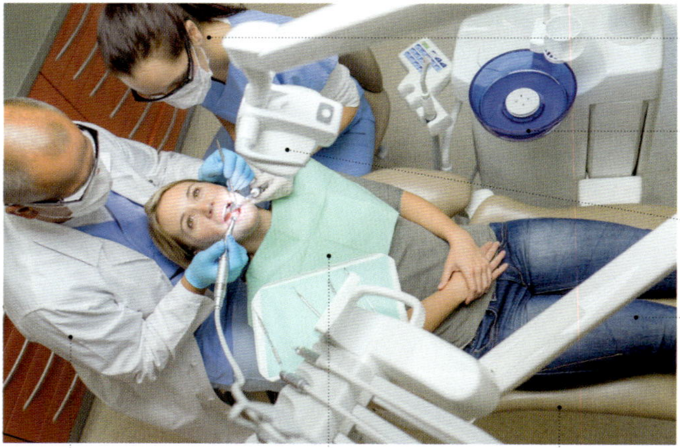

die Zahnarzthelferin
asistentă dentară f
[a·sis'ten·tə den'ta·rə]

das Mundspülbecken
scuipătoare f
[skuj·pə'to̯a·re]

die Behandlungslampe
lampă stomatologică f
['lam·pə sto·ma·to'lo·ʤi·kə]

die Patientin
pacientă f
[pa·ʧi'en·tə]

der Zahnarzt
stomatolog m
[sto·ma·to'log]

der Patientenumhang
bavetă pentru pacient f
[ba've·tə 'pen·tru pa·ʧi'ent]

der Zahnarztstuhl
scaun stomatologic n
['ska·un sto·ma·to'lo·ʤik]

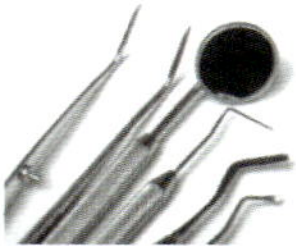

das Zahnarztbesteck
instrumentar stomatologic n
[in·stru·men'tar sto·ma·to'lo·ʤik]

der Mundschutz
mască f
['mas·kə]

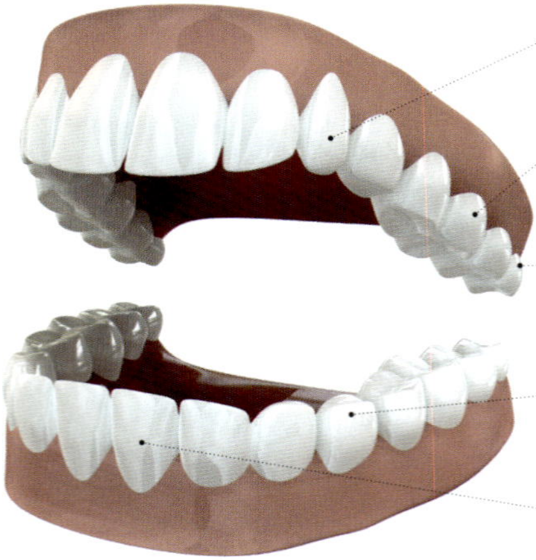

der Eckzahn
canin m
[ka'nin]

der hintere Backenzahn
molar m
[mo'lar]

der Weisheitszahn
măsea de minte f
[mə'se̯a de 'min·te]

der vordere Backenzahn
premolar m
[pre·mo'lar]

der Schneidezahn
incisiv m
[in·ʧi'siv]

BEIM ZAHNARZT – LA STOMATOLOG

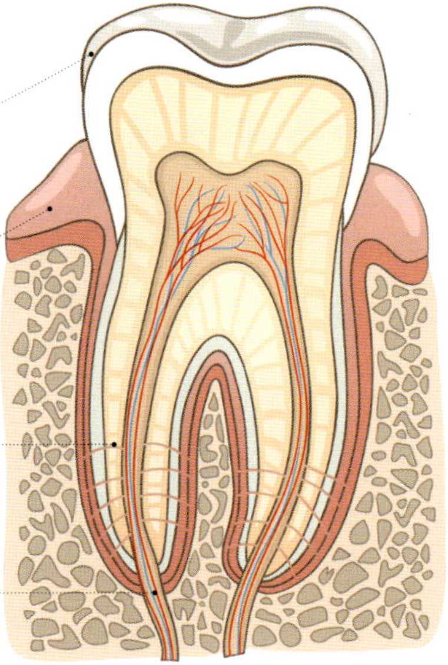

der Zahn
dinte m
[ˈdin·te]

der Zahnschmelz
smalț dentar n
[smalʦ denˈtar]

das Zahnfleisch
gingie f
[ʤinˈʤi·e]

die Zahnwurzel
rădăcină a dintelui f
[rə·dəˈʧi·nə a ˈdin·te·luj]

der Nerv
nerv m
[nerv]

die Zahnprothese
proteză dentară f
[proˈte·zə denˈta·rə]

die Knirscherschiene
gutieră împotriva bruxismului f
[gu·tiˈe·rə ɨm·poˈtri·va bruˈksis·mu·luj]

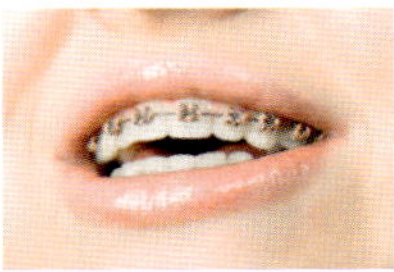

die Zahnspange
aparat dentar n
[a·paˈrat denˈtar]

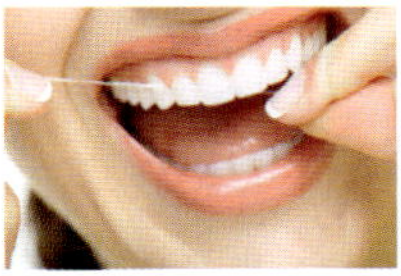

mit Zahnseide reinigen
a curăța cu ață dentară
[a kuˈrə·tsa ku ˈa·tsə denˈta·rə]

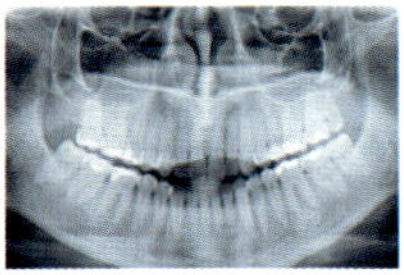

die Röntgenaufnahme
radiografie f
[ra·di·o·graˈfi·e]

die Krone
coroană f
[koˈro̯a·nə]

das Implantat	**implant** n [imˈplant]
einen Zahn ziehen	**a extrage un dinte** [a eksˈtra·ʤe un ˈdin·te]
die örtliche Betäubung	**anestezie locală** f [a·nes·teˈzi·e loˈka·lə]
die Mundhygiene	**igienă bucală** f [i·ʤiˈe·nə buˈka·lə]
der Zahnbelag	**tartru** n [ˈtar·tru]
die Karies	**carie** f [ˈka·ri·e]
die Zahnfüllung	**plombă** f [ˈplom·bə]
die Wurzelbehandlung	**tratament de canal** n [tra·taˈment de kaˈnal]

das Mundwasser
apă de gură f
[ˈa·pə de ˈgu·rə]

BEIM AUGENOPTIKER – LA OFTALMOLOG

das Auge
ochi m
[okʲ]

die Pupille
pupilă f
[puˈpi·lə]

der Sehnerv
nerv optic m
[nerv ˈop·tik]

die Linse
cristalin n
[kris·taˈlin]

die Hornhaut
cornee f
[korˈne·e]

die Netzhaut
retină f
[reˈti·nə]

die Iris
iris n
[ˈi·ris]

die Brille
ochelari pl
[o·keˈlarʲ]

das Brillengestell
ramă f
[ˈra·mə]

das Brillenglas
lentilă f
[lenˈti·lə]

der Kontaktlinsenbehälter
recipient pentru lentile de contact n
[re·ʧi·piˈent ˈpen·tru lenˈti·le de konˈtakt]

die Kontaktlinse
lentilă de contact f
[lenˈti·lə de konˈtakt]

die Optikerin
opticiană f
[op·ti·ʧiˈa·nə]

der Sehtest
examen oftalmologic n
[eˈgza·men of·tal·moˈlo·ʤik]

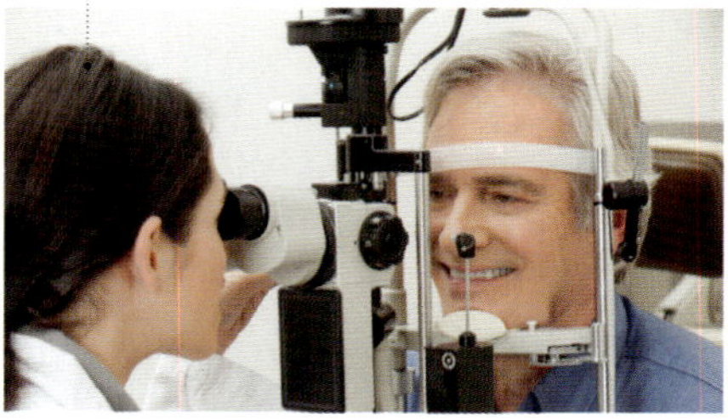

das Brillenputztuch	**cârpă de curățat ochelarii** f [ˈkir·pə de kuˈrə·tsat o·keˈla·rij]
die Augentropfen	**picături de ochi** f [pi·kəˈturʲ de okʲ]
die Lesebrille	**ochelari de citit** pl [o·keˈlarʲ de ʧiˈtit]
weitsichtig	**hipermetrop** [hi·per·meˈtrop]
kurzsichtig	**miop** [miˈop]
die Gleitsichtbrille	**ochelari bifocali** pl [o·keˈlarʲ bi·foˈkalʲ]
der graue Star	**cataractă** f [ka·taˈrak·tə]
der grüne Star	**glaucom** n [glawˈkom]

IM KRANKENHAUS – LA SPITAL

das Krankenzimmer
salon n
[saˈlon]

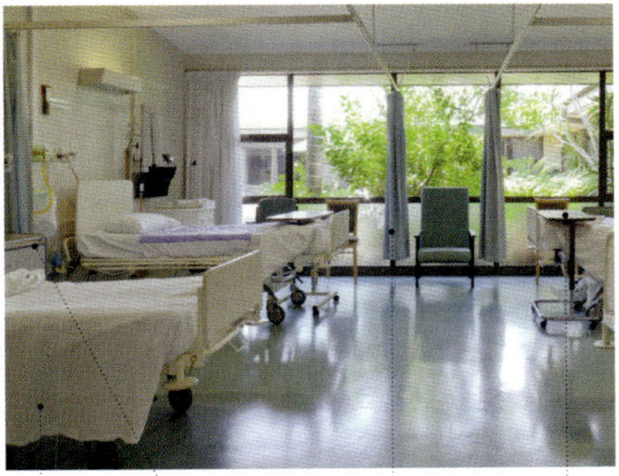

der Nachttisch
noptieră f
[nop·tiˈe·rə]

der Krankentisch
masă de spital f
[ˈma·sə de spiˈtal]

das Krankenhausbett
pat de spital n
[pat de spiˈtal]

der Trennvorhang
perdea separatoare f
[perˈde̯a se·pa·raˈto̯a·re]

das Einzelzimmer
salon cu un pat n
[saˈlon ku un pat]

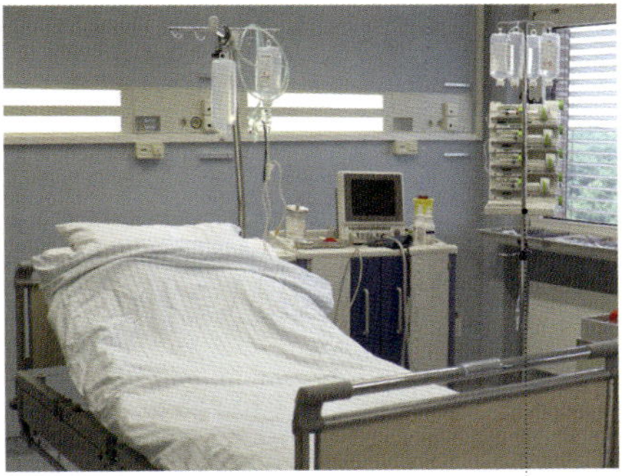

der Infusionsständer
stativ pentru perfuzii n
[staˈtiv ˈpen·tru perˈfu·zij]

der Notrufknopf
buton de urgență n
[buˈton de urˈʤen·tsə]

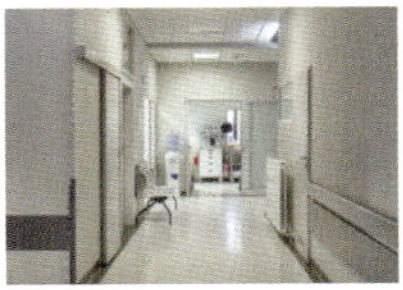

die Station
secție f
[ˈsek·tsi·e]

aufgenommen werden	**a se interna** [a se in·terˈna]
entlassen werden	**a se externa** [a se eks·terˈna]
der ambulante Patient	**pacient ambulatoriu** m [pa·ʧiˈent am·bu·laˈto·rju]
der stationäre Patient	**pacient internat** m [pa·ʧiˈent in·terˈnat]
die Besuchszeiten	**ore de vizită** f [ˈo·re de ˈvi·zi·tə]
die Kinderstation	**pediatrie** f [pe·di·aˈtri·e]
die Neurologie	**neurologie** f [ne·u·ro·loˈʤi·e]
die Onkologie	**oncologie** f [on·ko·loˈʤi·e]
die Orthopädie	**ortopedie** f [or·to·peˈdi·e]
die Kardiologie	**cardiologie** f [kar·di·o·loˈʤi·e]
die Gastroenterologie	**gastroenterologie** f [gas·tro·en·te·ro·loˈʤi·e]
die Gynäkologie	**ginecologie** f [ʤi·ne·ko·loˈʤi·e]
die Abteilung für Hals-Nasen-Ohrenheilkunde	**otorinolaringologie** f [o·to·ri·no·la·rin·go·loˈʤi·e]
die Quarantäne	**carantină** f [ka·ranˈti·nə]

IM KRANKENHAUS – LA SPITAL

Die Chirurgie – Chirurgia

die Operation
operație f
[o·pe'ra·tsi·e]

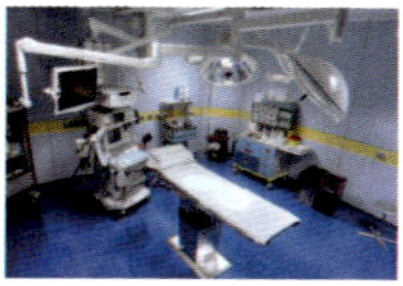

der Operationssaal
sală de operație f
['sa·lə de o·pe'ra·tsi·e]

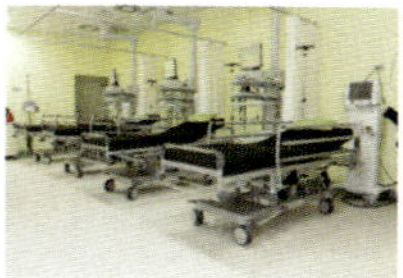

der Aufwachraum
sală de recuperare f
['sa·lə de re·ku·pe'ra·re]

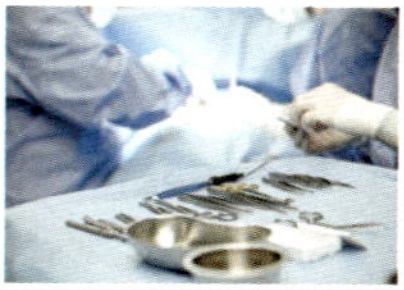

das Operationsbesteck
instrumentar chirurgical n
[in·stru·men'tar ki·rur·ʤi'kal]

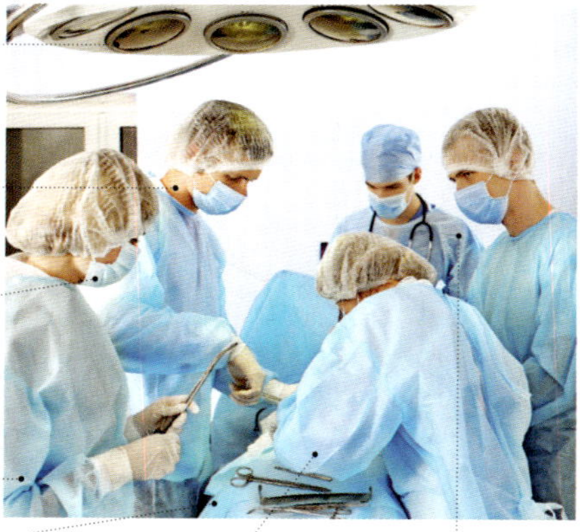

die Operationsleuchte
lampă chirurgicală f
['lam·pə ki·rur·ʤi'ka·lə]

der Chirurg
chirurg m
[ki'rurg]

der Mundschutz
mască f
['mas·kə]

die OP-Schwester
asistentă de chirurgie f
[a·sis'ten·tə de ki·rur'ʤi·e]

der Operationstisch
masă de operație f
['ma·sə de o·pe'ra·tsi·e]

der OP-Mantel
halat chirurgical n
[ha'lat ki·rur·ʤi'kal]

der Anästhesist
anestezist m
[a·nes·te'zist]

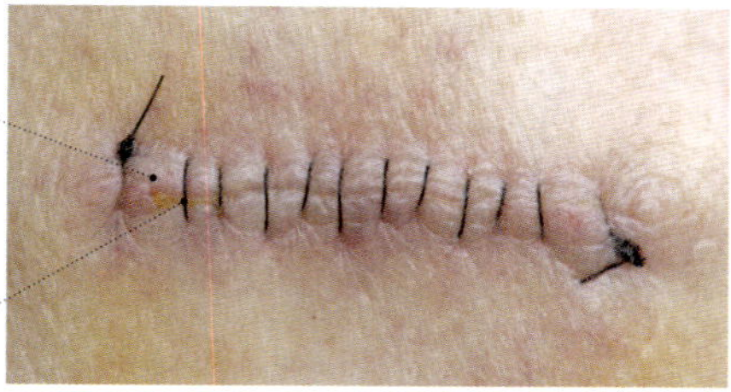

die Narbe
cicatrice f
[ʧi·ka'tri·ʧe]

die Fäden
fire pentru sutură n
['fi·re 'pen·tru su'tu·rə]

die Lokalanästhesie	**anestezie locală** f [a·nes·te'zi·e lo'ka·lə]
die Vollnarkose	**anestezie generală** f [a·nes·te'zi·e ʤe·ne'ra·lə]
die Rehabilitation	**recuperare** f [re·ku·pe'ra·re]
die medizinische Nachversorgung	**tratament postoperatoriu** n [tra·ta'ment pos·to·pe·ra'to·rju]
die Bettruhe	**repaus la pat** n [re'pa·us la pat]
die Genesung	**însănătoșire** f [ɨn·sə·nə·to'ʃi·re]
tot	**decedat** [de·ʧe'dat]
der Tod	**deces** n [de'ʧes]

IM KRANKENHAUS – LA SPITAL

Die Unfallstation – Secția de urgențe

die Intensivstation
secție de terapie intensivă f
[ˈsek·tsi·e de te·raˈpi·e in·tenˈsi·və]

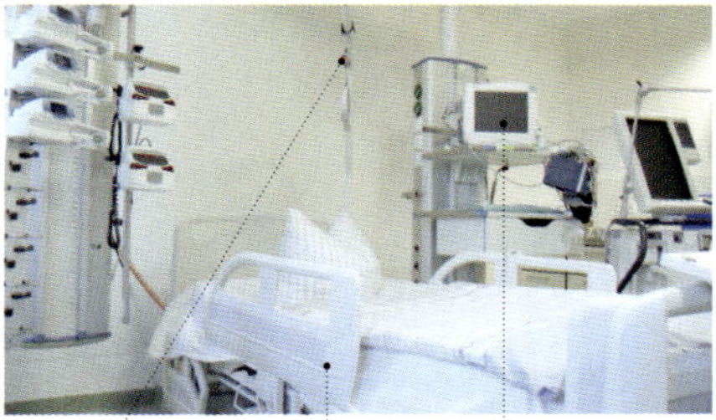

der Rufknopf
buton de urgență n
[buˈton de urˈʤen·tsə]

der Herzmonitor
aparat de monitorizare cardiacă n [a·paˈrat de mo·ni·to·riˈza·re kar·diˈa·kə]

das Krankenhausbett
pat de spital n [pat de spiˈtal]

die Notaufnahme
secție de urgențe f
[ˈsek·tsi·e de urˈʤen·tse]

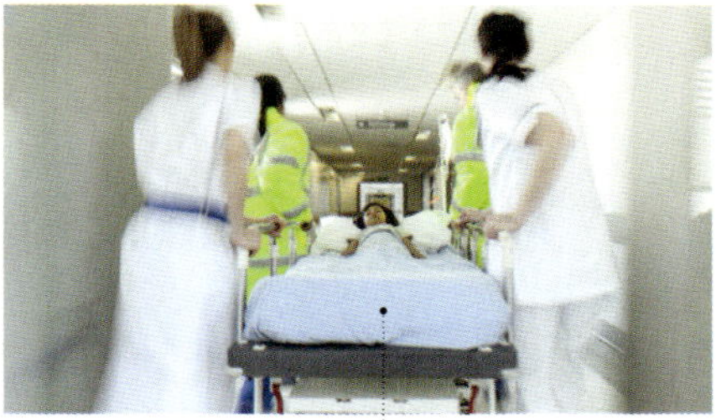

die Fahrtrage
targă mobilă f
[ˈtar·gə moˈbi·lə]

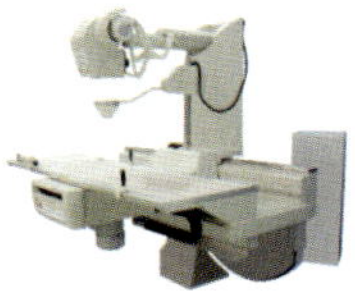

das Röntgengerät
aparat radiologic n
[a·paˈrat ra di·oˈlo·ʤik]

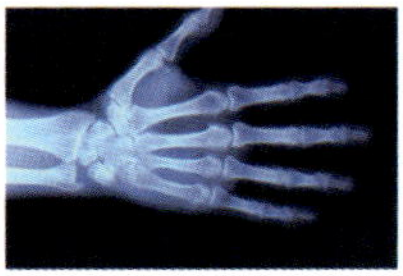

das Röntgenbild
radiografie f
[ra·di·o·graˈfi·e]

der Warteraum
sală de așteptare f
[ˈsa·lə de aʃ·tepˈta·re]

die Oberärztin
medic șef m
[ˈme·dik ʃef]

die Computertomografie	**tomografie computerizată** f [to·mo·graˈfi·e kom·pju·te·riˈza·tə]
die Strahlung	**radiație** f [ra·diˈa·tsi·e]
eine Diagnose stellen	**a pune un diagnostic** [a ˈpu·ne un di·agˈnos·tik]
bewusstlos	**inconștient** [in·kon·ʃtiˈent]
die Beatmung	**ventilare (artificială)** f [ven·tiˈla·re (ar·ti·fi·ʧiˈa·lə)]
wieder zu Bewusstsein kommen	**a-și reveni (din inconștiență)** [aʃʲ re·veˈni (din in·kon·ʃtiˈen·tsə)]
wieder gesund werden	**a se însănătoși** [a se ɨn·sə·nə·toˈʃi]

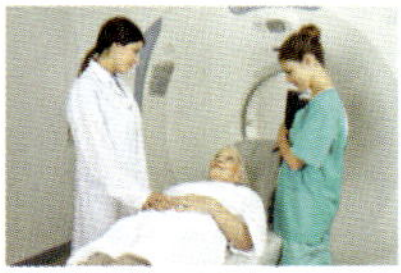

die Kernspintomografie
tomografie cu rezonanță magnetică f
[to·mo·graˈfi·e ku re·zoˈnan·tsə magˈne·ti·kə]

DIE APOTHEKE – FARMACIA

das Medikament
medicament n
[me·di·ka'ment]

die Kapsel
capsulă f
[kap'su·lə]

der Hustensaft
sirop de tuse n
[si'rop de 'tu·se]

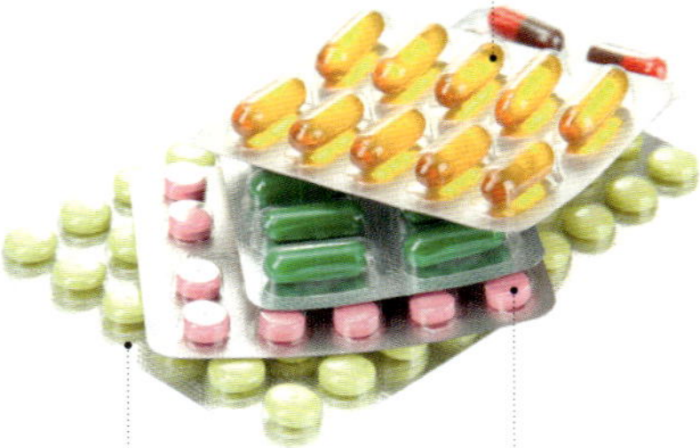

die Sichtverpackung
blister n
['blis·tər]

die Tablette
tabletă f
[ta'ble·tə]

die Dosierung
dozare f
[do'za·re]

der Messbecher
măsură dozatoare f
[mə'su·rə do·za'to̯a·re]

das Zäpfchen
supozitor n
[su·po·zi'tor]

die Salbe
alifie f
[a·li'fi·e]

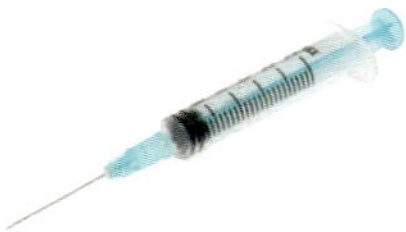

die Spritze
seringă f
[se'rin·gə]

die Apothekerin
farmacistă f
[far·ma'ʧis·tə]

die Tropfen
picături f
[pi·kə'turʲ]

der/das Spray
spray n
[sprej]

die Vitamintablette
vitamină tabletă f
[vi·ta'mi·nə ta'ble·tə]

die Brausetablette
tabletă efervescentă f
[ta'ble·tə e·fer·ves'ʧen·tə]

DIE APOTHEKE – FARMACIA

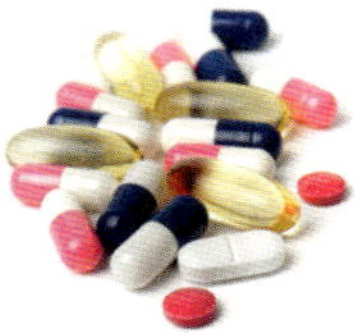

das Nahrungs-ergänzungsmittel
supliment alimentar n
[su·pli'ment a·li·men'tar]

das Sonnenschutz-mittel
cremă de protecție solară f ['kre·mə de pro'tek·tsi·e so'la·rə]

der/das Mückenspray
spray anti-insecte n
[sprej an·ti·in'sek·te]

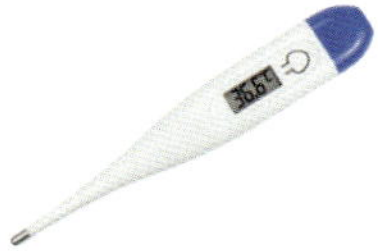

das/der Fieberthermometer
termometru n
[ter·mo'me·tru]

die Nagelfeile
pilă f
['pi·lə]

der Tampon
tampon intern n
['tam·pon in'tern]

die Slipeinlage
absorbant zilnic n
[ab·sor'bant 'zil·nik]

das Feuchttuch
șervețel umed n
[ʃer·ve'tsel 'u·med]

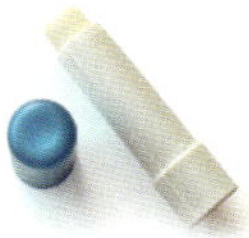

der Lippenpflegestift
ir de buze n
[ir de 'bu·ze]

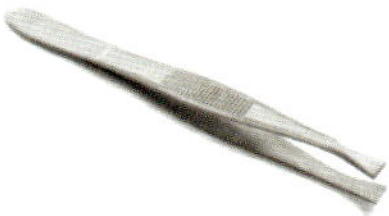

die Pinzette
pensetă f
[pen'se·tə]

das Deodorant
deodorant n
[de·o·do'rant]

das/der Hustenbonbon
bomboană de tuse f
[bom'bo̯a·nə de 'tu·se]

das Symptom	**simptom** n [simp'tom]
die Nebenwirkung	**efect secundar** n [e'fekt se·kun'dar]
der Beipackzettel	**prospect** n [pro'spekt]
die Hautpflege	**îngrijire a pielii** f [in·gri'ʒi·re a 'pje·lij]
das Schmerzmittel	**analgezic** n [a·nal'ʤe·zik]
das Beruhigungsmittel	**calmant** n [kal'mant]
die Schlaftablette	**somnifer** n [som·ni'fer]
das Verfallsdatum	**dată a expirării** f ['da·tə a eks·pi'rə·rij]

der Ohrstöpsel
dop de urechi n
[dop de u'rekʲ]

DIE ALTERNATIVMEDIZIN – MEDICINA ALTERNATIVĂ

die Meditation
meditație f
[me·di'ta·tsi·e]

das Yoga
yoga f
['jo·ga]

das Tai-Chi
tai-chi n
[taj'tʃi]

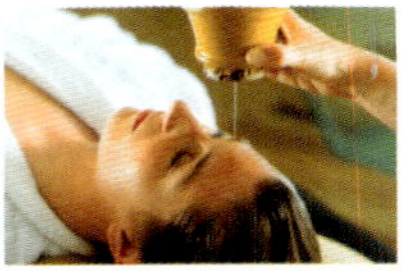

das Ayurveda
ayurveda f
[a·jur've·da]

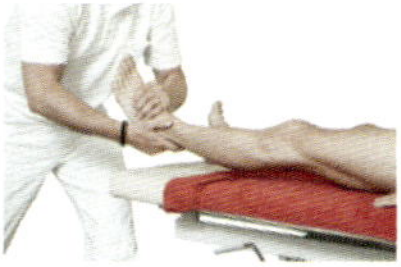

die Osteopathie
osteopatie f
[os·te·o·pa'ti·e]

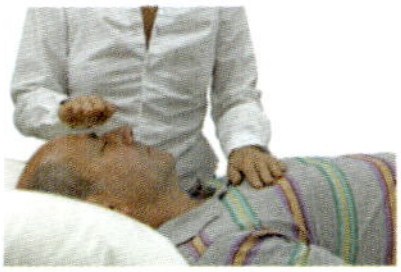

das Reiki
reiki n
['rej·ki]

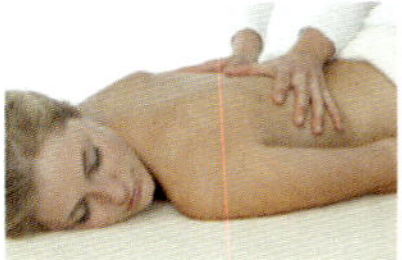

die Massage
masaj n
[ma'saʒ]

die Hypnose
hipnoză f
[hip'no·zə]

die traditionelle chinesische Medizin
medicină tradițională chineză f
[me·di'tʃi·nə tra·di·tsi·o'na·lə ki'ne·zə]

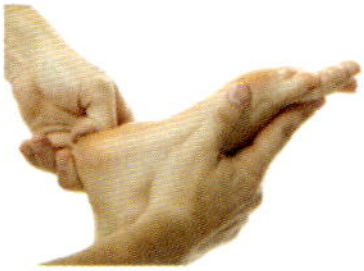

die Fußreflexzonen-massage
reflexologie plantară f
[re·fle·kso·lo'dʒi·e plan'ta·rə]

das homöopathische Heilmittel
tratament homeopatic n
[tra·ta'ment ho·me·o'pa·tik]

die Kräuterheilkunde
medicină pe bază de plante f
[me·di'tʃi·nə pe 'ba·zə de 'plan·te]

die Akupunktur
acupunctură f
[a·ku·punk'tu·rə]

die Kur	**cură** f ['ku·rə]
die Palliativmedizin	**medicină paliativă** f [me·di'tʃi·nə pa·li·a'ti·və]
die Entspannung	**relaxare** f [re·la'ksa·re]
die Entgiftung	**dezintoxicare** f [dez·in·to·ksi'ka·re]
die Entziehungskur	**cură de dezintoxicare** f ['ku·rə de dez·in·to·ksi'ka·re]
einen Entzug machen	**a face o cură de dezintoxicare** [a 'fa·tʃe o 'ku·rə de dez·in·to·ksi'ka·re]
die Therapie	**terapie** f [te·ra'pi·e]
die Lichttherapie	**fototerapie** f [fo·to·te·ra'pi·e]

WELLNESS – WELLNESS

die Gesichtsbehandlung
tratament facial n
[tra·ta'ment fa·ʧi'al]

die Kosmetikerin
cosmeticiană f
[kos·me·ti·ʧi'a·nə]

die Gesichtsmaske
mască facială f
['mas·kə fa·ʧi'a·lə]

die Sauna
saună f
['sa·u·nə]

der Ofen
sobă f
['so·bə]

die Bank
bancă f
['ban·kə]

der Kopfkeil
tetieră f
[te·ti'e·rə]

der Aufgusskübel
ciubăr pentru saună n
[ʧju'bər 'pen·tru 'sa·u·nə]

der Ruheraum
cameră de repaus f
['ka·me·rə de re'pa·us]

das Mineralbad
baie termală f
['ba·je ter'ma·lə]

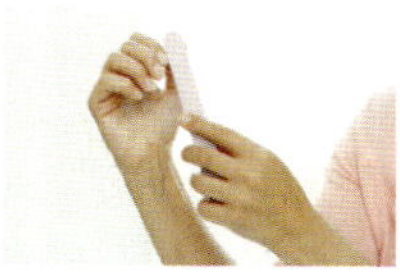

die Maniküre
manichiură f
[ma·ni'kju·rə]

die Pediküre
pedichiură f
[pe·di'kju·rə]

die Wachsenthaarung	**depilare cu ceară** f [de·pi'la·re ku 'ʧea·rə]
das Dampfbad	**baie de aburi** f ['ba·je de 'a·burʲ]
der Aufguss	**stropire a pietrelor încinse (în saună)** f [stro'pi·re a 'pje·tre·lor ɨn'ʧin·se (ɨn 'sa·u·nə)]
das Peeling	**peeling** n ['pi·ling]
reinigen	**a curăța** [a ku'rə·tsa]
Ich habe empfindliche/ trockene Haut.	**Am pielea sensibilă/uscată.** [am 'pje·lea sen'si·bi·lə/us'ka·tə]
Ich habe fettige/normale Haut.	**Am pielea grasă/normală.** [am 'pje·lea 'gra·sə/nor'ma·lə]

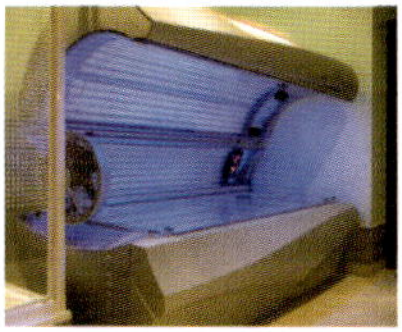

das Solarium
solariu n
[so'la·rju]

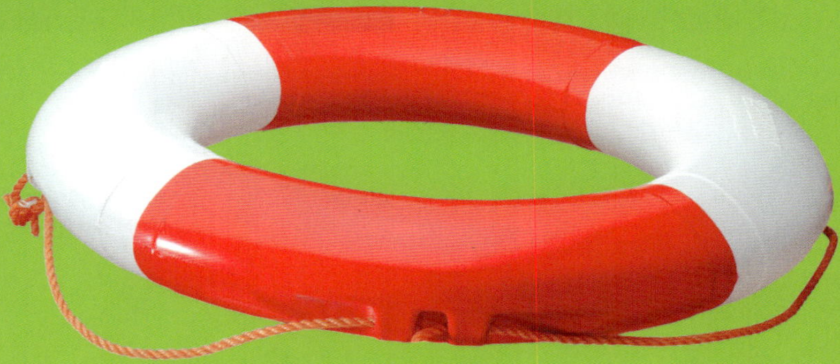

NOTFÄLLE

URGENȚE

ERSTE HILFE – PRIMUL AJUTOR

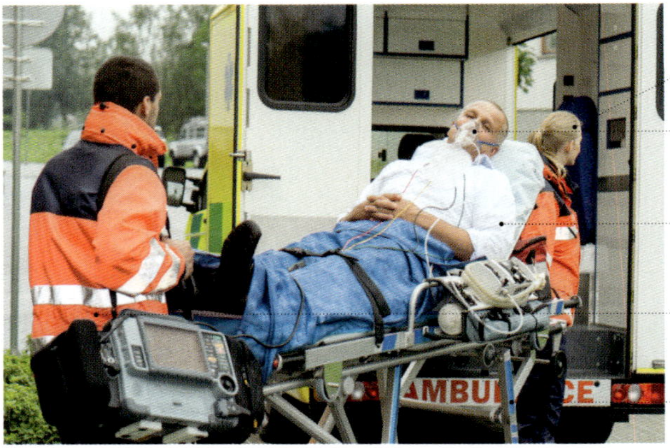

der Rettungswagen
ambulanță f
[am·bu'lan·tsə]

die Sanitäterin
asistentă sanitară f
[a·sis'ten·tə sa·ni'ta·rə]

die Sauerstoffmaske
mască de oxigen f
['mas·kə de o·ksi'ʤen]

das Unfallopfer
victimă a accidentului f
['vik·ti·mə a ak·ʧi'den·tu·luj]

der Sanitäter
asistent sanitar m
[a·sis'tent sa·ni'tar]

die Trage
targă f
['tar·gə]

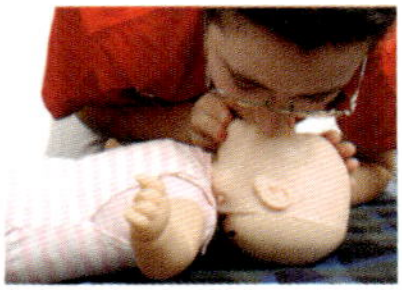

die Mund-zu-Mund-Beatmung
respirație gură la gură f
[res·pi'ra·tsi·e 'gu·rə la 'gu·rə]

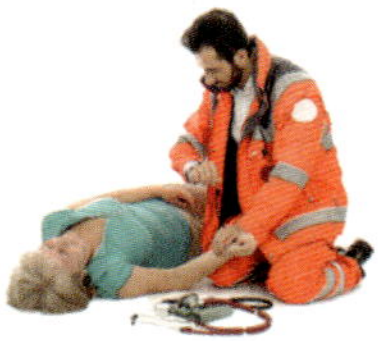

die Pulsmessung
măsurare a pulsului f
[mə·su'ra·re a 'pul·su·luj]

die stabile Seitenlage
poziție de recuperare f
[po'zi·tsi·e de re·ku·pe'ra·re]

der Unfallort
loc al accidentului n
[lok al ak·ʧi'den·tu·luj]

der Rettungsdienst
serviciu medical de urgență n [ser'vi·ʧju me·di'kal de ur'ʤen·tsə]

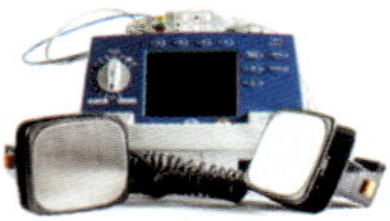

der Defibrillator
defibrilator n
[de·fi·bri·la'tor]

der Unfall	**accident** n [ak·ʧi'dent]
die Wiederbelebung	**reanimare** f [re·a·ni'ma·re]
die Herzdruckmassage	**masaj cardiac** n [ma'saʒ kar·di'ak]
der Puls	**puls** n [puls]
bewusstlos	**inconștient** [in·kon·ʃti'ent]
erste Hilfe leisten	**a da primul ajutor** [a da 'pri·mul a·ʒu'tor]
der Notarzt	**doctor de urgență** m ['dok·tor de ur'ʤen·tsə]
die Notärztin	**doctoriță de urgență** f [dok·to'ri·tsə de ur'ʤen·tsə]

ERSTE HILFE - PRIMUL AJUTOR

das Verbandszeug
material de pansat n
[ma·te·ri'al de pan'sat]

der Verband
fașă f
['fa·ʃə]

das Leukoplast®
leucoplast n
[le·u·ko'plast]

das Pflaster
plasture m
['plas·tu·re]

die Verbandschere
foarfecă f
['fo̯ar·fe·kə]

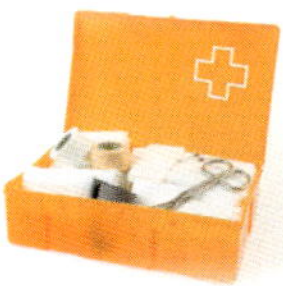

der Erste-Hilfe-Kasten
trusă de prim ajutor f
['tru·sə de prim a·ʒu'tor]

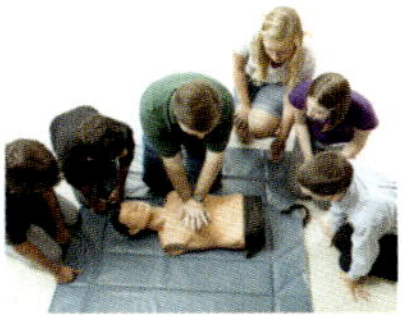

der Erste-Hilfe-Kurs
curs de prim ajutor n
[kurs de prim a·ʒu'tor]

das Desinfektions-mittel
dezinfectant n
[de·zin·fek'tant]

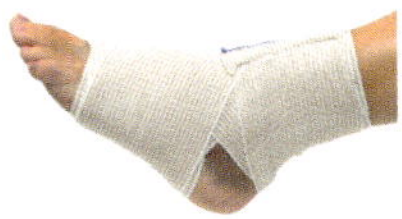

die Bandage
bandaj n
[ban'daʒ]

steril	**steril** [ste'ril]
überleben	**a supraviețui** [a su·pra·vje·tsu'i]
traumatisiert	**traumatizat** [traw·ma·ti'zat]
unter Schock stehen	**a fi în stare de șoc** [a fi in 'sta·re de ʃok]
der Schock	**șoc** n [ʃok]
die Blutspende	**donare de sânge** f [do'na·re de 'sɨn·ʤe]
die Organspende	**donare de organe** f [do'na·re de or'ga·ne]
das Adrenalin	**adrenalină** f [a·dre·na'li·nə]

die Mullbinde
tifon n
[ti'fon]

DIE POLIZEI – POLIȚIA

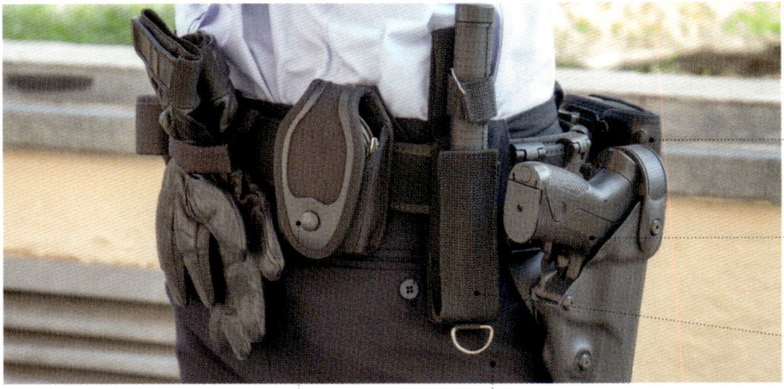

der Dienstgürtel
centură tactică f
[tʃen'tu·rə 'tak·ti·kə]

das Handfunkgerät
stație de emisie-recepție f
['sta·tsi·e de e'mi·si·e re'tʃep·tsi·e]

die Pistole
pistol n
[pis'tol]

der Schlagstock
baston n
[bas'ton]

die Handschellen
cătușe f
[kə'tu·ʃe]

die Uniform
uniformă f
[u·ni'for·mə]

der Fingerabdruck
amprentă digitală f
[am'pren·tə di·dʒi'ta·lə]

der Tatort
locul faptei n
['lo·kul 'fap·tej]

die Polizistin
polițistă f
[po·li'tsis·tə]

der Polizist
polițist m
[po·li'tsist]

das Polizeiabzeichen
insignă de polițist f
[in'sig·nə de po·li'tsist]

der Zeuge	**martor** m ['mar·tor]
die Zeugin	**martoră** f ['mar·to·rə]
der Verbrecher	**infractor** n [in·frak'tor]
die Verbrecherin	**infractoare** f [in·frak'to̯a·re]
der Kriminalbeamte	**polițist criminalist** m [po·li'tsist kri·mi·na'list]
die Kriminalbeamtin	**polițistă criminalistă** f [po·li'tsis·tə kri·mi·na'lis·tə]
der/die Verdächtige	**suspect/suspectă** m/f [su'pekt/sus'pek·tə]
die Ermittlung	**anchetă** f [an'ke·tə]

DIE POLIZEI - POLIȚIA

das Polizeiauto
mașină de poliție f
[ma'ʃi·nə de po'li·tsi·e]

die Lichtleiste
rampă luminoasă cu girofar f
['ram·pə lu·mi'no̯a·sə ku ʤi·ro'far]

das Martinshorn
sirenă f
[si're·nə]

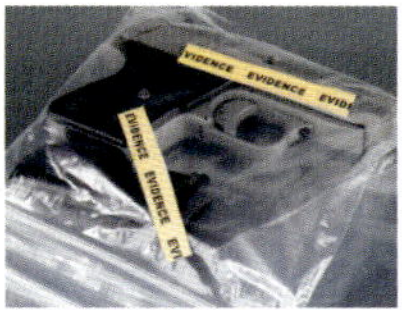

das Beweisstück
probă f
['pro·bə]

das Gefängnis
închisoare f
[ɨn·ki'so̯a·re]

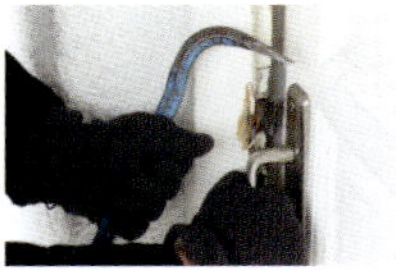

der Einbruch
efracție f
[e'frak·tsi·e]

der Diebstahl
furt n
[furt]

die Festnahme
arestare f
[a·re'sta·re]

die Gewalt
violență f
[vi·o'len·tsə]

der Raubüberfall
tâlhărie f
[tɨl·hə'ri·e]

der Taschendiebstahl
furt din buzunare n
[furt din bu·zu'na·re]

die Entführung
răpire f
[rə'pi·re]

die Straftat	**infracțiune** f [in·frak'tsju·ne]
die Körperverletzung	**vătămare corporală** f [və·tə'ma·re kor·po'ra·lə]
die Vergewaltigung	**viol** n [vi'ol]
der Mord	**crimă** f ['kri·mə]
der Überfall	**atac** n [a'tak]
fliehen	**a fugi** [a fu'ʤi]
belästigen	**a molesta** [a mo·les'ta]
die Schuld	**vină** f ['vi·nə]

die Polizeiabsperrung
bandă de delimitare f
['ban·də de de·li·mi'ta re]

DIE FEUERWEHR – POMPIERII

der Feuerlöscher
extinctor n
[eks·tink'tor]

der Hydrant
hidrant n
[hi'drant]

der Feuerwehrmann
pompier m
[pom·pi'er]

das Visier
vizieră f
[vi·zi'e·rə]

der Feuerwehrhelm
cască de pompier f
['kas·kə de pom·pi'er]

die Feuerwehrschutzjacke
jachetă de protecție f
[ʒa'ke·tə de pro'tek·tsi·e]

der Reflexstreifen
bandă reflectorizantă f
['ban·də re·flek·to·ri'zan·tə]

der Feuerwehrschlauch
furtun n
[fur'tun]

die Brandbekämpfung
combatere a incen-diului f
[kom'ba·te·re a in'tʃen·dju·luj]

der Notausgang
ieșire de urgență f
[je'ʃi·re de ur'dʒen·tsə]

die Feuerwache
stație de pompieri f
['sta·tsi·e de pom·pi'erʲ]

das Löschfahrzeug
autospecială de pompieri f
[a·u·to·spe·tʃi'a·lə de pom·pi'erʲ]

die Axt
topor n
[to'por]

der Rauchmelder
detector de fum n
[de·tek'tor de fum]

IN DEN BERGEN – ÎN MUNȚI

der Helm
cască f
[ˈkas·kə]

die Bergwacht
salvamont n
[sal·vaˈmont]

der Rettungseinsatz
operațiune de salvare f
[o·pe·raˈtsju·ne de salˈva·re]

der Karabiner
carabină f
[ka·raˈbi·nə]

das Seil
coardă f
[ˈko̯ar·də]

die Einsatzkraft
membru al echipei de salvare m
[ˈmem·bru al eˈki·pej de salˈva·re]

der Rettungsschlitten
sanie de salvare f
[ˈsa·ni·e de salˈva·re]

das Schneemobil
snowmobil n
[ˈsnow·mo·bil]

das Fangnetz
plasă de protecție f
[ˈpla·sə de proˈtek·tsi·e]

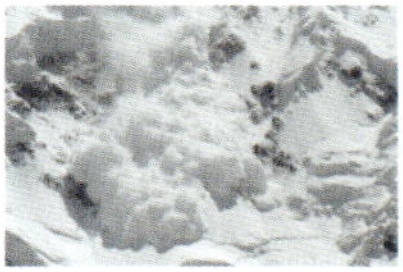

die Lawine
avalanșă f
[a·vaˈlan·ʃə]

das LVS-Gerät
detector de victime în avalanșă n [de·tekˈtor de ˈvik·ti·me ɨn a·vaˈlan·ʃə]

der Rettungshund
câine de salvare m
[ˈkɨj·ne de salˈva·re]

der Rettungshub-schrauber
elicopter de salvare n
[e·li·kopˈter de salˈva·re]

der Lawinenschutz
protecție împotriva avalanșelor f
[proˈtek·tsi·e ɨm·poˈtri·va a·vaˈlan·ʃe·lor]

das Lawinenwarn-schild
semn de avertizare în zonă de avalanșe n
[semn de a·ver·tiˈza·re ɨn ˈzo·nə de a·vaˈlan·ʃe]

DAS MEER – MAREA

die Schwimmweste
vestă de salvare f
[ˈves·tə de salˈva·re]

der Rettungsring
colac de salvare n
[koˈlak de salˈva·re]

der Sammelpunkt
spațiu de adunare n
[ˈspa·tsju de a·duˈna·re]

der Sturm
furtună f
[furˈtu·nə]

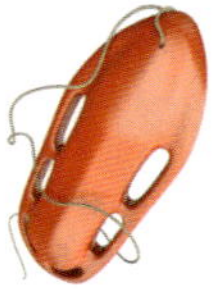

die Rettungsboje
plută de salvare f
[ˈplu·tə de salˈva·re]

der Rettungsschwimmer
salvamar m
[sal·vaˈmar]

der Wachturm
turn de control n
[turn de konˈtrol]

der Tsunami
tsunami n
[tsuˈna·mi]

das Küstenwachboot
barcă a pazei de coastă f
[ˈbar·kə a ˈpa·zej de ˈko̯as·tə]

das Rettungsboot
barcă de salvare f
[ˈbar·kə de salˈva·re]

kentern
a se răsturna
[a se rəs·turˈna]

der Schiffbruch
naufragiu n
[na·uˈfra·ʤju]

der/die Vermisste	**dispărut/dispărută** m/f [dis·pəˈrut/dis·pəˈru·tə]
das Rettungstau	**frânghie de salvare** f [frɨnˈgi·e de salˈva·re]
die Wetterbedingungen	**condiții meteorologice** f [konˈdi·tsij me·te·o·roˈlo·ʤi·ʧe]
der Seewetterbericht	**prognoză meteo marină** f [progˈno·zə ˈme·te·o maˈri·nə]
die Suche	**căutare** f [kə·uˈta·re]
ertrinken	**a se îneca** [a se ɨ·neˈka]
die Havarie	**avarie** f [aˈva·ri·e]
in Seenot geraten	**a fi în pericol de naufragiu** [a fi ɨn peˈri·kol de na·uˈfra·ʤju]

WEITERE NOTSITUATIONEN – ALTE SITUAȚII DE URGENȚĂ

die Explosion
explozie f
[eks'plo·zi·e]

die Epidemie
epidemie f
[e·pi·de'mi·e]

die Evakuierung
evacuare f
[e·va·ku'a·re]

der Bombenalarm
alarmă cu bombă f
[a'lar·mə ku 'bom·bə]

die nukleare Katastrophe
catastrofă nucleară f
[ka·tas'tro·fə nu·kle'a·rə]

die Notlandung
aterizare de urgență f
[a·te·ri'za·re de ur'ʤen·tsə]

der Terrorangriff
atac terorist n
[a'tak te·ro'rist]

retten
a salva
[a sal'va]

die Notrufnummer
număr de urgență n
['nu·mər de ur'ʤen·tsə]

die Überwachungskamera
cameră video de supraveghere f
['ka·me·rə 'vi·de·o de su·pra·ve'ge·re]

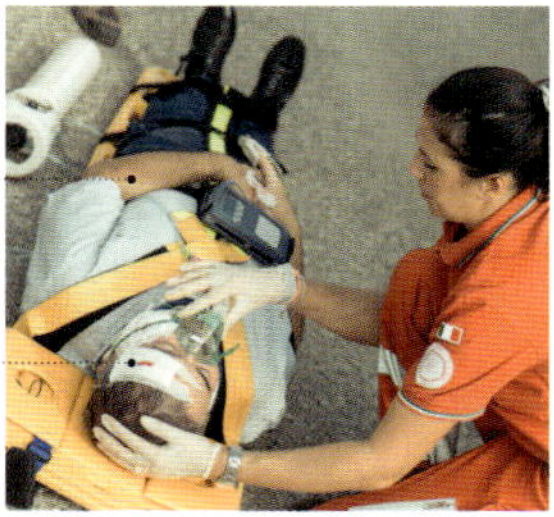

der Verletzte
rănit m
[rə'nit]

die Verletzung
rană f
['ra·nə]

der/die Vermisste	**dispărut/dispărută** m/f [dis·pə'rut/dis·pə'ru·tə]
die Suchmannschaft	**echipă de salvare** f [e'ki·pə de sal'va·re]
die Gefahr	**pericol** n [pe'ri·kol]
Hilfe!	**Ajutor!** [a·ʒu'tor]
Es ist ein Unfall passiert!	**A avut loc un accident!** [a a'vut lok un ak·ʧi'dent]
Rufen Sie einen Rettungswagen!	**Sunați la ambulanță!** [su'natsʲ la am·bu'lan·tsə]
Rufen Sie die Polizei!	**Sunați la poliție!** [su'natsʲ la po'li·tsi·e]
Rufen Sie die Feuerwehr!	**Sunați la pompieri!** [su'natsʲ la pom·pi'erʲ]

Achtung, Gefahr!
Atenție, pericol!
[a'ten·tsi·e pe'ri·kol]

ERDE UND NATUR

PĂMÂNT ȘI NATURĂ

DER WELTRAUM – UNIVERSUL

das Sonnensystem
sistem solar n
[sisˈtem soˈlar]

① *die Sonne*
Soare m
[ˈso̯a·re]

② *der Merkur*
Mercur m
[merˈkur]

③ *die Venus*
Venus f
[ˈve·nus]

④ *die Erde*
Pământ n
[pəˈmɨnt]

⑤ *der Mars*
Marte m
[ˈmar·te]

die Mondphasen
faze ale lunii f
[ˈfa·ze ˈa·le ˈlu·nij]

⑤ *die Mondsichel*
seceră a lunii f
[ˈse·ʧe·rə a ˈlu·nij]

① *der zunehmende Mond*
lună în creștere f
[ˈlu·nə ɨn ˈkreʃ·te·re]

② *der Halbmond*
semilună f
[se·miˈlu·nə]

③ *der Vollmond*
lună plină f
[ˈlu·nə ˈpli·nə]

④ *der abnehmende Mond*
lună în descreștere f
[ˈlu·nə ɨn desˈkreʃ·te·re]

DER WELTRAUM – UNIVERSUL

⑥ *der Jupiter*
Jupiter m
[ˈʒu·pi·ter]

⑦ *der Saturn*
Saturn m
[saˈturn]

⑧ *der Uranus*
Uranus m
[uˈra·nus]

⑨ *der Neptun*
Neptun m
[nepˈtun]

das Raumschiff
navetă spațială f
[naˈve·tə spa·tsiˈa·lə]

① *der Außentank*
rezervor extern n
[re·zerˈvor eksˈtern]

② *der Booster*
rachetă acceleratoare f
[raˈke·tə ak·tʃe·le·raˈto̯a·re]

③ *der Orbiter*
orbiter n
[orˈbi·ter]

DER WELTRAUM – UNIVERSUL

die Sonnenfinsternis
eclipsă de soare f
[eˈklip·sə de ˈso̯a·re]

die Galaxie
galaxie f
[ga·laˈksi·e]

die Milchstraße
Calea Lactee f
[ˈka·le̯a lakˈte·e]

der Komet
cometă f
[koˈme·tə]

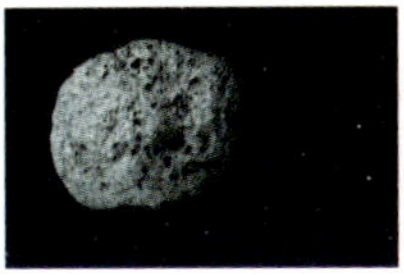

der Asteroid
asteroid m
[a·ste·roˈid]

der Planet
planetă f
[plaˈne·tə]

der Meteor
meteorit m
[me·te·oˈrit]

das Universum
univers n
[u·niˈvers]

der Astronaut
astronaut m
[a·stro·naˈut]

der Satellit
satelit m
[sa·teˈlit]

die Sternwarte
observator astronomic n
[ob·ser·vaˈtor a·stroˈno·mik]

das Radioteleskop
radiotelescop n
[ra·di·o·te·lesˈkop]

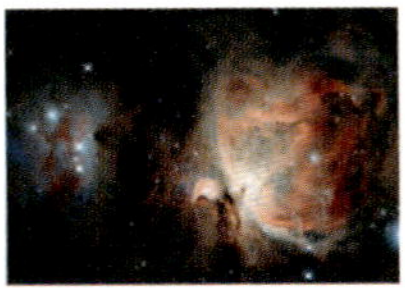

der Nebel
nebuloasă f
[ne·buˈlo̯a·sə]

das schwarze Loch	**gaură neagră** f [ˈga·u·rə ˈne̯a·grə]
die Schwerkraft	**forță de gravitație** f [ˈfor·tsə de gra·viˈta·tsi·e]
die Umlaufbahn	**orbită** f [orˈbi·tə]
das Lichtjahr	**an-lumină** m [an luˈmi·nə]
der Urknall	**Big Bang** n [big beng]
der Stern	**astru** m [ˈas·tru]
die Raumstation	**stație spațială** f [ˈsta·tsi·e spa·tsiˈa·lə]
die Astronomie	**astronomie** f [a·stro·noˈmi·e]

DIE ERDE – PĂMÂNTUL

① *der Nordpol*
Polul Nord m
[ˈpo·lul nord]

② *das Binnenmeer*
mare interioară f
[ˈma·re in·te·ri̯o̯a·rə]

③ *die Halbinsel*
peninsulă f
[peˈnin·su·lə]

④ *die Meerenge*
strâmtoare f
[strɨmˈto̯a·re]

⑤ *der Golf*
golf n
[golf]

⑥ *der Kontinent*
continent n
[kon·tiˈnent]

⑦ *das Meer*
mare f
[ˈma·re]

⑧ *das Land*
uscat n
[usˈkat]

⑨ *die Gebirgskette*
lanț muntos n
[lants munˈtos]

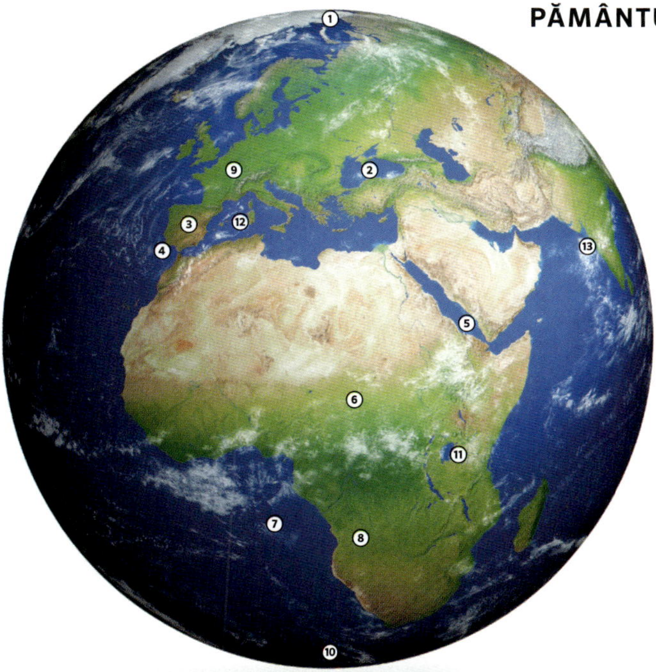

⑩ *der Südpol*
Polul Sud m
[ˈpo·lul sud]

⑪ *der See*
lac n
[lak]

⑫ *die Insel*
insulă f
[ˈin·su·lə]

⑬ *die Bucht*
golf mic n
[golf mik]

die Atmosphäre	**atmosferă** f [at·mosˈfe·rə]
der Erdmantel	**manta** f [manˈta]
die Erdkruste	**scoarță** f [ˈsko̯ar·tsə]
der innere Erdkern	**nucleu intern** n [nuˈklew inˈtern]
der äußere Erdkern	**nucleu extern** n [nuˈklew eksˈtern]
die Platte	**placă** f [ˈpla·kə]
das Grundgestein	**strat bazaltic** n [strat baˈzal·tik]
die Erde	**pământ** n [pəˈmɨnt]

DIE WELTKARTE – MAPAMONDUL

① *das Nordpolarmeer*
Oceanul Arctic n
[oˈʧe̯a·nul ˈark·tik]

⑥ *der Pazifische Ozean*
Oceanul Pacific n
[oˈʧe̯a·nul paˈʧi·fik]

⑦ *der Atlantische Ozean*
Oceanul Atlantic n
[oˈʧe̯a·nul aˈtlan·tik]

⑧ *der Indische Ozean*
Oceanul Indian n
[oˈʧe̯a·nul in·diˈan]

⑨ *das Arabische Meer*
Marea Arabiei f
[ˈma·re̯a aˈra·bi·ej]

⑩ *das Karibische Meer*
Marea Caraibilor f
[ˈma·re̯a ka·raˈi·bi·lor]

⑪ *das Mittelmeer*
Marea Mediterană f
[ˈma·re̯a me·di·teˈra·nə]

⑫ *die Nordsee*
Marea Nordului f
[ˈma·re̯a ˈnor·du·luj]

⑬ *die Ostsee*
Marea Baltică f
[ˈma·re̯a ˈbal·ti·kə]

⑭ *das Kaspische Meer*
Marea Caspică f
[ˈma·re̯a ˈkas·pi·kə]

⑮ *das Schwarze Meer*
Marea Neagră f
[ˈma·re̯a ˈne̯a·grə]

⑯ *der Ärmelkanal*
Canalul Mânecii n
[kaˈna·lul ˈmɨ·ne·ʧij]

⑰ *das Rote Meer*
Marea Roșie f
[ˈma·re̯a ˈro·ʃi·e]

⑱ *das Südpolarmeer*
Oceanul Antarctic n
[oˈʧe̯a·nul anˈtark·tik]

② *der Himalaja*
Munții Himalaya m
[ˈmun·tsij hi·maˈla·ja]

③ *die Alpen*
Munții Alpi m
[ˈmun·tsij alpʲ]

④ *die Anden*
Munții Anzi m
[ˈmun·tsij anzʲ]

⑤ *die Rocky Mountains*
Munții Stâncoşi m
[ˈmun·tsij stɨnˈkoʃʲ]

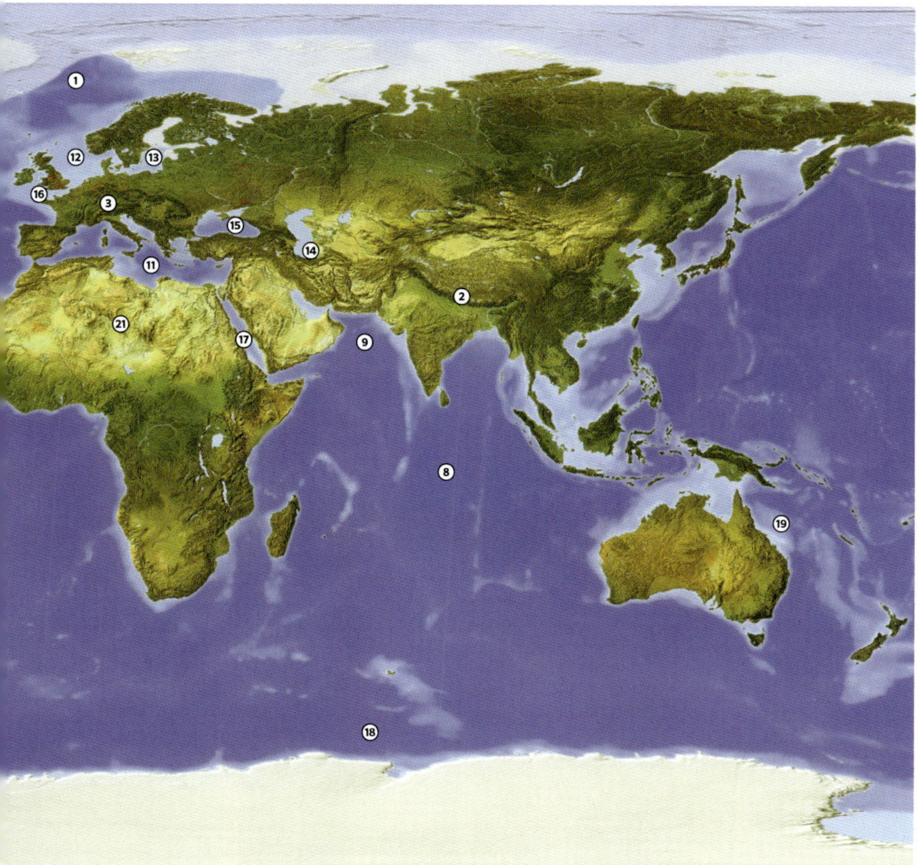

⑲ *das Great Barrier Reef*
Marea Barieră de Corali f
[ˈma·re̯a ba·riˈe·rə de koˈralʲ]

⑳ *Amazonien*
Amazonia
[a·maˈzo·ni·a]

㉑ *die Sahara*
Deşertul Sahara n
[deˈʃer·tul saˈha·ra]

DIE WELTKARTE – MAPAMONDUL

die Nordhalbkugel
emisfera nordică f
[e·misˈfe·ra ˈnor·di·kə]

die Arktis
Arctica f
[ˈark·ti·ka]

der nördliche Wendekreis
Tropicul Racului n
[ˈtro·pi·kul ˈra·ku·luj]

die westliche Hemisphäre
emisfera vestică f
[e·misˈfe·ra ˈves·ti·kə]

die östliche Hemisphäre
emisfera estică f
[e·misˈfe·ra ˈes·ti·kə]

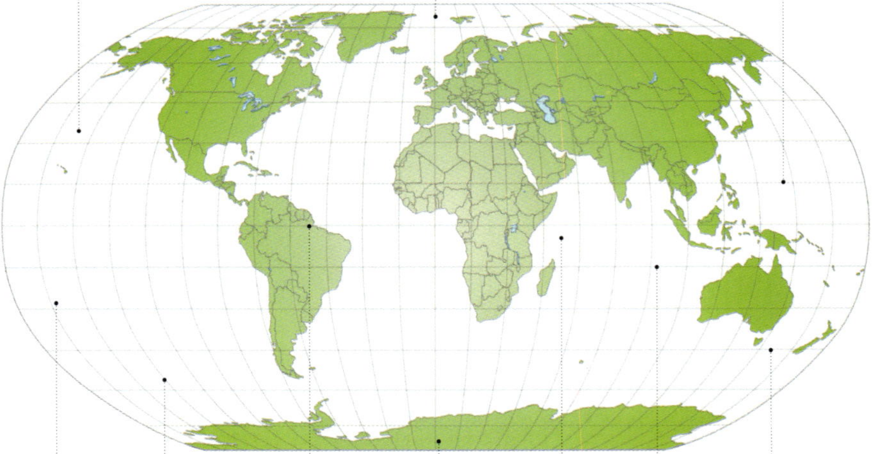

die geografische Länge
longitudine f
[lon·ʤiˈtu·di·ne]

die Antarktis
Antarctica f
[anˈtark·ti·ka]

die geografische Breite
latitudine f
[la·tiˈtu·di·ne]

die Südhalbkugel
emisfera sudică f
[e·misˈfe·ra ˈsu·di·kə]

der Äquator
ecuator n
[e·ku·aˈtor]

die Tropen
tropice n
[ˈtro·pi·ʧe]

der südliche Wendekreis
Tropicul Capricornului n
[ˈtro·pi·kul ka·priˈkor·nu·luj]

der nördliche Polarkreis	**Cercul Polar de Nord** n [ˈʧer·kul poˈlar de nord]
der südliche Polarkreis	**Cercul Polar de Sud** n [ˈʧer·kul poˈlar de sud]
das Land	**țară** f [ˈtsa·rə]
der Staat	**stat** n [stat]
die Nation	**națiune** f [na·tsiˈu·ne]
das Territorium	**teritoriu** n [te·riˈto·rju]

das Fürstentum	**principat** n [prin·ʧiˈpat]
das Königreich	**regat** n [reˈgat]
die Republik	**republică** f [reˈpu·bli·kə]
die Kolonie	**colonie** f [ko·loˈni·e]
die Provinz	**provincie** f [proˈvin·ʧi·e]
die Zone	**zonă** f [ˈzo·nə]
die Region	**regiune** f [re·ʤiˈu·ne]
die Hauptstadt	**capitală** f [ka·piˈta·lə]

UN-MITGLIEDSSTAATEN – STATE MEMBRE ALE ONU

Europa – Europa

Albanien
Albania
[alˈba·ni·a]

Andorra
Andora
[anˈdo·ra]

Belgien
Belgia
[ˈbel·ʤi·a]

Bosnien und Herzegowina
Bosnia și Herțegovina
[ˈbos·ni·a ʃi her·tse·goˈvi·na]

Bulgarien
Bulgaria
[bulˈga·ri·a]

Dänemark
Danemarca
[da·neˈmar·ka]

Deutschland
Germania
[ʤerˈma·ni·a]

Estland
Estonia
[esˈto·ni·a]

Finnland
Finlanda
[finˈlan·da]

Frankreich
Franța
[ˈfran·tsa]

Griechenland
Grecia
[ˈgre·ʧi·a]

Irland
Irlanda
[irˈlan·da]

Island
Islanda
[isˈlan·da]

Italien
Italia
[iˈta·li·a]

Kroatien
Croația
[kroˈa·tsi·a]

Lettland
Letonia
[leˈto·ni·a]

UN-MITGLIEDSSTAATEN – STATE MEMBRE ALE ONU

Europa – Europa

Liechtenstein
Lichtenstein
[ˈlih·tən·ʃtajn]

Litauen
Lituania
[li·tuˈa·ni·a]

Luxemburg
Luxemburg
[ˈlu·ksem·burg]

Malta
Malta
[ˈmal·ta]

Moldawien
Republica Moldova
[reˈpu·bli·ka molˈdo·va]

Monaco
Monaco
[moˈna·ko]

Montenegro
Muntenegru
[mun·teˈne·gru]

die Niederlande
Olanda
[oˈlan·da]

Nordmazedonien
Macedonia de Nord
[ma·ʧeˈdo·ni·a de nord]

Norwegen
Norvegia
[norˈve·ʤi·a]

Österreich
Austria
[aˈus·tri·a]

Polen
Polonia
[poˈlo·ni·a]

Portugal
Portugalia
[por·tuˈga·li·a]

Rumänien
România
[ro·miˈni·a]

Russland
Rusia
[ˈru·si·a]

San Marino
San Marino
[san maˈri·no]

UN-MITGLIEDSSTAATEN – STATE MEMBRE ALE ONU

Europa – Europa

Schweden
Suedia
[suˈe·di·a]

die Schweiz
Elveția
[elˈve·tsi·a]

Serbien
Serbia
[ˈser·bi·a]

die Slowakei
Slovacia
[sloˈva·tʃi·a]

Slowenien
Slovenia
[sloˈve·ni·a]

Spanien
Spania
[ˈspa·ni·a]

Tschechien
Republica Cehă
[reˈpu·bli·ka ˈtʃe·hə]

die Ukraine
Ucraina
[u·kraˈi·na]

Ungarn
Ungaria
[unˈga·ri·a]

das Vereinigte Königreich
Regatul Unit al Marii Britanii
[reˈga·tul uˈnit al ˈma·rij briˈta·nij]

Weißrussland
Belarus
[be·laˈrus]

Zypern
Cipru
[ˈtʃi·pru]

Nord- und Mittelamerika – America de Nord și Centrală

Antigua und Barbuda
Antigua și Barbuda
[anˈti·gu·a ʃi barˈbu·da]

die Bahamas
Bahamas
[baˈha·mas]

Barbados
Barbados
[bar·baˈdos]

Belize
Belize
[beˈli·ze]

UN-MITGLIEDSSTAATEN – STATE MEMBRE ALE ONU

Nord- und Mittelamerika – America de Nord și Centrală

Costa Rica
Costa Rica
[ˈkos·ta ˈri·ka]

Dominica
Dominica
[do·miˈni·ka]

die Dominikanische Republik
Republica Dominicană
[reˈpu·bli·ka do·mi·niˈka·nə]

El Salvador
El Salvador
[el sal·vaˈdor]

Grenada
Grenada
[greˈna·da]

Guatemala
Guatemala
[gwa·teˈma·la]

Haiti
Haiti
[haˈi·ti]

Honduras
Honduras
[honˈdu·ras]

Jamaika
Jamaica
[ʒaˈmaj·ka]

Kanada
Canada
[kaˈna·da]

Kuba
Cuba
[ˈku·ba]

Mexiko
Mexic
[ˈme·ksik]

Nicaragua
Nicaragua
[ni·kaˈra·gwa]

Panama
Panama
[pa·naˈma]

St. Kitts und Nevis
Sf. Kitts și Nevis
[ˈsfin·tul kits ʃi ˈne·vis]

St. Lucia
Santa Lucia
[ˈsan·ta luˈtʃi·a]

UN-MITGLIEDSSTAATEN – STATE MEMBRE ALE ONU

Nord- und Mittelamerika – America de Nord și Centrală

St. Vincent und die Grenadinen
Sf. Vincențiu și Grenadinele
[ˈsfɨn·tul vinˈʧen·tsju ʃi gre·naˈdi·ne·le]

Trinidad und Tobago
Trinidad și Tobago
[tri·niˈdad ʃi toˈba·go]

die Vereinigten Staaten
Statele Unite ale Americii
[ˈsta·te·le uˈni·te ˈa·le aˈme·ri·ʧij]

Südamerika – America de Sud

Argentinien
Argentina
[ar·ʤenˈti·na]

Bolivien
Bolivia
[boˈli·vi·a]

Brasilien
Brazilia
[braˈzi·li·a]

Chile
Chile
[ˈʧi·le]

Ecuador
Ecuador
[e·kwaˈdor]

Guyana
Guyana
[guˈja·na]

Kolumbien
Columbia
[koˈlum·bi·a]

Paraguay
Paraguay
[pa·raˈgwaj]

Peru
Peru
[peˈru]

Suriname
Surinam
[su·riˈnam]

Uruguay
Uruguay
[u·ruˈgwaj]

Venezuela
Venezuela
[ve·ne·zuˈe·la]

UN-MITGLIEDSSTAATEN – STATE MEMBRE ALE ONU

Afrika – Africa

Ägypten
Egipt
[eˈʤipt]

Algerien
Algeria
[alˈʤe·ri·a]

Angola
Angola
[anˈgo·la]

Äquatorialguinea
Guineea Ecuatorială
[gu·iˈne·e̯a e·ku·a·to·riˈa·lə]

Äthiopien
Etiopia
[e·tiˈo·pi·a]

Benin
Benin
[beˈnin]

Botswana
Botswana
[boˈʦwa·na]

Burkina Faso
Burkina Faso
[ˈbur·ki·na ˈfa·so]

Burundi
Burundi
[buˈrun·di]

die Demokratische Republik Kongo
Republica Democratică Congo
[reˈpu·bli·ka de·moˈkra·ti·kə ˈkon·go]

Dschibuti
Djibouti
[ʤiˈbu·ti]

die Elfenbeinküste
Coasta de Fildeș
[ˈko̯as·ta de ˈfil·deʃ]

Eritrea
Eritreea
[e·riˈtre·e̯a]

Gabun
Gabon
[gaˈbon]

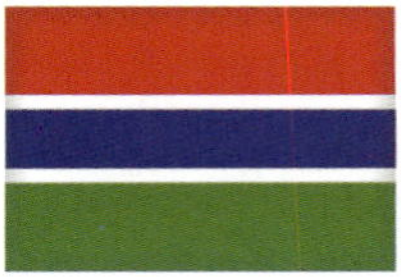

Gambia
Gambia
[ˈgam·bi·a]

Ghana
Ghana
[ˈga·na]

UN-MITGLIEDSSTAATEN – STATE MEMBRE ALE ONU

Afrika – Africa

Guinea
Guineea
[gu·iˈne·e̯a]

Guinea-Bissau
Guineea Bissau
[gu·iˈne·e̯a biˈsaw]

Kamerun
Camerun
[ka·meˈrun]

Kap Verde
Republica Capul Verde
[reˈpu·bli·ka ˈka·pul ˈver·de]

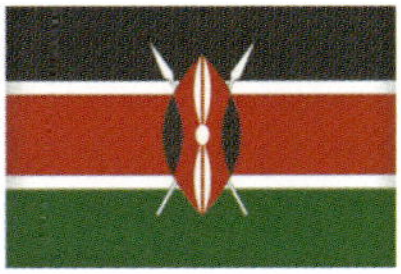

Kenia
Kenya
[ˈke·ni·a]

die Komoren
Comore
[koˈmo·re]

Lesotho
Lesotho
[leˈso·to]

Liberia
Liberia
[liˈbe·ri·a]

Libyen
Libia
[ˈli·bi·a]

Madagaskar
Madagascar
[ma·da·gasˈkar]

Malawi
Malawi
[maˈla·wi]

Mali
Mali
[ˈma·li]

Mauretanien
Mauritania
[ma·u·riˈta·ni·a]

Mauritius
Mauriţius
[ma·uˈri·ʦi·us]

Marokko
Maroc
[maˈrok]

Mosambik
Mozambic
[mo·zamˈbik]

UN-MITGLIEDSSTAATEN – STATE MEMBRE ALE ONU

Afrika – Africa

Namibia
Namibia
[naˈmi·bi·a]

(der) Niger
Niger
[niˈʤer]

Nigeria
Nigeria
[niˈʤe·ri·a]

die Republik Kongo
Republica Congo
[reˈpu·bli·ka ˈkon·go]

Ruanda
Rwanda
[ruˈan·da]

Sambia
Zambia
[ˈzam·bi·a]

São Tomé und Príncipe
São Tomé și Príncipe
[saw toˈme ʃi ˈprin·ʧi·pe]

(der) Senegal
Senegal
[se·neˈgal]

die Seychellen
Seychelles
[sejˈʃelz]

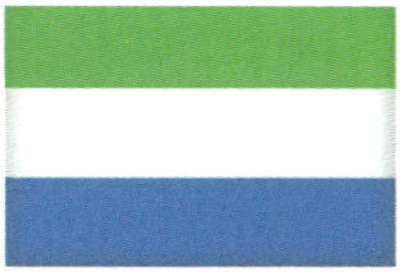

Sierra Leone
Sierra Leone
[siˈe·ra leˈo·ne]

Simbabwe
Zimbabwe
[zimˈba·bwe]

Somalia
Somalia
[soˈma·li·a]

Südafrika
Africa de Sud
[ˈa·fri·ka de sud]

der Sudan
Sudan
[suˈdan]

der Südsudan
Sudanul de Sud
[suˈda·nul de sud]

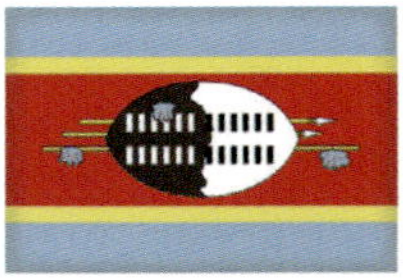

Swasiland
Swaziland
[ˈswa·zi·land]

UN-MITGLIEDSSTAATEN – STATE MEMBRE ALE ONU

Afrika – Africa

Tansania
Tanzania
[tanˈza·ni·a]

Togo
Togo
[ˈto·go]

der Tschad
Ciad
[ʧad]

Tunesien
Tunisia
[tuˈni·si·a]

Uganda
Uganda
[uˈgan·da]

die Zentralafrikanische Republik
Republica Centrafricană
[reˈpu·bli·ka ʧen·tra·friˈka·nə]

Asien – Asia

Afghanistan
Afganistan
[af·ga·nisˈtan]

Armenien
Armenia
[arˈme·ni·a]

Aserbaidschan
Azerbaidjan
[a·zer·bajˈʤan]

Bahrain
Bahrain
[bahˈrajn]

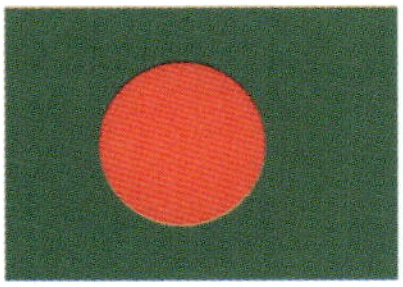

Bangladesch
Bangladesh
[ban·glaˈdeʃ]

Bhutan
Bhutan
[buˈtan]

Brunei
Brunei
[bruˈnej]

China
China
[ˈki·na]

UN-MITGLIEDSSTAATEN – STATE MEMBRE ALE ONU

Asien – Asia

Georgien
Georgia
[ˈʤe̯or·ʤi·a]

Indien
India
[ˈin·di·a]

Indonesien
Indonezia
[in·doˈne·zi·a]

(der) Irak
Irak
[iˈrak]

(der) Iran
Iran
[iˈran]

Israel
Israel
[is·raˈel]

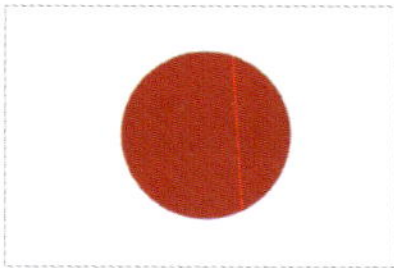

Japan
Japonia
[ʒaˈpo·ni·a]

(der) Jemen
Yemen
[ˈje·men]

Jordanien
Iordania
[jorˈda·ni·a]

Kambodscha
Cambodgia
[kamˈbo·ʤi·a]

Kasachstan
Kazahstan
[ka·zahsˈtan]

Kirgisistan
Kârgâzstan
[kɨr·gɨzˈstan]

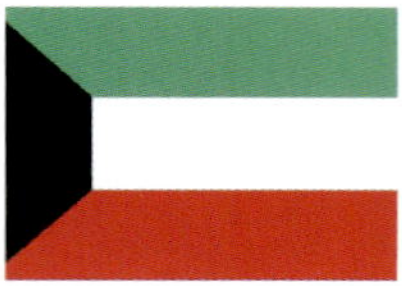

Kuwait
Kuweit
[kuˈvejt]

Laos
Laos
[ˈla·os]

(der) Libanon
Liban
[liˈban]

Katar
Qatar
[kaˈtar]

UN-MITGLIEDSSTAATEN – STATE MEMBRE ALE ONU

Asien – Asia

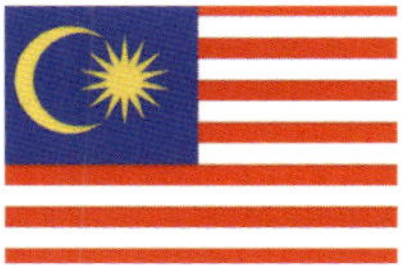

Malaysia
Malaysia
[ma'laj·si·a]

die Malediven
Maldive
[mal'di·ve]

die Mongolei
Mongolia
[mon'go·li·a]

Myanmar
Myanmar
[mi·an'mar]

Nepal
Nepal
[ne'pal]

Nordkorea
Coreea de Nord
[ko're·e̯a de nord]

Oman
Oman
[o'man]

Osttimor
Timorul de Est
[ti'mo·rul de est]

Pakistan
Pakistan
[pa·kis'tan]

die Philippinen
Filipine
[fi·li'pi·ne]

Saudi-Arabien
Arabia Saudită
[a'ra·bi·a sa·u'di·tə]

Singapur
Singapore
[sin·ga'po·re]

Sri Lanka
Sri Lanka
[sri 'lan·ka]

Südkorea
Coreea de Sud
[ko're·e̯a de sud]

Syrien
Siria
['si·ri·a]

Tadschikistan
Tadjkistan
[ta·ʤi·kis'tan]

UN-MITGLIEDSSTAATEN – STATE MEMBRE ALE ONU

Asien – Asia

Thailand
Thailanda
[tajˈlan·da]

die Türkei
Turcia
[ˈtur·ʧi·a]

Turkmenistan
Turkmenistan
[turk·me·nisˈtan]

Usbekistan
Uzbekistan
[uz·be·kisˈtan]

die Vereinigten Arabischen Emirate
Emiratele Arabe Unite
[e·miˈra·te·le aˈra·be uˈni·te]

Vietnam
Vietnam
[vi·etˈnam]

Ozeanien – Oceania

Australien
Australia
[a·usˈtra·li·a]

Fidschi
Fiji
[ˈfi·ʤi]

Kiribati
Kiribati
[ki·riˈba·ti]

die Marshallinseln
Insulele Marshall
[ˈin·su·le·le ˈmar·ʃal]

Mikronesien
Micronezia
[mi·kroˈne·zi·ja]

Nauru
Nauru
[naˈu·ru]

Neuseeland
Noua Zeelandă
[ˈno·wa ze·eˈlan·də]

Palau
Palau
[paˈlaw]

UN-MITGLIEDSSTAATEN – STATE MEMBRE ALE ONU

Ozeanien – Oceania

Papua-Neuguinea
Papua Noua Guinee
[ˈpa·pu·a ˈno·wa gu·iˈne·e]

die Salomonen
Insulele Solomon
[ˈin·su·le·le ˈso·lo·mon]

Samoa
Samoa
[saˈmo·a]

Tonga
Tonga
[ˈton·ga]

Tuvalu
Tuvalu
[tuˈva·lu]

Vanuatu
Vanuatu
[va·nuˈa·tu]

Internationale Organisationen – Organizații internaționale

die Europäische Union (EU)
Uniunea Europeană (UE)
[u·niˈu·nea e·u·roˈpea·nə (u e)]

die Vereinten Nationen (UN)
Organizația Națiunilor Unite (ONU)
[or·ga·niˈza·tsi·a na·tsiˈu·ni·lor uˈni·te (ˈo·nu)]

die Organisation des Nordatlantikvertrags (NATO)
Organizația Tratatului Atlanticului de Nord (NATO)
[or·ga·niˈza·tsi·a traˈta·tu·luj aˈtlan·ti·ku·luj de nord (ˈna·to)]

die Afrikanische Union
Uniunea Africană
[u·niˈu·nea a·friˈka·nə]

die Arabische Liga
Liga Statelor Arabe
[ˈli·ga ˈsta·te·lor aˈra·be]

die UNESCO
UNESCO
[uˈnes·ko]

das Commonwealth
Comunitatea Națiunilor
[ko·mu·niˈta·tea na·tsiˈu·ni·lor]

DAS WETTER – VREMEA

sonnig
însorit
[ɨn·so'rit]

wolkig
noros
[no'ros]

neblig
cețos
[tʃe'tsos]

windig
cu vânt
[ku vɨnt]

heiß
foarte cald
['fo̯ar·te kald]

warm
cald
[kald]

kalt
frig
[frig]

bedeckt
acoperit
[a·ko·pe'rit]

vereist
înghețat
[ɨn·ge'tsat]

verschneit
înzăpezit
[ɨn·zə·pe'zit]

regnerisch
ploios
[plo'jos]

stürmisch
furtunos
[fur·tu'nos]

feucht
umed
['u·med]

die Temperatur	**temperatură** f [tem·pe·ra'tu·rə]
der Grad	**grad** n [grad]
Celsius	**Celsius** ['tʃel·si·us]
Fahrenheit	**Fahrenheit** ['fa·rən·hajt]
die Wettervorhersage	**previziune meteorologică** f [pre·vi·zi'u·ne me·te·o·ro'lo·dʒi·kə]
Wie ist das Wetter?	**Cum e vremea?** [kum e 'vre·me̯a]
Es ist schön/trüb/nasskalt.	**E frumos/posomorât/rece și umed.** [je fru'mos/po·so·mo'rɨt/'re·tʃe ʃi 'u·med]
Es regnet/schneit.	**Plouă/ninge.** ['plo·wə/'nin·dʒe]

DAS WETTER – VREMEA

der Regen
ploaie f
[ˈplo̯a·je]

der Regenbogen
curcubeu n
[kur·kuˈbew]

der Sonnenschein
soare m
[ˈso̯a·re]

der Wind
vânt n
[vɨnt]

das Gewitter
furtună f
[furˈtu·nə]

der Donner
tunet n
[ˈtu·net]

der Blitz
fulger n
[ˈful·ʤer]

der Hagel
grindină f
[ˈgrin·di·nə]

der Raureif
promoroacă f
[pro·moˈro̯a·kə]

der Schnee
zăpadă f
[zəˈpa·də]

der Frost
ger n
[ʤer]

das Eis
gheață f
[ˈge̯a·ʦə]

die Brise	**briză** f [ˈbri·zə]
die Windgeschwindigkeit	**viteză a vântului** f [viˈte·zə a ˈvɨn·tu·luj]
der Pollenflug	**invazie de polen** f [inˈva·zi·e de poˈlen]
die UV-Strahlen	**raze ultraviolete** f [ˈra·ze ul·tra·vi·oˈle·te]
der Ozon	**ozon** n [oˈzon]
die Ozonschicht	**strat de ozon** n [strat de oˈzon]
die Stratosphäre	**stratosferă** f [stra·tosˈfe·rə]
die Troposphäre	**troposferă** f [tro·posˈfe·rə]

der Smog
smog n
[smog]

DAS WETTER – VREMEA

Naturkatastrophen – Catastrofe naturale

die Dürre
secetă f
[ˈse·ʧe·tə]

der Hurrikan
uragan n
[u·raˈgan]

der Tornado
tornadă f
[torˈna·də]

der Monsun
muson m
[muˈson]

die Überschwemmung
inundație f
[i·nunˈda·ʦi·e]

das Erdbeben
cutremur n
[kuˈtre·mur]

der Vulkanausbruch
erupție vulcanică f
[eˈrup·ʦi·e vulˈka·ni·kə]

der Tsunami
tsunami n
[ʦuˈna·mi]

der Erdrutsch
alunecare de teren f
[a·lu·neˈka·re de teˈren]

der Waldbrand
incendiu de pădure n
[inˈʧen·dju de pəˈdu·re]

die Hitzewelle
val de căldură n
[val de kəlˈdu·rə]

der Sturm
furtună f
[furˈtu·nə]

die Lawine
avalanșă f
[a·vaˈlan·ʃə]

der Schneesturm
furtună de zăpadă f
[furˈtu·nə de zəˈpa·də]

der (tropische) Wirbelsturm
ciclon (tropical) n
[ʧiˈklon (tro·piˈkal)]

die Pandemie
pandemie f
[pan·deˈmi·e]

DIE LANDSCHAFT – PEISAJUL

der Berg
munte m
[ˈmun·te]

der Gipfel
vârf n
[vɨrf]

das Gebirge
lanț muntos n
[lanʦ munˈtos]

der Wald
pădure f
[pəˈdu·re]

der Berghang
povârniș n
[po·vɨrˈniʃ]

der See
lac n
[lak]

der Felsen
stâncă f
[ˈstɨn·kə]

das Tal
vale f
[ˈva·le]

der Fluss
râu n
[rɨw]

die Flussmündung
gură de vărsare f
[ˈgu·rə de vərˈsa·re]

die Höhle
peșteră f
[ˈpeʃ·te·rə]

die Klippe
stâncă f
[ˈstɨn·kə]

die Küste
coastă f
[ˈko̯as·tə]

der Gletscher
ghețar m
[geˈtsar]

der Wasserfall
cascadă f
[kasˈka·də]

DIE LANDSCHAFT – PEISAJUL

das Plateau
platou n
[plaˈtow]

der Hügel
deal n
[de̯al]

die Ebene
câmpie f
[kɨmˈpi·e]

die Schlucht
defileu n
[de·fiˈlew]

die Wüste
deșert n
[deˈʃert]

die Wiese
pajiște f
[ˈpa·ʒiʃ·te]

das Feuchtgebiet
zonă mlăștinoasă f
[ˈzo·nə mləʃ·tiˈno̯a·sə]

die Heide
șes n
[ʃes]

das Grasland
fâneață f
[fɨˈne̯a·tsə]

der Geysir
gheizer n
[ˈgej·zer]

die Thermalquelle
izvor termal n
[izˈvor terˈmal]

der Vulkan
vulcan m
[vulˈkan]

die Bucht
golf mic n
[golf mik]

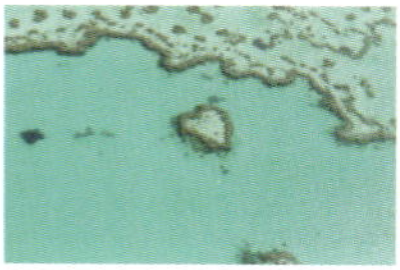

das Korallenriff
recif de corali n
[reˈtʃif de koˈralʲ]

die Insel
insulă f
[ˈin·su·lə]

der Gebirgsbach
pârâu de munte n
[pɨˈrɨw de ˈmun·te]

STEINE UND MINERALIEN – PIETRE ȘI MINEREURI

das Eisenerz
minereu de fier n
[mi·neˈrew de fjer]

der Sandstein
gresie f
[ˈgre·si·e]

der Asphalt
asfalt n
[asˈfalt]

der Granit
granit n
[graˈnit]

der Kalkstein
calcar n
[ˈkal·kar]

die Kreide
cretă f
[ˈkre·tə]

die Kohle
cărbune m
[kərˈbu·ne]

der Schiefer
ardezie f
[arˈde·zi·e]

der Marmor
marmură f
[ˈmar·mu·rə]

der Schwefel
sulf n
[sulf]

der Grafit
grafit n
[graˈfit]

das Gold
aur n
[ˈa·ur]

das Silber
argint n
[arˈʤint]

das Kupfer
cupru n
[ˈku·pru]

das Quecksilber
mercur n
[merˈkur]

der Bauxit
bauxită f
[ba·uˈksi·tə]

STEINE UND MINERALIEN – PIETRE ȘI MINEREURI

Edel- und Halbedelsteine – Pietre prețioase și semiprețioase

der Rubin
rubin n
[ruˈbin]

der Aquamarin
acvamarin n
[ak·va·maˈrin]

der Jade
jad n
[ʒad]

der Smaragd
smarald n
[smaˈrald]

der Saphir
safir n
[saˈfir]

der Amethyst
ametist n
[a·meˈtist]

der Quarz
cuarț n
[kwarʦ]

der Diamant
diamant n
[di·aˈmant]

der Turmalin
turmalină f
[tur·maˈli·nə]

der Topas
topaz n
[toˈpaz]

der Granat
granat n
[graˈnat]

das/der Tigerauge
ochi de tigru m
[okʲ de ˈti·gru]

der Opal
opal n
[oˈpal]

der Bernstein
chihlimbar n
[ki·hlimˈbar]

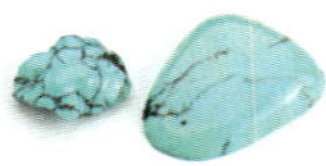

der Türkis
turcoaz n
[turˈkọaz]

der Rosenquarz
cuarț roz n
[kwarʦ roz]

der Onyx
onix n
[ˈo·niks]

die Perle
perlă f
[ˈper·lə]

der Lapislazuli
lazurit n
[la·zuˈrit]

der Citrin
citrin n
[ʧiˈtrin]

PFLANZEN – PLANTE

Bäume – Copaci

die Eiche
stejar m
[steˈʒar]

das Laub
frunziș n
[frunˈziʃ]

der Ast
creangă f
[ˈkre̯an·gə]

der Stamm
trunchi n
[trunkʲ]

die Wurzel
rădăcină f
[rə·dəˈʧi·nə]

die Krone
coroană f
[koˈro̯a·nə]

das Blatt
frunză f
[ˈfrun·zə]

die Borke
scoarță f
[ˈsko̯ar·tsə]

die Seitenwurzel
rădăcină laterală f
[rə·dəˈʧi·nə la·teˈra·lə]

die Pfahlwurzel
rădăcină pivotantă f
[rə·dəˈʧi·nə pi·voˈtan·tə]

die Weide
salcie f
[ˈsal·ʧi·e]

die Esche
frasin m
[ˈfra·sin]

die Buche
fag m
[fag]

die Ulme
ulm m
[ulm]

die Birke	**mesteacăn** m [mesˈte̯a·kən]
der Ahorn	**arțar** m [arˈtsar]
die Linde	**tei** m [tej]
die Tanne	**brad** m [brad]
die Fichte	**molid** m [moˈlid]
der Nadelbaum	**conifer** n [ko·niˈfer]
der Laubbaum	**foios** n [foˈjos]
der immergrüne Baum	**copac sempervirescent** m [koˈpak sem·per·vi·resˈʧent]

der Eukalyptus
eucalipt m
[e·u·kaˈlipt]

PFLANZEN – PLANTE

Wildpflanzen – Plante sălbatice

die Flechte
lichen m
[liˈken]

das Moos
muşchi m
[muʃkʲ]

die Distel
ciulin m
[ʧjuˈlin]

der Pilz
ciupercă f
[ʧjuˈper·kə]

die Brennnessel
urzică f
[urˈzi·kə]

der Fingerhut
degeţel roşu m
[de·ʤeˈtsel ˈro·ʃu]

der Bärenklau
brânca ursului f
[ˈbrɨn·ka ˈur·su·luj]

der Löwenzahn
păpădie f
[pə·pəˈdi·e]

das Gänseblümchen
bănuţ m
[bəˈnuts]

das Heidekraut
erica f
[ˈe·ri·ka]

das Hasenglöckchen
clopoţel m
[klo·poˈtsel]

der Klee
trifoi m
[triˈfoj]

die Kamille
muşeţel m
[mu·ʃeˈtsel]

das Maiglöckchen
lăcrimioară f
[lə·kriˈmjo̯a·rə]

die Pusteblume
păpădie cu puf f
[pə·pəˈdi·e ku puf]

die Butterblume
piciorul cocoşului n
[piˈʧjo·rul koˈko·ʃu·luj]

PFLANZEN – PLANTE

Zierblumen – Flori ornamentale

die Rose
trandafir m
[tran·daˈfir]

das Blütenblatt
petală f
[peˈta·lə]

die Blüte
floare f
[ˈflo̯a·re]

der Stängel
tijă f
[ˈti·ʒə]

der Stiel
tulpină f
[tulˈpi·nə]

die Knospe
boboc m
[boˈbok]

der Dorn
spin m
[spin]

das Blatt
frunză f
[ˈfrun·zə]

das Schneeglöckchen
ghiocel m
[gi·oˈʧel]

der Krokus
brândușă f
[brɨnˈdu·ʃə]

die Seerose
nufăr m
[ˈnu·fər]

der Lavendel
levănțică f
[le·vənˈtsi·kə]

der Flieder	**liliac** m [li·liˈak]
der/das Rhododendron	**rododendron** m [ro·doˈden·dron]
blühen	**a înflori** [a ɨn·floˈri]
duften	**a mirosi** [a mi·roˈsi]
verwelken	**a se veșteji** [a se veʃ·teˈʒi]
keimen	**a încolți** [a ɨn·kolˈtsi]
die Frühlingsblume	**floare de primăvară** f [ˈflo̯a·re de ˈpri·mə·va·rə]
der Nachtblüher	**floare nocturnă** f [ˈflo̯a·re nokˈtur·nə]

die Petunie
petunie f
[peˈtu·ni·e]

PFLANZEN – PLANTE

Zierblumen – Flori ornamentale

die Nelke
garoafă f
[gaˈro̯a·fə]

die Primel
primulă f
[ˈpri·mu·lə]

die Gerbera
gerbera f
[ˈʤer·be·ra]

die Tulpe
lalea f
[laˈle̯a]

die Narzisse
narcisă f
[narˈʧi·sə]

die Iris
iris m
[ˈi·ris]

die Chrysantheme
crizantemă f
[kri·zanˈte·mə]

die Hyazinthe
zambilă f
[zamˈbi·lə]

die Ringelblume
gălbenea f
[gəl·beˈne̯a]

das Stiefmütterchen
panseluță f
[pan·seˈlu·tsə]

die Orchidee
orhidee f
[or·hiˈde·e]

der Rosenstrauch
tufă de trandafiri f
[ˈtu·fə de tran·daˈfirʲ]

die Lilie
crin m
[krin]

die Sonnenblume
floarea-soarelui f
[ˈflo̯a·re̯a ˈso̯a·re·luj]

die Geranie
mușcată f
[muʃˈka·tə]

die Hortensie
hortensie f
[horˈten·si·e]

PFLANZEN – PLANTE

Gartenpflanzen – Plante de grădină

der/das Efeu
iederă f
[ˈje·de·rə]

der Obstbaum
pom fructifer m
[pom fruk·ti·ˈfer]

die Baumblüte
floare f
[ˈfl̯oa·re]

der Trieb
vlăstar n
[vləsˈtar]

der Formschnitt
modelarea creșterii arbuștilor f [mo·deˈla·re̯a ˈkreʃ·te·rij arˈbuʃ·ti·lor]

das Unkraut
buruiană f
[bu·ruˈja·nə]

blühen
a înflori
[a ɨn·floˈri]

verwelken
a se ofili
[a se o·fiˈli]

die Palme
palmier m
[pal·miˈer]

der Rasen
gazon n
[gaˈzon]

die Blumenwiese
poiană cu flori f
[poˈja·nə ku florʲ]

die Mohnblume
mac m
[mak]

die Kletterpflanze
plantă cățărătoare f
[ˈplan·tə kə·tsə·rəˈto̯a·re]

einjährig
anuală
[a·nuˈa·lə]

zweijährig
bienală
[bi·eˈna·lə]

mehrjährig
perenă
[peˈre·nə]

TIERE – ANIMALE

Säugetiere – Mamifere

die Ratte
șobolan m
[ʃo·bo'lan]

der Maulwurf
cârtiță f
['kɨr·ti·tsə]

die Katze
pisică f
[pi'si·kə]

der Hund
câine m
['kij·ne]

das Kaninchen
iepure de casă m
['je·pu·re de 'ka·sə]

das Meerschweinchen
porcușor de Guineea m
[por·ku'ʃor de gu·i'ne·e̯a]

die Maus
șoarece m
['ʃo̯a·re·tʃe]

der Hamster
hârciog m
[hɨr'tʃjog]

die Fledermaus
liliac m
[li·li'ak]

das Eichhörnchen
veveriță f
['ve·ve·ri·tsə]

der Igel
arici m
[a'ritʃʲ]

das Frettchen
dihor m
[di'hor]

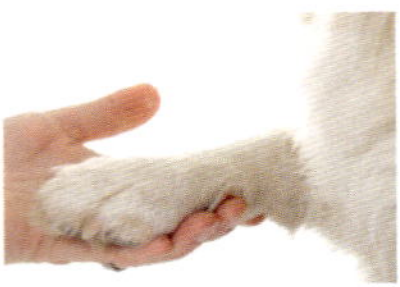

die Pfote
labă f
['la·bə]

das Schnurrhaar	**fir al mustății** n [fir al mus'tə·tsij]
das Fell	**blană** f ['bla·nə]
das Maul	**bot** n [bot]
der Schwanz	**coadă** f ['ko̯a·də]
das Horn	**corn** n [korn]
die Kralle	**gheară** f ['ge̯a·rə]
die Tatze	**labă** f ['la·bə]
der Huf	**copită** f [ko'pi·tə]

TIERE – ANIMALE

Säugetiere – Mamifere

der Gepard
ghepard m
[geˈpard]

der Puma
pumă f
[ˈpu·mə]

der Wolf
lup m
[lup]

der Waschbär
raton m
[raˈton]

das Stinktier
sconcs m
[skonks]

das Erdmännchen
suricat m
[su·riˈkat]

der Leopard
leopard m
[le·oˈpard]

der Dachs
bursuc m
[burˈsuk]

der Fuchs
vulpe f
[ˈvul·pe]

der Jaguar
jaguar m
[ʒa·guˈar]

der Löwe
leu m
[lew]

der Tiger
tigru m
[ˈti·gru]

der Bär
urs m
[urs]

der Eisbär
urs polar m
[urs poˈlar]

der Koala
koala f
[koˈa·la]

der Pandabär
panda m
[ˈpan·da]

TIERE – ANIMALE

Säugetiere – Mamifere

das Schwein
porc m
[pork]

die Ziege
capră f
[ˈka·prə]

das Pferd
cal m
[kal]

die Giraffe
girafă f
[ʤiˈra·fə]

das Schaf
oaie f
[ˈo̯a·je]

das Lama
lamă f
[ˈla·mə]

der Esel
măgar m
[məˈgar]

das Reh
căprioară f
[kə·priˈo̯a·rə]

das Rentier
ren m
[ren]

das Kamel
cămilă f
[kəˈmi·lə]

die Kuh
vacă f
[ˈva·kə]

der Stier
taur m
[ˈta·ur]

das Nilpferd
hipopotam m
[hi·po·poˈtam]

das Nashorn
rinocer m
[ri·noˈʧer]

der Elefant
elefant m
[e·leˈfant]

das Zebra
zebră f
[ˈze·brə]

TIERE – ANIMALE

Säugetiere – Mamifere

das Walross
morsă f
[ˈmɒr·sə]

der Seelöwe
leu de mare m
[lew de ˈma·re]

der Seehund
focă f
[ˈfo·kə]

der Delfin
delfin m
[delˈfin]

der Schwertwal
orcă f
[ˈɒr·kə]

der Otter
vidră f
[ˈvi·drə]

die Biberratte
nutrie f
[ˈnu·tri·e]

der Gorilla
gorilă f
[goˈri·lə]

der Orang-Utan
urangutan m
[u·ran·guˈtan]

der Gibbon
gibon m
[ʤiˈbon]

der Pavian
babuin m
[ba·buˈin]

der Schimpanse
cimpanzeu m
[ʧim·panˈzew]

das Faultier
leneș m
[ˈle·neʃ]

der Ameisenbär
furnicar m
[fur·niˈkar]

das Känguru
cangur m
[ˈkan·gur]

das Jungtier
pui m
[puj]

TIERE – ANIMALE

Vögel – Păsări

der Specht
ciocănitoare f
[ʧjo·kə·ni'to̯a·re]

der Spatz
vrabie f
['vra·bi·e]

der Kolibri
colibri m
[ko·li'bri]

der Tukan
tucan m
[tu'kan]

das Rotkehlchen
măcăleandru m
[mə·kə'le̯an·dru]

die Schwalbe
rândunică f
[rɨn·du'ni·kə]

der Habicht
uliu m
['u·lju]

die Taube
porumbel m
[po·rum'bel]

der Rabe
corb m
[korb]

die Krähe
cioară f
['ʧjo̯a·rə]

der Fink
cinteză f
['ʧin·te·zə]

die Möwe
pescăruș m
[pes·kə'ruʃ]

der Kanarienvogel
canar m
[ka'nar]

der Schnabel	**cioc** n [ʧjok]
das Küken	**pui** m [puj]
der Flügel	**aripă** f ['a·ri·pə]
die Kralle	**gheară** f ['ge̯a·rə]
die Feder	**pană** f ['pa·nə]
das Federkleid	**penaj** n [pe'naʒ]
zwitschern	**a ciripi** [a ʧi·ri'pi]
flattern	**a bate din aripi** [a 'ba·te din 'a·ripʲ]

TIERE – ANIMALE

Vögel – Păsări

der Storch
barză f
[ˈbar·zə]

der Flamingo
flamingo m
[flaˈmin·go]

der Strauß
struț m
[struts]

der Adler
vultur m
[ˈvul·tur]

der Pinguin
pinguin m
[pin·guˈin]

der Kakadu
cacadu m
[ka·kaˈdu]

der Papagei
papagal m
[pa·paˈgal]

die Eule
bufniță f
[ˈbuf·ni·tsə]

der Truthahn
curcan m
[kurˈkan]

der Schwan
lebădă f
[ˈle·bə·də]

die Gans
gâscă f
[ˈgɨs·kə]

die Ente
rață f
[ˈra·tsə]

der Hahn
cocoș m
[koˈkoʃ]

das Huhn
găină f
[gəˈi·nə]

die Wachtel
prepeliță f
[ˈpre·pe·li·tsə]

der Pfau
păun m
[pəˈun]

TIERE – ANIMALE

Reptilien und Amphibien – Reptile și amfibii

die Schlange
șarpe m
[ˈʃar·pe]

das Krokodil
crocodil m
[kro·koˈdil]

der Alligator
aligator m
[a·li·gaˈtor]

die Eidechse
șopârlă f
[ʃoˈpɨr·lə]

das Chamäleon
cameleon m
[ka·me·leˈon]

der Leguan
iguană f
[iˈgwa·nə]

die Schildkröte
broască țestoasă f
[ˈbro̯as·kə tsesˈtoa·sə]

die Meeresschildkröte
broască țestoasă de mare f
[ˈbro̯as·kə tsesˈtoa·sə de ˈma·re]

der Frosch
broască f
[ˈbro̯as·kə]

die Kröte
broască râioasă f
[ˈbro̯as·kə rɨˈjo̯a·sə]

die Kaulquappe
mormoloc m
[mor·moˈlok]

der Salamander
salamandră f
[sa·laˈman·drə]

der Gecko
gecko m
[ˈdʒe·ko]

der Panzer	**carapace** f [ka·raˈpa·tʃe]
die Schuppen	**solzi** m [solzʲ]
das Gift	**venin** n [veˈnin]
der Giftzahn	**dinte veninos** m [ˈdin·te ve·niˈnos]
das wechselwarme Tier	**animal cu sânge rece** n [a·niˈmal ku ˈsɨn·dʒe ˈre·tʃe]
kriechen	**a se târî** [a se tɨˈrɨ]
zischen	**a șuiera** [a ʃu·jeˈra]
quaken	**a orăcăi** [a o·rə·kəˈi]

TIERE – ANIMALE

Fische – Pești

der Kugelfisch
pește balon m
[ˈpeʃ·te baˈlon]

der Hornhecht
zărgan m
[zərˈgan]

der Piranha
piranha m
[piˈra·nja]

der Fliegende Fisch
pește zburător m
[ˈpeʃ·te zbu·rəˈtor]

der Fächerfisch
pește evantai m
[ˈpeʃ·te e·vanˈtaj]

der Rochen
pisică de mare f
[piˈsi·kə de ˈma·re]

der Weiße Hai
rechin alb m
[reˈkin alb]

der Tigerhai
rechin tigru m
[reˈkin ˈti·gru]

der Goldfisch
caras auriu m
[kaˈras a·uˈriw]

der Koi
crap koi m
[krap koj]

der Aal
anghilă f
[anˈgi·lə]

der Wels
somn m
[somn]

der Fischschwarm	**banc de pește** n [bank de ˈpeʃ·te]
die Flosse	**aripioară** f [a·riˈpjo̯a·rə]
die Kiemen	**branhie** f [ˈbran·hi·e]
das Tiefseetier	**animal marin de adâncime** n [a·niˈmal maˈrin de a·dɨnˈʧi·me]
der Rogen	**icre** pl [ˈi·kre]
der Süßwasserfisch	**pește de apă dulce** m [ˈpeʃ·te de ˈa·pə ˈdul·ʧe]
der Seefisch	**pește de mare** m [ˈpeʃ·te de ˈma·re]
das Aquarium	**acvariu** n [akˈva·rju]

das Seepferdchen
cal de mare m
[kal de ˈma·re]

TIERE – ANIMALE

Insekten und Spinnen – Insecte și păianjeni

der Schmetterling
fluture m
[ˈflu·tu·re]

die Raupe
omidă f
[oˈmi·də]

die Puppe
crisalidă f
[kri·saˈli·də]

der Nachtfalter
fluture de noapte m
[ˈflu·tu·re de ˈno̯ap·te]

die Biene
albină f
[alˈbi·nə]

die Hummel
bondar m
[bonˈdar]

die Wespe
viespe f
[ˈvjes·pe]

die Hornisse
gărgăun m
[gər·gəˈun]

die Fliege
muscă f
[ˈmus·kə]

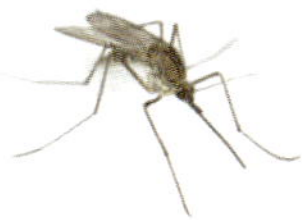

die Stechmücke
țânțar m
[tsɨnˈtsar]

die Zikade
cicadă f
[tʃiˈka·də]

der Maikäfer
cărăbuș m
[kə·rəˈbuʃ]

die Libelle
libelulă f
[li·beˈlu·lə]

die Gottesanbeterin
călugăriță f
[kəˈlu·gə·ri·tsə]

die Heuschrecke
lăcustă f
[ləˈkus·tə]

die Grille
greier m
[ˈgre·jer]

TIERE – ANIMALE

Insekten und Spinnen – Insecte și păianjeni

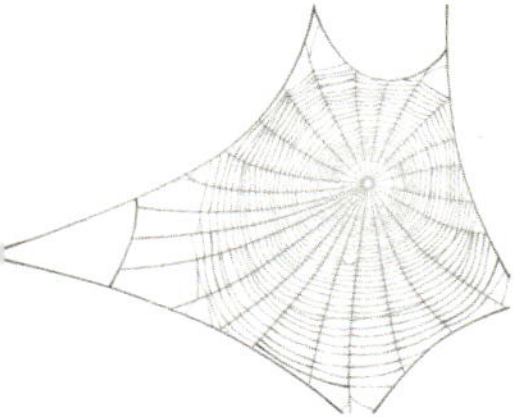

das Spinnennetz
pânză de păianjen f
[ˈpɨn·zə de pəˈjan·ʒen]

die Spinne
păianjen m
[pəˈjan·ʒen]

der Floh
purice m
[ˈpu·ri·tʃe]

die Assel
izopod m
[i·zoˈpod]

die Stinkwanze
ploșniță de câmp f
[ˈploʃ·ni·tsə de kɨmp]

der Marienkäfer
buburuză f
[bu·buˈru·zə]

die Schabe
gândac de bucătărie m
[gɨnˈdak de bu·kə·təˈri·e]

der Wasserläufer
păianjen de apă m
[pəˈjan·ʒen de ˈa·pə]

der Hundertfüßer
chilopod m
[ki·loˈpod]

die Nacktschnecke
limax m
[ˈli·maks]

die Schnecke
melc m
[melk]

der Wurm
vierme m
[ˈvjer·me]

die Termite
termită f
[terˈmi·tə]

die Ameise
furnică f
[furˈni·kə]

die Zecke
căpușă f
[kəˈpu·ʃə]

der Skorpion
scorpion m
[skor·piˈon]

ZAHLEN UND MAẞE

NUMERE ȘI MĂSURI

DIE ZAHLEN – NUMERELE

Die Kardinalzahlen – Numerele cardinale

null
zero
[ˈze·ro]

eins
unu
[ˈu·nu]

zwei
doi
[doj]

drei
trei
[trej]

vier
patru
[ˈpa·tru]

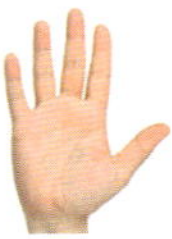

fünf
cinci
[tʃintʃʲ]

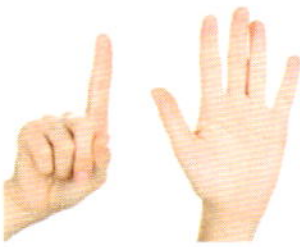

sechs
șase
[ˈʃa·se]

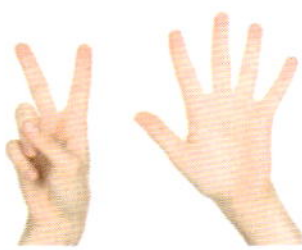

sieben
șapte
[ˈʃap·te]

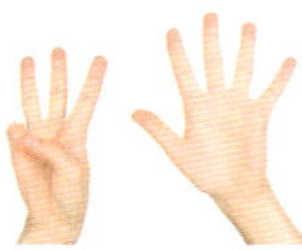

acht
opt
[opt]

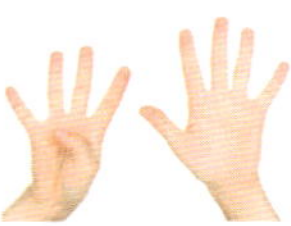

neun
nouă
[ˈno·wə]

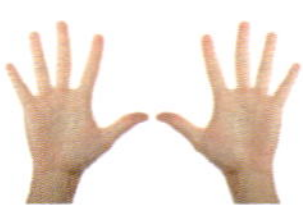

zehn
zece
[ˈze·tʃe]

elf	**unsprezece** [ˈun·spre·ze·tʃe]
zwölf	**doisprezece** [ˈdoj·spre·ze·tʃe]
dreizehn	**treisprezece** [ˈtrej·spre·ze·tʃe]
vierzehn	**paisprezece** [ˈpaj·spre·ze·tʃe]
fünfzehn	**cincisprezece** [ˈtʃintʃʲ·spre·ze·tʃe]
sechzehn	**șaisprezece** [ˈʃaj·spre·ze·tʃe]
siebzehn	**șaptesprezece** [ˈʃap·te·spre·ze·tʃe]
achtzehn	**optsprezece** [ˈopt·spre·ze·tʃe]
neunzehn	**nouăsprezece** [ˈno·wəs·pre·ze·tʃe]
zwanzig	**douăzeci** [do·wəˈzetʃʲ]
einundzwanzig	**douăzeci și unu** [do·wəˈzetʃʲ ʃi ˈu·nu]
zweiundzwanzig	**douăzeci și doi** [do·wəˈzetʃʲ ʃi doj]
dreiundzwanzig	**douăzeci și trei** [do·wəˈzetʃʲ ʃi trej]
dreißig	**treizeci** [trejˈzetʃʲ]
vierzig	**patruzeci** [pa·truˈzetʃʲ]
fünfzig	**cincizeci** [tʃintʃʲˈzetʃʲ]
sechzig	**șaizeci** [ʃajˈzetʃʲ]
siebzig	**șaptezeci** [ʃap·teˈzetʃʲ]
achtzig	**optzeci** [optˈzetʃʲ]
neunzig	**nouăzeci** [no·wəˈzetʃʲ]
hundert	**o sută** [o ˈsu·tə]

DIE ZAHLEN – NUMERELE

zweihundertzweiundzwanzig	**două sute douăzeci şi doi** [ˈdo·wə ˈsu·te do·wəˈzeʧʲ ʃi doj]
tausend	**o mie** [o ˈmi·e]
zehntausend	**zece mii** [ˈze·ʧe mij]
zwanzigtausend	**douăzeci de mii** [do·wəˈzeʧʲ de mij]
fünfzigtausend	**cincizeci de mii** [ʧinʧʲˈzeʧʲ de mij]
fünfundfünfzigtausend	**cinzeci şi cinci de mii** [ʧinʧʲˈzeʧʲ ʃi ʧinʧʲ de mij]
hunderttausend	**o sută de mii** [o ˈsu·tə de mij]
eine Million	**un milion** [un mi·liˈon]
eine Milliarde	**un miliard** [un mi·liˈard]
eine Billion	**un bilion** [un bi·liˈon]

Die Ordinalzahlen – Numerele ordinale

erste(r, s)	**prima/primul** [ˈpri·ma/ˈpri·mul]
zweite(r, s)	**a doua/al doilea** [a ˈdo·wa/al ˈdoj·le̯a]
dritte(r, s)	**a treia/al treilea** [a ˈtre·ja/al ˈtrej·le̯a]
vierte(r, s)	**a patra/al patrulea** [a ˈpa·tra/al ˈpa·tru·le̯a]
fünfte(r, s)	**a cincea/al cincilea** [a ˈʧin·ʧe̯a/al ˈʧin·ʧi·le̯a]
sechste(r, s)	**a şasea/al şaselea** [a ˈʃa·se̯a/al ˈʃa·se·le̯a]
siebte(r, s)	**a şaptea/al şaptelea** [a ˈʃap·te̯a/al ˈʃap·te·le̯a]
achte(r, s)	**a opta/al optulea** [a ˈop·ta/al ˈop·tu·le̯a]
neunte(r, s)	**a noua/al nouălea** [a ˈno·wa/al ˈno·wə·le̯a]
zehnte(r, s)	**a zecea/al zecelea** [a ˈze·ʧe̯a/al ˈze·ʧe·le̯a]
elfte(r, s)	**a unsprezecea/al unsprezecelea** [a ˈun·spre·ze·ʧe̯a/al ˈun·spre·ze·ʧe·le̯a]
zwölfte(r, s)	**a douăsprezecea/al douăsprezecelea** [a ˈdo·wəs·pre·ze·ʧe̯a/al ˈdoj·spre·ze·ʧe·le̯a]
dreizehnte(r, s)	**a treisprezecea/al treisprezecelea** [a ˈtrejs·pre·ze·ʧe̯a/al ˈtrejs·pre·ze·ʧe·le̯a]
vierzehnte(r, s)	**a paisprezecea/al paisprezecelea** [a ˈpajs·pre·ze·ʧe̯a/al ˈpajs·pre·ze·ʧe·le̯a]
fünfzehnte(r, s)	**a cincisprezecea/al cincisprezecelea** [a ˈʧinʧʲ·spre·ze·ʧe̯a/al ˈʧinʧʲ·spre·ze·ʧe·le̯a]
sechzehnte(r, s)	**a şaisprezecea/al şaisprezecelea** [a ˈʃajs·pre·ze·ʧe̯a/al ˈʃajs·pre·ze·ʧe·le̯a]
siebzehnte(r, s)	**a şaptesprezecea/al şaptesprezecelea** [a ˈʃap·tes·pre·ze·ʧe̯a/al ˈʃap·tes·pre·ze·ʧe·le̯a]
achtzehnte(r, s)	**a optsprezecea/al optsprezecelea** [a ˈopt·spre·ze·ʧe̯a/al ˈopt·spre·ze·ʧe·le̯a]
neunzehnte(r, s)	**a nouăsprezecea/al nouăsprezecelea** [a ˈno·wəs·pre·ze·ʧe̯a/al ˈno·wəs·pre·ze·ʧe·le̯a]
zwanzigste(r, s)	**a douăzecea/al douăzecilea** [a do·wəˈze·ʧe̯a/al do·wəˈze·ʧi·le̯a]
einundzwanzigste(r, s)	**a douăzeci şi una/al douăzeci şi unulea** [a do·wəˈzeʧʲ ʃi ˈu·na/al do·wəˈzeʧʲ ʃi ˈu·nu·le̯a]
zweiundzwanzigste(r, s)	**a douăzeci şi doua/al douăzeci şi doilea** [a do·wəˈzeʧʲ ʃi ˈdo·wa/al do·wəˈzeʧʲ ʃi ˈdoj·le̯a]

DIE ZAHLEN – NUMERELE

dreißigste(r, s)	**a treizecea/al treizecilea**	[a trej'ze·tʃe̯a/al trej'ze·tʃi·le̯a]
vierzigste(r, s)	**a patruzecea/al patruzecilea**	[a pa·tru'ze·tʃe̯a/al pa·tru'ze·tʃi·le̯a]
fünfzigste(r, s)	**a cincizecea/al cincizecilea**	[a tʃintʃʲ'ze·tʃe̯a/al tʃintʃʲ'ze·tʃi·le̯a]
sechzigste(r, s)	**a șaizecea/al șaizecilea**	[a ʃaj'ze·tʃe̯a/al ʃaj'ze·tʃi·le̯a]
siebzigste(r, s)	**a șaptezecea/al șaptezecilea**	[a ʃap·te'ze·tʃe̯a/al ʃap·te'ze·tʃi·le̯a]
achtzigste(r, s)	**a optzecea/al optzecilea**	[a opt'ze·tʃe̯a/al opt'ze·tʃi·le̯a]
neunzigste(r, s)	**a nouăzecea/al nouăzecilea**	[a no·wə'ze·tʃe̯a/al no·wə'ze·tʃi·le̯a]
hundertste(r, s)	**a o suta/al o sutelea**	[a o 'su·ta/al o 'su·te·le̯a]
zweihunderterste(r, s)	**a două suta/al două sutelea**	['do·wə 'su·ta/al 'do·wə 'su·te·le̯a]
zweihundertfünfund-zwanzigste(r, s)	**a două sute douăzeci și cincea/al două sute douăzeci și cincilea**	[a 'do·wə 'su·te do·wə'zetʃʲ ʃi 'tʃin·tʃe̯a/al 'do·wə 'su·te do·wə'zetʃʲ ʃi 'tʃin·tʃi·le̯a]
dreihundertste(r, s)	**a trei suta/al trei sutelea**	[a trej 'su·ta/al trej 'su·te·le̯a]
tausendste(r, s)	**a (o) mia/al o mielea**	[a (o) 'mi·a/al o 'mi·e·le̯a]
zehntausendste(r, s)	**a zece mia/al zece miilea**	[a 'ze·tʃe 'mi·a/al 'ze·tʃe 'mi·i·le̯a]
millionste(r, s)	**a milioana/al (un) milionulea**	[a mi·li'o̯a·na/al (un) mi·li'o·nu·le̯a]
zehnmillionste(r, s)	**a zece milioana/al zece milioanelea**	[a 'ze·tʃe mi·li'o̯a·na/al 'ze·tʃe mi·li'o̯a·ne·le̯a]
vorletzte(r, s)	**penultima/penultimul**	[pen'ul·ti·ma/pen'ul·ti·mul]
letzte(r, s)	**ultima/ultimul**	['ul·ti·ma/'ul·ti·mul]

Die Bruchzahlen – Fracțiile

ein halber/ein halbes/eine halbe	**o jumătate**	[o ʒu·mə'ta·te]
ein Drittel	**o treime**	[o tre'i·me]
ein Viertel	**o pătrime**	[o pə'tri·me]
ein Fünftel	**o cincime**	[o tʃin'tʃi·me]
ein Achtel	**o optime**	[o op'ti·me]
drei Viertel	**trei pătrimi**	[trej pə'trimʲ]
zwei Fünftel	**două cincimi**	['do·wə tʃin'tʃimʲ]
siebeneinhalb	**șapte și jumătate**	['ʃap·te ʃi ʒu·mə'ta·te]
zwei Siebzehntel	**două șaptesprezecimi**	['do·wə ʃap·te·spre·ze'tʃimʲ]
fünf und drei Achtel	**cinci și trei optimi**	[tʃintʃʲ ʃi trej op'timʲ]

DIE ZAHLEN – NUMERELE

Weitere Zahlwörter – Alte numerale

einmal	**o dată** [o ˈda·tə]
zweimal	**de două ori** [de ˈdo·wə orʲ]
dreimal	**de trei ori** [de trej orʲ]
viermal	**de patru ori** [de ˈpa·tru orʲ]
mehrmals	**de mai multe ori** [de maj ˈmul·te orʲ]
manchmal	**câteodată** [kɨ·te·oˈda·tə]
niemals	**niciodată** [ni·ʧioˈda·tə]
einfach	**simplu** [ˈsim·plu]
doppelt/zweifach	**dublu** [ˈdu·blu]
dreifach	**triplu** [ˈtri·plu]
vierfach	**cvadruplu** [kvaˈdru·plu]
fünffach	**cvintuplu** [kvinˈtu·plu]
sechsfach	**sextuplu** [seksˈtu·plu]
mehrfach/vielfach	**multiplu** [mulˈti·plu]
ein Paar	**o pereche** [o peˈre·ke]

ein halbes Dutzend	**o jumătate de duzină** [o ʒu·məˈta·te de duˈzi·nə]
ein Dutzend	**o duzină** [o duˈzi·nə]
ein Gros	**un gros** [un gros]
ein paar	**niște** [ˈni·ʃte]
wenige	**puțini/puține** m/f [puˈtsinʲ/puˈtsi·ne]
einige	**câțiva/câteva** m/f [kɨtsʲˈva/kɨ·teˈva]
etliche	**mai mulți/mai multe** m/f [maj multsʲ/maj ˈmul·te]
manche	**unii/unele** m/f [unij/ˈu·ne·le]
viele	**mulți/multe** m/f [multsʲ/ˈmul·te]
beide	**ambi/ambele** m/f [ˈam·bi/ˈam·be·le]
sämtliche	**toți/toate** m/f [ˈtotsʲ/ˈto̯a·te]
alle	**toți/toate** m/f [ˈtotsʲ/ˈto̯a·te]
jeder/jede/jedes	**fiecare** [fi·eˈka·re]

DIE ZEIT – TIMPUL

Die Uhrzeit – Ora

ein Uhr
ora unu
[ˈo·ra ˈu·nu]

zwei Uhr
ora două
[ˈo·ra ˈdo·wə]

drei Uhr
ora trei
[ˈo·ra trej]

vier Uhr
ora patru
[ˈo·ra ˈpa·tru]

fünf Uhr
ora cinci
[ˈo·ra ʧinʧʲ]

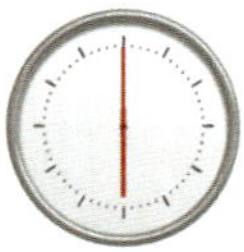

sechs Uhr
ora șase
[ˈo·ra ˈʃa·se]

sieben Uhr
ora șapte
[ˈo·ra ˈʃap·te]

acht Uhr
ora opt
[ˈo·ra opt]

neun Uhr
ora nouă
[ˈo·ra ˈno·wə]

zehn Uhr
ora zece
[ˈo·ra ˈze·ʧe]

elf Uhr
ora unsprezece
[ˈo·ra ˈun·spre·ze·ʧe]

zwölf Uhr mittags
ora douăsprezece la amiază
[ˈo·ra ˈdo·wəs·pre·ze·ʧe la aˈmja·zə]

dreizehn Uhr
ora treisprezece
[ˈo·ra ˈtrejs·pre·ze·ʧe]

die Stunde	**oră** f [ˈo·rə]
die Minute	**minut** n [miˈnut]
eine halbe Stunde	**o jumătate de oră** [o ʒu·məˈta·te de ˈo·rə]
die Sekunde	**secundă** f [seˈkun·də]
Wie viel Uhr ist es?	**Cât este ceasul?** [kɨt ˈjes·te ˈʧ̯ea·sul]
Es ist zwei Uhr.	**Este ora două.** [ˈjes·te ˈo·ra ˈdo·wə]
Um wie viel Uhr?	**La ce oră?** [la ʧe ˈo·rə]
Um sieben Uhr.	**La ora șapte.** [la ˈo·ra ˈʃap·te]

DIE ZEIT – TIMPUL

Die Uhrzeit – Ora

vierzehn Uhr
ora paisprezece
[ˈo·ra ˈpajs·pre·ze·tʃe]

fünfzehn Uhr
ora cincisprezece
[ˈo·ra ˈtʃintʃʲ·spre·ze·tʃe]

sechzehn Uhr
ora șaisprezece
[ˈo·ra ˈʃajs·pre·ze·tʃe]

siebzehn Uhr
ora șaptesprezece
[ˈo·ra ˈʃap·te·spre·ze·tʃe]

achtzehn Uhr
ora optsprezece
[ˈo·ra ˈopt·spre·ze·tʃe]

neunzehn Uhr
ora nouăsprezece
[ˈo·ra ˈno·wəs·pre·ze·tʃe]

zwanzig Uhr
ora douăzeci
[ˈo·ra do·wəˈzetʃʲ]

einundzwanzig Uhr
ora douăzeci și unu
[ˈo·ra do·wəˈzetʃʲ ʃi ˈu·nu]

zweiundzwanzig Uhr
ora douăzeci și două
[ˈo·ra do·wəˈzetʃʲ ʃi do·wə]

dreiundzwanzig Uhr
ora douăzeci și trei
[ˈo·ra do·wəˈzetʃʲ ʃi trej]

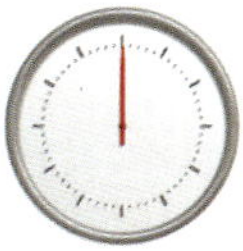

Mitternacht
miez al nopții
[mjez al ˈnop·tsij]

fünf nach zwölf
douăsprezece și cinci minute [ˈdo·wəs·pre·ze·tʃe ʃi tʃintʃʲ miˈnu·te]

halb elf	**zece jumătate** [ˈze·tʃe ʒu·məˈta·te]
zwanzig vor sieben	**șapte fără douăzeci** [ˈʃap·te ˈfə·rə do·wəˈzetʃʲ]
Viertel vor zwölf	**douăsprezece fără un sfert** [ˈdo·wəs·pre·ze·tʃe ˈfə·rə un sfert]
Wann?	**Când?** [kɨnd]
Vor/in zehn Minuten.	**Acum/în zece minute.** [ˈa·kum/ɨn ˈze·tʃe miˈnu·te]
Gegen Mittag.	**Către amiază.** [ˈkə·tre aˈmja·zə]
Seit wann?	**De când?** [de kɨnd]
Seit gestern.	**De ieri.** [de jerʲ]

Viertel nach neun
nouă și un sfert
[ˈno·wə ʃi un sfert]

DIE ZEIT – TIMPUL

Tag und Nacht – Zi și noapte

die Mitternacht
miez al nopții n
[mjez al ˈnop·tsij]

die Morgendämmerung
zori ai zilei m
[zorʲ aj ˈzi·lej]

der Sonnenaufgang
răsărit de soare n
[rə·səˈrit de ˈso̯a·re]

der Morgen
dimineață f
[di·miˈne̯a·tsə]

der Mittag
amiază f
[aˈmja·zə]

der Nachmittag
după-amiază f
[ˈdu·pə aˈmja·zə]

der Sonnenuntergang
apus de soare n
[aˈpus de ˈso̯a·re]

die Abenddämmerung
amurg n
[aˈmurg]

der Abend
seară f
[ˈse̯a·rə]

der Frühling
primăvară f
[ˈpri·mə·va·rə]

der Sommer
vară f
[ˈva·rə]

der Herbst
toamnă f
[ˈto̯am·nə]

der Winter
iarnă f
[ˈjar·nə]

heute	**astăzi** [ˈa·stəzʲ]
morgen	**mâine** [ˈmɨj·ne]
übermorgen	**poimâine** [ˈpoj·mɨj·ne]
gestern	**ieri** [jerʲ]
vorgestern	**alaltăieri** [aˈlal·tə·jerʲ]
Welches Datum haben wir heute?	**În ce dată suntem astăzi?** [ɨn ʧe ˈda·tə ˈsun·tem ˈa·stəzʲ]
der 9. September 2021	**9 septembrie 2021** [ˈno·uə sep·ˈtem·bri·e ˈdouə ˈmii ˈdo·wəˈzeʧʲ ʃi ˈu·nu]
der Feiertag	**sărbătoare** f [sər·bəˈto̯a·re]

DIE ZEIT – TIMPUL

Der Kalender – Calendarul

der Sonntag
duminică f
[du'mi·ni·kə]

der Dienstag
marți f
[martsʲ]

der Donnerstag
joi f
[ʒoj]

der Monat
lună f
['lu·nə]

der Montag
luni f
[lunʲ]

der Mittwoch
miercuri f
['mjer·kurʲ]

der Freitag
vineri f
['vi·nerʲ]

der Samstag
sâmbătă f
['sɨm·bə·tə]

der Wochentag
zi a săptămânii f
[zi a səp·tə'mɨ·nij]

die Woche
săptămână f
[səp·tə'mɨ·nə]

der Tag
zi f
[zi]

das Wochenende
sfârșit de săptămână n
[sfɨr'ʃit de səp·tə'mɨ·nə]

das Datum
dată f
['da·tə]

das Jahr
an m
[an]

der Januar	**ianuarie** m [ja·nu'a·ri·e]
der Februar	**februarie** m [fe·bru'a·ri·e]
der März	**martie** m ['mar·ti·e]
der April	**aprilie** m [a'pri·li·e]
der Mai	**mai** m [maj]
der Juni	**iunie** m ['ju·ni·e]

der Juli	**iulie** m ['ju·li·e]
der August	**august** m ['aw·gust]
der September	**septembrie** m [sep'tem·bri·e]
der Oktober	**octombrie** m [ok'tom·bri·e]
der November	**noiembrie** m [no'jem·bri·e]
der Dezember	**decembrie** m [de'ʧem·bri·e]

MAßE – MĂSURI

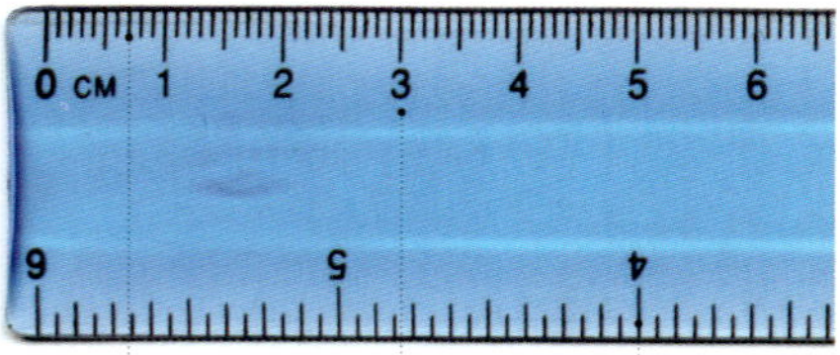

der/das Millimeter
milimetru m
[mi·li'me·tru]

der Zoll
țol m
[tsol]

der/das Zentimeter
centimetru m
[tʃen·ti'me·tru]

der/das Liter
litru m
['li·tru]

der/das Milliliter
mililitru m
[mi·li'li·tru]

die Unze
uncie f
['un·tʃi·e]

das Pint
pintă f
['pin·tə]

der Kilometer
kilometru m
[ki·lo'me·tru]

die Meile
milă f
['mi·lə]

das Yard
iard m
[jard]

der Acre/Morgen
acru m
['a·kru]

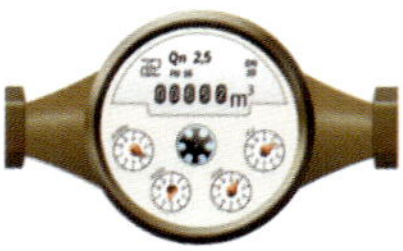

der/das Kubikmeter
metru cub m
['me·tru kub]

der Fuß	**picior** n [pi'tʃjor]
der/das Meter	**metru** m ['me·tru]
der/das Quadratmeter	**metru pătrat** m ['me·tru pə'trat]
der Quadratfuß	**picior pătrat** n [pi'tʃjor pə'trat]
der/das Hektar	**hectar** n [hek'tar]
die Tasse	**ceașcă** f ['tʃeaʃ·kə]
der Esslöffel	**lingură (de supă)** f ['lin·gu·rə (de 'su·pə)]
der Teelöffel	**linguriță (de ceai)** f [lin·gu'ri·tsə (de tʃeaj)]

DAS GEWICHT – GREUTATEA

die Tonne
tonă f
[ˈto·nə]

das Kilogramm
kilogram n
[ki·loˈgram]

das Gramm
gram n
[gram]

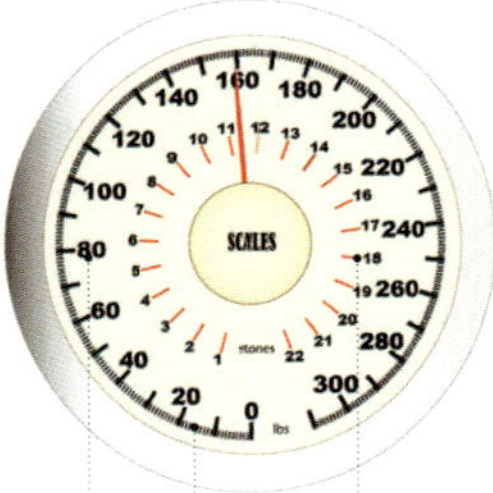

das Pfund
livră f
[ˈli·vrə]

die Unze
uncie f
[ˈun·ʧi·e]

das Stone
(= 6,35 kg)
stone m
[stown]

DIE WÄHRUNG – VALUTA

$

der Dollar
dolar m
[doˈlar]

£

das Pfund
liră sterlină f
[ˈli·rə sterˈli·nə]

€

der Euro
euro m
[ˈe·u·ro]

¥

der Yen
yen m
[jen]

der Baht	**baht** m [baht]
die Rupie	**rupie** f [ˈru·pi·e]
der Dinar	**dinar** m [diˈnar]
der Franc	**franc** m [frank]
der Schweizer Franken	**franc elvețian** m [frank el·ve·tsiˈan]
die Krone	**coroană** f [koˈro̯a·nə]

der Rand	**rand** m [rand]
der Peso	**pesos** m [ˈpe·sos]
der Real	**real** m [reˈal]
der Yuan	**yuan** m [juˈan]
die Lira	**liră** f [ˈli·rə]
der Rubel	**rublă** f [ˈru·blə]

IN RUMÄNIEN

ÎN ROMÂNIA

ESSEN UND TRINKEN – MÂNCARE ȘI BĂUTURĂ

Traditionelle rumänische Gerichte – Mâncăruri tradiționale românești

ciorbă de burtă f
[ˈtʃio·rbə deˈ bur·tə]
die Kuttelsuppe

ciorbă de fasole f
[ˈtʃio·rbə de fa·ˈso·le]
die Bohnensuppe

ciorbă de perișoare f
[ˈtʃio·rbə de pe·ri·ˈʃo̯a·re]
die Suppe mit Fleischbällchen

ciorbă de pui f
[ˈtʃio·rbə de ˈpuj]
die Hühnersuppe

ciorbă de văcuță f
[ˈtʃior·bə de və·ˈcu·tsə]
die Rindersuppe

supă de legume f
[ˈsu·pə de le·ˈgu·me]
die Gemüsesuppe

ciorbă de pește f
[ˈtʃio·rbə de ˈpeʃ·te]
die Fischsuppe

ardei umpluți m Pl
[ar·ˈdej um·ˈplutsj]
die Paprika (Pl) mit Reis-Hackfleischfüllung

mămăligă f
[mə·mə·ˈli·gə]
der Maisbrei (Polenta)

bulz haiducesc n
[ˈbulz haj·du·ˈtʃesc]
die Polenta mit Käse, Butter, Spiegelei, Sauerrahm und Speck

tochitură f
[to·tʃi·ˈtu·rə]
das Schweinefleisch mit Maisbrei, Ei und Käse

ostropel n
[os·tro·ˈpel]
das Eintopfgericht aus Hühnchen in Tomatensauce

ESSEN UND TRINKEN – MÂNCARE ȘI BĂUTURĂ

Traditionelle rumänische Gerichte – Mâncăruri tradiționale românești

sarmale în foi de varză f Pl
[sar·ˈma·le ˈin ˈfoj de ˈvar·zə]
die Krautwickel (Pl) mit Reis-Hackfleischfüllung

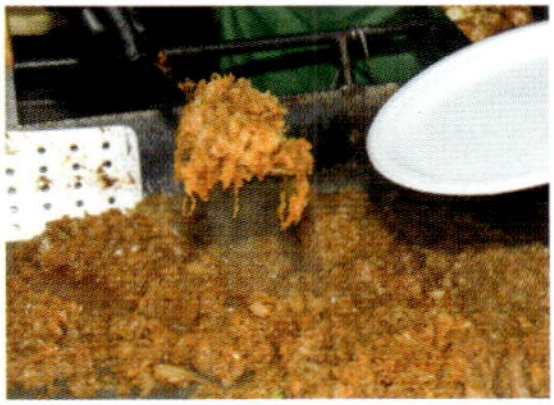

varză călită f
[ˈvar·zə cə·ˈli·tə]
der Schmorkohl

frigărui f
[fri·gə ˈruj]
das Fleisch am Spieß

pulpe de pui f Pl
[ˈpul·pe de ˈpui]
die Hänchenschlegel Pl

ficat/ficăței m
[fi·ˈcat/fi·cə·ˈtsej]
die Leber

creier m
[ˈcre·jer]
das gebratene Gehirn von Rind oder Schwein

saramură de crap f
[sa·ra·ˈmu·rə de ˈcrap]
der Karpfen in würziger Salztunke

știucă umplută f
[ˈʃtiu·cə um·ˈplu·tə]
der Hecht mit verschiedenen Füllungen

plachie de crap f
[pla·ˈkʲi·e de ˈcrap]
das Ragout von Fisch mit Gemüse

ESSEN UND TRINKEN – MÂNCARE ȘI BĂUTURĂ

chiftele din pește f Pl
[tʃif·ˈte·le din ˈpeʃ·te]
die Fischfrikadellen Pl

mici/mititei m Pl
[ˈmicj/mi·ti·ˈtej]
die gegrillten Fleischrollen Pl

chiftele f Pl
[k'if·ˈte·le]
die Frikadellen Pl

pârjoale moldovenești f Pl
[pir·ˈʒo̯a·le mol·do·ve·ˈneʃtj]
die Frikadellen (Pl) moldavischer Art

Beilagen – Garnituri

mujdei n
[muʒ·ˈdej]
Soße aus gepresstem Knoblauch mit Öl, Zitrone und Schmand

cartofi piure m
[car·ˈtofi piu·ˈre]
das Kartoffelpüree

Vorspeisen – Antreuri

slănină f
[slə·ˈni·nə]
der Speck

caltaboși m
[cal·ta·ˈboʃj]
die Kochwurst aus Schweineinnereien (Leber, Nieren, Herz)

drob de miel n
[ˈdrob de ˈmjel]
der Lamm-Hackbraten

piftie f
[pif·ˈtj·e]
die Sülze

pastramă f
[pas·ˈtra·mə]
die Pastrami

sângerete m
[sin·dʒ·ˈre·te]
die Blutwurst

ESSEN UND TRINKEN – MÂNCARE ȘI BĂUTURĂ

cârnați m Pl
[tʃir·ˈnatsj]
die Bratwürste Pl

tobă f
[ˈto·bə]
die Kochwurst aus Innereien und Fleisch

brânză de burduf f
[ˈbrin·zə de bur·ˈduf]
der Burduf-Käse

salată de vinete f
[sa·ˈla·tə de ˈvi·ne·te]
der Auberginensalat

Gebäck und Süßspeisen – Produse de patiserie și dulciuri

zacuscă f
[za·ˈcus·cə]
der Aufstrich aus Paprika, Auberginen und Tomaten

salată de icre f
[sa·ˈla·tə de ˈi·cre
der Fischrogensalat

ouă umplute n Pl
[ˈo·uə um·ˈplu·te]
die gefüllten Eier Pl

cozonac m
[co·zo·ˈnac]
süßes Kuchenbrot mit Rosinen, Orangen- oder Zitronenschale und Walnüsse

plăcintă (umplută) f
[plə·ˈtʃin·tə (um·ˈplu·tə)]
Pastete mit verschiedenen Füllungen (Obst, Gemüse, Fleisch)

gogoși f Pl
[go·ˈgoʃj]
die Donuts Pl

mucenici m Pl
[mu·tʃe·ˈničj]
traditionelle süße Hefeteilchen

papanași m Pl
[pa·pa·ˈnaʃj]
die Topfenknödel Pl

ESSEN UND TRINKEN – MÂNCARE ȘI BĂUTURĂ

Snacks und Knabbereien – Gustări și snack-uri

lapte de pasăre n
[ˈlap·te de ˈpa·sə·re]
der Eischaum in Vanillesoße

poale-n brâu n Pl
[ˈpo̯a·le-n ˈbriu]
die Hefeküchlein (Pl) mit Käse gefüllt

pufuleți m Pl
[pu·fu·ˈletsj]
der Maissnack

eugenie f
[e·u·ˈdʒe·nj·e]
rumänische Kekse gefüllt mit Kakaocreme

rom n
[ˈrom]
die rumänische Schokolade

Schnäpse – Băuturi

palincă f
[pa·ˈlin·cə]
der Obstbrand

țuică f
[ˈtsui·cə]
der Pflaumenschnaps

afinată f
[a·fi·ˈna·tə]
der Blaubeerschnaps

zmeurată f
[zme·u·ˈra·tə]
der Himbeerschnaps

caisată f
[ca·j·ˈsa·tə]
der Aprikosenschnaps

vișinată f
[vi·ʃi·ˈna·tə]
der Sauerkirsch-schnaps

DIE REGIONEN RUMÄNIENS – REGIUNILE ROMÂNEȘTI

Banat n [Ba·'nat]	*das Banat*
Moldova f [Mol·'do·va]	*die Moldau*
Dobrogea f ['Do·bro·dʒěa]	*die Dobrudscha*
Transilvania f [Tran·sil·'va·ni·a]	*das Siebenbürgen*
Crişana f [Cri·'ʃa·na]	*das Kreischgebiet*
Muntenia f [Mun·'te·ni·a]	*die Große Walachei (Muntenien)*
Oltenia f [Ol·'te·ni·a]	*die Kleine Walachei (Oltenien)*
Maramureş f [Ma·ra·'mu·reʃ]	*die Maramuresch*
Bucovina f [Bu·co·'vi·na]	*die Bukowina*
Delta Dunării f ['Del·ta 'Du·nə·rij]	*die Donaudelta*

SEHENSWÜRDIGKEITEN – OBIECTIVE TURISTICE

mănăstirile din Bucovina f Pl
[mə·nəs·'ti·ri·le din Bu·co·'vi·na]
die Moldauklöster (Pl) in der Bukowina

Palatul Parlamentului n
[Pa·'la·tul Par·la·'men·tu·luj]
der Parlamentspalast (in Bukarest)

Transalpina f
[Trans·al·'pi·na]
die Panoramastraße Transalpina

SEHENSWÜRDIGKEITEN – OBIECTIVE TURISTICE

Sighetu Marmației n
[Si·ˈgˈe·tu Mar·ˈma·tsj·ej]
das Marmaroschsiget

Parcul Natural Porțile de Fier n
[ˈPar·cul Na·tu·ˈral ˈPor·tsi·le de ˈFjer]
der Naturpark Eisernes Tor

Sighișoara f
[Si·gˈI·ˈʃo̯a·ra]
die Schäßburg

Transfăgărășan n
[Trans·fə·gə·rə·ˈʃan]
die Transfogarascher Hochstraße

Bisericile din lemn din Maramureș f
[Bi·ˈse·ri·tʃI·le din ˈlemn·din Ma·ra·ˈmu·reʃ]
die Holzkirche in der Maramuresch

Vulcanii noroioși din Berca m Pl
[Vul·ˈca·nij no·ro·ˈiotʃi din ˈBer·ca]
die Schlammvulkane (Pl) bei Berca

Lacul Roșu și Cheile Bicazului n
[ˈLa·cul ˈRo·ʃu tʃi ˈKˈe·i·le Bi·ˈca·zu·luj]
der Rote See und Bicaz-Klamm

Castelul Peleș n
[Cas·ˈte·lul ˈPe·leʃ]
das Schloß Peles

Castelul Bran n
[Cas·ˈte·lul ˈBran]
das Schloß Bran (Draculaschloß)

SEHENSWÜRDIGKEITEN – OBIECTIVE TURISTICE

Cetatea Alba Iulia f
[tʃeˈ·ta·tea ˈAl·ba ˈIu·li·a]
die Alba Iulia-Festung

Rezervația biosferei Delta Dunării f
[Re·zer·ˈva·tsi·a bi·os·ˈfe·rei ˈDel·ta ˈDu·nə·rij]
das Biosphärenreservat Donaudelta (UNESCO-Welterbe)

Cascada Bigar f
[Cas·ˈca·da ˈBi·gar]
der Bigar-Wasserfall

UNTERWEGS – LA DRUM

drum național n
[ˈdrum na·tsio·ˈnal]
die Nationalstraße

panouri informative n [pa·ˈno·uri·in·for·ma·ˈti·ve]	*die Beschilderung*
sens de circulație n [ˈsens ˈde tʃir·cu·ˈla·tsj·e]	*die Fahrtrichtung*
taxă de drum f [ˈta·xə de ˈdrum]	*die Streckenmaut*
rovinietă f [ro·vi·ˈnje·tə]	*die Vignette*

TYPISCHE GEGENSTÄNDE UND SOUVENIRS – OBIECTE ȘI SUVENIRURI TIPICE

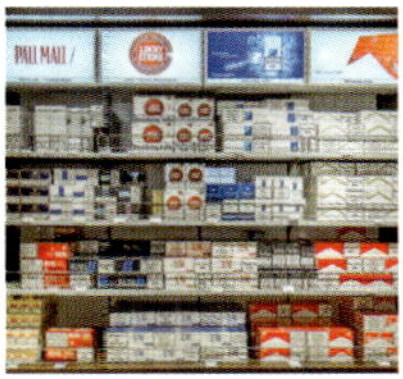

tutungerie f
[tu·tun·dʒe·ˈrj·e]
der Tabakwarenladen

bazar n
[ba·ˈzar]
der Flohmarkt

ou încondeiat n
[ˈou in·con·de·ˈiat]
das bemalte Ei

ou brodat n
[ˈou bro·ˈdat]
das bestickte Ei

TYPISCHE GEGENSTÄNDE UND SOUVENIRS – OBIECTE ȘI SUVENIRURI TIPICE

broderie tradițională f
[bro·de·ˈrje tra·di·tsio·ˈnalə]
die traditionelle Stickerei

strachină de Horezu f
[ˈstra·kˈi·nə de Ho·ˈre·zu]
die Horezu-Essschale

lingură din lemn f
[ˈlin·gu·rə din ˈlemn]
der Holzlöffel (handbemalt)

ploscă tradițional românească din lemn f
[ˈplos·cə tra·di·tsio·ˈnal ro·mi·ˈnea̯s·cə ˈdin lemn]
die traditionelle Flasche aus Holz

vas din ceramică de Corund n
[ˈvas din tʃe·ˈra·micə de Co·ˈrund]
der Behälter aus Corund-Keramik

mască populară f
[ˈmas·cə po·pu·ˈla·rə]
die traditionelle Volksmaske

mărțișor n
[mər·tsi·ˈʃor]
der Frühlingsschmuck

icoană pictată pe sticlă f
[i·ˈco̯a·nə pic·ˈta·tə pe ˈsti·clə]
die bemahlte Glasikone

cimpoi tradițional românesc n
[tʃim·ˈpoi tra·di·tsio·ˈnal ro·mi·ˈnesc]
der traditionelle Dudelsack

bucium (tulnic) n
[ˈbu·tʃium (ˈtul·nic)]
das Alphorn

nai din lemn n
[ˈnaj din ˈlemn]
die Holzpanflöte

TYPISCHE GEGENSTÄNDE UND SOUVENIRS – OBIECTE ȘI SUVENIRURI TIPICE

roată de tors f
[ˈro̯a·tə de ˈtors]
das Spinnrad

război de țesut n
[rəz·ˈboi de tse·ˈsut]
der Webstuhl

covor țesut n
[co·ˈvor tse·ˈsut]
der gewebte Teppich

copaie din lemn f
[co·ˈpa·je din ˈlemn]
der Knettrog aus Holz

cobiliță f
[co·bi·ˈli·tsə]
das Joch zum Tragen der Eimer

KLEIDUNG – ÎMBRĂCĂMINTE

costum popular n
[cos·ˈtum po·pu·ˈlar]
der rumänische Volksanzug

ie f
[ˈj·e]
die bestickte traditionelle Bluse

opincă f PL
[o·ˈpin·cə]
die traditionellen Lederschuhe Pl

brâu n
[ˈbriu]
der traditionelle Gürtel

pieptar n
[pjep·ˈtar]
die bestickte Veste aus Schafleder

chimir n
[ˈkʲi·ˈmir]
der breite Ledergürtel

clop Maramureș n
[klop Ma·ra·ˈmu·reʃ]
der traditionelle Strohhut für Männer

ERDE UND NATUR – PĂMÂNT ȘI NATURĂ

Pflanzen – Plante

floarea de colț f
[ˈflo̯a·re̯a ˈde ˈcolts]
das Edelweiss

papucul doamnei m
[pa·ˈpu·cul ˈdo̯a·mnej]
der Frauenschuh

bujorul românesc m
[bu·ˈʒo·rul ro·mi·ˈnesc]
die Byzantinische Pfingstrose

laleaua pestriță f
[la·ˈle̯a·ua pes·ˈtri·tsə]
die Schachblume

crinul de pădure m
[ˈcri·nul de pə·ˈdu·re]
der Türkenbund

Tiere – Animale

pisica sălbatică f
[pi·ˈsi·ca səl·ˈba·ti·cə]
die Wildkatze

râs m
[ˈris]
der Luchs

șacalul auriu m
[ʃa·ˈca·lul a·u·ˈriu]
der Goldschakal

enot m
[e·ˈnot]
der Marderhund

orbete m
[or·ˈbe·te]
die Blindmaus

porc mistreț m
[ˈporc mis·ˈtrets]
das Wildschwein

ERDE UND NATUR – PĂMÂNT ȘI NATURĂ

Tiere – Animale

cerbul roșu m
[ˈtʃer·bul ˈro·ʃu]
der Rothirsch

cerbul lopătar m
[ˈtʃer·bul lo·pə·ˈtar]
der Damhirsch

muflon m
[mu·ˈflon]
das Mufflon

capra neagră f
[ˈca·pra ˈne̯a·grə]
die Gämse

stârc m
[ˈstirc]
der Reiher

pelican m
[pe·li·ˈcan]
der Pelikan

lopătar m
[lo·pə·ˈtar]
der Löffler

țigănuș m
[tsi·gə·ˈnuʃ]
der Sichler

știucă f
[ˈʃtiu·cə]
der Hecht

crap m
[ˈcrap]
der Karpfen

cambulă f
[cam·ˈbu·lə]
der Flunder

biban m
[bi·ˈban]
der Barsch

DIE WICHTIGSTEN SÄTZE – CELE MAI IMPORTANTE FRAZE

DIE VERBEN – VERBELE

INDEX – INDEX

DIE WICHTIGSTEN SÄTZE – CELE MAI IMPORTANTE FRAZE

Mit diesen nützlichen Wörtern und Sätzen drücken Sie sich in den wichtigsten und häufigsten Situationen mit Sicherheit aus.

IM GESPRÄCH – CONVERSAȚIE

BEGRÜẞEN UND VERABSCHIEDEN – SALUTUL

Guten Tag!	Bună ziua! [ˈbu·nə ˈzi·wa]
Guten Abend!	Bună seara! [ˈbu·nə ˈse̯a·ra]
Hallo!	Salut! [saˈlut]
Auf Wiedersehen!	La revedere! [la re·veˈde·re]
Tschüss!	Pa! [pa]

HÖFLICHKEIT – POLITEȚE

bitte	vă/te rog [və/te rog]
danke	mulțumesc [mul·tsuˈmesk]
bitte schön	cu plăcere [ku pləˈtʃe·re]
Ja, bitte.	Da, vă rog. [da və rog]
Nein, danke.	Nu, mulțumesc. [nu mul·tsuˈmesk]
Keine Ursache!	N-aveți/N-ai pentru ce! [ˈna·vetsʲ/naj ˈpen·tru tʃe]
Entschuldigung!	Scuze! [ˈsku·ze]
Entschuldigen Sie, …	Scuzați … [skuˈzatsʲ …]
Das tut mir leid.	Îmi pare rău. [ɨmʲ ˈpa·re rəw]
Wie geht's?	Cum vă/îți merge? [kum və/ɨtsʲ ˈmer·dʒe]
Danke, gut. Und Ihnen/dir?	Mulțumesc, bine. Și dumneavoastră/ție? [mul·tsuˈmesk ˈbi·ne ʃi dum·ne̯aˈvo̯as·trə/ˈtsi·e]

KOMMUNIKATION – COMUNICARE

Wie bitte?	Poftim? [pofˈtim]
Ich verstehe.	Înțeleg. [ɨn·tseˈleg]
Ich verstehe nicht.	Nu înțeleg. [nu ɨn·tseˈleg]
Könnten Sie das bitte wiederholen?	Ați putea repeta, vă rog? [atsʲ puˈte̯a re·peˈta və rog]
Könnten Sie bitte langsamer sprechen?	Ați putea vorbi mai rar, vă rog? [atsʲ puˈte̯a vorˈbi maj rar və rog]
Könnten Sie das bitte aufschreiben?	Ați putea să scrieți asta, vă rog? [atsʲ puˈte̯a sə ˈscri·etsʲ ˈa·sta və rog]
Was bedeutet …?	Ce înseamnă …? [tʃe ˈɨn·se̯am·nə …]

SICH VORSTELLEN – PREZENTARE

Wie heißt du?	Cum te numești? [kum te nuˈmeʃtʲ]
Wie heißen Sie?	Cum vă numiți? [kum və nuˈmitsʲ]
Ich heiße …	Mă numesc … [mə nuˈmesk …]
Woher kommen Sie?	De unde veniți? [de ˈun·de veˈnitsʲ]
Woher kommst du?	De unde vii? [de ˈun·de vij]
Ich komme aus …	Vin din … [vin din …]

Das ist mein Mann.	Acesta este soțul meu. [aˈʧes·ta ˈjes·te ˈso·ʦul mew]
Das ist meine Frau.	Aceasta este soția mea. [aˈʧe̯as·ta ˈjes·te soˈʦi·a me̯a]
Das ist mein Partner.	Acesta este partenerul meu. [aˈʧes·ta ˈjes·te par·teˈne·rul mew]
Das ist meine Partnerin.	Aceasta este partenera mea. [aˈʧe̯as·ta ˈjes·te par·teˈne·ra me̯a]
Das ist mein Sohn.	Acesta este fiul meu. [aˈʧes·ta ˈjes·te ˈfi·ul mew]
Das ist meine Tochter.	Aceasta este fiica mea. [aˈʧe̯as·ta ˈjes·te ˈfi·i·ka me̯a]
Hier ist meine E-Mail-Adresse.	Aceasta este adresa mea de e-mail. [aˈʧe̯as·ta ˈjes·te aˈdre·sa me̯a de ˈi·mejl]
Hier ist meine Telefonnummer.	Acesta este numărul meu de telefon. [aˈʧes·ta ˈjes·te ˈnu·mə·rul mew de te·leˈfon]

BEIM TELEFONIEREN – LA TELEFON

Ich hätte gern eine SIM-Karte, bitte.	Aș dori o cartelă SIM, vă rog. [aʃ doˈri o karˈte·lə sim və rog]
Mein Akku ist leer.	Bateria mea e descărcată. [ba·teˈri·a me̯a ˈje des·kərˈka·tə]
Hier spricht ...	Sunt ... [sunt ...]
Mit wem spreche ich bitte?	Cu cine vorbesc, vă rog? [ku ˈʧi·ne vorˈbesk və rog]
Kann ich bitte Herrn/Frau ... sprechen?	Pot să vorbesc cu domnul/doamna ... vă rog? [pot sə vorˈbesk ku ˈdom·nul/ˈdo̯am·na ... və rog]
Tut mir leid, er/sie ist nicht da.	Îmi pare rău, nu este aici. [ɨmʲ ˈpa·re rəw, nu ˈjes·te aˈiʧ ʲ]
Kann er/sie Sie zurückrufen?	Vă poate suna înapoi? [və ˈpo̯a·te suˈna ɨ·naˈpoj]

UNTERWEGS – LA DRUM

TOILETTE UND BAD – TOALETĂ ȘI BAIE

Wo ist bitte die Toilette?	Unde e toaleta, vă rog? [ˈun·de je to̯aˈle·ta və rog]
Damen	femei [feˈmej]
Herren	bărbați [bərˈbaʦʲ]
die Damentoilette	toaletă pentru femei [to̯aˈle·tə ˈpen·tru feˈmej]
die Herrentoilette	toaletă pentru bărbați [to̯aˈle·tə ˈpen·tru bərˈbaʦʲ]

BAHN – TREN

Wann fährt der nächste Zug ab?	Când pleacă următorul tren? [kɨnd ˈple̯a·kə ur·məˈto·rul tren]
Wo muss ich umsteigen?	Unde trebuie să schimb? [ˈun·de ˈtre·bu·je sə skimb]
Von welchem Gleis fährt der Zug nach ...?	De la ce linie pleacă trenul spre ...? [de la ʧe ˈli·ni·e ˈple̯a·kə ˈtre·nul spre ...]
Ist dieser Platz noch frei?	E liber locul acesta? [je ˈli·ber ˈlo·kul aˈʧes·ta]
Hält dieser Zug in ...?	Trenul acesta oprește în ...? [ˈtre·nul aˈʧes·ta oˈpreʃ·te ɨn ...]

BUS – AUTOBUZ

Welche Linie fährt nach ...?	Ce număr merge spre ...? [ʧe ˈnu·mər ˈmer·ʤe spre ...]
Welche Linie fährt zum Bahnhof?	Ce număr merge spre gară? [ʧe ˈnu·mər ˈmer·ʤe spre ˈga·rə]

Wann fährt der nächste Bus nach …?	Când pleacă următorul autobuz spre …? [kɨnd ˈplea·kə ur·məˈto·rul a·u·toˈbuz spre …]
Wo muss ich aussteigen?	Unde trebuie să cobor? [ˈun·de ˈtre·bu·je sə koˈbor]
Wie viele Haltestellen sind es?	Câte stații sunt până acolo? [ˈkɨ·te ˈsta·tsij sunt ˈpɨ·nə aˈko·lo]
Fährt dieser Bus nach …?	Autobuzul acesta merge la …? [a·u·toˈbu·zul aˈtʃes·ta ˈmer·dʒe la…]

AUTO – MAȘINĂ

der Führerschein	permis de conducere [perˈmis de konˈdu·tʃe·re]
Entschuldigen Sie bitte, wie komme ich nach …?	Scuzați, vă rog, cum ajung la …? [skuˈzatsʲ və rog kum aˈʒung la …]
Entschuldigen Sie bitte, wo ist …?	Scuzați, vă rog, unde e …? [skuˈzatsʲ və rog ˈun·de je …]
Wie weit ist es?	Cât de departe e? [kɨt de deˈpar·te je]

BEIM ARZT – LA DOCTOR

Ich bin krankenversichert.	Sunt asigurat/asigurată. [sunt a·si·guˈrat/a·si·guˈra·tə]
Ich möchte von einer Ärztin behandelt werden, bitte.	Aș dori să fiu tratată de o doctoriță. [aʃ doˈri sə fiw traˈta·tə de o dok·toˈri·tsə]
Es tut hier weh.	Aici doare. [aˈitʃʲ ˈdoa·re]
Ich bin ohnmächtig geworden.	Am leșinat. [am le·ʃiˈnat]
Ich habe mich erbrochen.	Am vomat. [am voˈmat]
Ich habe Herzbeschwerden.	Am probleme cu inima. [am proˈble·me ku ˈi·ni·ma]
Ich habe Atembeschwerden.	Am probleme cu respirația. [am proˈble·me ku res·piˈra·tsi·a]
Ich habe Zahnschmerzen.	Am dureri de dinți. [am duˈrerʲ de dintsʲ]
Ich habe eine Füllung verloren.	Mi-a căzut o plombă. [mja kəˈzut o ˈplom·bə]
Ich bin allergisch gegen Antibiotika.	Sunt alergic/alergică la antibiotice. [sunt aˈler·dʒik/aˈler·dʒi·kə la an·ti·biˈo·ti·tʃe]
Ich bin allergisch gegen Bienen.	Sunt alergic/alergică la înțepături de albine. [sunt aˈler·dʒik/aˈler·dʒi·kə la ɨn·tse·pəˈtu·rʲ de alˈbi·ne]
Ich bin allergisch gegen Pollen.	Sunt alergic/alergică la polen. [sunt aˈler·dʒik/aˈler·dʒi·kə la poˈlen]
Ich bin Diabetiker/ Diabetikerin.	Sunt diabetic/diabetică. [sunt di·aˈbe·tik/di·aˈbe·ti·kə]
Ist es ansteckend?	E molipsitor? [je mo·lip·siˈtor]
Ich brauche ein Rezept für …	Am nevoie de o rețetă pentru … [am neˈvo·je de o reˈtse·tə ˈpen·tru …]
Ich nehme Medikamente gegen …	Iau medicamente împotriva … [jaw me·di·kaˈmen·te ɨm·poˈtri·va …]

DIE VERBEN – VERBELE

Wenn es darum geht, eigene Sätze zu bilden, hilft Ihnen unsere ausführliche Verbliste, wo Sie auch abstrakte Verben, die sich nicht abbilden lassen, nachschlagen und übersetzen können.

A

abbeißen	a mușca [a muʃˈka]
abbiegen	a îndoi [a ɨn·doˈi]
abbringen	a abate [a aˈba·te]
abfahren	a pleca [a pleˈka]
abfärben	a se decolora [a se de·ko·loˈra]
abfinden	a se acomoda [a se a·ko·moˈda]
abfragen	a examina [a e·gza·miˈna]
abführen	a seduce [a seˈdu·tʃe]
abfüllen	a umple [a ˈump·le]
abgeben	a da [a ˈda]
abgewöhnen	a dezvăța [a dez·vəˈtsa]
abgrenzen	a se distanța [a se dis·tanˈtsa]
abhaken	a debifa [a de·biˈfa]
abhalten	a opri [a oˈpri]
abhärten	a căli [a kəˈli]
abhauen	a o șterge [a o ˈʃter·ʤe]
abheben	a ridica [a ri·diˈka]
abholen	a aduna [a a·duˈna]
abklären	a clarifica [a kla·ri·fiˈka]
abklingen	a reduce [a reˈdu·tʃe]
abkochen	a găti [a gəˈti]
abkühlen	a se răci [a se rəˈtʃi]
abkürzen	a abrevia [a a·bre·viˈa]
abladen	a descărca [a des·kərˈka]
ablaufen	a expira [a eks·piˈra]
ablecken	a linge [a ˈlin·ʤe]
ablegen	a pune jos [a ˈpu·ne ˈʒos]
ablehnen	a respinge [a resˈpin·ʤe]
ablenken	a distrage [a disˈtra·ʤe]
abmagern	a slăbi [a sləˈbi]
abmalen	a picta [a pikˈta]
abmelden	a anula [a a·nuˈla]
abmessen	a măsura [a mə·suˈra]
abnehmen	a da jos [a ˈda ˈʒos]
abnutzen	a se uza [a se uˈza]
abonnieren	a se abona [a se a·boˈna]
abprallen	a ricoșa [a ri·koˈʃa]
abputzen	a curăța [a ku·rəˈtsa]
abraten	a sfătui pe cineva să nu facă ceva [a sfə·tuˈi pe tʃi·neˈva ˈsə nu ˈfa·kə tʃeˈva]
abräumen	a evacua [a e·va·kuˈa]
abreagieren	a se liniști [a se li·niʃˈti]
abrechnen	a scădea [a skəˈdea]
abregen	a se calma [a se kalˈma]
abreisen	a pleca [a pleˈka]
abreißen	a rupe [a ˈru·pe]
abrunden	a rotunji [a ro·tunˈʒi]
abrutschen	a aluneca [a alu·neˈka]
absagen	a anula [a a·nuˈla]
abschaffen	a desființa [a des·fijnˈtsa]
abschalten	a opri [a oˈpri]
abschätzen	a evalua [a e·va·luˈa]

abschauen	a copia [a ko·pi'a]
abschicken	a expedia [a eks·pe·di'a]
abschleppen	a tracta [a tra'kta]
abschließen	a încuia [a ɨn·ku'ja]
abschminken	a se demachia [a se de·ma'kja]
abschneiden	a tăia [a tə'ja]
abschreiben	a copia [a ko·pi'a]
abschwächen	a atenua [a a·te·nu'a]
abschweifen	a se abate [a se a'ba·te]
abschwellen	a descrește [a des'kre·ʃte]
absehen	a prevedea [a pre·ve'dea]
absenden	a trimite [a tri·mi'te]
absetzen	a da jos [a da 'ʒos]
absichern	a asigura [a a·si·gu'ra]
absinken	a coborî [a ko·bo'rɨ]
abspeichern	a salva [a sal'va]
abspielen	a reda [a re'da]
abspringen	a sări [a sə'ri]
abspülen	a spăla vase [a spə'la 'va·se]
abstammen	a proveni [a pro·ve'ni]
abstehen	a ieși în afară [a je'ʃi ɨn a'fa·rə]
abstellen	a pune jos [a 'pu·ne 'ʒos]
absterben	a muri [a mu'ri]
abstimmen	a vota [a vo'ta]
abstoßen	a respinge [a res'pin·ʤe]
abstreiten	a nega [a ne'ga]
abstumpfen	a se toci [a se to'ʧi]
abstürzen	a se prăbuși [a se prə·bu'ʃi]
abstützen	a susține [a sus'tsi·ne]

absuchen	a căuta [a kə·u'ta]
abtreiben	a avorta [a a·vor'ta]
abtrocknen	a usca [a us'ka]
abtropfen	a picura [a pi·ku'ra]
abverlangen	a cere [a 'ʧe·re]
abwägen	a cântări [a kɨn·tə'ri]
abwarten	a aștepta [a aʃ·tep'ta]
abwaschen	a spăla vase [a spə'la 'va·se]
abwechseln	a se schimba [a se skim'ba]
abwehren	a para o lovitură [a pa'ra o lo·vi'tu·rə]
abweichen	a devia [a de·vi'a]
abweisen	a respinge [a res'pin·ʤe]
abwerten	a se devaloriza [a se de·va·lo·ri'za]
abwischen	a șterge [a 'ʃter·ʤe]
abzahlen	a plăti [a plə'ti]
abziehen	a trage [a 'tra·ʤe]
achten	a respecta [a res·pek'ta]
ächzen	a ofta [a of'ta]
addieren	a aduna [a a·du'na]
adoptieren	a adopta [a a·dop'ta]
adressieren	a se adresa [a se a·dre'sa]
agieren	a acționa [a ak·tsjo'na]
ähneln	a semăna [a se·mə'na]
ahnen	a suspecta [a sus·pek'ta]
aktivieren	a activa [a ak·ti'va]
aktualisieren	a actualiza [a ak·tua·li'za]
akzeptieren	a accepta [a ak·ʧep'ta]
alarmieren	a alarma [a a·lar'ma]
amputieren	a amputa [a am·pu'ta]

amüsieren	a se amuza	[a se a·mu'za]
analysieren	a analiza	[a a·na·li'za]
anbauen	a cultiva	[a kul·ti'va]
anbeten	a adora	[a a·do'ra]
anbiedern	a se da bine pe lângă	[a se da 'bi·ne pe 'lɨn·gə]
anbieten	a oferi	[a o·fe'ri]
anblicken	a privi	[a pri'vi]
anbrüllen	a țipa la	[a tsi'pa la]
andauern	a continua	[a kon·ti'nua]
ändern	a modifica	[a mo·di·fi'ka]
andeuten	a sugera	[a su·dʒe'ra]
androhen	a amenința	[a a·me·nin'tsa]
aneignen	a-și însuși	['a-ʃʲ ɨn·su'ʃi]
anekeln	a dezgusta	[a dez·gus'ta]
anerkennen	a recunoaște	[a re·ku'no̯aʃ·te]
anfangen	a începe	[a ɨn'tʃe·pe]
anfassen	a prinde	[a 'prin·de]
anfertigen	a produce	[a pro'du·tʃe]
anfeuern	a aprinde	[a a'prin·de]
anflehen	a implora	[a im·plo'ra]
anfordern	a solicita	[a so·li·tʃi'ta]
anfreunden	a se împrieteni	[a se ɨm·pri·e·te'ni]
anfühlen	a simți	[a sim'tsi]
anführen	a conduce	[a kon'du·tʃe]
angeben	a indica	[a in·di'ka]
angehören	a aparține	[a a·par'tsi·ne]
angeln	a pescui	[a pes·ku'i]
angewöhnen	a se obișnui	[a se o·biʃ·nu'i]
angleichen	a adapta	[a a·da'pta]
angreifen	a ataca	[a a·ta'ka]
ängstigen	a speria	[a spe·ri'a]
angucken	a privi la	[a pri'vi la]
anhaben	a purta	[a pur'ta]
anhalten	a opri	[a o'pri]
anhängen	a atașa	[a a·ta'ʃa]
anhimmeln	a idolatriza	[a i·do·la·tri'za]
anhören	a asculta	[a as·kul'ta]
anklagen	a acuza	[a a·ku'za]
ankleben	a lipi	[a li'pi]
anklicken	a da clic	[a da 'klik]
anklopfen	a ciocăni	[a tʃjo·kə'ni]
anknüpfen	a lega	[a le'ga]
ankommen	a sosi	[a so'si]
ankreuzen	a însemna cu o cruce	[a ɨn·sem'na ku o 'kru·tʃe]
ankündigen	a anunța	[a a·nun'tsa]
anlächeln	a zâmbi	[a zɨm'bi]
anlachen	a râde la	[a 'rɨ·de la]
anlehnen	a sprijini	[a spri·ʒi'ni]
anleiten	a instrui	[a in·stru'i]
anlocken	a atrage	[a a'tra·dʒe]
anlügen	a minți	[a min'tsi]
anmachen	a aprinde	[a a'prin·de]
anmaßen	a-și aroga	[a-ʃʲ a·ro'ga]
anmelden	a anunța	[a a·nun'tsa]
anmerken	a nota	[a no'ta]
annähern	a apropia	[a a·pro·pi'a]
annehmen	a presupune	[a pre·su'pu·ne]
annullieren	a anula	[a a·nu'la]

anordnen	a dispune [a dis'pu·ne]
anpacken	a aborda [a a·bor'da]
anpassen	a adapta [a a·dap'ta]
anpflanzen	a cultiva [a kul·ti'va]
anprobieren	a proba [a pro'ba]
anreden	a se adresa [a se a·dre'sa]
anrufen	a suna [a su'na]
ansagen	a anunța [a a·nun'tsa]
ansammeln	a aduna [a a·du'na]
anschalten	a conecta [a ko·nek'ta]
anschauen	a privi la [a pri'vi la]
anschieben	a împinge [a ɨm'pin·ʤe]
anschleichen	a strecura [a stre·ku'ra]
anschließen	a lega [a le'ga]
anschmiegen	a cuibări [a kuj·bə'ri]
anschnallen	a lega centura [a le'ga ʧen'tu·ra]
anschnauzen	a se răsti [a se rəs'ti]
anschreien	a urla [a ur'la]
anschuldigen	a învinui [a ɨn·vi·nu'i]
anschweigen	a nu spune nimic [a nu 'spu·ne ni'mik]
anschwellen	a se umfla [a se um'fla]
anschwindeln	a păcăli [a pə·kə'li]
ansehen	a se uita la [a se uj'ta la]
anspannen	a întinde [a ɨn'tin·de]
anspielen	a face aluzie [a 'fa·ʧe a'lu·zi·e]
anspitzen	a ascuți [a as·ku'tsi]
anspornen	a încuraja [a ɨn·ku·ra'ʒa]
ansprechen	a se adresa [a se a·dre'sa]
anspringen	a porni [a por'ni]
anspucken	a scuipa [a skuj'pa]
anstarren	a se holba [a se hol'ba]
anstecken	a infecta [a in·fek'ta]
anstehen	a aștepta la coadă [a aʃ·tep'ta la 'ko̯a·də]
ansteigen	a se urca [a se ur'ka]
anstellen	a se așeza la coadă [a se aʃe'za la 'ko̯a·də]
anstimmen	a începe să cânte [a ɨn'ʧe·pe sə 'kɨn·te]
anstoßen	a lovi [a lo'vi]
anstrahlen	a iradia [a i·ra·di'a]
anstreben	a aspira la [a as·pi'ra la]
anstreichen	a vopsi [a vop'si]
anstrengen	a face un efort [a 'fa·ʧe un e'fort]
antreffen	a întâlni [a ɨn·tɨl'ni]
antreiben	a stimula [a sti·mu'la]
antreten	a începe [a ɨn'ʧe·pe]
antun	a pricinui [a pri·ʧi·nu'i]
antworten	a răspunde [a rəs'pun·de]
anvertrauen	a încredința [a ɨn·kre·din'tsa]
anweisen	a însărcina [a ɨn·sər·ʧi'na]
anwenden	a folosi [a fo·lo'si]
anwidern	a dezgusta [a dez·gus'ta]
anzeigen	a indica [a in·di'ka]
anziehen	a îmbrăca [a ɨm·brə·'ka]
anzünden	a aprinde [a a'prin·de]
anzweifeln	a se întreba [a se ɨn·tre'ba]
applaudieren	a aplauda [a a·pla·u'da]
arbeiten	a munci [a mun'ʧi]

ärgern	a se supăra [a se su·pə'ra]
atmen	a respira [a res·pi'ra]
aufarbeiten	a reaprecia [a re·a·pre·ʧi'a]
aufatmen	a răsufla ușurat [a rə·su'fla u·ʃu'rat]
aufbauen	a construi [a kon·stru'i]
aufbewahren	a păstra [a pəs'tra]
aufblasen	a umfla cu aer [a um'fla ku 'a·er]
aufbleiben	a sta treaz [a 'sta 'treaz]
aufbrauchen	a consuma [a kon·su'ma]
aufbrausen	a izbucni [a iz·buk'ni]
aufbrechen	a porni la drum [a por'ni la 'drum]
aufbringen	a invoca [a in·vo'ka]
aufdecken	a descoperi [a des·ko·pe'ri]
aufdrängen	a impune [a im'pu·ne]
aufdrehen	a deschide [a des'ki·de]
aufeinander-folgen	a se succeda [a se suk·ʧe'da]
aufessen	a mânca tot [a mɨn'ka tot]
auffallen	a frapa [a fra'pa]
auffangen	a prinde [a 'prin·de]
auffassen	a înțelege [a ɨn·tse'le·ʤe]
auffordern	a întreba [a ɨn·tre'ba]
aufführen	a juca pe scenă [a 'ʒu·ka pe 'sʧe·nə]
aufgeben	a renunța [a re·nun'tsa]
aufgreifen	a apuca [a a·pu'ka]
aufhaben	a fi deschis [a fi des'kis]
aufhalten	a stopa [a sto'pa]
aufhängen	a agăța [a a·gə'tsa]
aufheben	a ridica [a ri·di'ka]
aufhetzen	a incita [a in·ʧi'ta]
aufholen	a recupera [a re·ku·pe'ra]
aufhören	a înceta [a ɨn·ʧe'ta]
aufkleben	a lipi pe [a li'pi pe]
aufladen	a încărca [a ɨn·kər'ka]
auflassen	a lăsa deschis [a lə'sa des'kis]
auflauern	a pândi [a pɨn'di]
aufleben	a însufleți [a ɨn·suf·le'tsi]
auflehnen	a se revolta [a se re·vol'ta]
auflockern	a destinde [a des'tin·de]
auflösen	a dizolva [a di·zol'va]
aufmachen	a deschide [a des'ki·de]
aufmuntern	a încuraja [a ɨn·ku·ra'ʒa]
aufnehmen	a înregistra [a ɨn·re·ʤis'tra]
aufpassen	a fi atent [a fi a'tent]
aufplatzen	a plesni [a ples'ni]
aufpumpen	a umfla [a um'fla]
aufraffen	a-și aduna puterile [a-ʃʲ a·du'na pu'te·ri·le]
aufräumen	a face ordine [a 'fa·ʧe 'or·di·ne]
aufrecht-erhalten	a menține [a men'tsi·ne]
aufregen	a enerva [a e·ner'va]
aufrunden	a rotunji în plus [a ro·tun'ʒi ɨn plus]
aufsammeln	a aduna [a a·du'na]
aufschieben	a amâna [a a·mɨ'na]
aufschließen	a descuia [a des·ku'ja]
aufschreiben	a nota [a no'ta]

aufspringen	a sări în sus [a sə'ri ɨn sus]
aufstacheln	a incita [a in·ʧi'ta]
aufstehen	a se ridica [a se ri·di'ka]
aufstellen	a așeza vertical [a a·ʃe'za ver·ti'kal]
aufstützen	a sprijini [a spri·ʒi'ni]
aufsuchen	a vizita [a vi·zi'ta]
auftauchen	a apărea [a a·pə'rḙa]
aufteilen	a împărți [a ɨm·pər'tsi]
auftragen	a aplica [a a·pli'ka]
auftreiben	a răscoli [a rəs·ko'li]
auftreten	a se întâmpla [a se ɨn·tɨm'pla]
aufwachen	a se trezi [a se tre'zi]
aufwachsen	a crește [a 'kreʃ·te]
aufwärmen	a reîncălzi [a re·ɨn·kəl'zi]
aufwecken	a trezi din somn [a tre'zi din somn]
aufweichen	a înmuia [a ɨn·mu'ja]
aufweisen	a arăta [a a·rə'ta]
aufwischen	a șterge [a ʃter·ʤe]
aufwühlen	a răvăși [a rə·və'ʃi]
aufzählen	a lista [a lis'ta]
aufzeichnen	a înregistra [a ɨn·re·ʤis'tra]
aufzeigen	a arăta [a a·rə'ta]
aufzwingen	a forța [a for'tsa]
ausarbeiten	a elabora [a e·la·bo'ra]
ausatmen	a expira [a eks·pi'ra]
ausbessern	a corecta [a ko·rek'ta]
ausbleiben	a absenta [a ab·sen'ta]
ausbrechen	a evada [a e·va'da]
ausbreiten	a întinde [a ɨn'tin·de]
ausdehnen	a extinde [a eks'tin·de]
ausdenken	a inventa [a in·ven'ta]
auseinander-brechen	a se rupe în două [a se 'ru·pe ɨn 'do·wə]
ausfallen	a suspenda [a sus·pen'da]
ausfragen	a chestiona [a kes·tjo'na]
ausfüllen	a umple [a 'um·ple]
ausgeben	a cheltui [a kel·tu'i]
ausgehen	a ieși [a je'ʃi]
ausgleichen	a compensa [a kom·pen'sa]
aushaben	a termina de citit [a ter·mi'na de ʧi'tit]
aushalten	a răbda [a rəb'da]
aushelfen	a ajuta [a a·ʒu'ta]
auskennen	a se pricepe [a se pri'ʧe·pe]
auskommen	a se descurca [a se des·kur'ka]
auslachen	a râde de cineva [a 'rɨ·de de ʧi·ne'va]
auslaufen	a curge [a 'kur·ʤe]
ausleeren	a goli [a go'li]
ausleihen	a împrumuta [a ɨm·pru·mu'ta]
ausloggen	a se deconecta [a se de·ko·nek'ta]
auslösen	a declanșa [a de·klan'ʃa]
ausmachen	a stinge [a 'stin·ʤe]
ausmalen	a-și imagina [a-ʃʲ i·ma·ʤi'na]
ausmessen	a măsura [a mə·su'ra]
ausnutzen	a profita de [a pro·fi'ta de]
auspacken	a despacheta [a des·pa·ke'ta]
ausplaudern	a divulga [a di·vul'ga]
auspressen	a stoarce [a 'stoar·ʧe]

ausprobieren	a proba [a pro'ba]
ausrasten	a-și pierde cumpătul [a-ʃʲ 'pjer·de 'kum·pə·tul]
ausrauben	a jefui [a ʒe·fu'i]
ausrechnen	a calcula [a kal·ku'la]
ausreden	a termina de vorbit [a ter·mi'na de vor'bit]
ausreichen	a ajunge [a a'ʒun·ʤe]
ausreisen	a pleca în străinătate [a ple'ka ɨn strə·i·nə'ta·te]
ausrichten	a transmite [a trans'mi·te]
ausruhen	a se odihni [a se o·dih'ni]
ausrutschen	a aluneca [a a·lu·ne'ka]
ausschalten	a deconecta [a de·ko·nek'ta]
ausscheiden	a abandona [a a·ban·do'na]
ausschimpfen	a mustra [a mus'tra]
ausschlafen	a dormi îndeajuns [a dor'mi ɨn·de̯a'ʒuns]
ausschließen	a exclude [a eks'klu·de]
ausschneiden	a decupa [a de·ku'pa]
aussehen	a arăta [a a·rə'ta]
äußern	a declara [a de·kla'ra]
aussetzen	a opri [a o'pri]
aussprechen	a pronunța [a pro·nun'ʦa]
aussteigen	a coborî [a ko·bo'rɨ]
ausstehen	a îndura [a ɨn·du'ra]
aussterben	a muri [a mu'ri]
ausstrecken	a se întinde [a se ɨn'tin·de]
aussuchen	a alege [a a'le·ʤe]
austauschen	a schimba [a skim'ba]
austeilen	a distribui [a dis·tri·bu'i]
austoben	a se revolta [a se re·vol'ta]
austreten	a părăsi [a pə·rə'si]
austricksen	a păcăli [a pə·kə'li]
austrinken	a bea tot [a be̯a tot]
ausüben	a practica [a prak·ti'ka]
auswählen	a alege [a a'le·ʤe]
auswandern	a emigra [a e·mi'gra]
auswaschen	a spăla [a spə'la]
auswechseln	a înlocui [a ɨn·lo·ku'i]
ausweichen	a se da la o parte [a se da la o 'par·te]
auswerten	a analiza [a a·na·li'za]
auswirken	a se răsfrânge [a se rəs'frɨn·ʤe]
auszählen	a număra [a nu·mə'ra]
auszeichnen	a decora [a de·ko'ra]
ausziehen	a dezbrăca [a dez·brə'ka]

B

babysitten	a îngriji un copil	[a ɨn·gri'ʒi un ko'pil]
backen	a coace	[a 'ko̯a·tʃe]
baden	a face baie	[a 'fa·tʃe 'ba·je]
baggern	a excava	[a eks·ka'va]
basteln	a bricola	[a bri·ko'la]
bauen	a construi	[a kon·stru'i]
beabsichtigen	a intenționa	[a in·ten·tsjo'na]
beachten	a lua în considerare	[a lua ɨn kon·si·de'ra·re]
beängstigen	a alarma	[a a·lar'ma]
beanspruchen	a pretinde	[a pre'tin·de]
beantragen	a cere	[a 'tʃe·re]
beantworten	a răspunde	[a rəs'pun·de]
bearbeiten	a trata	[a tra'ta]
beatmen	a face respirație artificială	[a 'fa·tʃe res·pi'ra·tsi·e ar·ti·fi·tʃi'a·lə]
beaufsichtigen	a supraveghea	[a su·pra·ve'ge̯a]
beauftragen	a însărcina	[a ɨn·sər·tʃi'na]
bedanken	a mulțumi	[a mul·tsu'mi]
bedauern	a regreta	[a re·gre'ta]
bedecken	a acoperi	[a a·ko·pe'ri]
bedenken	a considera	[a kon·si·de'ra]
bedeuten	a însemna	[a ɨn·sem'na]
bedienen	a servi	[a ser'vi]
bedrängen	a strâmtora	[a strɨm·to'ra]
bedrohen	a amenința	[a a·me·nin'tsa]
bedrücken	a asupri	[a a·su'pri]
beeilen	a se grăbi	[a se grə'bi]
beeindrucken	a impresiona	[a im·pre·sjo'na]
beeinflussen	a influența	[a in·flu·en'tsa]
beeinträchtigen	a prejudicia	[a pre·ʒu·di·tʃi'a]
beenden	a sfârși	[a sfɨr'ʃi]
beerdigen	a înmormânta	[a ɨ·mor·mɨn'ta]
befassen	a se ocupa de	[a se o·ku'pa de]
befehlen	a ordona	[a or·do'na]
befestigen	a fixa	[a fi'ksa]
befeuchten	a umezi	[a u·me'zi]
befinden	a găsi	[a gə'si]
befolgen	a urma	[a ur'ma]
befragen	a întreba	[a ɨn·tre'ba]
befreien	a elibera	[a e·li·be'ra]
befriedigen	a satisface	[a sa·tis'fa·tʃe]
befruchten	a fertiliza	[a fer·ti·li'za]
befürchten	a se teme	[a se 'te·me]
befürworten	a aviza favorabil	[a a·vi'za fa·vo'ra·bil]
begegnen	a întâlni	[a ɨn·tɨl'ni]
begehen	a comite	[a ko'mi·te]
begehren	a dori	[a do'ri]
begeistern	a entuziasma	[a en·tu·zi·as'ma]
beginnen	a începe	[a ɨn'tʃe·pe]
begleiten	a însoți	[a ɨn·so'tsi]
beglückwünschen	a felicita	[a fe·li·tʃi'ta]
begraben	a îngropa	[a ɨn·gro'pa]
begreifen	a înțelege	[a ɨn·tse'le·dʒe]
begrenzen	a delimita	[a de·li·mi'ta]

begründen	a justifica [a ʒus·ti·fiˈka]
begrüßen	a saluta [a sa·luˈta]
begünstigen	a favoriza [a fa·vo·riˈza]
begutachten	a examina [a e·gza·miˈna]
behalten	a ține [a ˈtsi·ne]
behandeln	a trata [a traˈta]
beharren	a insista [a in·sisˈta]
behaupten	a afirma [a a·firˈma]
beheben	a îndepărta [a ɨn·de·pərˈta]
behelfen	a se descurca [a se des·kurˈka]
beherrschen	a controla [a kon·troˈla]
beherzigen	a pune la inimă [a ˈpu·ne la ˈi·ni·mə]
behindern	a împiedica [a ɨm·pje·diˈka]
behüten	a ocroti [a o·kroˈti]
beibehalten	a păstra [a pəsˈtra]
beibringen	a învăța [a ɨn·vəˈtsa]
beichten	a se confesa [a se kon·feˈsa]
beifügen	a anexa [a a·neˈksa]
beinhalten	a conține [a konˈtsi·ne]
beipflichten	a aproba [a a·proˈba]
beirren	a induce în eroare [a inˈdu·tʃe ɨn eˈro̯a·re]
beißen	a mușca [a muʃˈka]
beistehen	a sprijini [a spri·ʒiˈni]
beitragen	a contribui [a kon·tri·buˈi]
beitreten	a adera la [a a·deˈra la]
bejahen	a confirma [a kon·firˈma]
bejubeln	a întâmpina cu urale [a ɨn·tɨm·piˈna ku uˈra·le]
bekämpfen	a combate [a komˈba·te]
bekehren	a converti [a kon·verˈti]
bekennen	a mărturisi [a mər·tu·riˈsi]
beklagen	a se plânge [a se ˈplɨn·dʒe]
bekleckern	a păta [a pəˈta]
bekommen	a primi [a priˈmi]
bekräftigen	a întări [a ɨn·təˈri]
beladen	a încărca [a ɨn·kərˈka]
belasten	a împovăra [a ɨm·po·vəˈra]
belästigen	a agasa [a a·gaˈsa]
belauschen	a asculta pe furiș [a as·kulˈta pe fuˈriʃ]
beleidigen	a insulta [a in·sulˈta]
bellen	a lătra [a ləˈtra]
belohnen	a răsplăti [a rəs·pləˈti]
belügen	a minți [a minˈtsi]
bemerken	a observa [a ob·serˈva]
bemitleiden	a compătimi [a kom·pə·tiˈmi]
bemühen	a osteni [a os·teˈni]
benachrichtigen	a informa [a in·forˈma]
benehmen	a se comporta [a se kom·porˈta]
beneiden	a invidia [a in·vi·diˈa]
benennen	a denumi [a de·nuˈmi]
benoten	a nota [a no ta]
benötigen	a necesita [a ne·tʃe·siˈta]
beobachten	a observa [a ob·serˈva]
beraten	a sfătui [a sfə·tuˈi]
berechnen	a calcula [a kal·kuˈla]
bereden	a discuta [a dis·kuˈta]

bereiten	a cauza [a ka·uˈza]
bereithalten	a ține pregătit [a ˈtsi·ne pre·gəˈtit]
bereitmachen	a se pregăti de drum [a se pre·gəˈti de drum]
bereuen	a regreta [a re·greˈta]
berichten	a raporta [a ra·porˈta]
berichtigen	a corecta [a ko·rekˈta]
berücksichtigen	a considera [a kon·si·deˈra]
beruhigen	a se calma [a se kalˈma]
berühren	a atinge [a aˈtin·ʤe]
beschädigen	a deteriora [a de·te·ri·oˈra]
beschaffen	a procura [a pro·kuˈra]
beschäftigen	a ocupa [a o·kuˈpa]
bescheinigen	a certifica [a ʧer·ti·fiˈka]
beschenken	a dărui [a də·ruˈi]
beschimpfen	a insulta [a in·sulˈta]
beschleunigen	a accelera [a ak·ʧe·leˈra]
beschließen	a decide [a deˈʧi·de]
beschmutzen	a murdări [a mur·dəˈri]
beschränken	a limita [a li·miˈta]
beschreiben	a descrie [a desˈkri·e]
beschuldigen	a acuza [a a·kuˈza]
beschützen	a proteja [a pro·teˈʒa]
beschweren	a îngreuna [a ɨn·gre·uˈna]
beseitigen	a înlătura [a ɨn·lə·tuˈra]
besetzen	a ocupa [a o·kuˈpa]
besichtigen	a vizita [a vi·ziˈta]
besiegen	a învinge [a ɨnˈvin·ʤe]
besitzen	a deține [a deˈtsi·ne]
besorgen	a obține [a obˈtsi·ne]
besprechen	a discuta [a dis·kuˈta]
bestätigen	a confirma [a kon·firˈma]
bestatten	a îngropa [a ɨn·groˈpa]
bestaunen	a admira [a ad·miˈra]
bestehen	a trece [a ˈtre·ʧe]
bestellen	a comanda [a ko·manˈda]
bestimmen	a determina [a de·ter·miˈna]
bestrafen	a pedepsi [a pe·depˈsi]
bestreiten	a nega [a neˈga]
besuchen	a frecventa [a frek·venˈta]
betätigen	a acționa [a ak·tsi·oˈna]
betäuben	a anestezia [a a·nes·te·ziˈa]
beteiligen	a participa [a par·ti·ʧiˈpa]
beten	a se ruga [a se ruˈga]
beteuern	a susține [a susˈtsi·ne]
betonen	a accentua [a ak·ʧen·tuˈa]
betören	a seduce [a seˈdu·ʧe]
betrachten	a privi [a priˈvi]
betreuen	a îngriji [a ɨn·griˈʒi]
betrügen	a înșela [a ɨn·ʃeˈla]
betteln	a cerși [a ʧerˈʃi]
beugen	a îndoi [a ɨn·doˈi]
beunruhigen	a-și face griji [a-ʃʲ ˈfa·ʧe ˈgri·ʒi]
beurteilen	a judeca [a ʒu·deˈka]
bevorzugen	a favoriza [a fa·vo·riˈza]
bewachen	a păzi [a pəˈzi]
bewaffnen	a înarma [a ɨn·arˈma]
bewältigen	a învinge [a ɨnˈvin·ʤe]
bewegen	a mișca [a miʃˈka]

beweisen	a dovedi	[a do·ve'di]
bewerben	a aplica	[a a·pli'ka]
bewerten	a evalua	[a e·va'lua]
bewirken	a cauza	[a ka·u'za]
bewohnen	a locui în	[a lo·ku'i ɨn]
bewundern	a admira	[a ad·mi'ra]
bezahlen	a plăti	[a plə'ti]
bezeichnen	a indica	[a in·di'ka]
bezweifeln	a se îndoi	[a se ɨn·do'i]
biegen	a îndoi	[a ɨn·do'i]
bieten	a oferi	[a o·fe'ri]
bilden	a alcătui	[a al·kə·tu'i]
bitten	a ruga	[a ru'ga]
blamieren	a blama	[a bla'ma]
blasen	a sufla	[a su'fla]
bleiben	a rămâne	[a rə'mɨ·ne]
blenden	a orbi	[a or'bi]
blinken	a semnaliza	[a sem·na·li'za]
blinzeln	a clipi	[a kli'pi]
blitzen	a fulgera	[a ful·ʤe'ra]
blockieren	a bloca	[a blo'ka]
blühen	a înflori	[a ɨn·flo'ri]
bluten	a sângera	[a sɨn·ʤe'ra]
bohren	a găuri	[a gə·u'ri]
boxen	a boxa	[a bo'ksa]
boykottieren	a boicota	[a boj·ko'ta]
braten	a frige	[a 'fri·ʤe]
brauchen	a avea nevoie de	[a a'vea ne'vo·je de]
brechen	a rupe	[a 'ru·pe]
bremsen	a frâna	[a frɨ'na]
brennen	a arde	[a 'ar·de]
bringen	a aduce	[a a'du·ʧe]
bröckeln	a fărâmița	[a fə·rɨ·mi'tsa]
brüllen	a urla	[a ur'la]
brummen	a mormăi	[a mor·mə'i]
brüten	a cloci	[a klo'ʧi]
buchen	a face o rezervare	a 'fa·ʧe o re·zer'va·re]
buchstabieren	a silabisi	[a si·la·bi'si]
bücken	a se apleca	[a se a·ple'ka]
bügeln	a călca	[a kəl'ka]
bummeln	a hoinări	[a hoj·nə'ri]
bürsten	a peria	[a pe·ri'a]

C

campen	a campa [a kam'pa]
charakterisieren	a caracteriza [a ka·rak·te·ri'za]
chatten	a conversa [a kon·ver'sa]

D

dableiben	a rămâne pe loc [a rə'mɨ·ne pe lok]
danebenbenehmen	a se purta urât [a se pur'ta u'rɨt]
danken	a mulțumi [a mul·tsu'mi]
darstellen	a reprezenta [a re·pre·zen'ta]
dastehen	a rămâne acolo [a rə'mɨ·ne a'ko·lo]
dauern	a dura [a du'ra]
decken	a acoperi [a a·ko·pe'ri]
dehnen	a se întinde [a se ɨn'tin·de]
dementieren	a dezminți [a dez·min'tsʲ]
demonstrieren	a demonstra [a de·mon'stra]
demütigen	a umili [a u·mi'li]
denken	a gândi [a gɨn'di]
deprimieren	a deprima [a de·pri'ma]
desinfizieren	a dezinfecta [a de·zin·fek'ta]
deuten	a interpreta [a in·ter·pre'ta]
dienen	a servi [a ser'vi]
diskriminieren	a discrimina [a dis·kri·mi'na]
diskutieren	a discuta [a dis·ku'ta]
disqualifizieren	a descalifica [a des·ka·li·fi'ka]
distanzieren	a se distanța [a se dis·tan'tsa]
dividieren	a împărți [a ɨm·pər'tsi]
donnern	a tuna [a tu'na]
dosieren	a doza [a do'za]
downloaden	a descărca [a des·kər'ka]
dramatisieren	a dramatiza [a dra·ma·ti'za]
dranbleiben	a rămâne în așteptare [a rə'mɨ·ne ɨn aʃ·tep'ta·re]

drängeln	a îmbrânci	[a ɨm·brɨn'ʧi]
drängen	a împinge	[a ɨm'pin·ʤe]
drankommen	a-i veni rândul	[a-i ve'ni 'rɨn·dul]
drehen	a învârti	[a ɨn·vɨr'ti]
drohen	a amenința	[a a·me·nin'tsa]
drucken	a printa	[a prin'ta]
drücken	a apăsa	[a a·pə'sa]
ducken	a se ghemui	[a se ge·mu'i]
duften	a mirosi	[a mi·ro'si]
dulden	a tolera	[a to·le'ra]
durchdenken	a gândi în detaliu	[a gɨn'di ɨn de'ta·lju]
durcheinander-bringen	a încurca ceva	[a ɨn·cur'ka ʧe'va]
durchführen	a efectua	[a e·fek·tu'a]
durchsagen	a anunța	[a a·nun'tsa]
durchschauen	a privi prin	[a pri'vi prin]
durchsetzen	a se impune	[a se im'pu·ne]
durchsickern	a se scurge	[a se 'skur·ʤe]
durchstöbern	a scotoci	[a sko·to'ʧi]
durchstreichen	a bara	[a ba'ra]
durchwühlen	a răvăși	[a rə·və'ʃi]
durchziehen	a străbate	[a strə'ba·te]
dürfen	a a avea voie	[a a'vea 'vo·je]
duschen	a face duș	[a 'fa·ʧe duʃ]
duzen	a tutui	[a tu·tu'i]

E

ebnen	a netezi	[a ne·te'zi]
ehren	a onora	[a o·no'ra]
eignen	a fi adecvat	[a fi a·dek'vat]
eilen	a grăbi	[a grə'bi]
einatmen	a inspira	[a in·spi'ra]
einbilden	a-și imagina	[a-ʃʲ i·ma·ʤi'na]
einbrechen	a intra prin efracție	[a in'tra prin e'frak·tsi·e]
einchecken	a face check-in	[a 'fa·ʧe kekk-'in]
eincremen	a se da cu cremă	[a se da ku 'kre·mə]
eindringen	a pătrunde	[a pə'trun·de]
eindrücken	a turti	[a tur'ti]
einengen	a restricționa	[a res·trik·tsjo'na]
einfädeln *in eine Nadel*	a băga ața	[a bə'ga 'a·tsa]
einfahren	a roda	[a ro'da]
einfallen	a trece prin minte	[a 'tre·ʧe prin min·te]
einfangen	a captura	[a kap·tu'ra]
einfügen	a insera	[a in·se'ra]
einfühlen	a empatiza	[a em·pa·ti'za]
einführen	a introduce	[a in·tro'du·ʧe]
eingeben	a introduce	[a in·tro'du·ʧe]
eingestehen	a admite	[a ad'mi·te]
eingreifen	a interveni	[a in·ter·ve'ni]
eingrenzen	a limita	[a li·mi'ta]
einholen	a egala performanțele	[a e·ga'la per·for'man·tse·le]

einigen	a fi de acord [a fi de aˈkord]
einkaufen	a cumpăra [a kum·pəˈra]
einkleben	a lipi în [a liˈpi ɨn]
einklemmen	a prinde [a ˈprin·de]
einladen	a invita [a in·viˈta]
einleben	a se acomoda [a se ako·moˈda]
einlenken	a renunța [a re·nunˈtsa]
einleuchten	a avea sens [a aˈvea sens]
einliefern	a admite [a adˈmi·te]
einloggen	a se loga [a se loˈga]
einlösen	a onora [a o·noˈra]
einmischen	a interveni [a in·ter·veˈni]
einordnen	a clasifica [a kla·si·fiˈka]
einpacken	a împacheta [a ɨm·pa·keˈta]
einparken	a parca [a parˈka]
einpflanzen	a planta [a planˈta]
einplanen	a planifica [a pla·ni·fiˈka]
einprägen	a memora [a me·moˈra]
einräumen	a acorda [a a·korˈda]
einreden	a convinge [a konˈvin·ʤe]
einreiben	a freca [a freˈka]
einreisen	a intra [a inˈtra]
einrosten	a rugini [a ru·ʤiˈni]
einschalten	a porni [a porˈni]
einschätzen	a aprecia [a a·pre·ʧiˈa]
einschenken	a turna [a turˈna]
einschlafen	a adormi [a a·dorˈmi]
einschließen	a include [a inˈklu·de]
einschränken	a limita [a li·miˈta]

einschreiten	a interveni [a in·ter·veˈni]
einschüchtern	a intimida [a in·ti·miˈda]
einschulen	a înscrie [a ɨnˈskri·e]
einsehen	a realiza [a re·a·liˈza]
einsetzen	a lua apărarea [a lua a·pəˈra·rea]
einsperren	a încarcera [a ɨn·kar·ʧeˈra]
einspringen	a substitui [a sub·sti·tuˈi]
einstecken	a introduce [a in·troˈdu·ʧe]
einsteigen	a se urca [a se urˈka]
einstellen	a angaja [a an·gaˈʒa]
einstürzen	a se prăbuși [a se prə·buˈʃi]
eintauchen	a imersa [a i·merˈsa]
einteilen	a împărți [a ɨm·pərˈtsi]
eintragen	a înregistra [a ɨn·re·ʤisˈtra]
eintreffen	a sosi [a soˈsi]
eintreten	a intra [a inˈtra]
einwandern	a imigra [a i·miˈgra]
einwechseln	a atrage după sine [a aˈtra·ʤe ˈdu·pə ˈsi·ne]
einweichen	a înmuia [a ɨn·muˈja]
einweihen	a inaugura [a i·nau·guˈra]
einweisen	a instrui [a in·struˈi]
einwenden	a obiecta [a o·bjekˈta]
einwilligen	a consimți [a kon·simˈtsi]
einzahlen	a plăti [a pləˈti]
eitern	a supura [a su·puˈra]
ekeln	a dezgusta [a dez·gusˈta]
empfangen	a primi [a priˈmi]
empfehlen	a recomanda [a re·ko·manˈda]
empfinden	a simți [a simˈtsi]

enden	a termina	[a ter·mi'na]
entdecken	a descoperi	[a des·ko·pe'ri]
entfachen	a aprinde	[a a'prin·de]
entfallen	a anula	[a a·nu'la]
entfernen	a îndepărta	[a ɨn·de·pər'ta]
entführen	a răpi	[a rə'pi]
entgegen-bringen	a dovedi	[a do·ve'di]
entgegnen	a replica	[a re·pli'ka]
entgleisen	a deraia	[a de·ra'ja]
enthalten	a conține	[a kon'tsi·ne]
entkommen	a scăpa	[a skə'pa]
entlanggehen	a merge de-a lungul	[a 'mer·ʤe de-a 'lun·gul]
entlassen	a destitui	[a des·ti·tu'i]
entlasten	a absolvi	[a ab·sol'vi]
entlaufen	a scăpa	[a skə'pa]
entscheiden	a decide	[a de'ʧi·de]
entschließen	a se decide	[a se de'ʧi·de]
entschuldigen	a scuza	[a sku'za]
entsetzen	a îngrozi	[a ɨn·gro'zi]
entsorgen	a elimina	[a e·li·mi'na]
entspannen	a se destinde	[a se des'tin·de]
entsprechen	a corespunde	[a ko·res'pun·de]
entstehen	a rezulta	[a re·zul'ta]
entstellen	a denatura	[a de·na·tu'ra]
enttäuschen	a decepționa	[a de·ʧep·tsjo'na]
entwaffnen	a dezarma	[a de·zar'ma]
entweichen	a scăpa	[a skə'pa]

entwerfen	a concepe	[a kon'ʧe·pe]
entwickeln	a dezvolta	[a dez·vol'ta]
erben	a moșteni	[a moʃ·te'ni]
erbrechen	a vomita	[a vo·mi'ta]
ereignen	a se întâmpla	[a se ɨn·tɨm'pla]
erfahren	a afla	[a a'fla]
erfinden	a inventa	[a in·ven'ta]
erforschen	a cerceta	[a ʧe·rʧe'ta]
erfrieren	a muri de frig	[a mu'ri de frig]
erfrischen	a împrospăta	[a ɨm·pros·pə'ta]
erfüllen	a îndeplini	[a ɨn·de·pli'ni]
ergänzen	a completa	[a kom·ple'ta]
ergeben	a se preda	[a se pre'da]
erhalten	a primi	[a pri'mi]
erhoffen	a spera	[a spe'ra]
erhöhen	a majora	[a ma·ʒo'ra]
erholen	a se însănătoși	[a se ɨn·sə·nə·to'ʃi]
erinnern	a aminti	[a a·min'ti]
erkälten	a răci	[a rə'ʧi]
erkennen	a recunoaște	[a re·ku'no̯aʃ·te]
erklären	a explica	[a eks·pli'ka]
erkundigen	a se informa	[a se in·for'ma]
erlauben	a permite	[a per·mi'te]
erläutern	a explica	[a eks·pli'ka]
erleben	a experimenta	[a eks·pe·ri·men'ta]
erledigen	a rezolva	[a re·zol'va]
erleichtern	a facilita	[a fa·ʧi·li'ta]
erlösen	a izbăvi	[a iz·bə'vi]

ermahnen	a soma	[a so'ma]
ermitteln	a determina	[a de·ter·mi'na]
ermöglichen	a permite	[a per'mi·te]
ermorden	a ucide	[a u'ʧi·de]
ermuntern	a încuraja	[a ɨn·ku·ra'ʒa]
ermutigen	a încuraja	[a ɨn·ku·ra'ʒa]
ernähren	a hrăni	[a hrə'ni]
ernennen	a numi	[a nu'mi]
erneuern	a reînnoi	[a re·ɨn·no'i]
ernten	a recolta	[a re·kol'ta]
eröffnen	a inaugura	[a i·nau·gu'ra]
erpressen	a șantaja	[a ʃan·ta'ʒa]
erregen	a excita	[a eks·ʧi'ta]
erreichen	a atinge	[a a'tin·ʤe]
erscheinen	a apărea	[a a·pə'rea]
erschrecken	a speria	[a spe·ri'a]
erschüttern	a scutura	[a sku·tu'ra]
erschweren	a îngreuna	[a ɨn·gre·u'na]
ersetzen	a înlocui	[a ɨn·lo·ku'i]
erstaunen	a uimi	[a uj'mi]
ersticken	a se sufoca	[a se su·fo'ka]
ertappen	a surprinde	[a sur'prin·de]
ertragen	a îndura	[a ɨn·du'ra]
ertrinken	a se îneca	[a se ɨn·e'ka]
erwähnen	a menționa	[a men·tsi·o'na]
erwarten	a aștepta	[a aʃ·tep'ta]
erwidern	a riposta	[a ri·pos'ta]
erwürgen	a strangula	[a stran·gu'la]
erzählen	a povesti	[a po·ves'ti]
erzeugen	a produce	[a pro'du·ʧe]
erziehen	a educa	[a e·du'ka]
erzwingen	a forța	[a for'tsa]
essen	a mânca	[a mɨn'ka]
existieren	a exista	[a e·ksis'ta]
explodieren	a exploda	[a eks·plo'da]

F

fahren	a conduce [a kon'du·tʃe]
fallen	a cădea [a kə'd̯ea]
fälschen	a falsifica [a fal·si·fi'ka]
falten	a plia [a pli'a]
fangen	a prinde [a 'prin·de]
färben	a vopsi [a vop'si]
fassen	a apuca [a a·pu'ka]
fasten	a posti [a pos'ti]
faszinieren	a fascina [a faʃ·tʃi'na]
faulen	a putrezi [a pu·tre'zi]
faulenzen	a lenevi [a le·ne'vi]
fechten	a face scrimă [a 'fa·tʃe 'skri·mə]
fegen	a mătura [a mə·tu'ra]
fehlen	a lipsi [a lip'si]
feiern	a serba [a ser'ba]
feilen	a pili [a pi'li]
fernsehen	a se uita la televizor [a se uj'ta la te·le·vi'zor]
fernsteuern	a comanda de la distanță [a ko·man'da de la dis'tan·tsə]
fertigmachen	a epuiza [a e·puj'za]
fesseln	a lega [a le'ga]
festhalten	a reține [a re'tsi·ne]
festnehmen	a aresta [a a·res'ta]
feststehen	a fi stabilit [a fi sta·bi'lit]
feststellen	a constata [a kon·sta'ta]
filmen	a filma [a fil'ma]
filtern	a filtra [a fil'tra]
finanzieren	a finanța [a fi·nan'tsa]
finden	a găsi [a gə'si]
flehen	a implora [a im·plo'ra]
flicken	a petici [a pe·ti'tʃi]
fliegen	a zbura [a zbu'ra]
fliehen	a evada [a e·va'da]
fließen	a curge [a 'kur·dʒe]
flimmern	a pâlpâi [a pɨl·pɨ'i]
flirten	a flirta [a flir'ta]
fluchen	a înjura [a ɨn·ʒu'ra]
flüchten	a evada [a e·va'da]
flüstern	a șopti [a ʃop'ti]
föhnen	a-și usca părul cu foehnul [a-ʃʲ us'ka 'pə·rul ku 'foeh·nul]
folgen	a urma [a ur'ma]
folgern	a conchide [a kon'ki·de]
foltern	a tortura [a tor·tu'ra]
fordern	a cere [a 'tʃe·re]
fördern	a promova [a pro·mo'va]
formulieren	a formula [a for·mu'la]
forschen	a cerceta [a tʃer·tʃe'ta]
fortbilden	a continua studiile [a kon·ti'nua 'stu·di·i·le]
fortfahren	a continua [a kon·ti'nua]
fortsetzen	a continua [a kon·ti'nua]
fotografieren	a fotografia [a fo·to·gra·fi'a]
fragen	a întreba [a ɨn·tre'ba]
frankieren	a timbra [a tim'bra]
freigeben	a elibera [a e·li·be'ra]
freihaben	a avea liber [a a'v̯ea 'li·ber]
freilassen	a elibera [a e·li·be'ra]
freisprechen	a achita [a aki'ta]

fremdgehen	a înșela [a ɨn·ʃe'la]
fressen	a mânca [a mɨn'ka]
freuen	a se bucura [a se bu·ku'ra]
frieren	a îngheța [a ɨn·ge'tsa]
frühstücken	a lua micul dejun [a 'lua 'mi·kul de'ʒun]
frustrieren	a frustra [a frus'tra]
fühlen	a simți [a sim'tsi]
führen	a conduce [a kon'du·ʧe]
füllen	a umple [a 'um·ple]
funktionieren	a funcționa [a funk·tsjo'na]
fürchten	a se teme [a se 'te·me]

G

gähnen	a căsca [a kəs'ka]
garantieren	a garanta [a ga·ran'ta]
geben	a da [a 'da]
gefährden	a periclita [a pe·ri·kli'ta]
gefallen	a plăcea [a plə'ʧe̯a]
gehen	a merge pe jos [a 'mer·ʤe pe ʒos]
gehorchen	a da ascultare [a da as·kul'ta·re]
gehören	a aparține [a a·par'tsi·ne]
gelangen	a ajunge [a a'ʒun·ʤe]
gelingen	a reuși [a re·u'ʃi]
gelten	a fi valabil [a fi va'la·bil]
genehmigen	a aproba [a a·pro'ba]
genesen	a se însănătoși [a se ɨn·sə·nə·to'ʃi]
genieren	a se rușina [a se ru·ʃi'na]
genießen	a savura [a sa·vu'ra]
genügen	a fi suficient [a fi su·fi·ʧi'ent]
geschehen	a se întâmpla [a se ɨn·tɨm'pla]
gestatten	a permite [a per'mi·te]
gestehen	a mărturisi [a mər·tu·ri'si]
gestikulieren	a gesticula [a ʤes·ti·ku'la]
gewinnen	a câștiga [a kɨʃ·ti'ga]
gewittern	a tuna [a tu'na]
gewöhnen	a deprinde [a de'prin·de]
gießen	a uda [a u'da]
glänzen	a străluci [a strə·lu'ʧi]
glätten	a netezi [a ne·te'zi]
glauben	a crede [a 'kre·de]

gleichen	a semăna	[a se·mə'na]
gleiten	a aluneca	[a a·lu·ne'ka]
gliedern	a structura	[a struk·tu'ra]
glitzern	a scânteia	[a skɨn·te'ja]
glühen	a străluci	[a strə·lu'ʧi]
gönnen	a acorda	[a a·kor'da]
graben	a săpa	[a sə'pa]
gratulieren	a felicita	[a fe·li·ʧi'ta]
greifen	a apuca	[a a·pu'ka]
grenzen	a se învecina cu	[a se ɨn·ve·ʧi'na ku]
grillen	a frige la grătar	[a 'fri·ʤe la grə'tar]
grinsen	a rânji	[a rɨn'ʒi]
grübeln	a medita	[a me·di'ta]
gründen	a întemeia	[a ɨn·te·me'ja]
grunzen	a grohăi	[a gro·hə'i]
gruseln	a speria	[a spe·ri'a]
grüßen	a saluta	[a sa·lu'ta]
gucken	a privi	[a pri'vi]
gurgeln	a face gargară	[a 'fa·ʧe gar'ga·rə]
gutmachen	a repara	[a re·pa'ra]

H

haaren	a năpârli	[a nə·pɨr'li]
haben	a avea	[a a've̯a]
hacken	a toca	[a to'ka]
hadern	a se certa	[a se ʧer'ta]
hageln	a ploua cu grindină	[a plo'wa ku 'grin·di·nə]
häkeln	a croșeta	[a kro·ʃe'ta]
halbieren	a înjumătăți	[a ɨn·ʒu·mə·tə'tsi]
halten	a ține	[a 'tsi·ne]
hämmern	a ciocăni	[a ʧjo·kə'ni]
handeln	a acționa	[a ak·tsi·o'na]
handhaben	a manipula	[a ma·ni·pu'la]
hängen	a atârna	[a a·tɨr'na]
harmonieren	a armoniza	[a ar·mo·ni'za]
hassen	a urî	[a u'rɨ]
hauen	a lovi	[a lo'vi]
heben	a ridica	[a ri·di'ka]
hecheln	a găfâi	[a gə·fɨ'i]
heften	a capsa	[a kap'sa]
hegen	a ocroti	[a o·kro'ti]
heilen	a vindeca	[a vin·de'ka]
heimfahren	a conduce spre casă	[a kon'du·ʧe spre 'ka·sə]
heimzahlen	a se răzbuna	[a se rəz·bu'na]
heiraten	a se căsători	[a se kə·sə·to'ri]
heißen	a se numi	[a se nu'mi]
heizen	a încălzi	[a ɨn·kəl'zi]
helfen	a ajuta	[a aʒu'ta]
herausfordern	a provoca	[a pro·vo'ka]
herrschen	a domina	[a do·mi'na]

hervorrufen	a evoca	[a e·vo'ka]
hetzen	a asmuți	[a as·mu'tsi]
heucheln	a se preface	[a se pre'fa·tʃe]
heulen	a urla	[a ur'la]
hinken	a șchiopăta	[a ʃkjo·pə'ta]
hinrichten	a executa pe cineva	[a e·kse·ku'ta pe tʃi·ne'va]
hinterfragen	a analiza	[a a·na·li'za]
hinweisen	a indica	[a in·di'ka]
hinzufügen	a adăuga	[a a·də·u'ga]
hobeln	a brăzda apa	[a brəz'da apa]
hocken	a se ghemui	[a se ge·mu'i]
hoffen	a spera	[a spe'ra]
holen	a lua	[a 'lua]
hören	a auzi	[a a·u'zi]
humpeln	a șchiopăta	[a ʃkjo·pə'ta]
hungern	a-i fi foame	[a-i fi 'fo̯a·me]
hupen	a claxona	[a kla·kso'na]
hüpfen	a țopăi	[a tso·pə'i]
husten	a tuși	[a tu'ʃi]
hüten	a păzi	[a pə'zi]
hypnotisieren	a hipnotiza	[a hip·no·ti'za]

I

identifizieren	a identifica	[a i·den·ti·fi'ka]
ignorieren	a ignora	[a ig·no'ra]
impfen	a vaccina	[a vak·tʃi'na]
infizieren	a infecta	[a in·fek'ta]
informieren	a informa	[a in·for'ma]
innehaben	a deține	[a de'tsi·ne]
inspirieren	a inspira	[a in·spi'ra]
installieren	a instala	[a in·sta'la]
integrieren	a integra	[a in·te'gra]
interessieren	a interesa	[a in·te·re'sa]
interpretieren	a interpreta	[a in·ter·pre'ta]
interviewen	a intervieva	[a in·ter·vi·e'va]
investieren	a investi	[a in·ves'ti]
irreführen	a induce în eroare	[a in'du·tʃe in e'ro̯a·re]
irren	a greși	[a gre'ʃi]
irritieren	a irita	[a i·ri'ta]
isolieren	a izola	[a i·zo'la]

J

jagen	a vâna	[a vɨˈna]
jammern	a jeli	[a ʒeˈli]
joggen	a face jogging	[a ˈfa·tʃe ˈʒo·ging]
jubeln	a jubila	[a ʒu·biˈla]
jucken	a avea mâncărime	[a aˈvea mɨn·kəˈri·me]

K

kämmen	a pieptăna	[a pjep·təˈna]
kämpfen	a lupta	[a lupˈta]
kapitulieren	a capitula	[a ka·pi·tuˈla]
kaputtgehen	a se defecta	[a se de·fekˈta]
kassieren	a încasa	[a ɨn·kaˈsa]
kauen	a mesteca	[a mes·teˈka]
kauern	a se ghemui	[a se ge·muˈi]
kaufen	a cumpăra	[a kum·pəˈra]
kehren	a mătura	[a mə·tuˈra]
kehrtmachen	a se întoarce	[a se ɨnˈtoar·tʃe]
kennen	a cunoaște	[a kuˈnoaʃ·te]
kennzeichnen	a marca	[a marˈka]
keuchen	a gâfâi	[a gɨ·fɨˈi]
kichern	a chicoti	[a ki·koˈti]
kidnappen	a răpi	[a rəˈpi]
kitzeln	a gâdila	[a gɨ·diˈla]
klaffen	a sta gură cască	[a sta ˈgu·rə ˈkas·kə]
klagen	a reclama	[a rek·laˈma]
klammern	a capsa	[a kapˈsa]
klappen	a merge	[a ˈmer·dʒe]
klappern	a trăcăni	[a trən·kəˈni]
klären	a clarifica	[a kla·ri·fiˈka]
klargehen	a merge fără probleme	[a ˈmer·dʒe ˈfə·rə proˈble·me]
klarkommen	a se descurca	[a se des·kurˈka]
klatschen	a aplauda	[a a·pla·uˈda]
kleben	a lipi ceva	[a liˈpi tʃeˈva]
kleckern	a stropi	[a stroˈpi]

klettern	a urca [a urˈka]
klicken	a da clic [a da klik]
klingeln	a suna [a suˈna]
klingen	a răsuna [a rə·suˈna]
klopfen	a ciocăni [a tʃjo·kəˈni]
knabbern	a ronțăi [a ron·tsəˈi]
knacken	a trosni [a trosˈni]
knallen	a plesni [a plesˈni]
kneifen	a ciupi [a tʃjuˈpi]
kneten	a frământa [a frə·mɨnˈta]
knicken	a împături [a ɨm·pə·tuˈri]
knien	a îngenunchea [a ɨn·ʤe·nunˈkea]
knirschen	a scrâșni [a skrɨʃˈni]
knistern	a pârâi [a pɨ·rɨˈi]
knittern	a încreți [a ɨn·kreˈtsi]
knöpfen	a butona [a bu·toˈna]
knurren	a mârâi [a mɨ·rɨˈi]
kochen	a găti [a gəˈti]
kombinieren	a combina [a kom·biˈna]
kommen	a veni [a veˈni]
kommentieren	a comenta [a ko·menˈta]
können	a putea [a puˈte̯a]
konstruieren	a construi [a kon·struˈi]
konsumieren	a consuma [a kon·suˈma]
kontrollieren	a controla [a kon·troˈla]
konzentrieren	a concentra [a kon·tʃenˈtra]
kooperieren	a coopera [a ko·o·peˈra]
koordinieren	a coordona [a ko·or·doˈna]
kopieren	a copia [a ko·piˈa]
korrigieren	a corecta [a ko·rekˈta]
kosten	a costa [a kosˈta]
krabbeln	a se târî [a se tɨˈrɨ]
krankmelden	a raporta boala [a ra·porˈta ˈbo̯a·la]
kratzen	a zgâria [a zgɨ·riˈa]
kraulen	a mângâia [a mɨn·gɨˈja]
kräuseln	a bucla [a buˈkla]
kreisen	a se învârti [a se ɨn·vɨrˈti]
kreuzen	a încrucișa [a ɨn·kru·tʃiˈʃa]
kribbeln	a furnica [a fur·niˈka]
kriechen	a se târî [a se tɨˈrɨ]
kriegen	a obține [a obˈtsi·ne]
kritisieren	a critica [a kri·tiˈka]
krümeln	a fărâmița [a fə·rɨ·miˈtsa]
krümmen	a îndoi [a ɨn·doˈi]
kühlen	a răci [a rəˈtʃi]
kümmern	a avea grijă de [a aˈve̯a ˈgri·ʒə de]
kündigen	a demisiona [a de·mi·sjoˈna]
kürzen	a scurta [a skurˈta]
kuscheln	a îmbrățișa [a ɨm·brə·tsiˈʃa]
küssen	a săruta [a sə·ruˈta]

L

lächeln	a zâmbi [a zɨm'bi]
lachen	a râde [a 'rɨ·de]
laden	a încărca [a ɨn·kər'ka]
lagern	a depozita [a de·po·zi'ta]
lähmen	a paraliza [a pa·ra·li'za]
lahmlegen	a paraliza [a pa·ra·li'za]
landen	a ateriza [a a·te·ri'za]
langweilen	a plictisi [a plik·ti'si]
lassen	a lăsa [a lə'sa]
lästern	a bârfi [a bɨr'fi]
lauern	a pândi [a pɨn'di]
laufen	a alerga [a a·ler'ga]
läuten	a suna [a su'na]
leben	a trăi [a trə'i]
lecken	a linge [a 'lin·ʤe]
leeren	a goli [a go'li]
legen	a așeza [a a·ʃe'za]
lehnen	a se sprijini [a se spri·ʒi'ni]
lehren	a preda [a pre'da]
leiden	a suferi [a su·fe'ri]
leihen	a împrumuta [a ɨm·pru·mu'ta]
leisten	a presta [a pres'ta]
leiten	a conduce [a kon'du·ʧe]
lenken	a conduce [a kon'du·ʧe]
lernen	a învăța [a ɨn·və'tsa]
lesen	a citi [a ʧi'ti]
leugnen	a nega [a ne'ga]
lieben	a iubi [a ju'bi]
liebkosen	a alinta [a a·lin'ta]
liefern	a livra [a li'vra]
liegen	a sta [a 'sta]
lispeln	a sâsâi [a sɨ·sɨ'i]
loben	a lăuda [a lə·u'da]
locken	a ispiti [a is·pi'ti]
lockern	a destinde [a des'tin·de]
löffeln	a lua cu lingura [a lua ku 'lin·gu·ra]
lohnen	a merita [a me·ri'ta]
löschen	a șterge [a 'ʃter·ʤe]
lösen	a rezolva [a re·zol'va]
losfahren	a pleca [a ple'ka]
loswerden	a se debarasa [a se de·ba·ra'sa]
lüften	a aerisi [a a·e·ri'si]
lügen	a minți [a min'tsi]
lutschen	a suge [a 'su·ʤe]

M

machen	a face	[a ˈfa·tʃe]
mahnen	a soma	[a soˈma]
mailen	a trimite un e-mail	[a triˈmi·te un i-ˈmejl]
malen	a picta	[a pikˈta]
manipulieren	a manipula	[a ma·ni·puˈla]
markieren	a marca	[a marˈka]
massieren	a masa	[a maˈsa]
meditieren	a medita	[a me·diˈta]
meiden	a ocoli	[a o·koˈli]
meinen	a crede	[a ˈkre·de]
meistern	a stăpâni	[a stə·pɨˈni]
melden	a raporta	[a ra·porˈta]
merken	a observa	[a ob·serˈva]
messen	a măsura	[a mə·suˈra]
miauen	a mieuna	[a mje·uˈna]
mieten	a închiria	[a ɨn·ki·riˈa]
mindern	a reduce	[a reˈdu·tʃe]
mischen	a amesteca	[a a·mes·teˈka]
missachten	a desconsidera	[a des·kon·si·deˈra]
missbilligen	a dezaproba	[a de·za·proˈba]
missbrauchen	a abuza	[a a·buˈza]
missen	a face fără cineva	[a ˈfa·tʃe ˈfə·rə tʃi·neˈva]
missfallen	a displăcea	[a dis·pləˈtʃe̯a]
missglücken	a eșua	[a eˈʃua]
misshandeln	a maltrata	[a mal·traˈta]
misslingen	a eșua	[a eˈʃua]
misstrauen	a nu avea încredere	[a nu aˈve̯a ɨnˈkre·de·re]
missverstehen	a înțelege greșit	[a ɨn·tseˈle·dʒe greˈʃit]
mitbekommen	a lua la cunoștință	[a lua la ku·noʃˈtin·tsə]
mitfahren	a pleca cu cineva	[a pleˈka ku tʃi·neˈva]
mitfühlen	a empatiza	[a em·pa·tiˈza]
mitmachen	a participa	[a par·ti·tʃiˈpa]
mitteilen	a comunica	[a ko·mu·niˈka]
mixen	a amesteca	[a a·mes·teˈka]
mögen	a plăcea	[a pləˈtʃe̯a]
morden	a omorî	[a o·moˈrɨ]
motivieren	a motiva	[a mo·tiˈva]
multiplizieren	a înmulți	[a ɨn·mulˈtsi]
murmeln	a murmura	[a mur·muˈra]
müssen	a trebui	[a tre·buˈi]
mutmaßen	a presupune	[a pre·suˈpu·ne]

N

nachahmen	a imita [a i·mi'ta]
nachdenken	a reflecta [a re·flek'ta]
nachgeben	a ceda [a tʃe'da]
nachholen	a recupera [a re·ku·pe'ra]
nachkommen	a veni după [a ve'ni 'du·pə]
nachtragen	a adăuga ulterior [a a·də·u'ga ul·te·ri'or]
nagen	a roade [a 'ro̯a·de]
nahekommen	a se apropia unul de altul [a se a·pro·pi'a 'u·nul de 'al·tul]
nahen	a coase [a 'ko̯a·se]
nähen	a sutura [a su·tu'ra]
nähern	a se apropia [a se a·pro·pi'a]
nahestehen	a sta aproape [a sta a'pro̯a·pe]
naschen	a ciuguli [a tʃju·gu'li]
necken	a tachina [a ta·ki'na]
nehmen	a lua [a lua]
neiden	a invidia [a in·vi·di'a]
neigen	a înclina [a ɨn·kli'na]
nennen	a numi [a nu'mi]
nerven	a enerva [a e·ner'va]
nicken	a aproba [a a·pro'ba]
niederknien	a îngenunchea [a ɨn·dʒe·nun'kea]
niederlassen	a se așeza [a se a·ʃe'za]
nieseln	a burnița [a bur·ni'tsa]
niesen	a strănuta [a strə·nu'ta]
nörgeln	a sâcâi [a sɨ·kɨ'i]
nummerieren	a numerota [a nu·me·ro'ta]
nuscheln	a bâigui [a bɨj·gu'i]

O

öffnen	a deschide [a desˈki·de]
ölen	a unge [a ˈun·ʤe]
operieren	a opera [a o·peˈra]
opfern	a sacrifica [a sa·kri·fiˈka]
ordnen	a aranja [a a·ranˈʒa]
organisieren	a organiza [a or·ga·niˈza]
orientieren	a orienta [a o·ri·enˈta]

P

packen	a împacheta [a ɨm·pa·keˈta]
paddeln	a vâsli [a vɨsˈli]
parken	a parca [a parˈka]
passen	a se potrivi [a se po·triˈvi]
passieren	a se întâmpla [a se ɨn·tɨmˈpla]
petzen	a pârî [a pɨˈrɨ]
pfeffern	a pipera [a pi·peˈra]
pfeifen	a fluiera [a flu·jeˈra]
pflanzen	a planta [a planˈta]
pflegen	a îngriji [a ɨn·griˈʒi]
pflücken	a culege [a kuˈle·ʤe]
picknicken	a merge la picnic [a ˈmer·ʤe la ˈpik·nik]
piepen	a da bip [a da bip]
piepsen	a piui [a pi·uˈi]
plagen	a chinui [a ki·nuˈi]
planen	a planifica [a pla·ni·fiˈka]
planschen	a se bălăci [a se bə·ləˈʧi]
plappern	a gânguri [a gɨn·guˈri]
platzen	a plesni [a plesˈni]
platzieren	a plasa [a plaˈsa]
plaudern	a sta de vorbă [a sta de ˈvor·bə]
pleitegehen	a fi falit [a fi faˈlit]
pokern	a juca poker [a ʒuˈka ˈpo·ker]
posieren	a poza [a poˈza]
prägen	a ștanța [a ʃtanˈʦa]
prahlen	a se făli [a se fəˈli]
prallen	a se izbi [a se izˈbi]
präsentieren	a prezenta [a pre·zenˈta]

pressen	a presa	[a pre'sa]
probieren	a încerca	[a ɨn·tʃer'ka]
protestieren	a protesta	[a pro·tes'ta]
provozieren	a provoca	[a pro·vo'ka]
prüfen	a examina	[a e·gza·mi'na]
prügeln	a bate	[a 'ba·te]
pupsen	a da vânturi	[a da 'vɨn·turi]
pusten	a sufla	[a su'fla]
putzen	a curăța	[a ku·rə'tsa]

Q

quaken	a orăcăi	[a o·rə·kə'i]
quälen	a chinui	[a ki·nu'i]
qualmen	a fumega	[a fu·me'ga]
quengeln	a se smiorcăi	[a se smjor·kə'i]
quieken	a se plânge	[a se 'plɨn·ʤe]
quietschen	a scârțâi	[a skɨr·tsɨ'i]

R

rächen	a răzbuna [a rəz·bu'na]
radeln	a merge cu bicicleta [a 'mer·ʤe ku bi·ʧi'kle·ta]
rascheln	a foşni [a foʃ'ni]
rasen	a goni [a go'ni]
rasieren	a se rade [a se 'ra·de]
rasseln	a hurui [a hu·ru'i]
raten	a ghici [a gi'ʧi]
rätseln	a vorbi neclar [a vor'bi ne'klar]
rattern	a zornăi [a zor·nə'i]
rauben	a jefui [a ʒe·fu'·i]
rauchen	a fuma [a fu'ma]
rauschen	a foşni [a foʃ'ni]
räuspern	a-şi drege glasul [a-ʃʲ 'dre·ʤe 'gla·sul]
rausschmeißen	a exmatricula [a eks·ma·tri·ku'la]
reagieren	a reacţiona [a re·ak·tsjo'na]
realisieren	a realiza [a re·a·li'za]
rebellieren	a se răscula [a se rəs·ku'la]
rechnen	a calcula [a kal·ku'la]
rechtfertigen	a justifica [a ʒus·ti·fi'ka]
recyceln	a recicla [a re·ʧi'kla]
reden	a vorbi [a vor'bi]
regeln	a regla [a re'gla]
regen	a se mişca puţin [a se miʃ'ka pu'tsin]
regieren	a guverna [a gu·ver'na]
registrieren	a înregistra [a ɨn·re·ʤis'tra]
regnen	a ploua [a plo'wa]
reiben	a freca [a fre'ka]
reichen	a ajunge [a a'ʒun·ʤe]
reimen	a rima [a ri'ma]
reinigen	a curăţa [a ku·rə'tsa]
reinlegen	a duce de nas [a du'ʧe de nas]
reisen	a călători [a kə·lə·to'ri]
reißen	a rupe [a ru'pe]
reiten	a călări [a kə·lə'ri]
reizen	a stimula [a sti·mu'la]
rekeln	a întinde [a ɨn'tin·de]
rennen	a fugi [a fu'ʤi]
renovieren	a renova [a re·no'va]
reparieren	a repara [a re·pa'ra]
reservieren	a rezerva [a re·zer'va]
respektieren	a respecta [a res·pek'ta]
retten	a salva [a sal'va]
revanchieren	a se revanşa [a se re·van'ʃa]
richtigstellen	a corecta [a ko·rek'ta]
riechen	a mirosi [a mi·ro'si]
riskieren	a risca [a ris'ka]
rollen	a rula [a ru'la]
röntgen	a face o radiografie [a 'fa·ʧe o ra·di·o·gra'fi·e]
rosten	a prăji [a prə'ʒi]
rubbeln	a freca [a fre'ka]
rückerstatten	a rambursa [a ram·bur'sa]
rudern	a vâsli [a vɨs'li]
rufen	a chema [a ke'ma]
ruhen	a se odihni [a se o·dih'ni]
rühren	a agita [a a·ʤi'ta]

ruinieren	a ruina	[a ru·iˈna]
rutschen	a aluneca	[a a·lu·neˈka]
rütteln	a scutura	[a sku·tuˈra]

S

sagen	a spune	[a ˈspu·ne]
sägen	a tăia	[a təˈja]
salzen	a săra	[a səˈra]
sammeln	a aduna	[a a·duˈna]
säubern	a curăța	[a ku·rəˈtsa]
saugen	a suge	[a ˈsu·ʤe]
schaden	a strica	[a striˈka]
schaffen	a crea	[a kreˈa]
schälen	a coji	[a koˈʒi]
schalten	a comuta	[a ko·muˈta]
schämen	a se rușina	[a se ru·ʃiˈna]
schätzen	a aprecia	[a a·pre·ʧiˈa]
schauen	a privi	[a priˈvi]
schaufeln	a săpa	[a səˈpa]
schaukeln	a legăna	[a le·gəˈna]
schäumen	a spumega	[a spu·meˈga]
scheinen	a părea	[a pəˈre̯a]
scheitern	a eșua	[a e·ʃuˈa]
schenken	a dărui	[a də·ruˈi]
scherzen	a glumi	[a gluˈmi]
scheuchen	a goni	[a goˈni]
scheuen	a se sfii	[a se sfiˈi]
schicken	a trimite	[a triˈmi·te]
schieben	a împinge	[a ɨmˈpin·ʤe]
schiefgehen	a merge prost	[a ˈmer·ʤe prost]
schielen	a privi cruciș	[a priˈvi kruˈʧiʃ]
schießen	a împușca	[a ɨm·puʃˈka]
schildern	a descrie	[a desˈkri·e]

schimmeln	a mucegăi	[a mu·tʃe·gə'i]
schimpfen	a ocărî pe cineva	[a o·kə'rɨ pe tʃi·ne'va]
schlafen	a dormi	[a dor'mi]
schlagen	a lovi	[a lo'vi]
schlecken	a linge	[a 'lin·dʒe]
schleichen	a se furișa	[a se fu·ri'ʃa]
schleppen	a remorca	[a re·mor'ka]
schließen	a închide	[a ɨn'ki·de]
schluchzen	a suspina	[a sus·pi'na]
schlucken	a înghiți	[a ɨn·gi'tsi]
schlüpfen	a se furișa	[a se fu·ri'ʃa]
schmarotzen	a parazita	[a pa·ra·zi'ta]
schmatzen	a plescăi	[a ples·kə'i]
schmecken	a gusta	[a gus'ta]
schmeißen	a arunca	[a a·run'ka]
schmelzen	a topi	[a to'pi]
schmerzen	a durea	[a du're̯a]
schminken	a se machia	[a se ma'kja]
schmollen	a se bosumfla	[a se bo·sum'fla]
schmücken	a decora	[a de·ko'ra]
schmunzeln	a zâmbi	[a zɨm'bi]
schnarchen	a sforăi	[a sfo·rə'i]
schnauben	a gâfâi	[a gɨ·fɨ'i]
schnaufen	a pufăi	[a pu·fə'i]
schneiden	a tăia	[a tə'ja]
schneien	a ninge	[a 'nin·dʒe]
schnurren	a toarce	[a 'to̯ar·tʃe]
schocken	a șoca	[a ʃo'ka]
schockieren	a șoca	[a ʃo'ka]
schonen	a cruța	[a kru'tsa]
schrauben	a înșuruba	[a ɨn·ʃu·ru'ba]
schreiben	a scrie	[a 'skri·e]
schreien	a striga	[a stri'ga]
schubsen	a împinge	[a ɨm'pin·dʒe]
schummeln	a trișa	[a tri'ʃa]
schütteln	a scutura	[a sku·tu'ra]
schütten	a turna	[a tur'na]
schützen	a proteja	[a pro·te'ʒa]
schwächen	a slăbi	[a slə'bi]
schwanken	a oscila	[a os·tʃi'la]
schwänzen	a chiuli	[a kju'li]
schwärmen	a visa	[a vi'sa]
schwarzfahren	a face blatul	[a 'fa·tʃe 'bla·tul]
schweben	a pluti	[a plu'ti]
schweigen	a tăcea	[a tə'tʃe̯a]
schwerfallen	a-i fi greu	[a-i fi greu]
schwimmen	a înota	[a ɨn·o'ta]
schwindeln	a trișa	[a tri'ʃa]
schwingen	a vibra	[a vi'bra]
schwirren	a bâzâi	[a bɨ·zɨ'i]
schwitzen	a transpira	[a trans·pi'ra]
schwören	a jura	[a ʒu'ra]
segeln	a naviga	[a na·vi'ga]
sehen	a privi	[a pri'vi]
sehnen	a-i fi dor de	[a-i fi dor de]
sein	a fi	[a fi]
senden	a trimite	[a tri'mi·te]
senken	a coborî	[a ko·bo'rɨ]
servieren	a servi	[a ser'vi]

setzen	a pune [a ˈpu·ne]
seufzen	a suspina [a sus·piˈna]
sichergehen	a se asigura [a se a·si·guˈra]
sichern	a asigura [a a·si·guˈra]
sicherstellen	a garanta [a ga·ranˈta]
siegen	a câștiga [a kɨʃ·tiˈga]
siezen	a adresa cu „dumneavoastră“ [a adreˈsa ku „dum·ne̯aˈvo̯as·trə“]
simsen	a trimite un SMS [a triˈmi·te un se·meˈse]
singen	a cânta [a kɨnˈta]
sinken	a scufunda [a sku·funˈda]
sitzen	a ședea [a ʃeˈde̯a]
skaten	a patina [a pa·tiˈna]
sollen	a trebui [a tre·buˈi]
sonnen	a face plajă [a ˈfa·tʃe ˈpla·ʒə]
sorgen	a își face griji [a ɨʃʲ ˈfa·tʃe griʒʲ]
sortieren	a sorta [a sorˈta]
sparen	a economisi [a eko·no·miˈsi]
spaßen	a glumi [a gluˈmi]
spazieren	a se plimba [a se plimˈba]
speichern	a salva [a salˈva]
speisen	a lua masa [a lua ˈma·sa]
spekulieren	a specula [a spe·kuˈla]
spenden	a dona [a doˈna]
sperren	a bloca [a bloˈka]
spiegeln	a reflecta [a ref·lekˈta]
spielen	a juca [a ʒuˈka]
spinnen	a aiura [a a·juˈra]

spitzen	a ascuți [a a·skuˈʦi]
spotten	a-și bate joc [a-ʃʲ ˈba·te ʒok]
sprechen	a vorbi [a vorˈbi]
spreizen	a desface [a desˈfa·tʃe]
sprengen	a detona [a de·toˈna]
sprießen	a răsări [a rə·səˈri]
springen	a sări [a səˈri]
spritzen	a stropi [a stroˈpi]
sprudeln	a face bule [a ˈfa·tʃe ˈbu·le]
sprühen	a pulveriza [a pul·ve·riˈza]
spucken	a scuipa [a skujˈpa]
spuken	a bântui [a bɨn·tuˈi]
spülen	a clăti [a kləˈti]
spüren	a simți [a simˈʦi]
stammen	a proveni [a pro·veˈni]
stapeln	a stivui [a sti·vuˈi]
stärken	a consolida [a kon·so·liˈda]
starren	a se holba [a se holˈba]
starten	a demara [a de·maˈra]
stattfinden	a avea loc [a aˈve̯a lok]
staunen	a fi uimit [a fi ujˈmit]
stechen	a împunge [a ɨmˈpun·ʤe]
stecken	a băga [a bəˈga]
stehen	a sta [a sta]
stehlen	a fura [a fuˈra]
steigen	a urca [a urˈka]
steigern	a crește [a ˈkreʃ·te]
stellen	a pune [a ˈpu·ne]
sterben	a muri [a muˈri]
steuern	a controla [a kon·troˈla]

stieren	a se uita fix [a se ujˈta fiks]
stillen	a alăpta [a a·ləpˈta]
stillhalten	a rămâne liniștit [a rəˈmɨ·ne li·niʃˈtit]
stillliegen	a fi închis [a fi ɨnˈkis]
stimmen	a fi corect [a fi koˈrekt]
stinken	a mirosi urât [a mi·roˈsi uˈrɨt]
stöbern	a scormoni [a skor·moˈni]
stocken	a stagna [a stagˈna]
stöhnen	a geme [a ˈʤe·me]
stolpern	a se împiedica [a se ɨm·pje·diˈka]
stoppen	a opri [a oˈpri]
stören	a deranja [a de·ranˈʒa]
stoßen	a împinge [a ɨmˈpin·ʤe]
stottern	a se bâlbâi [a se bɨl·bɨˈi]
strafen	a pedepsi [a pe·depˈsi]
straffen	a încorda [a ɨn·korˈda]
strahlen	a străluci [a strə·luˈʧi]
strampeln	a se zbate [a se ˈzba·te]
strapazieren	a suprasolicita [a su·pra·so·li·ʧiˈta]
sträuben	a se împotrivi [a se ɨm·po·triˈvi]
streben	a aspira [a as·piˈra]
strecken	a întinde [a ɨnˈtin·de]
streicheln	a mângâia [a mɨn·gɨˈja]
streichen	a vopsi [a vopˈsi]
streifen	a atinge ușor pe [a aˈtin·ʤe uʃˈor pe]
streiken	a face grevă [a ˈfa·ʧe ˈgre·və]
streiten	a argumenta [a ar·gu·menˈta]
streuen	a împrăștia [a ɨm·prəʃ·tiˈa]
stricken	a tricota [a tri·koˈta]
studieren	a studia [a stu·diˈa]
stürmen	a fi furtună [a fi furˈtu·nə]
stürzen	a cădea [a kəˈde̯a]
stutzen	a ezita [a e·ziˈta]
stützen	a sprijini [a spri·ʒiˈni]
subtrahieren	a scădea [a skəˈde̯a]
suchen	a căuta [a kə·uˈta]
summen	a bâzâi [a bɨ·zɨˈi]
sündigen	a păcătui [a pə·kə·tuˈi]
surfen	a naviga pe Internet [a na·viˈga pe In·terˈnet]
süßen	a îndulci [a ɨn·dulˈʧi]

T

tadeln	a dojeni	[a do·ʒeˈni]
tanken	a alimenta	[a a·li·menˈta]
tanzen	a dansa	[a danˈsa]
tapezieren	a tapeta	[a ta·peˈta]
tappen	a începe să meargă	[a ɨnˈtʃe·pe sə ˈmea̯r·gə]
tarnen	a camufla	[a ka·muˈfla]
tasten	a pipăi	[a pi·pəˈi]
tauchen	a se scufunda	[a se sku·funˈda]
tauen	a se dezgheța	[a se dez·geˈtsa]
taufen	a boteza	[a bo·teˈza]
taugen	a se potrivi	[a se po·triˈvi]
taumeln	a ezita	[a e·ziˈta]
tauschen	a înșela	[a ɨn·ʃeˈla]
täuschen	a decepționa	[a de·tʃep·tsjoˈna]
teilen	a împărți	[a ɨm·pərˈtsi]
teilnehmen	a lua parte	[a lua ˈpar·te]
telefonieren	a telefona	[a te·le·foˈna]
testen	a testa	[a tesˈta]
ticken	a ticăi	[a ti·kəˈi]
tippen	a dactilografia	[a dak·ti·lo·gra·fiˈa]
toben	a fi furios	[a fi fu·riˈos]
tolerieren	a tolera	[a to·leˈra]
töten	a ucide	[a uˈtʃi·de]
totfahren	a omorî cu mașina	[a o·moˈrɨ ku maˈʃi·na]
totschießen	a omorî prin împușcare	[a o·moˈrɨ prin ɨm·puʃˈka·re]
totschlagen	a omorî în bătaie	[a o·moˈrɨ ɨn bəˈta·je]
tragen	a căra	[a kəˈra]
trainieren	a antrena	[a an·treˈna]
trampeln	a tropăi	[a tro·pəˈi]
tränen	a lăcrima	[a lə·kriˈma]
transportieren	a transporta	[a trans·porˈta]
trauen	a avea încredere	[a a·vea̯ ɨnˈkre·de·re]
trauern	a jeli	[a ʒeˈli]
träumen	a visa	[a viˈsa]
treffen	a întâlni	[a ɨn·tɨlˈni]
trennen	a separa	[a se·paˈra]
treten	a călca	[a kəlˈka]
trinken	a bea	[a bea̯]
trocknen	a usca	[a usˈka]
trödeln	a pierde vremea	[a ˈpjer·de ˈvre·mea̯]
trommeln	a bate toba	[a ˈba·te ˈto·ba]
tröpfeln	a picura	[a pi·kuˈra]
tropfen	a picura	[a pi·kuˈra]
trösten	a consola	[a kon·soˈla]
trotzen	a sfida	[a sfiˈda]
trügen	a înșela	[a ɨn·ʃeˈla]
tun	a face	[a ˈfa·tʃe]
turnen	a face gimnastică	[a ˈfa·tʃe dʒimˈnas·ti·kə]
tyrannisieren	a tiraniza	[a ti·ra·niˈza]

U

üben	a exersa [a e·kser'sa]
überanstrengen	a se suprasolicita [a se su·pra·so·li·tʃi'ta]
überarbeiten	a prelucra [a pre·lu'kra]
überblicken	a avea o idee de [a avea o i'de·e de]
überbringen	a transmite [a trans'mi·te]
überbrücken	a construi un pod peste [a kon·stru'i un pod 'pes·te]
überdenken	a chibzui [a kib·zu'i]
übereinstimmen	a fi de acord [a fi de a'kord]
überfahren	a călca cu un vehicul [a kəl'ka ku un ve'hi·kul]
überfallen	a invada [a in·va'da]
überfordern	a cere prea mult [a 'tʃe·re prea mult]
übergeben	a vomita [a vo·mi'ta]
überholen	a devansa [a de·van'sa]
überhören	a nu auzi [a nu au'zi]
überlappen	a suprapune [a su·pra'pu·ne]
überlassen	a ceda [a tʃe'da]
überleben	a supraviețui [a su·pra·vje·tsu'i]
überlegen	a gândi [a gɨn'di]
überlisten	a păcăli [a pə·kə'li]
übernachten	a înnopta [a ɨn·nop'ta]
übernehmen	a prelua [a pre'lua]
überprüfen	a verifica [a ve·ri·fi'ka]
überqueren	a traversa [a tra·ver'sa]
überraschen	a surprinde [a sur'prin·de]
überreden	a convinge [a kon'vin·dʒe]
überreichen	a înmâna [a ɨn·mɨ'na]
überschatten	a umbri [a um'bri]
überschätzen	a supraestima [a su·pra·es·ti'ma]
überschlagen	a se răsturna [a se rəs·tur'na]
überschnappen	a-și pierde autocontrolul [a-ʃʲ 'pjer·de a·u·to·kon'tro·lul]
überschneiden	a se suprapune [a se su·pra'pu·ne]
überschütten	a copleși [a ko·ple'ʃi]
überschwemmen	a inunda [a i·nun'da]
übersehen	a ignora [a ig·no'ra]
übersetzen	a traduce [a tra'du·tʃe]
überspielen	a suprascrie [a su·pra'skri·e]
übersteigen	a depăși [a de·pə'ʃi]
überstrapazieren	a epuiza [a e·pu·i'za]
überstürzen	a face ceva în pripă [a 'fa·tʃe tʃe'va ɨn 'pri·pə]
übertragen	a transfera [a tran·sfe'ra]
übertreffen	a surclasa [a sur·kla'sa]
übertreiben	a exagera [a e·ksa·dʒe'ra]
überwachen	a supraveghea [a su·pra·ve'gea]
überwältigen	a copleși [a ko·ple'ʃi]
überweisen	a transfera [a trans·fe'ra]
überwiegen	a predomina [a pre·do·mi'na]
überwinden	a depăși [a de·pə'ʃi]
überzeugen	a convinge [a kon'vin·dʒe]
überziehen	a înveli [a ɨn·ve'li]

umarmen	a îmbrățișa [a ɨm·brə·tsi'ʃa]
umbauen	a reconstrui [a re·kon·stru'i]
umbenennen	a redenumi [a re·de·nu'mi]
umblättern	a da pagina [a da 'pa·dʒi·na]
umbringen	a ucide [a u'tʃi·de]
umdrehen	a întoarce [a ɨn'to̯ar·tʃe]
umfallen	a cădea peste [a kə'de̯a 'pes·te]
umfassen	a cuprinde [a ku'prin·de]
umgehen	a evita [a e·vi'ta]
umhängen	a așeza pe [a aʃe'za pe]
umkehren	a întoarce [a ɨn'to̯ar·tʃe]
umkippen	a se răsturna [a se rəs·tur'na]
umklammern	a ține strâns [a 'tsi·ne strɨns]
umkommen	a muri [a mu'ri]
umleiten	a redirecționa [a re·di·rek·tsjo'na]
umräumen	a rearanja [a re̯a·ran'ʒa]
umreißen	a face o schiță [a 'fa·tʃe o 'ski·tsə]
umrühren	a amesteca [a a·mes·te'ka]
umschalten	a comuta [a ko·mu'ta]
umsehen	a se uita în jur [a se uj'ta ɨn ʒur]
umsetzen	a implementa [a im·ple·men'ta]
umsteigen	a schimba [a skim'ba]
umstimmen	a clinti [a klin'ti]
umstürzen	a răsturna [a rəs·tur'na]
umtauschen	a preschimba [a pres·kim'ba]
umwerfen	a răsturna ceva [a rəs·tur'na tʃe'va]

umziehen	a se muta [a se mu'ta]
unterbrechen	a întrerupe [a ɨn·tre'ru·pe]
unterdrücken	a asupri [a a·su'pri]
untergehen	a asfinți [a as·fin'tsi]
unterhalten	a discuta [a dis·ku'ta]
unterlassen	a se abține [a se ab'tsi·ne]
unternehmen	a întreprinde [a ɨn·tre'prin·de]
unterrichten	a preda [a pre'da]
untersagen	a interzice [a in·ter'zi·tʃe]
unterschätzen	a subestima [a sub·es·ti'ma]
unterscheiden	a deosebi [a de·o·se'bi]
unterschreiben	a semna [a sem'na]
unterstellen	a insinua [a in·si·nu'a]
unterstreichen	a sublinia [a su·bli·ni'a]
unterstützen	a susține [a sus·tsi'ne]
untersuchen	a cerceta [a tʃer·tʃe'ta]
untertauchen	a dispărea [a dis·pə're̯a]
unterteilen	a subdiviza [a sub·di·vi'za]
urteilen	a judeca [a ʒu·de'ka]

V

verabreden	a-și da întâlnire [a-ʃʲ da ɨn·tɨlˈni·re]
verabschieden	a-și lua rămas bun [a-ʃʲ lua rəˈmas bun]
verachten	a disprețui [a dis·pre·tsuˈi]
verallgemeinern	a generaliza [a ʤe·ne·ra·liˈza]
verändern	a schimba [a skimˈba]
verängstigen	a speria [a spe·riˈa]
verantworten	a răspunde pentru [a rəsˈpun·de ˈpen·tru]
verarbeiten	a procesa [a pro·ʧeˈsa]
verärgern	a enerva [a e·nerˈva]
verarzten	a trata [a traˈta]
verbergen	a ascunde [a asˈkun·de]
verbessern	a îmbunătăți [a ɨm·bu·nə·təˈtsi]
verbeugen	a se închina [a se ɨn·kiˈna]
verbiegen	a deforma [a de·forˈma]
verbieten	a interzice [a in·terˈzi·ʧe]
verbinden	a conecta [a ko·nekˈta]
verbleiben	a rămâne [a rəˈmɨ·ne]
verbluten	a sângera până la moarte [a sɨn·ʤeˈra ˈpɨ·nə la ˈmo̯ar·te]
verbrauchen	a consuma [a kon·suˈma]
verbreiten	a răspândi [a rəs·pɨnˈdi]
verbrennen	a arde [a ˈar·de]
verbringen	a petrece [a peˈtre·ʧe]
verdächtigen	a suspecta [a sus·pekˈta]
verdanken	a datora [a da·toˈra]
verdauen	a digera [a di·ʤeˈra]

verdecken	a acoperi [a a·ko·peˈri]
verderben	a strica [a striˈka]
verdeutlichen	a elucida [a e·lu·ʧiˈda]
verdienen	a câștiga [a kɨʃ·tiˈga]
verdoppeln	a dubla [a duˈbla]
verdrängen	a suprima [a sup·riˈma]
verdursten	a muri de sete [a muri de ˈse·te]
verehren	a adora [a a·doˈra]
vereinbaren	a conveni [a kon·veˈni]
vereinen	a uni [a uˈni]
vereinfachen	a simplifica [a sim·pli·fiˈka]
vereinheitlichen	a armoniza [a ar·mo·niˈza]
vereinigen	a reuni [a re·uˈni]
verfallen	a se deteriora [a se de·te·ri·oˈra]
verfälschen	a distorsiona [a dis·tor·sjoˈna]
verfassen	a redacta [a re·dakˈta]
verfaulen	a putrezi [a pu·treˈzi]
verfehlen	a neglija [a neg·liˈʒa]
verfeinern	a rafina [a ra·fiˈna]
verfluchen	a blestema [a bles·teˈma]
verfolgen	a urmări [a ur·məˈri]
verfügen	a dispune [a disˈpu·ne]
verführen	a seduce [a seˈdu·ʧe]
vergehen	a trece [a ˈtre·ʧe]
vergelten	a răsplăti [a rəs·pləˈti]
vergessen	a uita [a ujˈta]
vergeuden	a irosi [a i·roˈsi]
vergewaltigen	a viola [a vi·oˈla]

vergewissern	a asigura	[a a·si·gu'ra]
vergiften	a otrăvi	[a o·trə'vi]
vergleichen	a compara	[a kom·pa'ra]
vergnügen	a se amuza	[a se a·mu'za]
vergraben	a se îngropa	[a se ɨn·gro'pa]
vergrößern	a crește	[a 'kreʃ·te]
verhaften	a aresta	[a a·res'ta]
verhalten	a se comporta	[a se kom·por'ta]
verhandeln	a negocia	[a ne·go·tʃi'a]
verhängen	a impune	[a im'pu·ne]
verharmlosen	a bagateliza	[a ba·ga·te·li'za]
verharren	a rămâne	[a rə'mɨ·ne]
verheilen	a se vindeca	[a se vin·de'ka]
verheimlichen	a ascunde	[a as'kun·de]
verherrlichen	a slăvi	[a slə'vi]
verhexen	a fermeca	[a fer·me'ka]
verhindern	a preveni	[a pre·ve'ni]
verhören	a interoga	[a in·te·ro'ga]
verhüllen	a deghiza	[a de·gi'za]
verhungern	a muri de foame	[a mu'ri de 'fo̯a·me]
verhüten	a preveni	[a pre·ve'ni]
verirren	a se rătăci	[a se rə·tə'tʃi]
verjagen	a alunga	[a a·lun'ga]
verkaufen	a vinde	[a 'vin·de]
verklagen	a da în judecată	[a da ɨn ʒu·de'ka·tə]
verkleiden	a se costuma	[a se kos·tu'ma]
verkleinern	a reduce	[a re'du·tʃe]
verknoten	a înnoda	[a ɨn·no'da]
verknüpfen	a înnoda	[a ɨn·no'da]
verkommen	a decădea	[a de·kə'de̯a]
verkörpern	a întruchipa	[a ɨn·tru·ki'pa]
verkraften	a suporta	[a su·por'ta]
verkrampfen	a deveni încordat	[a de·ve'ni ɨn·kor'dat]
verkümmern	a degenera	[a de·dʒe·ne'ra]
verkürzen	a scurta	[a skur'ta]
verlangen	a pretinde	[a pre'tin·de]
verlängern	a prelungi	[a pre·lun'dʒi]
verlangsamen	a încetini	[a ɨn·tʃe·ti'ni]
verlassen	a părăsi	[a pə·rə'si]
verlaufen	a se desfășura	[a se des·fə·ʃu'ra]
verleihen	a împrumuta	[a ɨm·pru·mu'ta]
verlernen	a uita	[a uj'ta]
verletzen	a răni	[a rə'ni]
verleugnen	a abnega	[a ab·ne'ga]
verleumden	a denigra	[a de·ni'gra]
verlieben	a se îndrăgosti	[a se ɨn·drə·gos'ti]
verlieren	a pierde	[a 'pjer·de]
verloben	a se logodi	[a se lo·go'di]
vermehren	a crește	[a 'kre·ʃte]
vermeiden	a evita	[a e·vi'ta]
vermieten	a închiria	[a ɨn·ki·ri'a]
vermischen	a amesteca	[a a·mes·te'ka]
vermissen	a-i lipsi cuiva	[a-ʲ lip'si kuj'va]
vermitteln	a media	[a me·di'a]
vermuten	a presupune	[a pre·su'pu·ne]

vernach-lässigen	a neglija [a ne·gli'ʒa]
vernehmen	a interoga [a in·te·ro'ga]
verneigen	a se închina [a se ɨn·ki'na]
verneinen	a nega [a ne'ga]
vernichten	a distruge [a dis'tru·ʤe]
veröffentlichen	a publica [a pu·bli'ka]
verordnen	a prescrie [a pres'kri·e]
verpacken	a ambala [a am·ba'la]
verpassen	a pierde [a 'pjer·de]
verpflichten	a obliga [a o·bli'ga]
verprügeln	a bate [a 'ba·te]
verraten	a destăinui [a des·təj·nu'i]
verrechnen	a socoti greșit [a so·ko'ti gre'ʃit]
verreisen	a pleca [a ple'ka]
verrenken	a-și luxa piciorul [a-ʃʲ lu'ksa pi'ʧjo·rul]
verriegeln	a zăvorî [a zə·vo'rɨ]
verringern	a reduce [a re'du·ʧe]
versagen	a da greș [a da greʃ]
versammeln	a aduna [a a·du'na]
versäumen	a pierde [a 'pjer·de]
verschenken	a oferi [a o·fe'ri]
verschicken	a distribui [a dis·tri·bu'i]
verschieben	a amâna [a a·mɨ'na]
verschimmeln	a mucegăi [a mu·ʧe·gə'i]
verschlafen	a nu se trezi la timp [a nu se tre'zi la timp]
verschlechtern	a deteriora [a de·te·ri·o'ra]
verschließen	a închide [a ɨn'ki·de]
verschlimmern	a agrava [a a·gra'va]
verschlucken	a se îneca [a se ɨn·e'ka]
verschmutzen	a polua [a po'lua]
verschonen	a cruța [a kru'tsa]
verschönern	a înfrumuseța [a ɨn·fru·mu·se'tsa]
verschütten	a vărsa [a vər'sa]
verschweigen	a ascunde [a as'kun·de]
verschwenden	a irosi [a i·ro'si]
verschwimmen	a se estompa [a se es·tom'pa]
verschwinden	a dispărea [a dis·pə'rẹa]
verschwören	a conspira [a kon·spi'ra]
versenden	a trimite [a tri'mi·te]
versetzen	a muta [a mu'ta]
verseuchen	a contamina [a kon·ta·mi'na]
versichern	a asigura [a a·si·gu'ra]
versickern	a se infiltra [a se in·fil'tra]
versinken	a se cufunda [a se ku·fun'da]
versöhnen	a se împăca [a se ɨm·pə'ka]
versorgen	a avea grijă de [a a'vẹa 'gri·ʒə de]
verspäten	a întârzia [a ɨn·tɨr·zi'a]
versperren	a bloca [a blo'ka]
verspotten	a batjocori [a bat·ʒo·ko'ri]
versprechen	a promite [a pro·mi'te]
verspüren	a simți [a sim'tsi]
verständigen	a se înțelege [a se ɨn·tse'le·ʤe]
verstärken	a întări [a ɨn·tə'ri]
verstauben	a aduna praful [a a·du'na 'pra·ful]

verstauchen	a luxa	[a lu'ksa]
verstecken	a ascunde	[a as'kun·de]
verstehen	a înțelege	[a ɨn·tse'le·ʤe]
versteigern	a licita	[a li·ʧi'ta]
verstellen	a ajusta	[a a·ʒus'ta]
verstopfen	a bloca	[a blo'ka]
verstoßen	a repudia	[a re·pu·di'a]
verstreichen	a lăsa timpul să curgă	[a lə'sa tim·pul sə 'kur·gə]
verstummen	a amuți	[a a·mu'tsi]
versuchen	a încerca	[a ɨn·ʧer'ka]
versüßen	a îndulci	[a ɨn·dul'ʧi]
vertagen	a amâna ceva	[a a·mɨ'na ʧe'va]
vertauschen	a interschimba	[a in·ter·skim'ba]
verteidigen	a apăra	[a a·pə'ra]
verteilen	a distribui	[a dis·tri·bu'i]
vertiefen	a aprofunda	[a a·pro·fun'da]
vertragen	a suporta	[a su·por'ta]
vertrauen	a avea încredere	[a a'vea ɨn'kre·de·re]
vertreiben	a distribui	[a dis·tri·bu'i]
vertreten	a susține	[a sus'tsi·ne]
vertrocknen	a se usca	[a se us'ka]
vertrödeln	a trândăvi	[a trɨn·də'vi]
vertrösten	a amâna	[a a·mɨ'na]
vertuschen	a mușamaliza	[a mu·ʃa·ma·li'za]
verübeln	a lua în nume de rău	[a lua ɨn nu'me de rəu]
verüben	a comite	[a ko'mi·te]
verunglücken	a avea un accident	[a a'vea un ak·ʧi'dent]
verunsichern	a dezorienta	[a dez·o·ri·en'ta]
verunstalten	a desfigura	[a des·fi·gu'ra]
verursachen	a cauza	[a ka·u'za]
verurteilen	a condamna	[a kon·dam'na]
verwechseln	a confunda	[a kon·fun'da]
verweigern	a refuza	[a re·fu'za]
verwelken	a se ofili	[a se o·fi'li]
verwenden	a folosi	[a fo·lo'si]
verwirklichen	a realiza	[a rea·li'za]
verwirren	a zăpăci	[a zə·pə'ʧi]
verwischen	a șterge	[a 'ʃter·ʤe]
verwöhnen	a răsfăța	[a rəs·fə'tsa]
verwunden	a răni	[a rə'ni]
verzaubern	a încânta	[a ɨn·kɨn'ta]
verzehren	a consuma	[a kon·su'ma]
verzeichnen	a înregistra	[a ɨn·re·ʤis'tra]
verzeihen	a ierta	[a jer'ta]
verzerren	a strâmba	[a strɨm'ba]
verzichten	a abandona	[a a·ban·do'na]
verzieren	a împodobi	[a ɨm·po·do'bi]
verzögern	a întârzia	[a ɨn·tɨr·zi'a]
verzweifeln	a dispera	[a dis·pe'ra]
voraussagen	a prezice	[a pre'zi·ʧe]
vorbeifahren	a trece pe lângă	[a 'tre·ʧe pe 'lɨn·gə]
vorbereiten	a prepara	[a pre·pa'ra]
vorbeugen	a preveni	[a pre·ve'ni]
vordrängeln	a împinge spre față	[a ɨm'pin·ʤe spre 'fa·tsə]

vorenthalten	a tăinui [a təj·nu'i]
vorfallen	a se întâmpla [a se ɨn·tɨm'pla]
vorfinden	a găsi [a gə'si]
vorgeben	a pretinde [a pre'tin·de]
vorhaben	a plănui [a plə·nu'i]
vorhersehen	a anticipa [a an·ti·tʃi'pa]
vorkommen	a apărea [a a·pə'rea]
vorlesen	a citi [a tʃi'ti]
vormachen	a arăta cum se face [a a·rə'ta kum se 'fa·tʃe]
vornehmen	a realiza [a re·a·li'za]
vorschlagen	a sugera [a su·dʒe'ra]
vorschreiben	a prescrie [a pres'kri·e]
vorsorgen	a asigura [a a·si·gu'ra]
vorstellen	a-și imagina ceva [a-ʃʲ i·ma·dʒi'na tʃe'va]
vortäuschen	a simula [a si·mu'la]
vortragen	a recita [a re·tʃi'ta]
vorübergehen	a trece pe lângă [a 'tre·tʃe pe 'lɨn·gə]
vorweisen	a arăta [a a·rə'ta]
vorwerfen	a reproșa [a re·pro'ʃa]
vorzeigen	a arăta [a a·rə'ta]
vorziehen	a prefera [a pre·fe'ra]

W

wachsen	a crește [a 'kreʃ·te]
wackeln	a se clătina [a se klə·ti'na]
wagen	a risca [a ris'ka]
wählen	a alege [a a'le·dʒe]
wahrnehmen	a percepe [a per'tʃe·pe]
wandern	a drumeți [a dru·me'tsi]
warnen	a avertiza [a a·ver·ti'za]
warten	a aștepta [a aʃ·tep'ta]
waschen	a spăla [a spə'la]
wechseln	a schimba [a skim'ba]
wecken	a trezi [a tre'zi]
wegfahren	a pleca [a ple'ka]
wegfallen	a nu se mai aplica [a nu se maj a·pli'ka]
weggehen	a pleca abătut [a ple'ka a·bə'tut]
weglassen	a omite [a o'mi·te]
wegnehmen	a înlătura [a ɨn·lə·tu'ra]
wegrennen	a pleca [a ple'ka]
wegschicken	a trimite [a tri'mi·te]
wegschmeißen	a arunca [a a·run'ka]
wehren	a se opune [a se o'pu·ne]
weigern	a refuza [a re·fu'za]
weinen	a plânge [a 'plɨn·dʒe]
welken	a se ofili [a se o·fi'li]
wellen	a face valuri [a 'fa·tʃe 'va·luri]
wenden	a întoarce [a ɨn'toar·tʃe]
werden	a deveni [a de·ve'ni]
werfen	a arunca [a a·run'ka]
wetten	a paria [a pa·ri'a]

wickeln	a înfășura	[a ɨn·fə·ʃu'ra]
widerlegen	a dezminți	[a dez·min'tsi]
widersetzen	a se împotrivi	[a se ɨm·po·tri'vi]
widerspiegeln	a reflecta	[a re·flek'ta]
widerstehen	a rezista	[a re·zis'ta]
widmen	a dedica	[a de·di'ka]
wiedergeben	a reda	[a re'da]
wiederholen	a repeta	[a re·pe'ta]
wiederkehren	a reveni	[a re·ve'ni]
wiederkommen	a se întoarce	[a se ɨn'to̯ar·tʃe]
wiedersehen	a revedea	[a re·ve'de̯a]
wiegen	a cântări	[a kɨn·tə'ri]
wiehern	a necheza	[a ne·ke'za]
wimmeln	a furnica de	[a fur·ni'ka de]
wimmern	a scânci	[a skɨn'tʃi]
winden	a răsuci	[a rə·su'tʃi]
winken	a face cu mâna	[a 'fa·tʃe ku 'mɨ·na]
winseln	a scheuna	[a ske·u'na]
wippen	a balansa	[a ba·lan'sa]
wirken	a părea	[a pə're̯a]
wischen	a șterge	[a 'ʃter·dʒe]
wispern	a șopti	[a 'ʃop·ti]
wissen	a cunoaște	[a ku'no̯aʃ·te]
wohnen	a locui	[a lo·ku'i]
wollen	a vrea	[a 'vre̯a]
wundern	a surprinde	[a sur'prin·de]
wünschen	a dori	[a do'ri]
würdigen	a aprecia	[a a·pre·tʃi'a]
würfeln	a arunca	[a a·run'ka]
würgen	a sufoca	[a su·fo'ka]
würzen	a condimenta	[a kon·di·men'ta]

Z

zahlen	a plăti [a plə'ti]
zählen	a număra [a nu·mə'ra]
zähmen	a îmblânzi [a ɨm·blɨn'zi]
zanken	a se certa [a se tʃer'ta]
zappeln	a se agita [a se a·dʒi'ta]
zaubern	a face magie [a 'fa·tʃe ma·dʒi'e]
zeichnen	a desena [a de·se'na]
zeigen	a arăta [a a·rə'ta]
zelten	a campa [a kam'pa]
zerbrechen	a se sparge [a se 'spar·dʒe]
zerdrücken	a strivi [a stri'vi]
zerfallen	a se dezintegra [a se dez·in·te'gra]
zerkleinern	a mărunți [a mə·run'tsi]
zerknüllen	a face cocoloș [a 'fa·tʃe ko·ko'loʃ]
zerkratzen	a zgâria [a zgɨ·ri'a]
zerkrümeln	a se fărâma [a se fə·rɨ'ma]
zerreißen	a sfâșia [a sfɨ·ʃi'a]
zerren	a trage [a 'tra·dʒe]
zerschlagen	a distruge [a dis'tru·dʒe]
zerspringen	a crăpa [a krə'pa]
zerstören	a distruge [a dis'tru·dʒe]
zertreten	a strivi [a stri'vi]
zertrümmern	a nimici [a ni·mi'tʃi]
ziehen	a trage [a 'tra·dʒe]
zielen	a ținti [a 'tsin·ti]
zieren	a împodobi [a ɨm·po·do'bi]
zischen	a sfârâi [a sfɨ·rɨ'i]
zittern	a tremura [a tre·mu'ra]
zögern	a ezita [a e·zi'ta]
zoomen	a face efect de transfocator [a 'fa·tʃe e'fekt de trans·fo·ka'tor]
zubeißen	a mușca [a muʃ'ka]
zubereiten	a pregăti [a pre·gə'ti]
zubinden *Schnüre*	a strânge [a 'strɨn·ge]
zublinzeln	a face cu ochiul [a 'fa·tʃe ku 'o·kjul]
zucken	a tresări [a tre·sə'ri]
zücken	a scoate ceva la iveală [a 'skoa·te tʃe'va la i'vea·lə]
zudecken	a acoperi [a a·ko·pe'ri]
zudrehen	a închide [a ɨn'ki·de]
zufriedengeben	a fi satisfăcut [a fi sa·tis·fə'kut]
zufriedenlassen	a lăsa în pace [a lə'sa ɨn 'pa·tʃe]
zufügen	a cauza ceva [a ka·u'za tʃe'va]
zugeben	a admite [a ad'mi·te]
zugreifen	a se servi [a se ser'vi]
zugucken	a privi [a pri'vi]
zuhören	a asculta [a as·kul'ta]
zujubeln	a aclama [a a·kla'ma]
zuknöpfen	a încheia [a ɨn·ke'ja]
zulächeln	a zâmbi la [a zɨm'bi la]
zulassen	a admite [a ad'mi·te]
zumachen	a închide [a ɨn'ki·de]
zumuten	a cere cuiva ceva exagerat [a 'tʃe·re kuj'va tʃe'va e·ksa·ge'rat]

zünden	a da foc [a da fok]
zunehmen	a crește [a ˈkreʃ·te]
zunichte-machen	a dejuca [a de·ʒuˈka]
zunicken	a face semn [a ˈfa·ʧe semn]
zuordnen	a atribui [a a·tri·buˈi]
zupacken	a împacheta rapid [a ɨm·pa·keˈta raˈpid]
zupfen	a ciupi [a ʧjuˈpi]
zurechtfinden	a se descurca [a se des·kurˈka]
zurücknehmen	a retrage [a reˈtra·ʤe]
zurufen	a striga [a striˈga]
zusagen	a fi de acord cu cineva [a fi de aˈkord ku ʧi·neˈva]
zusammen-hängen	a corela [a ko·reˈla]
zusammen-prallen	a intra în coliziune [a inˈtra ɨn ko·li·ziˈu·ne]
zusammen-schreiben	a scrie într-un cuvânt [a ˈskri·e ɨnˈtr-un kuˈvɨnt]
zuschicken	a trimite [a triˈmi·te]
zuschlagen	a trânti [a trɨnˈti]
zuschließen	a închide [a ɨnˈki·de]
zuschrauben	a înșuruba [a ɨn·ʃu·ruˈba]
zusehen	a privi [a priˈvi]
zusichern	a garanta [a ga·ranˈta]
zuspielen	a pasa [a paˈsa]
zuspitzen	a escalada [a es·ka·laˈda]
zustimmen	a agrea [a a·greˈa]
zustoßen	a se întâmpla cuiva [a se ɨn·tɨmˈpla kujˈva]
zutrauen	a cuteza [a ku·teˈza]
zutreffen	a fi corect [a fi koˈrekt]
zuvorkommen	a anticipa [a an·ti·ʧiˈpa]
zuwenden *Rücken*	a întoarce [a ɨnˈtoar·ʧe]
zuziehen	a închide [a ɨnˈki·de]
zwängen	a îndesa [a ɨn·deˈsa]
zweifeln	a avea dubii [a aˈvea ˈdu·biʲ]
zwicken	a ciupi [a ʧjuˈpi]
zwingen	a forța [a forˈʦa]
zwinkern	a clipi [a kliˈpi]

INDEX DEUTSCH – INDICE GERMANĂ

INDEX RUMÄNISCH – INDICE ROMÂNĂ

INDEX DEUTSCH – INDICE GERMANĂ

INDEX DEUTSCH – GERMAN INDEX

F

G

H

I

J

N

O

T

INDEX RUMÄNISCH – INDICE ROMÂNĂ

G

M

P

Q

R

IN RUMÄNIEN – ÎN ROMÂNIA

BILDNACHWEIS

* – © Fotolia.com

14 */CsabaPeterdi, **16** */AlexanderRaths, **16** */JeanetteDietl, **16** */Forgiss, **16** */paulmz, **16** */fotodesign-jegg.de, **16** */mimagephotos, **16** */SydaProductions, **16** */iko, **16** */JeanetteDietl, **16** */drubig-photo, **16** */oocoskun, **17** */damato, **17** */vbaleha, **17** */Rido, **17** */LjupcoSmokovski, **17** */JeanetteDietl, **17** */JaninaDierks, **17** */ValuaVitaly, **17** */Rido, **17** */AndresRodriguez, **17** */SydaProductions, **17** */ValuaVitaly, **18** */DmitryLobanov, **18** */SamuelBorges, **18** */DenisNata, **18** */PavelLosevsky, **18** */GabrielBlaj, **18** */WONGSZEFEI, **18** */vgstudio, **18** */Picture-Factory, **18** */Ariwasabi, **19** */endostock, **19** */mma23, **19** */JasminMerdan, **19** */TomWang, **19** */MichaelGray, **19** */JanMika, **19** */BeTa-Artworks, **19** */michaeljung, **19** */Savannah1969, **19** */patpitchaya, **19** */Sabphoto, **19** */CelloArmstrong, **19** */eyetronic, **20** */DaniloRizzuti, **20** */RuthBlack, **20** */Smileus, **20** */chesterF, **20** iStockphoto/CatherineYeulet, **20** */DenisNata, **20** */MelindaNagy, **20** */Kaarsten, **20** */MISHELA, **20** */Eray, **20** */Unclesam, **20** */satin_111, **20** */MichaelFritzen, **21** */yanlev, **21** */BeTa-Artworks, **21** */MargitPower, **21** */BrendaCarson, **21** */AfricaStudio, **21** */PiotrMarcinski, **21** */Fotowerk, **21** */AVRORA, **21** */stockyimages, **21** */TylerOlson, **21** */ExQuisine, **21** */GlendaPowers, **21** Thinkstock/iStockphoto, **22** */ValuaVitaly, **22** */codiarts, **23** */JaimieDuplass, **23** */krimar, **23** */magann, **23** */StefanBalk, **23** */KaponiaAliaksei, **23** */koji6aca, **23** */yuriyzhuravov, **23** */yuriyzhuravov, **23** */ErmolaevAlexandr, **23** */V.R.Murralinath, **23** */badmanproduction, **23** */AntonZabielskyi, **23** */auremar, **23** */koji6aca, **24** */mimagephotos, **24** */Tiler84, **24** */velazquez, **24** */giorgiomtb, **24** */apops, **24** */dusk, **24** */KnutWiarda, **24** */stokkete, **24** */Taiga, **24** */Taiga, **24** */Taiga, **24** */Taiga, **25** */KarrambaProduction, **25** */RobertKneschke, **25** */cantorpannatto, **25** */Garrincha, **25** */Picture-Factory, **25** */bevangoldswain, **25** */WavebreakMediaMicro, **25** */Rido, **25** */MinervaStudio, **25** */cantorpannatto, **25** */Fotowerk, **25** */Fotowerk, **26** */Gelpi, **26** */stockyimages, **26** */WavebreakmediaMicro, **26** */pathdoc, **26** */Ilike, **26** */pathdoc, **26** */AndresRodriguez, **26** */Garrincha, **26** */cantorpannatto, **26** */pressmaster, **26** */vladimirfloyd, **26** */Elnur, **26** */KlausEppele, **27** */boumenjapet, **27** */VeraAnistratenko, **27** */carol_anne, **27** */AndreyArmyagov, **27** Thinkstock/NikolayK, **27** */srdjan111, **27** */ZbyszekNowak, **27** */PamelaUyttendaele, **27** */MichaelaPucher, **27** */KatrinaBrown, **28** */ghoststone, **28** */nito, **28** */zhekos, **28** */chiyacat, **28** */AlexandraKaramyshev, **28** */BEAUTYofLIFE, **28** */LuckyDragon, **29** */KarrambaProduction, **29** */BEAUTYofLIFE, **29** */Khvost, **29** */Khvost, **29** */Elnur, **29** */PopovaOlga, **29** */ArtemGorohov, **29** */Elnur, **29** */RuslanKudrin, **29** */GordanaSermek, **29** */AlexandraKaramyshev, **30** */alaterphotog, **30** */Elnur, **30** */Elnur, **30** */RuslanKudrin, **30** */AlexandraKaramyshev, **30** */AlexandraKaramyshev, **30** */OliverPreißner, **30** */RobertLehmann, **30** */AlexandraKaramyshev, **31** */mimagephotos, **31** */AlexandraKaramyshev, **31** */AlexandraKaramyshev, **31** */ludmilafoto, **31** */okinawakasawa, **31** Thinkstock/AlexandruChiriac, **31** */cedrov, **31** */Khvost, **31** */hifashion, **31** */AlexandraKaramyshev, **31** */AlexandraKaramyshev, **32** */Little_wine_fly, **32** */JiriHera, **32** */rangizzz, **32** */JiriHera, **32** */AndrewBuckin, **32** Thinkstock/DannyChan, **32** */ArtemMerzlenko, **32** */Cobalt, **32** */fotomatrix, **32** */Rozaliya, **32** */adisa, **32** */KiraNova, **32** */ShariffChe'Lah, **32** */venusangel, **32** */Unclesam, **32** */srki66, **33** */adisa, **33** */adisa, **33** */lalouetto, **33** */PRILLMediendesign, **33** */AfricaStudio, **33** */adisa, **33** */AndreyBandurenko, **33** */Nadinelle, **33** */design56, **33** */SergeyRusakov, **33** */JiriHera, **33** */gemenacom, **33** */AndrePlath, **33** */AlexanderRaths, **33** */Liaurinko, **33** */thaikrit, **33** */humbak, **34** */wiedzma, **34** */kontur-vid, **34** */Tharakorn, **34** */picsfive, **34** */pattarastock, **34** */NilsZ, **34** */picsfive, **34** */picsfive, **34** */ksena32, **34** */cristi180884, **34** */bpstocks, **34** */nito, **34** */Tarzhanova, **34** */bpstocks, **34** */terex, **34** */ibphoto, **35** */GennadiyPoznyakov, **36** */stockone, **38** */JSB, **38** */stocker1970, **38** */photo5000, **38** */TiberiusGracchus, **38** */RalfGosch, **38** */visivasnc, **38** */LasseKristensen, **38** */Speedfighter, **38** */Bokicbo, **38** */typomaniac, **38** */O.M., **38** */designsstock, **38** */Tatty, **39** */Kurhan, **39** */selensergen, **39** */BrilliantEagle, **39** */IrianaShiyan, **39** */terex, **39** */Sashkin, **39** */bcdesign, **39** */pyzata, **39** */ThomasAumann, **39** */TiberiusGracchus, **39** */IgorKovalchuk, **39** */MaksymYemelyanov, **39** */pabijan, **40** */MagdaFischer, **41** */KasiaBialasiewicz, **41** */bennnn, **41** */BertFolsom, **41** */AleksandarJocic, **41** */yevgenromanenko, **41** */AleksandrUgorenkov, **42** */IrianaShiyan, **42** */luchshen, **42** */sokrub, **42** */sokrub, **42** */okinawakasawa, **43** */pics721, **43** */Delphimages, **43** */arteferretto, **43** */KitchBain, **43** */ChrisBrignell, **44** */stock_for_free, **44** */kornienko, **45** */mrgarry, **45** */mariocigic, **45** Thinkstock/Hemera, **45** */AlexanderMorozov, **45** */DenisGladkiy, **45** */SergiiMoscaliuk, **45** */sutsaiy, **45** */sutsaiy, **45** */okinawakasawa, **45** */AlexanderMorozov, **45** */venusangel, **45** */bergamont, **45** */AlexanderMorozov, **45** */sutsaiy, **45** */manipulateur, **45** */kmiragaya, **46** */fotyma, **46** */DenisaV, **46** */jonnysek, **46** */KitchBain, **46** */pholien, **46** */AlonaDudaieva, **46** */M.R.Swadzba, **46** Thinkstock/iStockphoto, **46** */bennyartist, **46** */NikolaBilic, **46** */cretolamna, **46** */IgorSyrbu, **46** */PiotrPawinski, **47** */cretolamna, **47** */HaraldBiebel, **47** */gavran333, **47** */M.R.Swadzba, **47** */IrisArt, **47** */DianaTaliun, **47** */cretolamna, **47** */MS, **47** */nito, **47** */BombaertPatrick, **47** */scol22, **47** */cretolamna, **47** */picsfive, **48** */SunshinePics, **48** */VRD, **48** */petrsalinger, **48** */cretolamna, **48** */gavran333, **48** */UweLandgraf, **48** */nito, **48** */Schwoab, **48** */cretolamna, **48** */StefanBalk, **48** */karandaev, **48** */LuckyDragon, **48** */PhotoSG, **49** */2mmedia, **50** */AndresRodriguez, **50** */simmittorok, **50** */LiliiaRudchenko, **50** */venusangel, **50** */LjupcoSmokovski, **50** */MaksimKostenko, **50** Thinkstock/Stockbyte, **50** */Xuejunli, **50** */LjupcoSmokovski, **50** */Coprid, **50** */Yingko, **51** */poligonchik, **52** */arsdigital, **53** */adpePhoto, **53** */AfricaStudio, **53** */Tiler84, **53** */NilsZ, **53** */AfricaStudio, **53** */Coprid, **54** */magraphics.eu, **54** */sommersby, **54** */ermess, **54** */AndG, **55** */ILYAAKINSHIN, **55** */Lusoimages, **55** */HamsterMan, **55** */jlcst, **55** */Foto-Ruhrgebiet, **55** */DmytroAkulov, **55** */picsfive, **55** */ibphoto, **55** */JonathanStutz, **55** */Jackin, **55** */ganko, **55** */artmim, **55** */KlausEppele, **56** */Sashkin, **56** */Creatix, **56** */AndrejaDonko, **56** */KatrinaBrown, **56** */LjupcoSmokovski, **57** */Okea, **58** */kmit, **58** */luckylight, **58** */tuja66, **58** */tuja66, **58** */corund, **58** */tuja66, **58** */RynioProductions, **58** */mick20, **58** */DenisDryashkin, **58** */tuja66, **58** */claudio, **58** */CEPhotography, **58** */tuja66, **58** */БурдюковАндрей, **58** */vav63, **59** */RynioProductions, **59** */RynioProductions, **59** */RynioProductions, **59** */PRILLMediendesign, **59** */fefufoto, **59** */antonsov85, **60** */andersphoto, **60** */scis65, **60** */venusangel, **60** */Coprid, **60** */f9photos, **60** */tuja66, **60** */KonovalovPavel, **60** */Freer, **60** */Nik, **60** */chungking, **60** */mariuszszczygieł, **61** */auremar, **61** */AfricaStudio, **61** */ankiro, **61** */IonescuBogdan, **61** */piai, **61** */DenysRudyi, **62** */Nomad_Soul, **62** */gradt, **62** */twister025, **62** */egorovvasily, **62** */womue, **62** Thinkstock/iStockphoto, **62** Thinkstock/iStockphoto, **62** */cherezoff, **62** */by-studio, **63** */coco, **63**

*/D.Ott, **63** */D.Ott, **63** */federicofoto, **63** */babsi_w, **63** */StibatStudio, **63** */Kara, **63** */JeanetteDietl, **63** */sonnefleckl, **63** */keller, **63** */miket, **63** */WoGi, **63** */M.Schuppich, **63** */MarcoBecker, **63** */kobra78, **63** */KalleKolodziej, **64** */mallivan, **64** */ZbyszekNowak, **64** */opasstudio, **64** */hsagencia, **64** */photka, **64** */photka, **64** */photka, **64** */photka, **64** */GeraldBernard, **64** */JaimieDuplass, **64** */steamroller, **64** */tompet80, **64** */schankz, **64** */keerati, **65** */hopfi23, **65** */AlexPetelin, **65** */Patryssia, **65** */D.Ott, **65** */Horticulture, **65** */KasiaBialasiewicz, **65** */mopsgrafik, **65** */B.Wylezich, **65** */fotoschab, **65** */Miredi, **65** */udra11, **65** */NinaMalyna, **65** */rupbilder, **66** */mates, **68** */unpict, **68** */Teamarbeit, **68** */ChristianJung, **68** Dreamstime/Christianjung, **68** */HLPhoto, **68** */ExQuisine, **68** */rdnzl, **68** */uckyo, **68** */ExQuisine, **68** */lefebvre_jonathan, **68** */Cornerman, **68** */MaraZemgaliete, **68** iStockphoto/Vasko, **68** */DianaTaliun, **68** Thinkstock/AlenaDvorakova, **68** Shutterstock/marcomayer, **69** */ExQuisine, **69** */ExQuisine, **69** */fotomaster, **69** */EricIsselée, **69** */boguslaw, **69** */EricIsselée, **69** */nito, **69** */IrinaKhomenko, **69** */Viktor, **69** */OrenTantapakul, **69** */lightpoet, **70** */RémyMASSEGLIA, **70** */NataliaMerzlyakova, **70** Dreamstime/Witoldkr1, **70** */PicturePartners, **70** */antonioscarpi, **70** */GaetanSoupa, **70** */o.meerson, **70** */ExQuisine, **70** Dreamstime/Pipa100, **70** */lunamarina, **70** */HeileM, **70** */Dalmatin.o, **70** */WitoldKrasowski, **70** */AndreiNekrassov, **70** */Dionisvera, **70** */Dionisvera, **71** */angorius, **71** */DaniVincek, **71** */felinda, **71** */AndreyStarostin, **71** */pedrolieb, **71** */ExQuisine, **71** Dreamstime/Onepony, **71** */dulsita, **71** */GiuseppeLancia, **71** */margo555, **71** */BSANI, **71** */womue, **71** */JiriHera, **72** */ExQuisine, **72** Dreamstime/Sethislav, **72** */volff, **73** */dimakp, **73** Shutterstock/Multiart, **73** Shutterstock/KrzysztofSlusarczyk, **73** */DaddyCool, **73** */BradPict, **73** Dreamstime/Jack14, **73** */cynoclub, **73** */PicturePartners, **73** */Lsantilli, **73** */Coprid, **73** */Fotofermer, **73** */BradPict, **73** */MaraZemgaliete, **74** */DaniVincek, **74** */Natika, **74** */LuisCarlosJiménez, **74** */angorius, **74** */marrfa, **74** */Natika, **74** */fotogal, **74** */ShawnHempel, **74** */Jessmine, **74** */Daorson, **74** */JérômeRommé, **74** */gcpics, **74** */PicturePartners, **75** */valeriy555, **75** */valeriy555, **75** */BarbaraPheby, **75** */volga1971, **75** Dreamstime/Robynmac, **75** */AnnaKucherova, **76** */jeromesignoret, **76** */boguslaw, **76** */fotomatrix, **76** */Worldtravelimages, **76** */margo555, **76** */margo555, **76** */margo555, **76** */margo555, **76** */WolfgangJargstorff, **77** */valeriy555, **77** */silencefoto, **77** */valeriy555, **77** */valeriy555, **77** */silencefoto, **77** */valeriy555, **77** */photocrew, **77** */valeriy555, **77** */AnnaKucherova, **77** */valeriy555, **77** */MalyshchytsViktar, **77** */charlottelake, **77** */valeriy555, **78** */tycoon101, **78** */ZbyszekNowak, **78** */M.R.Swadzba, **78** */Schlierner, **78** */EkaterinaLin, **78** */AndreyStarostin, **79** */azureus70, **79** */azureus70, **79** */valeriy555, **79** */Dionisvera, **79** Thinkstock/anna1311, **79** */valeriy555, **79** */AndreaWilhelm, **79** */valeriy555, **79** */valeriy555, **79** */valeriy555, **79** */valeriy555, **79** */valeriy555, **79** */valeriy555, **79** */AnnaKucherova, **80** */MalyshchytsViktar, **80** */MalyshchytsViktar, **80** */MalyshchytsViktar, **80** */MalyshchytsViktar, **80** */MalyshchytsViktar, **80** */MalyshchytsViktar, **80** */MalyshchytsViktar, **80** */MalyshchytsViktar, **80** */MalyshchytsViktar, **80** */MalyshchytsViktar, **80** */Natika, **80** */MalyshchytsViktar, **80** */MalyshchytsViktar, f9photos, **80** */MalyshchytsViktar, **80** */OleksiyIlyashenko, **80** */TimUR, **80** */valeriy555, **80** */valeriy555, **80** */Natika, **80** */valeriy555, **81** Dreamstime/Skyper1975, **81** */WernerFellner, **81** */marilynbarbone, **81** */nblxer, **81** */goodween123, **82** */PopovaOlga, **82** */PopovaOlga, **82** */mates, **82** */PopovaOlga, **82** */PopovaOlga, **82** */PopovaOlga, **82** */PopovaOlga, **82** */PopovaOlga, **82** */pimponaco, **82** */Schlierner, **82** */svl861, **82** */svl861, **82** Dreamstime/Margouillat, **83** */Team5, **83** MDB/seli8, **83** */unpict, **83** */Tomboy2290, **83** */nbriam, **83** */VeraKuttelvaserova, **83** */VesnaCvorovic, **83** */Maceo, **83** */scis65, **84** Thinkstock/iStockphoto, **84** Thinkstock/iStockphoto, **84** Thinkstock/iStockphoto, **84** Thinkstock/iStockphoto, **84** Thinkstock/iStockphoto, **84** Thinkstock/iStockphoto, **84** Thinkstock/iStockphoto, **84** Thinkstock/iStockphoto, **84** */PopovaOlga, **84** Thinkstock/iStockphoto, **84** Thinkstock/iStockphoto, **84** Thinkstock/iStockphoto, **84** Thinkstock/iStockphoto, **84** Thinkstock/iStockphoto, **84** Thinkstock/iStockphoto, **84** Thinkstock/iStockphoto, **85** Dreamstime/Sergioz, **85** */AfricaStudio, **85** */OrlandoBellini, **85** */IngaNielsen, **85** */IngaNielsen, **85** */IngaNielsen, **85** */BorisRyzhkov, **86** */PopovaOlga, **86** */PopovaOlga, **86** */PopovaOlga, **86** */PopovaOlga, **86** */PopovaOlga, **86** */PopovaOlga, **86** */PopovaOlga, **86** */PopovaOlga, **86** */PopovaOlga, **86** */PopovaOlga, **86** */PopovaOlga, **86** */PopovaOlga, **86** */PopovaOlga, **86** */PopovaOlga, **86** */ElenaSchweitzer, **86** */Picturefoods.com, **87** Dreamstime/Jirkaejc, **87** Dreamstime/Glasscuter, **87** */AndrzejTokarski, **87** Dreamstime/Pryzmat, **87** */StefanoNeri, **87** */Roxana, **87** */enzo4, **87** */StefanoNeri, **87** */akulamatiau, **87** */zorandim75, **87** */marilynbarbone, **88** */pico, **88** */SergejsRahunoks, **88** Dreamstime/Givaga, **88** */Piovanello, **88** */Piovanello, **88** */the_pixel, **88** */Liaurinko, **88** */nemez210769, **88** */midosemsem, **88** */JiriHera, **88** */jurisemjonow, **88** */BradPict, **88** Dreamstime/Travelling-light, **88** Dreamstime/Synchronista, **88** */JulianWeber, **88** */IrisArt, **89** */BeTa-Artworks, **89** */SergiiMoscaliuk, **89** */DianaTaliun, **89** */DanielWiedemann, **89** Dreamstime/Nagme, **89** */lantapix, **89** */Olegich, **89** */scis65, **89** */Vidady, **89** */komar.maria, **90** */JiriHera, **90** */Nitr, **90** */Nitr, **90** */ExQuisine, **90** */Natika, **90** */IngaNielsen, **90** */Nitr, **90** */Nitr, **90** */Taffi, **90** */karandaev, **90** */unpict, **90** */baibaz, **90** */AfricaStudio, **91** */pabijan, **91** */amenic181, **91** */Viktor, **91** */blende40, **91** */Fotofermer, **91** */RobStark, **91** */gtranquillity, **91** */gtranquillity, **91** */gtranquillity, **91** */gtranquillity, **91** */gtranquillity, **91** */IngaNielsen, **92** Thinkstock/puchkovo48, **92** */neirfy, **92** */Nitr, **92** */Nitr, **92** */Nitr, **92** */Taffi, **92** */Taffi, **92** */Taffi, **92** */Taffi, **92** */karandaev, **92** */karandaev, **92** */karandaev, **93** */Hemeroskopion, **93** */Hemeroskopion, **93** */Hemeroskopion, **93** */Hemeroskopion, **93** */Hemeroskopion, **93** */Hemeroskopion, **93** */Hemeroskopion, **93** */Hemeroskopion, **93** */Hemeroskopion, **93** */Hemeroskopion, **93** */Hemeroskopion, **93** */Hemeroskopion, **93** */Hemeroskopion, **94** */kab-vision, **94** Shutterstock/Multiart-Shutterstock.com, **94** */VolodymyrShevchuk, **94** */SergejsRahunoks, **94** */sspice, **94** */CorinnaGisseman, **94** */azureus70, **94** */PopovaOlga, **94** */baibaz, **95** */WhiteboxMedia, **95** */angorius, **95** */AndreaWilhelm, **95** Dreamstime/Margouillat, **95** */Viktor, **95** */Kesu, **95** */Peredniankina, **95** */margo555, **95** */AleksandarJocic, **96** */JiriHera, **96** */victoriap., **96** */djama, **96** */vagabondo, **96** */JiriHera, **96** */scis65, **96** */blende40, **96** */MUNCH!, **96** */AfricaStudio, **96** */arinahabich, **96** */MariusGraf, **96** */MariusGraf, **96** */MariusGraf, **96** */Liaurinko, **96** */BradPict, **96** */juniart, **97** */DmytroSukharevskyy, **97** */DmytroSukharevskyy, **97** */DmytroSukharevskyy, **97** */SergejsRahunoks, **97** */canoncam, **97** */uckyo, **97** */torsakarin, **97** */ThibaultRenard, **97** */eyewave, **97** */OrlandoBellini, **97** */BlueWren, **97** */DmytroSukharevskyy, **97** */DmytroSukharevskyy, **98** */JacekChabraszewski, **98** */IngaNielsen, **98** */dusk, **98** */RoadKing, **98** */JackJelly, **98** Dreamstime/TomislavPinter, **98** */JacekChabraszewski, **98** */ExQuisine, **98** */aktifreklam, **98** */zhekos, **98** */JessYu, **98** */illustrez-vous, **98** */AndreaWilhelm, **99** */MinervaStudio, **99** */BorisRyzhkov, **99** */Nitr, **99** */unpict, **99** */JacekChabraszewski, **99** */photocrew, **99** */Viktor, **99** */eyewave, **99** Dreamstime/Lightzoom, **99** iStockphoto/GordanaSermek, **100** */AfricaStudio, **100** */VitalyKorovin, **100** */Coprid, **100** */Schlierner, **100** */Fotofermer, **101** */ashka2000, **101** */womue, **101** */EMArt, **101** */ExQuisine, **101** */photocrew, **101** */jeehyun, **101**

*/reineg, **101** */reineg, **101** */reineg, **101** */reineg, **101** */SubbotinaAnna, **101** */rangizzz, **101** */sjhuls, **102** */Fotofermer, **104** Thinkstock/KeithLevitPhotography, **104** Thinkstock/iStockphoto, **104** Thinkstock/iStockphoto, **104** Thinkstock/iStockphoto, **104** Thinkstock/iStockphoto, **104** Thinkstock/iStockphoto, **104** Thinkstock/iStockphoto, **104** Thinkstock/iStockphoto, **104** Thinkstock/Fuse, **105** Thinkstock/Fuse, **105** Thinkstock/iStockphoto, **105** Thinkstock/iStockphoto, **105** Thinkstock/iStockphoto, **105** Thinkstock/Comstock, **105** */AlexandraGl, **106** */leremy, **106** */leremy, **106** */leremy, **106** */leremy, **106** */leremy, **106** */leremy, **106** */mrtimmi, **106** */mrtimmi, **106** */mrtimmi, **106** */mrtimmi, **106** */mrtimmi, **106** */mrtimmi, **106** */Bobo, **106** */leremy, **106** */leremy, **106** */FelixCHH, **107** Thinkstock/iStockphoto, **107** */Eisenhans, **107** Thinkstock/iStockphoto, **107** Thinkstock/iStockphoto, **107** Thinkstock/Hemera, **107** Thinkstock/Hemera, **107** Thinkstock/Hemera, **107** */BombaertPatrick, **107** */algre, **107** Thinkstock/Hemera, **107** Thinkstock/iStockphoto, **107** Thinkstock/Hemera, **108** */VladimirKramin, **108** */algre, **109** */algre, **109** */apttone, **110** Thinkstock/iStockphoto, **110** */JennyThompson, **110** */AaronAmat, **110** */overthehill, **110** */eldadcarin, **110** */MichaelSeidel, **111** Thinkstock/iStockphoto, **111** */gradt, **111** */LasseKristensen, **111** */ŽeljkoRadojko, **111** */golandr, **112** Thinkstock/iStockphoto, **112** Thinkstock/Stockbyte, **113** Thinkstock/iStockphoto, **113** Thinkstock/Hemera, **113** Thinkstock/iStockphoto, **113** Thinkstock/iStockphoto, **113** Thinkstock/iStockphoto, **113** */Bikeworldtravel, **114** */Idelfoto, **114** Thinkstock/iStockphoto, **114** Thinkstock/Hemera, **114** Thinkstock/Hemera, **114** Thinkstock/Hemera, **115** Thinkstock/iStockphoto, **115** Thinkstock/iStockphoto, **115** Thinkstock/iStockphoto, **116** Thinkstock/iStockphoto, **117** Thinkstock/Hemera, **117** Thinkstock/iStockphoto, **117** Thinkstock/iStockphoto, **117** Thinkstock/iStockphoto, **117** Thinkstock/iStockphoto, **117** Thinkstock/iStockphoto, **117** Thinkstock/iStockphoto, **117** Thinkstock/iStockphoto, **117** Thinkstock/iStockphoto, **117** Thinkstock/iStockphoto, **117** Thinkstock/iStockphoto, **117** Thinkstock/iStockphoto, **117** Thinkstock/iStockphoto, **117** Thinkstock/iStockphoto, **117** Thinkstock/Hemera, **117** Thinkstock/iStockphoto, **118** Thinkstock/iStockphoto, **118** Thinkstock/Hemera, **118** Thinkstock/Photos.com, **118** Thinkstock/iStockphoto, **118** */photo5000, **118** Thinkstock/iStockphoto, **118** Thinkstock/iStockphoto, **118** Thinkstock/Hemera, **118** Thinkstock/Hemera, **119** */Eisenhans, **119** Thinkstock/iStockphoto, **119** Thinkstock/iStockphoto, **119** Thinkstock/Stockbyte, **119** Thinkstock/Hemera, **119** Thinkstock/iStockphoto, **119** Thinkstock/JuliodelaHigueraRodrigo, **119** */DeVIce, **119** */ArtemGorohov, **119** */LukasSembera, **119** Thinkstock/iStockphoto, **119** Thinkstock/iStockphoto, **119** */Eisenhans, **119** Thinkstock/iStockphoto, **119** Thinkstock/iStockphoto, **119** */auremar, **120** */laurenthuet, **120** */NikolaiSorokin, **120** */DmitryVereshchagin, **120** */Ettore, **120** */tr3gi, **120** */12ee12, **120** Thinkstock/VladimirArndt, **121** */Fotito, **121** */mschick, **121** */BlueSkyImages, **121** */contrastwerkstatt, **121** Thinkstock/iStockphoto, **121** Thinkstock/HemeraTechnologies, **122** */Okea, **122** */MarcusLindström-iStockphoto.com, **123** */CandyBoxImages, **123** */TMAX, **123** */michaeljung, **123** */Maygutyak, **123** */SteveMann, **123** */nui7711, **123** */JörgHackemann, **124** */Sashkin, **124** */virtabo, **124** Thinkstock/iStockphoto, **124** */BenChams, **124** */BenChams, **124** */BenChams, **124** */mindscanner, **124** */swx, **124** */michaeljung, **124** */alexmillos, **124** Thinkstock/iStockphoto, **124** */Bergringfoto, **124** Thinkstock/iStockphoto, **124** */chalabala, **124** */BenBurger, **125** */Tupungato, **125** */PinkBadger, **125** */HappyAlex, **125** */monticellllo, **125** */monticellllo, **125** */monticellllo, **126** */Masyanya, **126** */DmitryVereshchagin, **126** */DmitryVereshchagin, **126** */DmitryVereshchagin, **126** */Photobankkiev, **127** */vichie81, **127** */UschiHering, **127** */skampixelle, **127** */DOCRABEMedia, **127** */NadineKlabunde, **127** */AndreasJ., **128** */Farinoza, **130** */Marco2811, **130** */phant, **130** */Crobard, **130** */A.Karnholz, **130** */ermess, **131** */sborisov, **131** */XtravaganT, **131** */Mihai-BogdanLazar, **131** */jacek_kadaj, **131** */ArTo, **131** */hansenn, **131** */MarcelSchauer, **131** Thinkstock/iStockphoto, **131** */JörgLantelme, **131** */vaitekune, **131** */apops, **131** */motivation1965, **131** */steschum, **131** Thinkstock/iStockphoto, **131** Thinkstock/iStockphoto, **131** */HaywireMedia, **132** */Scanrail, **132** */anshar73, **132** */XtravaganT, **132** Thinkstock/iStockphoto, **132** Thinkstock/iStockphoto, **132** */A_Lein, **132** Thinkstock/iStockphoto, **132** */jovannig, **132** */PatrykKosmider, **132** */Max, **132** Thinkstock/GettyImages, **132** */miket, **132** */Ciaobucarest, **132** */PaulLiu, **132** Thinkstock/iStockphoto, **132** */Adrianv.Allenstein, **133** */Pabkov, **133** Thinkstock/iStockphoto, **133** Thinkstock/iStockphoto, **133** Thinkstock/photodisc, **133** */Anchels, **133** Thinkstock/IngramPublishing, **133** */Ichbins11, **133** */MIMOHE, **133** */blas, **133** */FranzPfluegl, **133** */PetraBeerhalter, **133** */davidundderriese, **134** */contrastwerkstatt, **134** */Berni, **134** */Berni, **134** */Berni, **134** */slava296, **134** */Berni, **134** */Berni, **134** */xy, **134** */lunamarina, **134** */Berni, **135** Thinkstock/Hemera, **135** */oranhall, **135** */Kzenon, **135** Thinkstock/iStockphoto, **135** */MargoHarrison, **135** Thinkstock/iStockphoto, **135** Thinkstock/iStockphoto, **135** */JackF, **135** */AfricaStudio, **135** */Hirurg, **135** */stockyimages, **136** */qech, **136** */contrastwerkstatt, **136** Thinkstock/iStockphoto, **136** Thinkstock/iStockphoto, **136** Thinkstock/photodisc, **136** */LVDESIGN, **136** */SantiagoCornejo, **137** */eyewave, **137** */jogyx, **137** */JoopHoek, **137** */T.Michel, **137** Thinkstock/iStockphoto, **137** */dextroza, **137** Thinkstock/iStockphoto, **137** */lowtech24, **137** Thinkstock/iStockphoto, **137** Thinkstock/iStockphoto, **137** Thinkstock/Comstock, **137** */Picture-Factory, **137** Thinkstock/iStockphoto, **138** Thinkstock/iStockphoto, **138** Thinkstock/iStockphoto, **138** */zhudifeng, **138** */GinaSanders, **138** */BauerAlex, **138** */AndresRodriguez, **138** */Kzenon, **138** */AlexTihonov, **138** */AlexTihonov, **138** */ChristopheFouquin, **138** */SvenWeber, **138** */mediagram, **138** */bradleyhebdon, **138** */AfricaStudio, **138** */paulprescott, **138** */TylerOlson, **139** */shotsstudio, **139** */luanateutzi, **139** */adisa, **139** */scaliger, **139** Thinkstock/Fuse, **139** Thinkstock/AndreyBurmakin, **139** Thinkstock/DigitalVision, **139** */Pumba, **139** */lightpoet, **139** Thinkstock/Fuse, **139** Thinkstock/iStockphoto, **139** */chamillew, **139** */gemenacom, **139** */mangostock, **139** */TylerOlson, **139** */Kzenon, **140** */MinervaStudio, **140** */eyetronic, **140** */paulprescott, **140** */corepics, **140** */AlienCat, **140** */ThomasFrancois, **140** */agvisuell, **140** */MinervaStudio, **140** */contrastwerkstatt, **141** */ArtAllianz, **141** */adisa, **141** */Pumba, **141** */adisa, **141** */VitalyMaksimchuk, **141** Thinkstock/iStockphoto, **141** */amlet, **141** Thinkstock/BrandXPictures, **141** */Joshhh, **141** */karandaev, **141** */808isgreat, **141** Thinkstock/iStockphoto, **141** */AndresRodriguez, **142** */ruigsantos, **142** */Pixel&Création, **142** Thinkstock/iStockphoto, **142** */robert, **142** Thinkstock/IngramPublishing, **142** */by-studio, **142** Thinkstock/DigitalVision, **142** */viperagp, **142** */OlegDoroshin, **142** */Pixelwolf2, **142** */VL@D, **142** */rekemp, **142** */NataliaMerzlyakova, **142** */spaxiax, **142** */SunshinePics, **142** */eyewave, **143** */nicknick_ko, **143** Thinkstock/iStockphoto, **143** Thinkstock/iStockphoto, **143** */Mingis, **143** */nyul, **143** Thinkstock/iStockphoto, **143** */AfricaStudio, **143** */MinervaStudio, **143** Thinkstock/iStockphoto, **143** */fottoo, **143** */AfricaStudio, **143** Thinkstock/iStockphoto, **143** */Digitalpress, **144** Thinkstock/Hemera, **144** Thinkstock/iStockphoto, **144** */cottonfioc, **144** */goodluz, **144** */AlenAjan, **144** */ArturBogacki, **144** */leungchopan, **144** */PaulVinten, **144** Thinkstock/Jupiterimages, **144** */amarok17wolf, **144** */ScottGriessel, **144** */fxegs, **144** */terex, **145** */kameraauge, **145** */LianeM, **145** */XtravaganT, **145** */vom, **145** */dbvirago, **145** */StuartMonk, **145** */legeartispics, **145** */phant, **145** */ArTo, **145** */Sorry, **145** */bbourdages, **145** */

Furan, **145** */bluclementine, **146** */NikaNovak, **148** */GennadiyPoznyakov, **148** */sdenness, **148** */contrastwerkstatt, **148** */MonkeyBusiness, **148** */RobertKneschke, **148** */shock, **148** */MonkeyBusiness, **148** Thinkstock/iStockphoto, **148** */Cozyta, **148** Thinkstock/Comstock, **148** */tiero, **148** */contrastwerkstatt, **148** */hues, **149** */GennadiyPoznyakov, **149** */kritchanut, **150** */luminastock, **150** */robert, **150** */yeyen, **150** */auremar, **150** */JavierCastro, **150** */peshkova, **150** */GennadiyPoznyakov, **150** */Kzenon, **150** */sunabesyou, **150** */gemenacom, **150** */shock, **150** */JürgenFälchle, **150** */Nosvos, **150** */luminastock, **150** */kartos, **150** */peshkova, **151** */OlgaGalushko, **151** */AVAVA, **151** */TylerOlson, **151** */SvenBähren, **151** */alco81, **151** */paylessimages, **151** */RobertKneschke, **151** */auremar, **151** */ayutaroupapa, **151** */Aiwendyl, **151** */kmiragaya, **151** */contrastwerkstatt, **151** */TomaszTrojanowski, **152** Thinkstock/iStockphoto, **152** */AfricaStudio, **152** */Zerbor, **152** */dkimages, **152** */babimu, **152** */phloxii, **152** */AfricaStudio, **152** */VladIvantcov, **152** */VladyslavDanilin, **153** */ThorstenSchmitt, **153** Thinkstock/PhotoObjects.net, **153** */lily, **154** Thinkstock/iStockphoto, **154** */leszekglasner, **154** */MatHayward, **154** */KonstantinL, **154** */josje71, **154** */xy, **154** */Creativa, **154** */MonkeyBusiness, **154** */MonkeyBusiness, **154** */aidaricci, **155** Thinkstock/iStockphoto, **155** */MariusGraf, **155** */muro, **155** */BEAUTYofLIFE, **155** */ia_64, **155** */lu-photo, **156** */JörgLantelme, **156** */Berni, **156** */JeanetteDietl, **156** Thinkstock/BrandXPictures, **156** */RandallReed, **156** */MinervaStudio, **156** */trotzolga, **156** */johannesspreter, **156** */AfricaStudio, **156** */AlexanderRaths, **156** */contrastwerkstatt, **156** */agenturfotografin, **156** */lightpoet, **157** Thinkstock/JamesWoodson, **157** */CandyBoxImages, **157** */IgorMojzes, **157** */WavebreakmediaMicro, **157** */AfricaStudio, **157** */AndresRodriguez, **157** */xy, **157** */apops, **157** */pearl, **157** */RobertKneschke, **157** */MarkusHaack, **157** */lightpoet, **158** */MinervaStudio, **158** */WavebreakmediaMicro, **158** */goodluz, **158** */lightpoet, **158** */goodluz, **158** */Kzenon, **158** */CandyBoxImages, **158** */Fuse, **158** */goodluz, **158** */pearl, **158** */mangostock, **158** Thinkstock/iStockphoto, **158** Thinkstock/DigitalVision, **159** */contrastwerkstatt, **159** */A_Bruno, **159** */WavebreakmediaMicro, **159** */GeoMartinez, **159** */GeoMartinez, **159** */endostock, **160** */MinervaStudio, **160** */apops, **160** */bevangoldswain, **160** */AdamGregor, **160** */Kzenon, **160** */Kzenon, **160** */michaeljung, **160** */ontrastwerkstatt, **160** */TylerOlson, **160** */ValentinaR., **160** */contrastwerkstatt, **160** */IuriiSokolov, **160** */Kzenon, **160** */Picture-Factory, **160** */Rido, **160** */nyul, **161** */goodluz, **161** */Kadmy, **161** */PeterAtkins, **161** */jörnbuchheim, **161** */Kadmy, **161** */Kurhan, **161** */krizz7, **161** */Kadmy, **161** */ikonoklast_hh, **161** */MarénWischnewski, **161** */apops, **161** */goodluz, **161** */CyrilComtat, **161** Thinkstock/AndriyFomenko, **161** */manu, **161** */petert2, **162** */MonikaWisniewska, **162** Thinkstock/iStockphoto, **162** */goodluz, **162** */MinervaStudio, **162** */Kzenon, **162** */Kzenon, **162** Thinkstock/Photodisc, **162** */Kzenon, **162** */ClaudiaNagel, **162** */MinervaStudio, **162** */Kzenon, **162** */contrastwerkstatt, **162** */CandyBoxImages, **162** */Kzenon, **162** */Kzenon, **162** */Kurhan, **163** */goodluz, **163** */contrastwerkstatt, **163** */IgorMojzes, **163** */mezzotint, **163** */claudiaveja, **163** */AndreyKiselev, **163** */WavebreakmediaMicro, **163** */Elnur, **163** */diegocervo, **163** */AfricaStudio, **163** */AfricaStudio, **163** */berc, **163** */Natali_ua, **163** Thinkstock/Fuse, **163** */lightpoet, **163** */contrastwerkstatt, **166** */terex, **166** Thinkstock/iStockphoto, **166** */nikkytok, **166** */marcoprati, **166** */eyewave, **166** */AfricaStudio, **167** */AfricaStudio, **167** */DianaTaliun, **167** */Rulan, **167** */interklicks, **167** Thinkstock/iStockphoto, **167** Thinkstock/iStockphoto, **167** */Corwin, **167** */rangizzz, **167** */monstersparrow, **168** */Picture-Factory, **168** */CarlosCaetano, **168** */vda_82, **168** */vetkit, **168** */JacekFulawka, **168** */masterzphotofo, **169** */ViorelSima, **169** */Mi.Ti., **169** */BrianJackson, **169** */juniart, **169** */OksanaKuzmina, **169** */MarcinSadlowski, **170** */Gelpi, **172** */TAlex, **172** */karandaev, **173** */MaksymYemelyanov, **173** */Vitas, **173** */romantiche, **173** */rawcaptured, **173** */AVD, **173** */SergeyDashkevich, **173** Thinkstock/iStockphoto, **173** */ArturSynenko, **173** */dimakp, **173** */heigri, **173** */Lusoimages, **173** */ApartFoto, **173** */sonnefleckl, **173** */ManuelaFiebig, **173** */KlausEppele, **173** */ArturSynenko, **174** */GinaSanders, **174** */snyfer, **174** */snyfer, **174** */IuriiTimashov, **174** */IuriiTimashov, **174** */IuriiTimashov, **174** */IuriiTimashov, **174** */IuriiTimashov, **174** */IuriiTimashov, **174** */WonderfulPixel, **174** */IuriiTimashov, **174** */IuriiTimashov, **174** */IuriiTimashov, **175** */WonderfulPixel, **175** */WonderfulPixel, **175** */WonderfulPixel, **175** */WonderfulPixel, **175** */WonderfulPixel, **175** */vasabii, **175** */grgroup, **175** */Skipio, **175** */vector_master, **175** */Scanrail, **175** */Vectorhouses, **175** */Vectorhouses, **175** */Vectorhouses, **176** */MetinTolun, **176** */inal09, **176** */electriceye, **176** */DoRa, **176** */DoRa, **176** */DoRa, **176** */DoRa, **176** */DoRa, **176** */DoRa, **176** */DoRa, **176** */Palsur, **176** */marog-pixcells, **176** */Palsur, **177** */mtkang, **177** */Taffi, **177** */pizuttipics, **177** */by-studio, **177** */Scanrail, **177** */RTimages, **177** */AleksandrBryliaev, **177** */JcJgPhotography, **177** */Coprid, **177** */tanatat, **177** */Palsur, **177** */AndrewBarker, **178** */ashumskiy, **178** */Gewoldi, **178** */Vitas, **178** */singkham, **179** */Sebalos, **179** */tomispin, **179** */manaemedia, **179** */Niceregionpics, **179** */thanomphong, **179** */Lusoimages, **180** Thinkstock/AlexanderPodshivalov, **180** */wellphoto, **180** */StefanKörber, **180** */PavelLosevsky, **181** */TrudiDesign, **181** */WavebreakmediaMicro, **181** */ArtHdesign, **181** */valdistorms, **181** */cirquedesprit, **181** */AlexandraGl, **181** */SergeyNivens, **181** */imkenneth, **181** */WavebreakMediaMicro, **182** */jfv, **182** */pressmaster, **182** */jminso679, **182** */Marco2811, **182** */JohannaMühlbauer, **182** */A_Bruno, **183** */pedrosala, **183** */fotomatrix, **183** */UweBumann, **183** */robert, **183** */MilanSurkala, **183** */the_builder, **183** */reich, **184** */Scanrail, **184** */Dron, **184** */drubig-photo, **184** */mirabella, **184** */gradt, **185** */gradt, **185** Thinkstock/iStockphoto, **185** */JiSIGN, **185** */JiSIGN, **185** */JiSIGN, **185** */Rido, **185** */auremar, **186** */Elenathewise, **188** */mirpic, **188** */KB3, **188** Thinkstock/Stockbyte, **189** */lesniewski, **189** */LarioTus, **189** */MelindaNagy, **189** */kostasaletras, **189** */contrastwerkstatt, **189** */beachboyx10, **190** Thinkstock/iStockphoto, **190** */ValThoermer, **191** Thinkstock/DorlingKindersleyRF, **191** */snaptitude, **192** */PavelLosevsky, **192** */.shock, **192** */NicholasPiccillo, **192** Thinkstock/Photodisc, **192** Thinkstock/Photodisc, **192** Thinkstock/Photoobjects.net, **192** */.shock, **192** */micromonkey, **193** */kromkrathog, **193** Thinkstock/Fuse, **193** */StianIversen, **194** */TanKianKhoon, **194** */modestil, **194** */IgorSokolov, **194** */piai, **194** */WillHughes, **194** */Actionpics, **194** */Kelpfish, **194** */AfricaStudio, **194** */Brocreative, **194** */karaboux, **194** */LanceBellers, **194** */SeanGladwell, **194** */by-studio, **195** */kanate, **195** */by-studio, **195** */MichaelPettigrew, **195** Thinkstock/IngramPublishing, **196** */KatyaConstantine, **196** */NicholasPiccillo, **197** */DmitryVereshchagin, **197** */PinkBlue, **197** */PinkBlue, **197** */PinkBlue, **198** */KrisStrach, **198** */Kzenon, **198** */Kzenon, **199** */Quasarphoto, **199** */sumnersgraphicsinc, **199** */sumnersgraphicsinc, **199** */VeniaminKraskov, **199** */ApartFoto, **199** */RTimages, **200** */marsyk, **200** */Sportlibrary, **200** */agentur2728.de, **200** Thinkstock/Hemera@GettyImages, **201** Thinkstock/iStockphoto, **201** Thinkstock/iStockphoto, **201** Thinkstock/Comstock, **202** */KseniyaAbramova, **203** */ThierryRYO, **203** */KseniyaAbramova, **203** */KseniyaAbramova, **203** Thinkstock/ThomasNorthcut@GettyImages, **203** */MargoHarrison, **203** */fifranck, **203** */hosphotos, **203** */HeikeundHardy, **203** Thinkstock/iStockphoto, **203** */PackShot, **203** */auremar, **204** */LjupcoSmokovski, **204** */SS1001, **204** */VadimBukharin, **204** */DmitryDG, **205** */ftlaudgirl, **205** */U.Woell, **205** */AntonGvozdikov, **205** */

project1photography, **205** */VolkerSkibbe, **205** */MarceloDufflocq, **205** Thinkstock/iStockphoto, **205** */roblan, **205** */andreshka, **205** */stoonn, **205** */daseaford, **205** */sablin, **205** */garry_images, **206** */dell, **206** */SilvanoRebai, **206** */dell, **206** */victorzastol'skiy, **206** */mradlgruber, **206** Thinkstock/iStockphoto, **206** */©Olympixel, **206** */ValThoermer, **206** */terranova_17, **207** Thinkstock/iStockphoto, **207** Thinkstock/moodboard, **207** */GalinaBarskaya, **207** Thinkstock/Hemera, **207** */Dreef, **207** */SteeveROCHE, **207** Thinkstock/iStockphoto, **207** Thinkstock/Photodisc, **207** */corepics, **207** */Lsantilli, **208** Thinkstock/iStockphoto, **208** */NetzerJohannes, **208** */StefanSchurr, **208** */inigocia, **208** */NetzerJohannes, **208** */JanKranendonk, **208** */monster85, **208** */Avantgarde, **208** */photomag, **208** */storm, **208** */Fotoimpressionen, **208** */Marco2811, **208** */yanlev, **208** */lassedesignen, **208** */StefanSchurr, **208** */Grigorenko, **209** */lilufoto, **209** */3dmentat, **209** */maxoidos, **209** */Bergringfoto, **209** */MarinConic, **209** */DimitarMarinov, **209** */just2shutter, **209** Thinkstock/iStockphoto, **209** */Shmel, **209** */olly, **209** Thinkstock/iStockphoto, **209** Thinkstock/CameronSpencer@GettyImages, **209** */ChantalS, **209** */FelixMizioznikov, **209** Thinkstock/DigitalVision, **209** */artjazz, **210** Thinkstock/iStockphoto, **210** */okinawakasawa, **210** */VIPDesign, **210** */okinawakasawa, **210** */starush, **210** */Hetizia, **211** Thinkstock/WavebreakMedia, **211** */Lerche&Johnson, **211** */Lerche&Johnson, **211** */Lerche&Johnson, **211** */Lerche&Johnson, **211** Thinkstock/iStockphoto, **211** Thinkstock/iStockphoto, **211** */Lerche&Johnson, **211** */Wisky, **211** */nito, **211** */Kzenon, **212** */AfricaStudio, **214** Thinkstock/iStockphoto, **214** Thinkstock/DigitalVision, **214** Thinkstock/iStockphoto, **214** Thinkstock/Purestock, **214** Thinkstock/iStockphoto, **214** */AndreyBurmakin, **214** */AndreyBurmakin, **214** */NejronPhoto, **214** Thinkstock/JupiterImages©GettyImages, **215** Thinkstock/DigitalVision, **215** Thinkstock/DigitalVision, **215** Thinkstock/DigitalVision, **216** Thinkstock/iStockphoto, **216** */AfricaStudio, **216** */Kalim, **216** Thinkstock/iStockphoto, **216** */ysbrandcosijn, **217** */KlausEppele, **217** */scalaphotography, **217** */cynoclub, **217** */BrianJackson, **217** */mekcar, **217** */by-studio, **217** */HenrySchmitt, **217** */HenrySchmitt, **217** */alephcomo1, **217** */HenrySchmitt, **217** */deusexlupus, **217** */apops, **217** */MUE, **217** */MUE, **217** */MUE, **217** Thinkstock/Hemera(CagriOner), **218** */ReMuS, **218** */soerenkuhrt, **218** */Maruba, **218** */cjansuebsri, **218** Thinkstock/iStockphoto, **218** */Constantinos, **218** */ILYAAKINSHIN, **218** */dvs71, **218** */JürgenFälchle, **218** */UrosPetrovic, **218** */Distrikt3, **218** */LuckyDragonUSA, **218** */DenisIvatin, **218** */photlook, **218** */KlausEppele, **218** */venusangel, **219** Thinkstock/iStockphoto, **219** */visivasnc, **219** */sumnersgraphicsinc, **219** */ArtFamily, **219** Thinkstock/iStockphoto, **219** */ysbrandcosijn, **219** */jehafo, **220** */starman963, **220** */KirillZdorov, **220** */tobago77, **220** */SteveMann, **220** */MichaelFlippo, **220** Thinkstock/iStockphoto, **220** */MartinaBerg, **220** */st-fotograf, **220** */imagika, **220** Thinkstock/iStockphoto, **220** */WavebreakMediaMicro, **220** */jillchen, **220** */AlexanderRaths, **221** */WarrenMillar, **221** Thinkstock/Stockbyte, **221** Thinkstock/iStockphoto, **221** Thinkstock/iStockphoto, **221** Thinkstock/iStockphoto, **221** Thinkstock/iStockphoto, **221** */ksena32, **221** Thinkstock/iStockphoto, **221** */AllebaziB, **221** */BarbaraPheby, **221** Thinkstock/Hemera, **221** */womue, **221** */LiliiaRudchenko, **221** Thinkstock/iStockphoto, **221** */jogyx, **221** */MariusGraf, **222** */ReginaJersova, **222** */bittedankeschön, **222** Thinkstock/iStockphoto, **222** */franzgustincich, **222** */openlens, **222** */bruniewska, **222** */Amid, **222** Thinkstock/iStockphoto, **222** */GinoSantaMaria, **222** Thinkstock/iStockphoto, **222** */krimzoya46, **222** */sandis94, **222** */tsaplia, **222** */tigger11th, **222** */neirfy, **222** */bahrialtay, **223** */akekoksom, **224** Thinkstock/iStockphoto, **224** Thinkstock/iStockphoto, **224** */Sergiogen, **224** Thinkstock/iStockphoto, **224** */babimu, **225** */uckyo, **225** */RTimages, **225** */AfricaStudio, **225** */AfricaStudio, **225** */luiscarceller, **225** */Neyro, **225** */kornienko, **225** Thinkstock/thinstockAblestock.com@GettyImages, **225** */Mushy, **225** */maestria_diz, **225** Thinkstock/iStockphoto, **225** */U.Hardberck, **225** */AndrejaDonko, **225** */koosen, **225** Thinkstock/iStockphoto, **225** Thinkstock/Hemera@GettyImages, **226** */Printemps, **226** */AfricaStudio, **226** Thinkstock/iStockphoto, **226** */shooarts, **226** */VyacheslavPlyasenko, **226** */Artranq, **226** Thinkstock/JupiterImages©GettyImages, **226** */FirmaV, **226** */ronstik, **226** */lunamarina, **226** */iampuay, **226** */Kuzmick, **226** */marysa03, **227** Thinkstock/Fuse, **227** Thinkstock/CreatasImages, **227** Thinkstock/Fuse, **227** */Kzenon, **227** */nyul, **227** */SergeyNivens, **227** */NejronPhoto, **228** */RobertNeumann, **228** */ratana_k, **228** */MariusGraf, **228** Thinkstock/iStockphoto, **228** */Unclesam, **228** */indigolotos, **228** */BirgitReitz-Hofmann, **228** */fotomanu21, **228** */Hamik, **229** */Lichtmaler, **229** */Cmon, **229** Thinkstock/iStockphoto, **229** */DoraZett, **229** */NoName, **229** */RTimages, **229** */avtor_ep, **229** Thinkstock/Comstock, **229** */DanRace, **229** Thinkstock/DigitalVision, **229** Thinkstock/IngramPublishing, **229** Thinkstock/iStockphoto, **229** */seen, **230** Thinkstock/Zoonar, **230** */donfiore, **230** Thinkstock/iStockphoto, **230** */eldadcarin, **230** */eldadcarin, **230** */AnjaRoesnick, **230** */AnjaRoesnick, **230** */AnjaRoesnick, **230** */AfricaStudio, **230** */Foto-Ruhrgebiet, **230** Thinkstock/Zoonar, **230** */eldadcarin, **230** */STUDIO12, **231** Thinkstock/iStockphoto, **231** */sergign, **231** */schoki_01, **231** */aleciccotelli, **231** */Fyle, **231** */frankpeters, **231** */ChristerTvedt, **232** */benjaminnolte, **232** Thinkstock/iStockphoto, **232** Thinkstock/DigitalVision, **232** */AleksandarTodorovic, **233** Thinkstock/iStockphoto, **233** */f9photos, **233** Thinkstock/iStockphoto, **233** */photocrew, **233** Thinkstock/iStockphoto, **233** */AleksandarTodorovic, **233** */mikesch112, **233** */rangizzz, **233** */chulja, **233** Thinkstock/iStockphoto, **233** */pressmaster, **233** Thinkstock/iStockphoto, **233** */arnau2098, **234** */B.Wylezich, **234** */philipus, **234** */Angus, **234** */od-pictureworks, **234** */bergamont, **234** */risto0, **234** */fullimage, **234** */Coprid, **234** */f9photos, **234** */sss78, **234** */federicofoto, **235** */AfricaStudio, **235** */LjupcoSmokovski, **235** */Danicek, **235** Thinkstock/iStockphoto, **235** */AlexeyPotapov, **235** */scphoto48, **235** */tolism, **236** */babimu, **238** */CLIPAREA.com, **238** */CLIPAREA.com, **239** */CLIPAREA.com, **239** */CLIPAREA.com, **240** Thinkstock/Zoonar, **240** Thinkstock/Hemera@GettyImages, **240** Thinkstock/iStockphoto, **241** */mrgarry, **241** */turhanerbas, **242** */adimas, **243** */adimas, **244** */pixelcaos, **245** */3drenderings, **245** */3drenderings, **245** */3drenderings, **245** */3drenderings, **245** */3drenderings, **245** */3drenderings, **245** */arsdigital, **245** */pixelcaos, **246** */pixelcaos, **247** */pixelcaos, **247** */DianaTaliun, **248** */vectorus, **248** */Lsantilli, **248** */SvenBähren, **248** */TylerOlson, **248** */GordonGrand, **248** */iStockphoto, **249** */reflektastudios, **249** Thinkstock/oksun70, **249** */RobertAngermayr, **249** */silverrobert, **249** */PopovaOlga, **249** */gradt, **250** */AlexanderRaths, **250** */fhmedien_de, **250** */Creativa, **250** */ISOK°-photography, **250** */Sashkin, **250** */AfricaStudio, **251** */MonkeyBusiness, **251** */dalaprod, **251** */drubig-photo, **251** */drubig-photo, **251** */vladimirfloyd, **252** */AfricaStudio, **252** */iko, **252** */DoraZett, **252** */Creativa, **252** */GinaSanders, **252** */SubbotinaAnna, **252** */drubig-photo, **252** */OcskayBence, **252** */detailblick, **252** */Kurhan, **253** */Creativa, **253** */underdogstudios, **253** */DmitryLobanov, **253** */rangizzz, **253** */DanRace, **253** */Eisenhans, **253** */smikeymikey1, **254** Thinkstock/iStockphoto, **254** */GuidoGrochowski, **254** */DmitryVereshchagin, **254** */HBK, **254** */treetstreet, **254** */PeterAtkins, **254** */Bandika, **254** */wckiw, **255** */ksena32, **255** */IgorMojzes, **255** */st-fotograf, **255** */Vidady, **255** */Maridav, **255** Thinkstock/iStockphoto, **255** Thinkstock/iStockphoto, **255**

*/Kondor83, **255** */Gelpi, **255** */VolkerWitt, **255** */apops, **255** */juefraphoto, **255** */Joss, **256** */CandyBoxImages, **256** */alswart, **256** */nitdelight, **256** */unclepodger, **257** */IgorZakowski, **257** */RadeLukovic, **257** */draw05, **257** */blende40, **257** */Kurhan, **257** */Jessmine, **257** */contrastwerkstatt, **257** */apops, **258** */AlexandrMitiuc, **258** Thinkstock/iStockphoto, **258** */TylerOlson, **258** */AfricaStudio, **259** */malajscy, **259** */GerhardBrée, **259** */epstock, **259** */ksl, **260** */GennadiyPoznyakov, **260** */Tobilander, **260** */malajscy, **260** */starman963, **260** */JimVallee, **261** */danutelu, **261** */spotmatikphoto, **261** */RobertKneschke, **261** */DmitryVereshchagin, **261** */itsmejust, **261** */RobertKneschke, **261** */WONGSZEFEI, **262** */AfricaStudio, **262** */AfricaStudio, **262** */contrastwerkstatt, **262** */khuntapol, **262** */Coprid, **262** */AnatolyRepin, **262** */adisa, **262** */BorysShevchuk, **262** */ManuelSchäfer, **262** */Nataraj, **263** */GordonSaunders, **263** */seen, **263** */only4denn, **263** Thinkstock/Hemera, **263** */Coprid, **263** */blondina93, **263** */by-studio, **263** */JiriHera, **263** */JohannaGoodyear, **263** */Nazzu, **263** */Tharakorn, **263** */Tarzhanova, **263** */terex, **264** */TatjanaBalzer, **264** */TylerOlson, **264** */Schlierner, **264** */Kzenon, **264** */modul_a, **264** */NikkiZalewski, **264** */Khorzhevska, **264** */bertys30, **264** */Tran-Photography, **264** */ZdenkaDarula, **264** */WONGSZEFEI, **264** */pearl, **264** */Taffi, **265** */GennadiyPoznyakov, **265** */ecobo, **265** */pukall-fotografie, **265** */goodluz, **265** Thinkstock/DorlingKindersleyRF, **265** Thinkstock/iStockphoto, **265** */ArtemMerzlenko, **266** */HanvanVonno, **268** */CandyBoxImages, **268** */RomanMilert, **268** */VolkerWitt, **268** */AK-DigiArt, **268** */DarioLoPresti, **268** */benjaminnolte, **269** */MichaelSchütze, **269** */brozova, **269** */Rodja, **269** Thinkstock/iStockphoto, **269** */cristi180884, **269** */LisaF.Young, **270** Thinkstock/iStockphoto, **270** Thinkstock/Photodisc, **270** */VRD, **270** */AndreBonn, **270** */shutswis, **271** */LukasSembera, **271** Thinkstock/liquidlibrary, **271** */marog-pixcells, **271** Thinkstock/iStockphoto, **271** */koszivu, **271** */Photographee.eu, **271** Thinkstock/iStockphoto, **271** */MonkeyBusiness, **271** */Photographee.eu, **271** */GerhardSeybert, **271** */ArtemFurman, **272** */PictureArt, **272** */PavelLosevsky, **272** */davis, **272** */Arcady, **272** */playstuff, **272** */beermedia, **272** */LuckyDragonUSA, **272** */IgorKovalchuk, **273** */ChristaEder, **273** */SvetlanaGryankina, **273** */creAtive, **273** */Berry, **273** */Maygutyak, **273** */WoGi, **273** */Tobboo, **273** */jogyx, **273** */rouakcz, **273** */SilvanoRebai, **274** */Fiedels, **274** */nupsik284, **274** */BirgitReitz-Hofmann, **274** */ClaudioDivizia, **274** */GP, **274** */S.Kobold, **274** */amorfati.art, **274** */CPJPhotography, **274** */ZacariasdaMata, **274** */HughMcKean, **274** */aquapix, **274** */EricGevaert, **275** */andrewburgess, **275** Thinkstock/iStockphoto, **275** */lassedesignen, **275** */HeinzWaldukat, **275** */SergeyKamshylin, **275** */Nazzalbe, **275** */KalleKolodziej, **275** */RoyPedersen, **275** */MacX, **275** */reeel, **275** */marqs, **275** */william87, **276** */IgorKovalchuk, **278** Thinkstock/iStockphoto, **278** */Artenauta, **279** */fergregory, **280** */JürgenFälchle, **280** */peresanz, **280** */magann, **280** */vencav, **280** */virtua73, **280** */KovalenkoInna, **280** */creatifixus, **280** */cbpix, **280** */FlorentDIE, **280** */pinghan, **280** */peresanz, **280** */kevron2001, **280** */peresanz, **281** */jeremyculpdesign, **283** */AridOcean, **284** */artalis, **285** */jokatoons, **285** */ThomasRöske, **285** */jokatoons, **285** */jokatoons, **285** */jokatoons, **285** */jokatoons, **285** */jokatoons, **285** */jokatoons, **285** */jokatoons, **285** */jokatoons, **285** */jokatoons, **285** */jokatoons, **285** */jokatoons, **285** */jokatoons, **285** */jokatoons, **285** */jokatoons, **286** */jokatoons, **286** */jokatoons, **286** */jokatoons, **286** */jokatoons, **286** */jokatoons, **286** */jokatoons, **286** */jokatoons, **286** */jokatoons, **286** */jokatoons, **286** */jokatoons, **286** */jokatoons, **286** */jokatoons, **286** */jokatoons, **286** */jokatoons, **286** */jokatoons, **287** */jokatoons, **287** */jokatoons, **287** */ThomasRöske, **287** */jokatoons, **287** */jokatoons, **287** */Pekchar, **287** */jokatoons, **287** */jokatoons, **287** */jokatoons, **287** */jokatoons, **287** */jokatoons, **287** */jokatoons, **287** */jokatoons, **288** Thinkstock/Hemera, **288** Thinkstock/Hemera, **288** Thinkstock/Hemera, **288** Thinkstock/Hemera, **288** Thinkstock/Hemera, **288** Thinkstock/Hemera, **288** Thinkstock/Hemera, **288** Thinkstock/Hemera, **288** Thinkstock/Hemera, **288** Thinkstock/Hemera, **288** Thinkstock/Hemera, **288** Thinkstock/Hemera, **288** Thinkstock/Hemera, **288** */Route66, **288** Thinkstock/Hemera, **288** Thinkstock/Hemera, **289** Thinkstock/Hemera, **289** Thinkstock/Hemera, **289** Thinkstock/Hemera, **289** Thinkstock/Hemera, **289** Thinkstock/Hemera, **289** Thinkstock/Hemera, **289** Thinkstock/Hemera, **289** Thinkstock/iStockphoto, **289** Thinkstock/iStockphoto, **289** Thinkstock/iStockphoto, **289** Thinkstock/iStockphoto, **289** Thinkstock/iStockphoto, **289** Thinkstock/iStockphoto, **289** Thinkstock/iStockphoto, **289** Thinkstock/iStockphoto, **290** Thinkstock/iStockphoto, **290** Thinkstock/iStockphoto, **290** Thinkstock/iStockphoto, **290** Thinkstock/iStockphoto, **290** */romantiche, **290** */romantiche, **290** */romantiche, **290** */romantiche, **290** */romantiche, **290** */romantiche, **290** */romantiche, **290** */romantiche, **290** */romantiche, **290** */romantiche, **290** */romantiche, **290** */romantiche, **291** */romantiche, **291** */romantiche, **291** */romantiche, **291** */romantiche, **291** */romantiche, **291** */romantiche, **291** */romantiche, **291** */romantiche, **291** */romantiche, **291** */romantiche, **291** */romantiche, **291** */romantiche, **291** */romantiche, **291** */romantiche, **291** */romantiche, **291** */romantiche, **292** */romantiche, **292** */romantiche, **292** */romantiche, **292** */romantiche, **292** */romantiche, **292** */romantiche, **292** */romantiche, **292** */romantiche, **292** */romantiche, **292** */romantiche, **292** */romantiche, **292** */romantiche, **292** */romantiche, **292** */romantiche, **292** */romantiche, **292** */romantiche, **293** */romantiche, **293** */romantiche, **293** */romantiche, **293** */romantiche, **293** */romantiche, **293** */romantiche, **293** */romantiche, **293** */romantiche, **293** */romantiche, **293** */romantiche, **293** */petrab., **293** */petrab., **293** */petrab., **293** */petrab., **294** */petrab., **294** */petrab., **294** */petrab., **294** */petrab., **294** */petrab., **294** */petrab., **294** */petrab., **294** */petrab., **294** */petrab., **294** */petrab., **294** */petrab., **294** */petrab., **294** */petrab., **294** */petrab., **294** */petrab., **294** */petrab., **295** */petrab., **295** */petrab., **295** */petrab., **295** */petrab., **295** */petrab., **295** */petrab., **295** */petrab., **295** */Yotama, **295** */petrab., **295** */petrab., **295** */petrab., **295** */petrab., **295** */petrab., **295** */petrab., **295** */petrab., **295** */petrab., **296** */petrab., **296** */petrab., **296** */petrab., **296** */petrab., **296** */petrab., **296** */petrab., **296** */petrab., **296** */petrab., **296** */Pekchar, **296** */megastocker, **296** Thinkstock/iStockphoto, **296** */ThomasRöske, **296** Thinkstock/iStockphoto, **296** Thinkstock/iStockphoto, **296** Thinkstock/iStockphoto, **296** Thinkstock/iStockphoto, **297** Thinkstock/iStockphoto, **297** */ThomasRöske, **297** Thinkstock/iStockphoto, **297** Thinkstock/iStockphoto, **297** Thinkstock/iStockphoto, **297** Thinkstock/iStockphoto, **297** Thinkstock/iStockphoto, **297** */jokatoons, **297** */yannikLABBE, **297** */DreamCursor, **297** */sunt, **297** Thinkstock/iStockphoto, **297** */AndreasMeyer, **297** */DomLortha, **298** */ElenaPetrova, **298** */ChristianPedant, **298** */TomasSereda, **298** Thinkstock/Fuse, **298** */Masson, **298** */Alliance, **298** */marog-pixcells, **298** */byheaven, **298** */joda, **298** */Miredi, **298** */momanuma, **298** */pictureguy32, **298** */bugphai, **299** */NathanJaskowiak, **299** */VeraKuttelvaserova, **299** */rangizzz, **299** Thinkstock/ImageSource, **299** */LeonidTit, **299** */hjschneider, **299** */tiplyashina, **299** */SergZastavkin, **299** */VeraKuttelvaserova, **299** */VeraKuttelvaserova, **299** */RyszardStelmachowicz, **299** */Hamik, **299** */rangizzz, **300** */SunnyForest, **300** Thinkstock/iStockphoto, **300** */MinervaStudio, **300** Thinkstock/iStockphoto, **300** */steffendia, **300** */FrankBirds, **300**

*/SunshinePics, **300** */ChristopheFouquin, **300** Thinkstock/iStockphoto, **300** */lassedesignen, **300** Thinkstock/iStockphoto, **300** Thinkstock/iStockphoto, **300** */Maygutyak, **300** */mariobeauregard, **300** */victorzastol'skiy, **300** */macky_ch, **301** */scattomatto74, **301** */SabineKipus, **301** */Cmon, **301** */DarioBajurin, **301** */jacare35, **301** */kohy, **302** */nni94, **302** Thinkstock/IngramPublishing, **302** */ollirg, **302** */MartinM303, **302** */mrks_v, **302** */dorisoberfrank-list, **302** Thinkstock/iStockphoto, **302** */steffus, **302** */smereka, **302** */BenBurger, **302** */kentauros, **302** */BerndS., **302** */DarioBajurin, **302** */acceleratorhams, **302** */Fyle, **302** */AlenaStalmashonak, **303** */siimsepp, **303** */siimsepp, **303** */siimsepp, **303** */siimsepp, **303** */siimsepp, **303** */TylerBoyes, **303** */siimsepp, **303** */TylerBoyes, **303** */vvoe, **303** */wlad074, **303** */TylerBoyes, **303** */iraries, **303** */EkaterinaFribus, **303** */EkaterinaFribus, **303** */marcel, **303** */siimsepp, **304** */boykung, **304** */AlexanderHoffmann, **304** */AlexanderHoffmann, **304** */AtikettaSangasaeng, **304** */byjeng, **304** */AlexanderHoffmann, **304** */AlexanderHoffmann, **304** */apttone, **304** */AlexanderHoffmann, **304** */bigjo, **304** */Rozaliya, **304** */VL@D, **304** */AlexanderHoffmann, **304** */AlexShadrin, **304** */AlexanderHoffmann, **304** */AlexanderHoffmann, **304** */Digipic, **304** */volff, **304** */AlexanderHoffmann, **304** */AlexanderHoffmann, **305** */AlexanderPotapov, **305** */Tiler84, **305** */Tiler84, **305** */Tiler84, **305** */Tiler84, **305** */lamax, **306** */vladimirkim3722, **306** */k_kron, **306** Thinkstock/iStockphoto, **306** */iko, **306** */ürgenFälchle, **306** */ondrej83, **306** */HeinzWaldukat, **306** */termis1983, **306** */Tom, **306** */mubus, **306** */veneratio, **306** */RomanPyshchyk, **306** */Picture-Factory, **306** */Omika, **306** */funnycreature, **306** */Almgren, **307** */Nik, **307** */Tonanakan, **307** */motorlka, **307** */PavloVakhrushev, **307** */MiroslawaDrozdowski, **307** */pia-pictures, **308** */Gang, **308** */AfricaStudio, **308** */felinda, **308** */sergio37_120, **308** */eyetronic, **308** */sergio37_120, **308** */VICUSCHKA, **308** */tr3gi, **308** */TimUR, **308** */alfastudiofoto, **308** */sergio37_120, **308** */lenkusa, **308** */sergio37_120, **308** */Friedberg, **308** */AfricaStudio, **308** */Roxana, **309** */anankkml, **309** */DanielStrauch, **309** */StefanKörber, **309** */hansklein, **309** */juiceteam2013, **309** */audioscience, **309** */keller, **309** */flucas, **309** */ijacky, **309** */Tomashko, **309** */SergheiVelusceac, **309** */AndreaWilhelm, **309** */tab62, **309** */Ichbins11, **309** */StudioBarcelona, **309** */volkerr, **310** */Farinoza, **310** */EricIsselée, **310** */jagodka, **310** */AzaliyaElyaVatel, **310** */EricIsselée, **310** */UrosPetrovic, **310** */KatrinaBrown, **310** */eastmanphoto, **310** */nn-fotografie, **310** */cynoclub, **310** */biglama, **310** */EricIsselée, **310** */grafikplusfoto, **311** Thinkstock/iStockphoto, **311** */EricIsselée, **311** */JackF, **311** */EricIsselée, **311** */EricIsselée, **311** */AaronAmat, **311** */EricIsselée, **311** */EricIsselée, **311** */anekoho, **311** */ChristianMusat, **311** */EricIsselée, **311** */EricIsselée, **311** */ChristianMusat, **311** */ILYAAKINSHIN, **311** */EricIsselée, **311** */EricIsselée, **312** */EricIsselée, **312** */StarJumper, **312** */EricIsselée, **312** */Anatolii, **312** */VeraKuttelvaserova, **312** */EricIsselée, **312** */Coprid, **312** */EricIsselée, **312** */JackF, **312** */nexusseven, **312** */EwaStudio, **312** */cynoclub, **312** */anankkml, **312** */tiero, **312** */Taalvi, **312** */EricIsselée, **313** */AlexanderPotapov, **313** */EricIsselée, **313** */EricIsselée, **313** */EricIsselée, **313** Thinkstock/iStockphoto, **313** Thinkstock/iStockphoto, **313** */MikePrice, **313** */RomanSamokhin, **313** */EricIsselée, **313** */EricIsselée, **313** Thinkstock/iStockphoto, **313** */maz12, **313** */EricIsselée, **313** */Smileus, **313** */XK, **313** */anankkml, **314** */EricIsselée, **314** */SteveByland, **314** */EricIsselée, **314** */EricIsselée, **314** */EricIsselée, **314** */EricIsselée, **314** */EricIsselée, **314** */fotomaster, **314** */jakgree, **314** */Farinoza, **314** */Farinoza, **314** Thinkstock/iStockphoto, **314** */EricIsselée, **315** */UryadnikovSergey, **315** */phant, **315** */EricIsselée, **315** */EricIsselée, **315** */ILYAAKINSHIN, **315** */JanisSmits, **315** */AaronAmat, **315** */ILYAAKINSHIN, **315** */EricIsselée, **315** */fotomaster, **315** */RomanSamokhin, **315** */shishiga, **315** */NicoletteWollentin, **315** */sval7, **315** */EricIsselée, **315** */EricIsselée, **316** */eastmanphoto, **316** */eastmanphoto, **316** */Smileus, **316** */DanielNimmervoll, **316** */kurapy, **316** */EricIsselée, **316** */jagodka, **316** */RichardCarey, **316** */Anatolii, **316** */antpkr, **316** Thinkstock/iStockphoto, **316** */EricIsselée, **316** */eastmanphoto, **317** */Irochka, **317** */GiuseppePorzani, **317** */eyeblink, **317** */manuart, **317** */EricIsselée, **317** */lunamarina, **317** */pistol7, **317** */RichardCarey, **317** */WitoldKrasowski, **317** Thinkstock/Hemera, **317** Thinkstock/iStockphoto, **317** */Coprid, **317** */tongdang, **318** */OliverKlimek, **318** */ValeriyKirsanov, **318** */defun, **318** */Alekss, **318** */JPS, **318** */Gewoldi, **318** */HenrikLarsson, **318** */vnlit, **318** */KlausEppele, **318** */xiaoliangge, **318** */VRD, **318** */Alekss, **318** */MarcoUliana, **318** */morelia1983, **318** */ZbyszekNowak, **318** */npps48, **319** Thinkstock/iStockphoto, **319** */defun, **319** */CosminManci, **319** Thinkstock/Hemear, **319** */fancyfocus, **319** */gertrudda, **319** */xjbxjhxm, **319** Thinkstock/iStockphoto, **319** */defun, **319** */emer, **319** */chungking, **319** */Coprid, **319** Thinkstock/iStockphoto, **319** */eastmanphoto, **319** */CarolaSchubbel, **319** */natara, **320** */tescha555, **322** */DDRockstar, **322** */DenysPrykhodov, **322** */DenysPrykhodov, **322** */DenysPrykhodov, **322** */DenysPrykhodov, **322** */DenysPrykhodov, **322** */DenysPrykhodov, **322** */AfricaStudio, **322** */AfricaStudio, **322** */AfricaStudio, **322** */DB, **325** */robert, **326** */magann, **326** */magann, **326** */magann, **326** */magann, **326** */magann, **326** */magann, **326** */magann, **326** */magann, **326** */magann, **326** */magann, **326** */magann, **326** */magann, **326** */magann, **327** */magann, **327** */magann, **327** */magann, **327** */magann, **327** */magann, **327** */magann, **327** */magann, **327** */magann, **327** */magann, **327** */magann, **327** */magann, **327** */magann, **327** */vvoe, **327** */LuckyDragon, **328** */tomreichner, **328** */Marco2811, **328** */merydolla, **328** */in-foto-backgrounds, **328** */Reicher, **328** */ARochau, **328** */Yahyaldiz, **328** */motorradcbr, **328** */Beboy, **328** */DmytroSmaglov, **328** */AntonGvozdikov, **328** */sborisov, **328** */NetzerJohannes, **329** Stockphoto/Juffin, **330** */Juulijs, **330** */m.u.ozmen, **330** */lucato, **330** */www.strubhamburg.de, **330** */guynamedjames, **330** */JörgHackemann, **330** */MaxWo, **331** */Al, **331** */hayo, **331** */ufotopixl10, **331** */vectoricon, **331** */vectoricon, **331** */vectoricon, **331** */vectoriconEnglisch

BILDNACHWEIS

In Rumänien

U1, 343 Shutterstock/florinnina, **334** Shutterstock/Todorean-Gabriel, **334** Shutterstock/Fanfo, **334** Shutterstock/zaranda, **334** Shutterstock/Stanislav71, **334** Shutterstock/Levente Naghi, **334** Shutterstock/siamionau pavel, **334** Shutterstock/loveofphoto, **334** Shutterstock/Whiteaster, **334** Shutterstock/Florin Gabriel, **334** Shutterstock/Cristi Lucaci, **334** Shutterstock/George Constantin Dobroiu, **334** Shutterstock/Fanfo, **335** Shutterstock/vkuslandia, **335** Shutterstock/Cristina.A, **335** Shutterstock/artfotoxyz, **335** Shutterstock/AS Food studio, **335** Shutterstock/Fanfo, **335** Shutterstock/Lyudmila Mikhailovskaya, **335** Shutterstock/OrangeNoire3, **335** Shutterstock/Lunov Mykola, **335** Shutterstock/from my point of view, **336** Shutterstock/Fanfo, **336** Shutterstock/catalin eremia, **336** Shutterstock/artfotoxyz, **336** Shutterstock/GRAB VALENTIN, **336** Shutterstock/jultud, **336** Shutterstock/Viktor1, **336** Shutterstock/PFI, **336** Shutterstock/cristi180884, **336** Shutterstock/Florin Gabriel, **336** Shutterstock/Artem Myazin, **336** Shutterstock/Louella938, **336** Shutterstock/de2marco, **337** Shutterstock/Ioan Florin Cnejevici, **337** Shutterstock/Florian ISPAS, **337** Shutterstock/Cristina.A, **337** Shutterstock/Raul Gonzalez Gonzalez, **337** Shutterstock/Victor Moussa, **337** Shutterstock/Maria Popa Photo, **337** Shutterstock/MaraZe, **337** Shutterstock/Cristina Arbunescu, **337** Shutterstock/creator12, **337** Shutterstock/Roberto Sorin, **337** Shutterstock/Cristina.A, **337** Shutterstock/Mina709, **338** Shutterstock/Paul Cowan, **338** Shutterstock/Cristina.A, **338** Shutterstock/bymandesigns, **338** Shutterstock/cristi180884, **338** Shutterstock/Emilio100, **338** Shutterstock/Alexander Gustav, **338** Shutterstock/Florin Gabriel, **338** Shutterstock/zoryanchik, **338** Shutterstock/HandmadePictures, **338** Shutterstock/Igor Normann, **338** Shutterstock/ZuKIN Art Studio, **339** Wikimedia Commons/By Andrein - Own work, CC BY-SA 3.0, https://commons.wikimedia.org, **339** Getty Images/Melvyn Longhurst, **339** Getty Images/prill, **339** Shutterstock/DaLiu, **340** Getty Images/Haidamac, **340** Getty Images/GoodLifeStudio, **340** Getty Images/tytyeu, **340** Getty Images/9parusnikov, **340** Shutterstock/Haidamac, **340** Getty Images/DannyIacob, **340** Shutterstock/Vadym Lavra, **340** Shutterstock/cge2010, **340** Shutterstock/Mikadun, **341** Getty Images/curtoicurto, **341** Getty Images/bymandesigns, **341** Getty Images/Cosminxp Cosmin, **341** Shutterstock/Jojoo64, **341** Shutterstock/Anton Kudelin, **341** Shutterstock/Dmitriy Feldman svarshik, **341** Shutterstock/Stefan_B_Studio, **341** Shutterstock/Sebastian_Photography, **342** Getty Images/bymandesigns, **342** Getty Images/florin1961, **342** Shutterstock/Danilovski, **342** Shutterstock/Special View, **342** Shutterstock/Ioan Florin Cnejevici, **342** Shutterstock/salajean, **342** Shutterstock/Adriana Iacob, **342** Getty Images/Walter Bibikow, **342** Shutterstock/Gabriel Petrescu, **342** Shutterstock/Photosebia, **342** Getty Images/vmargineanu, **343** Shutterstock/Gabriela Insuratelu, **343** Getty Images/Roberto, **343** Getty Images/Dan Totilca, **343** Shutterstock/JoJoNie, **343** Getty Images/17rst, **343** Shutterstock/arogant, **343** Shutterstock/Cristina.A, **343** Shutterstock/Dan Baciu, **343** Shutterstock/Adriana Iacob, **343** Wikimedia Commons/De la Asybaris - Cu acceptul lui Nelu Iu' Gabor din Racovi?a, CC BY 2.5, https://ro.wikipedia.org, **343** Shutterstock/fotosen55, **344** Shutterstock/Krom1975, **344** Shutterstock/Jeff Caverly, **344** Shutterstock/guentermanaus, **344** Shutterstock/ArtSvetlana, **344** Shutterstock/ANGHI, **344** Getty Images/Moonstone Images, **344** Shutterstock/Eric Isselee, **344** Shutterstock/Martin Mecnarowski, **344** Shutterstock/Yerbolat Shadrakhov, **344** Shutterstock/taviphoto, **344** Getty Images/Neil_Burton, **345** Shutterstock/Eric Isselee, **345** Shutterstock/superbank stock, **345** Getty Images/LeitnerR, **345** Shutterstock/Losonsky, **345** Shutterstock/Pat Stornebrink, **345** Getty Images/undefined undefined, **345** Shutterstock/RealityImages, **345** Getty Images/Sander Meertins, **345** Shutterstock/bekirevren, **345** Shutterstock/Oleksandr Lytvynenko, **345** Shutterstock/Picture Partners, **345** Shutterstock/Edvard Ellric,

Frisch Weiterlernen mit den PONS Bildwörterbüchern:

ISBN 978-3-12-516233-4
9,99 € **[D/A]**

ISBN 978-3-12-516234-1
9,99 € **[D/A]**

ISBN 978-3-12-516229-7
9,99 € **[D/A]**

ISBN 978-3-12-516230-3
9,99 € **[D/A]**

ISBN 978-3-12-516109-2
9,99 € **[D/A]**

ISBN 978-3-12-516235-8
15,00 € **[D]** 15,50 € **[A]**

ISBN 978-3-12-516232-7
9,99 € **[D/A]**

ISBN 978-3-12-516277-8
9,99 € **[D/A]**

ISBN 978-3-12-516121-4
12,99 € **[D]** 13,40 € **[A]**

ISBN 978-3-12-516242-6
9,99 € **[D/A]**

ISBN 978-3-12-516243-3
9,99 € **[D/A]**

ISBN 978-3-12-516161-0
9,99 € **[D/A]**

ISBN 978-3-12-516245-7
9,99 € **[D/A]**

ISBN 978-3-12-516231-0
9,99 € **[D/A]**

ISBN 978-3-12-516246-4
9,99 € **[D/A]**

Weitere Sprachen:

Albanisch
Bulgarisch
Chinesisch
Dänisch
Koreanisch
Kroatisch
Niederländisch
Norwegisch
Rumänisch
Schwedisch
Serbisch
Thai
Tigrinisch
Tschechisch
Ungarisch
Urdu
Norwegisch
Tigrinisch
Ungarisch
Urdu

PONS

Bildwörterbuch
Rumänisch – Deutsch

Bearbeitet von: Corina Cristea

Entwickelt auf der Basis des PONS Bildwörterbuchs Rumänisch
ISBN 978-3-12-516099-6

Bearbeitet von: Anette Dralle, Corina Cristea

1. Auflage 2021 (1,01 - 2021)

www.pons.com
E-Mail: kundenservice@pons.de

Projektleitung: Christiane Mackenzie
Gestaltung: Petra Michel, Essen
Satz: Satzkasten, Stuttgart
Umschlagfoto: Shutterstock/florinnina
Logoentwurf: Erwin Poell, Heidelberg
Logoüberarbeitung: Sabine Redlin, Ludwigsburg
Druck und Bindung: Publikum d.o.o.

ISBN: 978-3-12-516244-0